《中国检察官》智库成果
（实务选编丛书）

中国特色社会主义检察理论与实务研究

主　编　周洪波　韩　彬
副主编　郑　红　陈　冰

ZHONGGUOTESE SHEHUIZHUYI
JIANCHA LILUN YU SHIWU YANJIU

中国检察出版社

图书在版编目（CIP）数据

中国特色社会主义检察理论与实务研究 / 周洪波，韩彬主编. -- 北京：中国检察出版社，2025. 1.
ISBN 978 - 7 - 5102 - 3141 - 4

Ⅰ. D926. 3

中国国家版本馆 CIP 数据核字第 2024TJ1059 号

中国特色社会主义检察理论与实务研究

周洪波　韩　彬　主　编

郑　红　陈　冰　副主编

责任编辑： 葛晓湄
技术编辑： 王英英
封面设计： 龙　惠

出版发行： 中国检察出版社
社　　址： 北京市石景山区香山南路 109 号（100144）
网　　址： 中国检察出版社（www. zgjccbs. com）
编辑电话：（010）86423784
发行电话：（010）86423726　86423727　86423728
（010）86423730　86423732
经　　销： 新华书店
印　　刷： 河北宝昌佳彩印刷有限公司
开　　本： 710 mm × 1000 mm　16 开
印　　张： 30
字　　数： 485 千字
版　　次： 2025 年 1 月第一版　　2025 年 1 月第一次印刷
书　　号： ISBN 978 - 7 - 5102 - 3141 - 4
定　　价： 98. 00 元

《中国特色社会主义检察理论与实务研究》
编 委 会

序　言

《中国检察官》实务和案例选编丛书，系《中国检察官》杂志的创新智库成果。自1999年创刊以来，《中国检察官》始终贴近检察实务、贴近办案一线、贴近检察人，以刊发高品质文章、开展高质量征文及学术活动，在检察系统内外获得广泛关注。因应理论界和实务界对集纳杂志相关实务与案例文章以便集中参考、使用的强烈需求，《中国检察官》杂志社在充分考虑汇编形式及评估成果价值的基础上，以系列丛书的形式定期对杂志刊文及征文成果汇编出版，从而最大化发挥杂志的智库作用。

根据汇编文章内容和体例的不同，丛书分为实务选编和案例选编两个系列。实务选编主要是汇集杂志上半月司法实务版所刊发高品质文章以及所开展实务征文活动的优秀成果，案例选编主要是集合杂志下半月经典案例版所刊发文章以及所开展案例征集等活动的优秀成果。丛书首批包括4部，其中《中国特色社会主义检察理论与实务研究》《"高质效办好每一个案件"刑事精品案例精释精解》为主题征文获奖文章选编；《破坏社会主义市场经济秩序犯罪精品案例精释精解》《新型犯罪精品案例精释精解》为近五年杂志刊发的案例文章的分类汇编。系列成果注重习近平法治思想在检察工作中的贯彻落实，注重对"高质效办好每一个案件"的系统阐释，注重"三个善于"的具体运用，突出文章的实务价值。

丛书的出版得到最高人民检察院相关厅局、国家检察官学院以及专家学者的鼎力支持和精心指导。汇编过程中，各位编辑人员付出艰辛劳动，对文章内容及体例进行认真核校、精细调整。编审环节，中国检察出版社的编辑又多次提出完善意见，进一步优化组合，增强丛书的体系性。在此，向各位的关心支持与辛勤付出，致以诚挚的敬意与谢意！

丛书的汇编出版是一项长期工作，也是新时代《中国检察官》杂志智库功能发挥的使命与担当。下一步，我们将继续坚守检察期刊初心使命，全景式展现各地检察机关为大局服务、为人民司法、为法治担当的生动实践，以高品质刊文及征文成果的聚合，带动提升检察调研的积极性与检察调研成果的影响力，以高质量检察调研践行“高质效办好每一个案件”的基本价值追求，助力以检察工作现代化服务中国式现代化。

丛书编写组

2025 年 1 月

目　录

■ 刑事检察

■ 民事检察

■ 行政检察

■ 公益诉讼检察

检察侦查

数字检察

综合检察业务

■ 检察院建设

刑事检察

检察官刑事自由裁量权规制问题探析

徐光岩*

摘　要　随着现代刑事司法制度的发展，检察官在刑事诉讼中的主导责任日益凸显，自由裁量权加大。当前，受改革、机制等多重因素影响，刑事自由裁量权运行体系呈现复杂性和不确定性，权力行使中亦存在对裁量因素把握不准、同案不同处理等不规范问题以及可能被围猎、腐蚀的廉政风险，需从加强理念与能力建设、明晰权力清单、制定规范化办案指引、发挥案例指导作用、强化业务管理、构建办案公开常态化机制等方面对刑事自由裁量权施以有效规制。

关键词　刑事检察　自由裁量权　廉政风险　规制

在刑事诉讼中，检察官根据法律设定的条件以及自身行为准则，充分行使法律赋予的自由裁量权，包括起诉裁量权、羁押性强制措施裁量权（逮捕裁量权和羁押必要性审查权）、量刑建议权、抗诉裁量权和程序建议权等，从而实现法律所追求的价值目标。随着司法责任制改革以及检察官在刑事诉讼中主导责任的日益凸显，检察官刑事自由裁量权加大，容易产生权力被围猎、滥用或者行使不规范等方面的问题和风险。如何对检察官刑事自由裁量权施以有效规制，保证权力严格规范行使，防控办案廉政风险，是关系司法改革成效和检察办案质效的

---

* 徐光岩，辽宁省大连经济技术开发区人民检察院第二检察部主任，四级高级检察官，全国检察机关调研骨干人才。

关键问题。

一、检察官刑事自由裁量权行使的考量与影响因素

刑事司法的进步与新时代刑事检察理念、制度的创新发展，给检察官行使刑事自由裁量权带来了不同程度的影响，权力运行体系呈现复杂性和不确定性。

（一）刑事自由裁量权的独立行使与司法责任制改革推进

司法责任制改革突出了检察官办案主体地位，促进了检察官权责体系的完善，检察官不仅拥有诉讼非终局性事项的决定权，还拥有部分案件终局性事项的决定权。从权力清单看，各省级检察院根据最高检下发的《关于完善检察官权力清单的指导意见》，都将一般刑事诉讼案件中多数办案事项决定权下放至检察官，检察官在职权范围内相对独立行使包括自由裁量权在内的办案事项决定权。但权力的相对独立也容易导致滥用，只有加以约束和规范，才能在真正意义上实现自由裁量权的独立行使。

（二）刑事自由裁量权的行使与宽严相济刑事政策

在刑事司法领域，宽严相济刑事政策在办案中发挥着重要指引作用，其对自由裁量权行使的影响体现在：当前我国犯罪结构中轻罪比例大幅上升，轻罪案件的办理，具体到逮捕裁量权、羁押必要性审查权等运用上，需要综合评估人身危险性和社会危害性，采取个别化处理方式，以准确落实宽严相济的要求。“在认罪认罚案件办理中，检察机关根据犯罪事实、性质、情节等确定和提出量刑建议，是落实宽严相济刑事政策，进一步提高认罪认罚案件办理质效，促进实现司法公正的关键环节。”①“两高三部”下发的《关于适用认罪认罚从宽制度的指导意见》中明确提出“完善起诉裁量权，充分发挥不起诉的审前分流和过滤作用，逐步

① 史兆琨：《深入学习贯彻习近平法治思想 落实大检察官研讨班重要部署｜从检察实践看如何依法适用认罪认罚从宽制度高质效规范办案》，载最高人民检察院网站，https://www.spp.gov.cn//zdgz/202309/t20230905_627271.shtml。

扩大相对不起诉在认罪认罚案件中的适用”的意见，将不起诉的适用范围从“不需要判处刑罚”扩大到“可能判处免刑”，要求检察官加强对案件量刑的预判。可以看出，在认罪认罚从宽制度下，检察官不仅主导处理程序，还主导罪名认定和量刑适用。为此，在适用认罪认罚从宽制度、贯彻落实宽严相济刑事政策过程中，需要重点关注和系统把握裁量权的规范运用。

（三）未成年人检察工作中刑事自由裁量权行使的特殊性

在教育为主、惩罚为辅原则下，立法为办理未成年人犯罪案件检察官赋予更大的自由裁量权，增设附条件不起诉权，不捕、不起诉的适用范围也更加宽泛。比如，《人民检察院办理未成年人刑事案件的规定》第19条、第26条列明可以作不捕、不起诉处理的各七种情形。在涉未成年人刑事自由裁量权行使上，如何做到既维护未成年被害人的合法权益，又兼顾促成涉罪未成年人顺利回归社会，对检察官敢用、善用、规范适用裁量权提出更高要求。

二、检察官刑事自由裁量权适用中存在的问题和风险

检察官行使刑事自由裁量权受主客观等诸多因素影响和制约，在质量及规范性方面既存在问题也面临风险，具体体现在：

（一）对影响裁量权行使因素的理解和执行存在偏差

前述多重因素大多不是法律规定，只是司法政策、工作指引等，实践中有的检察官对其重视不够，认为可落实可不落实，或者对基本要求理解不准确，造成裁量权不当行使；也有的检察官不区分个案情况简单机械套用，以致影响办案效果。比如，办理认罪认罚个案中，对“可能判处免刑”把握不准，将不应起诉的案件向法院提起公诉。又如，在适用非羁押性强制措施方面，开展羁押必要性审查不够积极、主动，主观上仍存在“一押到底”的惯性思维，裁量权行使的能力不足。

（二）检察官权力清单在具体落实上不够规范

刑事自由裁量权在运行机制上，以权力清单形式明确了检察委员会、

检察长（副检察长）、检察官之间的权责范围，但实践中存在落实不够规范的情况。比如，检察委员会议案范围包括“重大、疑难、复杂案件”，但目前关于“重大、疑难、复杂案件”的标准和范围还不够统一、具体[①]，导致检察委员会与检察官之间办案事项决定权边界不明晰，一些检察官出于规避司法责任等因素考虑，将个别处于“模糊地带”的案件以“重大、疑难、复杂”为由提交检察委员会讨论，使本应由自己行使的裁量权归于检察委员会行使，相应的司法责任由检察委员会来承担，造成裁量权行使上的不规范。

（三）刑事自由裁量权行使中存在同案不同处理的情况

司法责任制改革后，因同类案件由不同检察官独立作出决定，实践中出现同案不同处理的情况，造成法律适用上的不统一。究其原因，除检察官独立行使自由裁量权因素外，还包括以下因素：缺乏统一而具体的裁量权适用标准；检察办案中对指导性案例参照、援引不足；检察业务指导、管控、制约等职能发挥不充分；检察官裁量能力良莠不齐等。

（四）刑事自由裁量权运行带来办案廉政风险

随着我国刑事诉讼中起诉便宜主义适用空间的扩大以及检察官独立行使刑事自由裁量权范围的扩张，检察官行使裁量权时被围猎、腐蚀的司法风险也在加大，容易滋生权钱交易、权权交易等问题。其中，办案廉政风险点存在于相对不起诉、适用或者变更羁押性强制措施、抗诉、提出量刑建议等多项裁量权行使环节，防范司法腐败问题更加迫切和重要。

三、规制检察官刑事自由裁量权行使的多元路径

合理规制刑事自由裁量权行使是保证检察官规范行使裁量权、提升司法公信的基础。当前，影响裁量权行使因素日益复杂化，需要改进传统规制模式并探寻多元化完善路径。

---

① 虽然最高检在《人民检察院检察委员会工作规则》中对“重大、疑难、复杂案件”范围作出概括性规定，一些省级检察院也制定了适用指引，但仍不够细化、具体。

（一）提升裁量能力，依法正确运用裁量权

在行使刑事自由裁量权过程中，检察官须主动理解并运用司法政策、准确落实上级检察机关工作机制和要求等。比如，大多数刑事自由裁量权都体现在如何把握“宽”上，但难点也在于“宽”，即使认罪认罚，也是“可以依法从宽”而非一律从宽，因此理解和执行上必须兼顾原则性和灵活性。可以通过研析个案及类案背后的理念和价值、开展裁量原则和方法专题培训等方式，促使检察官始终在法律框架内合理、妥当地追求个案正义。

（二）促进权力清单的明晰化和严格落实

检察官权力清单是落实司法责任制的基础，也是引领和规范自由裁量权行使的依据。在实现权力清单功能优化过程中，应当着重把握以下几点：一是权力清单应当随着法律变化特别是检察院刑事诉讼规则的修改、检察职能变化等作出动态调整，保证其权威性、时效性和准确性。二是应当对“重大、疑难、复杂案件”范围作出更加细化的规定，除目前已经相对明确的几类案件外，还应当包括新类型案件；法律规定不明确的案件，如刑法分则认定犯罪的兜底条款比较笼统，相关司法解释又缺乏或者滞后，法律适用模糊的案件；检察官联席会分歧较大的案件，如在罪与非罪、此罪与彼罪问题上存在多种意见或者难以形成多数意见的案件等，使检察委员会与检察官之间的裁量权边界更加明晰。三是对权力清单执行情况开展常态化监督检查，以下发书面通报、定期分析总结等方式保障规范落实。

（三）制定裁量权适用的规范化标准

当前，产生同案不同处理的原因之一在于自由裁量权独立行使，却缺乏统一而规范的适用标准。司法实践中，个别省级检察院如河南省、安徽省人民检察院制定了常见犯罪不捕或者不起诉标准，促进了逮捕裁量权和起诉裁量权的依法规范行使。在办案实践基础上，建议省级检察院结合法律规定和本地区实际，细化常见犯罪无社会危险性不捕和相对不起诉适用标准，为用足用好裁量权、防止滥用或者错误适用提供指引。

（四）加强案例在促进办案实践中的深度应用

检察案例指导的价值和作用，在于统一法律适用标准，压缩刑事自由裁量的空间，减少滋生司法腐败的机会。近年来，最高检案例发布数量大幅增加，为规范裁量权行使、提升检察官裁量能力发挥了重要作用。对此，各地检察机关应当积极推进案例援引工作，对检察官提请检察委员会报告中未检索并说明参照适用情况的，应当以不符合上会程序性要求退回补正、重新提请。同时，可以要求检察官在案件审查报告中，就有无指导性案例以及援引情况作出必要说明，使检察官内心形成办案的路径依赖。

（五）强化业务管理体系下的质效监控

加强业务管理既是“高质效办好每一个案件”的必然要求，也是保证裁量权正当、规范、廉洁行使的现实需要。从最高检下发《关于加快推进新时代检察业务管理现代化的意见》中可以看出，业务指导、管控、评价、制约监督等是业务管理的题中之义，而每项都与自由裁量权行使密切相关。当前，强化业务管理需着重抓好以下环节：一是在宏观质效管控上，检察委员会应当定期听取和研判刑事自由裁量权运行情况，发挥指导和决策功能。二是在裁量权行使的重要程序节点上，赋予分管副检察长、部门负责人对检察官决定案件相关法律文书的审阅权，及时发现同案不同处理情况，并召开检察官联席会议讨论或者报请检察长决定。三是在落实案件质量评价指标上，案件管理部门应当定期对与裁量权行使相关的指标运行情况开展专项分析，结合个案评查情况，查找裁量权适用错误、不规范等问题并监督改进。

（六）构建办案公开常态化机制

当前，从对刑事自由裁量权开展外部监督的效果看，听证监督、人民监督员监督以及法律文书公开更具针对性。听证监督近年来发展成为常态化办案机制，但实践中也存在对个别争议性不大案件开展听证问题，影响了听证在监督裁量权行使方面的作用发挥，对此应当完善审核管理机制，让公开听证回归到它的本源，防止为听证而听证。① 与听证监督相比，人民监督员监督在个案监督、规制不当裁量方面作用发挥还不充分，可以通过邀请参与不捕不诉等案件评查、通报裁量权行使情况、听取对规范裁量权行使的意见等方式，强化对裁量权适用的监督。法律文书公开在促进公正司法、规范权力运行方面发挥着重要作用，可通过选取社会关注、有一定影响案件的起诉书、不起诉决定书、刑事抗诉书等进行公开的方式，接受公众监督质询，倒逼检察官规范、正确行使自由裁量权。

① 参见童建明：《如何提升“高质效办好每一个案件”能力的几点思考》，载《检察日报》2024 年 1 月 2 日。

减刑、假释实质化监督机制研究

李晓明　夏玉山*

摘　要　对减刑、假释案件的检察监督一定程度上存在监督形式化、审查书面化、开庭走过场等问题，监督作用未能充分有效彰显。在当前减刑、假释案件实质化审理背景下，检察机关应当反向审视自身监督模式中存在的短板和不足，进一步明晰减刑、假释案件办理中检察监督的角色定位，强化对减刑、假释案件的实质化监督力度，积极探索构建减刑、假释案件办理新格局，在实打实的监督办案中，努力让人民群众从每一起减刑、假释案件中感受到公平正义。

关键词　减刑、假释案件　检察监督　实质化监督

随着《中共中央关于加强新时代检察机关法律监督工作的意见》、"两高两部"《关于加强减刑、假释案件实质化审理的意见》（以下简称《意见》）等文件的制定下发，各级检察机关尤其是承担减刑、假释案件办理任务的检察机关应认真贯彻文件要求，立足办案实践，不断审视当前检察监督工作中存在的问题与不足，积极探索实质化监督的完善路径和方法，努力促进减刑、假释案件办理更加规范公正。

一、减刑、假释案件实质化审理背景下检察监督工作再审视

刑罚执行机关、人民法院和人民检察院分别承担着对减刑、假释的

* 李晓明，江苏省镇江市金山地区人民检察院分党组书记、检察长，三级高级检察官；夏玉山，江苏省镇江市金山地区人民检察院第一检察部主任，一级检察官。

提请、裁定和监督职责。检察监督职能的充分发挥，理应有助于从实体和程序层面进一步规范减刑、假释案件公正办理。但从实际效果看，检察监督虽然起到了一定的积极作用，却仍存在对提请活动深入有效监督不够，减刑、假释办案标准尺度不统一等问题，影响了减刑、假释案件的办理效果。

（一）对提请活动深入有效监督不够

《人民检察院办理减刑、假释案件规定》及司法部《监狱提请减刑假释工作程序规定》要求，监狱应就减刑、假释案件提请向人民检察院征求意见，并将建议书副本抄送人民检察院。

实践中，不同于报请法院裁定时监狱必须逐案制作提请减刑（假释）建议书，并逐案移送案件证据材料，在征求减刑、假释意见和提请建议书副本审查环节，监狱向检察机关移送的多为汇总式的减刑、假释案件信息和提请建议书副本，而仅仅通过对上述汇总信息和法律文书的审查，难以发现提请活动中存在的深层次问题。面对众多提请，检察机关仅是通过对汇总信息进行初步审查，针对其中的重点人员和可能存在问题的案件，通过阅卷、谈话等方式开展调查核实，而通过阅卷等方式开展调查核实的案件占比一般不高。因此，提请审查时缺乏规范程序，对减刑、假释的证据材料未做到逐案阅卷审查，是制约检察监督质效的主要因素之一。

（二）减刑、假释办案标准尺度不统一

最高人民法院《关于办理减刑、假释案件具体应用法律的规定》（以下简称《规定》）对于减刑、假释的起始期、间隔期、减刑幅度等有明确规定，法院、检察院、监狱也有相应的案件办理程序予以支撑。但相较于减刑、假释这一刑罚变更执行制度来说，部分规定仍显笼统与随意。如《规定》第 7 条、第 9 条、第 11 条、第 12 条使用了“从严掌握”“适当从严”等字眼，但如何“掌握”、怎样“适当”却语焉不详。加之不同机关各自承担的职责不同，在当前从严适用减刑、假释奖励政策的背景下，法院、检察院、监狱对是否以及如何适用“从严把握情节”既有认识不统一又有重复评价的问题，对同一从严情节，是不予减刑还是扣

减幅度的认识也不同。

2022 年实质化审查之初，Z 市 J 院纠正监狱减刑、假释提请不当率为 30.05%。同期，Z 市中级人民法院裁定不予减刑 20 件、变更幅度 82 件，为法院全年裁定减刑、假释案件数的 6.93%，历经监狱提请、检察审查两道关口的严格“筛选”后，法院裁定变更数依然较高。但该部分案件，大多在前几次的监狱提请和检察审查阶段被提出过不予办理意见，部分案件在当批次的检察审查阶段也被提出过扣减幅度意见，只是因为认识不同或对宽严相济刑事政策把握不一致，法院最终裁定不予减刑（假释）。可喜的是，随着实质化审查的深入推进，各办案机关的认识逐渐统一。2023 年，Z 市中级人民法院裁定变更幅度案件 14 件、不予减刑案件 2 件，仅占该院年度裁定案件数的 2.19%。①

（三）在庭审环节的角色定位不明

最高人民法院《关于减刑、假释案件审理程序的规定》第 6 条，明确了人民法院审理减刑、假释案件，以书面审理为原则、以开庭审理为例外。理论上，开庭审理更易于查明拟减刑、假释罪犯服刑期间的现实表现及主观改造情况等，但实际情况是，减刑、假释案件开庭审理的程序意义大于实质内容。因为从权力配置看，“检察机关与监狱不是对抗中的两个主体，检察机关实施的是监督职能，以监督减刑、假释过程中存在违规违法为对象”②，而监狱虽然是提请机关，但其拥有国家刑罚执行机关的职能定位，这一点与公诉案件中公诉人与辩护律师的身份角色截然不同，导致对抗性天然不足。检察机关在减刑、假释案件办理中到底是监督者还是诉讼参与方？自身职能定位的不清，使得当前减刑、假释案件办理中存在的诸多问题只是表征，其实质是检察监督职能的虚化和弱化。对此，亟须厘清检察机关在减刑、假释案件办理中的角色。

二、检察机关实质化监督减刑、假释案件的实践

基于对检察机关在减刑、假释案件实质化审理背景下角色定位的重

---

① 源于 Z 市中级人民法院审监庭向 Z 市 J 院通报的年度数据。

② 李征：《我国减刑程序的缺陷及其完善——以听证制度的构建为切入点》，载《安徽警官职业学院学报》2020 年第 6 期。

新审视，进一步强化对减刑、假释案件的实质化监督力度。Z 市 J 院借鉴公诉案件办理模式，在监督要素与监督方法上进行了大胆探索。

（一）减刑、假释案件实质化监督的要素分析

Z 市 J 院充分发挥派驻检察基础性作用，在监狱启动减刑、假释工作之初便予以同步监督，确保监狱拟征求意见罪犯的行政奖励、考核期等形式要件符合规定。之后，再逐人逐案对监狱移送的卷宗材料进行全面审查。从审查结果看，该院提出不予办理或变更幅度建议的情节主要集中在以下方面：

1. 罪犯在考核周期内有多次违规或一次以上严重违规。该种情节是最主要的被建议不予办理和变更幅度情节，几乎占了提出纠正意见数的一半。该院始终认为，服刑期间的改造表现、遵规守纪情况，可以直接反映出罪犯是否真诚认罪悔罪，是判断罪犯是否“确有悔改表现”的重要衡量标准。因此，在实质化审查罪犯减刑、假释案件时，该院一直将此作为重点要素予以考察。

2. 罪犯系累犯或有多次前科劣迹。在该院近两年办理的全部减刑、假释案件中，没有罪犯因该种情节被建议不予减刑，但因该种情节被建议扣减减刑幅度占全部被建议扣减幅度人数的将近四分之一。在实质化审查减刑、假释时，必须将罪犯的人身危险性、再犯可能性始终作为重点进行关注，而罪犯是否为累犯、是否有多次前科劣迹则是衡量评价罪犯是否有人身危险性、再犯可能性的重要方面，但由于该情节也是重要的量刑情节，因此办理实践中一般仅作为扣减幅度情节考虑。

3. 罪犯犯罪性质恶劣、社会危害性大。罪犯的自然身份情况、具体犯罪情况是影响罪犯减刑、假释的重要要素之一。尽管犯罪性质恶劣、社会危害性大等要素在法院量刑时基本已经予以考虑，但罪犯被减刑、假释，其性质一定程度上相当于出罪，所以一定要慎之又慎。故而该院在审查时，根据起诉书、判决书的记载对罪犯的原案情况进行认真审查，对重大敏感或在当地有重大影响的案件，罪犯的减刑、假释一律予以从严。

4. 罪犯财产性判项未履行或部分履行，且监内大账余额较多、监内消费水平高于上一年度全监罪犯的年平均消费水平。履行财产性判项是

罪犯的法定义务，是刑罚的一部分，是判断罪犯是否具有悔改表现的重要依据。“罪犯主动执行财产刑和履行附带民事赔偿责任表明其接受惩罚，在一定程度上也表明其有悔罪的心态，故将之视为有认罪悔罪的表现。”① 特别是“三类罪犯”② 往往犯罪后果严重，社会危害性大，更应通过主动退赃、积极协助追缴赃款赃物、主动赔偿损失等方式，积极消除犯罪行为所产生的社会影响，才能获得减刑、假释资格。

5. 罪犯私藏违规、违禁品。罪犯私藏、使用违规、违禁品，不仅严重危害监管安全，背后甚至可能隐藏一定的职务犯罪线索，必须坚决予以打击。该院在审查的近两年减刑、假释案件中，不仅发现个别罪犯因私自制作便服未到3年便被呈报，同时还发现罪犯私藏香烟、药品等违规品及不应由罪犯私自掌握的燕尾夹、平头螺栓等学习、生产资料等物品。对此，该院相应提出不予办理和扣减幅度建议。

6. 罪犯不认罪悔罪或犯罪主观原因认识不到位、悔罪不彻底。当前罪犯的评审鉴定表、改造小结等存在着内容格式化、形式程式化等问题，需要检察机关监督监狱进一步要求罪犯予以改进，尽量体现个性化和差异化。但即使如此，只要认真审查罪犯撰写材料，仍能发现个别罪犯的真实想法。如该院在对罪犯汪某的评审鉴定表进行审查时，发现该犯在评审鉴定表中以戏谑的语言将自己描述为受害者，对自己的犯罪事实毫无悔改之意，遂依法建议监狱对该犯不予提请减刑。

7. 其他实质化审查要素。除上述几类严重影响罪犯减刑、假释需认真实质审查的情节外，其他诸如6个月内非身体原因劳动得分不高、劳动表现一般及减假比偏高和顶格减刑、假释考验期长等原因，也应引起检察机关的高度关注，并调取相应材料、案件卷宗等予以全面细致的审查。

---

① 陈磊：《关于财产性判项履行情况与减刑、假释关联机制的思考》，载《人民司法》2022年第4期。

② 职务犯罪、破坏金融管理秩序和金融诈骗犯罪、组织（领导、参加、包庇、纵容）黑社会性质组织犯罪等罪犯。参见中共中央政法委《关于严格规范减刑、假释、暂予监外执行切实防止司法腐败的意见》第1条。

（二）减刑、假释案件实质化审查的方法探索

除根据《人民检察院办理减刑、假释案件规定》第 7 条列举的方式进行调查核实外，Z 市 J 院还紧抓“四个重点”开展实质化审查，即减刑、假释案件的“重点人员”“重点条件”“重点岗位”“重点环节”。

“重点人员”以减刑、假释案件需要开庭审理的罪犯为主，含“三类罪犯”、原案有重大社会影响罪犯、假释罪犯及其他需关注罪犯等。“重点条件”即对与评价罪犯“是否确有悔改表现”高度关联的财产性判项履行情况、服刑期间现实表现情况、体现是否认罪悔罪的材料书写情况等进行书面审查、源头审查，必要时进行实地走访核实。“重点岗位”是指在监狱内从事辅助生产、勤杂事务等特殊劳动岗位罪犯。从事特殊劳动岗位罪犯在计分考核时，属于无定额考核，因不直接生产，所以只能按照一定的劳动系数、岗位系数与基础分相乘进行考核，故需对计分考核来源合理性进行认真审查，确保其他罪犯能公平公正地获得减刑、假释机会。“重点环节”则是紧紧抓住监狱向检察机关征求意见和检察人员出席减刑、假释庭审等容易发现问题和体现检察职能的环节。

三、检察机关实质化审查减刑、假释案件路径完善

实践的探索固然有其现实意义，对检察机关做好当前的减刑、假释案件实质化审查工作提供了难得的窥探窗口与良好的借鉴机会，但就刑罚变更执行制度本身来说，保障检察机关履职的体制机制建设需要不断地完善与渐进。

《意见》明确提出“人民法院、刑罚执行机关要依法接受检察机关的法律监督，认真听取检察机关的意见、建议，支持检察机关巡回检察等工作，充分保障检察机关履行检察职责”。检察机关应当全面、完整、准确贯彻执行好《意见》要求，不断探索完善减刑、假释案件检察监督实质化的路径，全面提升法律监督质效，高质效办好每一个减刑、假释案件。

（一）明晰减刑、假释案件办理中检察监督的角色定位

监狱和人民法院在减刑、假释案件办理中的职能作用相对明确具体，

尤其是《意见》对人民法院实质化审理减刑、假释案件的实体、程序提出了更细致具体的要求。那么，厘清检察机关在减刑、假释案件实质化审理中的职能作用，即检察机关监督什么、如何监督，就显得至关重要。

对于检察机关来说，“坚决整治违规违法减刑、假释、暂予监外执行，既防治‘提钱出狱’‘纸面服刑’，又防止‘一刀切’应减不减、该放不放”① 应为题中之义。因此，检察机关应监督监狱、法院有无依法、严格审查，在减刑、假释案件办理中有无失职、渎职，结合对司法工作人员 14 个罪名的侦查，注意发现诸如徇私舞弊减刑、假释等职务犯罪案件线索，确保既不出现“提钱出狱”“纸面服刑”，又不出现应减不减、应放不放等现象。即对监狱、法院工作人员办理减刑、假释案件中的职务行为依法予以监督。

当然，对上述人员职务行为的监督，应建立在案件这个载体上，不能脱离对案件本身的审查监督。要全面培养大刑事检察思维，视野不局限于刑事执行检察领域。因为，减刑发生在刑事执行阶段，属于刑罚变更执行案件，与侦查案件、审查起诉案件等案件性质相同，同属于刑事诉讼案件范畴，检察人员在办理减刑案件时，同样应遵守程序法定、证据裁判等刑事诉讼的基本原则。在依据减刑、假释制度规范审查案件的同时，也应该遵守刑事诉讼一般性、共同性的制度规范，真正从“办事模式”转变为“办案模式”。如同刑事检察官“不只是端菜者，更应是炒菜者”② 一样，刑事执行检察官也不能就案办案，更不能机械办案，而应真正地从形式审查进入实质审查。做到不仅审查减刑、假释材料是什么样，更要审查为什么是这样，要从减刑、假释案件材料的来源，如计分考核材料真实性，甚至得分、监区调动、劳动岗位调整的合理、合法角度等进行源头审查。通过纠正不当提请、建议不予裁定或改变幅度、纠正错误裁定等方式，加大对减刑、假释案件提请及裁定的监督力度。

（二）强化对减刑、假释案件的实质化监督力度

坚持以“高质效办好每一个案件”“三个善于”“精准监督”等先进

---

① 张军：《坚持以习近平法治思想为指引 加强新时代检察机关法律监督》，载《求是》2022 年第 4 期。

② 王勇：《检察官，端菜者还是炒菜者》，载《检察日报》2020 年 3 月 24 日。

司法理念引领高质量履职，充分发挥好“派驻＋巡回”检察监督职能，强化对减刑、假释案件的实质性审查，以精提质，以细求效，切实保障减刑、假释公平公正。

1. 强化沟通会商，统一办案标准尺度。强化与监狱、法院的沟通会商，建立联席会商机制，确保在减刑案件程序性规定多、实体性规定少，原则性规定多、具体性规定少的情况下，强化沟通协调，对理解和适用上存在争议的问题达成共识，解决争议问题，进一步明确减刑、假释的标准和尺度。加强数据共享，在档案资料、数据信息等方面互联互通，逐步实现电子卷宗移送，在有效的协作配合和监督制约中，实现刑罚执行和检察监督工作的双向提升。

2. 坚持综合施策，提升案件办理效果。紧盯人员、条件、岗位、环节等重点环节，通过“书面审查＋实地调查＋大数据比对”相结合方式，突出对罪犯认罪悔罪态度、人身危险性、再犯可能性、现实改造表现等要素的实质性审查和把关，全面审查和收集证明服刑罪犯确有悔改表现、不致再危害社会等方面的证据材料，确保证据确实、充分且能形成完整证据链条。既关注一般性违法问题，又力求发现问题背后的深层次问题和职务犯罪线索，综合运用纠正违法、检察建议、立案查处、线索移交等方式依法处理，增强监督质效。

3. 强化听证适用，促进办案公开公正。“以公开促听证、以听证促公信，探索行刑社会化和恢复性司法，深化损害修复机制在刑罚变更环节的运用，促进执法公开性和社会参与度不断提升。”① 在听证范围上，可邀请监狱共同评估，对提请减刑、假释可能引起社会较大关注或产生较大争议的案件开展听证。在听证人员上，可将人大代表、政协委员、人民监督员、原办案机关工作人员、律师、社区工作人员等纳入听证员队伍，不断增强罪犯刑罚变更执行工作的透明度、监督力和社会参与度。

（三）积极探索构建减刑、假释案件办理新格局

以鲜明的政治自觉、思想自觉和行动自觉坚决扛起法律监督责任，

① 陆荣：《江苏监狱全面推行减刑假释听证》，载《江苏法治报》2021 年 10 月 21 日。

创新履职，构建减刑、假释监督办案新格局。

1. 重新架构，繁简分流，建立有别于普通诉讼的减刑、假释案件庭审抗辩模式。根据当前的减刑、假释案件办理程序，减刑、假释案件由监狱提出建议书，按照“谁主张、谁举证”的举证责任原则，举证责任主体是监狱。庭审中，检察人员与监狱或罪犯本人就罪犯的工种安排、监区调整、计分考核、改造小结等和减刑、假释存在直接关联的材料进行质证，进而发表出庭意见。人民法院根据检察机关的出庭意见及双方的质证、答辩情况居中裁判。检察机关应在前期筛选出减刑、假释幅度、频次异常或“三类罪犯”等重点人员，结合事先通过询问服刑人员、管教民警及相关证人得到的现实表现材料，再综合考察其整体表现情况，有针对性地发表检察意见，确保庭审程序公正、实体公平。在提请方答辩时，可探索发挥监狱公职律师的作用，由公职律师帮助罪犯进行答辩，行使辩护权利。

2. 以审判为中心，构建监狱收集证据材料、检察院提请的案件办理新格局。建议全面借鉴普通刑事案件侦查、起诉、审理的办理程序与流程，监狱在检察院引导下全面收集罪犯减刑、假释相关材料，由检察院全面审查后决定是否提请及提请的幅度，即监狱只承担收集、调取罪犯是否符合减刑、假释条件的相关证据材料，将更多精力置于罪犯的监管和教育改造职责。“检察机关行使减刑、假释提请权可以恪守客观中立立场，便于保证减刑、假释案件的办案质量；尊重和保障人权，检察机关能以更加广泛视野保障被监管人员合法权益，多方深度参与可以以更加公开透明的措施提升司法公信力。”① 当对罪犯的直接监管和对其减刑、假释的提请分离后，将有力遏制因两者之间的联系而可能发生的职务犯罪风险。如此，监狱、检察院、法院三者之间才能真正落实分工负责、互相配合、互相制约的刑事诉讼基本原则。

基于检察机关在当前减刑、假释案件办理工作中存在的现实困境，检察机关当不断检视和明晰自身的监督定位，不断丰富监督内涵。以习近平法治思想为指导，以服务实践办案为导向，以实质化审理这一案

① 《这场论坛，实务经验与理论思辨相交织，干货满满!》，载微信公众号“最高人民检察院”，2023 年 3 月 31 日。

件办理方式的重大改变为契机，从“三个自觉”的高度，在实践中不断探索规范化、普适性的实质审查要素和审查方法，从理论层面渐进性构建科学合理的检察机关实质化审查减刑、假释案件办理机制着手，全面推动减刑、假释案件办理工作更加规范高效，确保减刑、假释制度顺利实施，不负党中央和人民群众对刑罚变更执行工作公平公正的嘱托与期待。

刑事执行监督证明方法论研究

——以刑事印证证明为指引的解释路径

石聪正[*]

摘　要　由于刑事执行监督客体复杂多元，不能直接套用刑事诉讼或者民事诉讼的证明方法，而刑事印证证明方法与刑事执行监督的证明特点相契合，具有保证刑事执行监督证明客观性、一致性、严格性的路径优势，因此可用解构后的印证证明方法作为刑事执行监督的证明方法论。印证在刑事执行监督中的功能主要表现在两个方面，一是提供了高度可能性的证明标准，二是提供了采信难度更高的证据标准。高度可能性的证明标准是指印证是刑事执行监督得以成立的充分条件，也是印证是刑事执行被监督方异议成立的充分条件。采信难度更高的证据标准是指刑事执行监督证明过程中，仍然需要对非法证据予以排除，对言词证据加以补强，以及遵循间接证据的认定规则。

关键词　刑事执行监督　印证　证明方法　证明标准　证据标准

证明活动不仅存在于诉讼行为之中，还存在于检察机关行使刑事执行监督法律职能时。当前检察机关开展刑事执行监督缺乏相应的证明规则与证明方法，存在证明标准缺失、自由心证证明方法受限等证明困境。

* 石聪正，北京市团河地区人民检察院四级检察官助理。

为解决上述问题，需建构起以印证证明为指引的刑事执行监督证明方法论，以期回应实务中刑事执行监督证明标准不清、证据标准不明、证明尺度不一等难点问题。

一、刑事执行监督中的证明困境

（一）刑事执行监督中证明标准的缺失

在刑事诉讼中，法律以“排除合理怀疑”作为证明标准。那么，作为同属刑事领域的刑事执行监督，能否同样适用“排除合理怀疑”作为证明标准？笔者认为，适用“排除合理怀疑”作为证明标准要求过高。首先，从证明成本来看，刑事诉讼决定的是当事人的刑罚执行，会对其个人权利进行实质性的限制，所以可接受更高成本的证明标准以保证决定的正确性，但是对于刑事执行监督而言，大部分情况是对被监督单位是否存在违法行为进行查证，并不直接对任何实体权利造成减损，只有发现司法工作人员职务犯罪线索时，其监督结果才有可能对具体人的权利进行限制，所以过高的证明标准相应的证明成本也过高，与最后实现的监督结果并不匹配。其次，从证明手段来看，办案机关在侦办刑事诉讼案件时所能采取的侦查手段更加丰富，包括可以采用“技术侦查”等方式，能够尽最大可能缩小“合理怀疑”的范围，但是对于刑事执行监督而言，可采取的监督手段较为受限，甚至很大程度上依赖被监督单位的提供与配合，自行侦查的空间较小，所以过高的证明标准所需的证明手段与刑事执行监督的实际情况也不相符。

若“排除合理怀疑”证明标准过高，刑事执行监督是否可以适用民事诉讼中较低的证明标准？笔者认为答案也是否定的。刑事执行监督不能适用此种证明标准，是因为该标准有着深刻的对抗制诉讼文化中“平等对抗”的背景，对抗制中“作为一个群体的原告和作为一个群体的被告，一般应得到平等对待”①。民事诉讼中当事人所要维护的只是自己的私利，而非公共利益，故需对自己所要证明的事实承担举证责任，并承担举证不能的不利后果。由此，证明标准的适用不再仅为了追求事实的

① ［美］艾伦、库恩斯、斯威夫特：《证据法：文本、问题和案例》，张保生、王进喜、赵滢译，高等教育出版社2006年版，第807页。

真相，反而更注重双方诉讼权利义务的平等。在刑事执行监督中，检察机关与被监督机关显然不是这样一种平等的对抗关系，检察机关维护的也是一种公共利益而非自己的私利，监督事项具有法定性，监督后果也具有严肃性，所以证明标准的设定只有还原事实的真相这一目的，即通过证据之间的相互印证实现“法律事实”与“客观事实”相互转化。

（二）刑事执行监督中自由心证证明方法的局限

在刑事执行监督中，自由心证也存在于监督办案之中，但其发挥空间非常有限，认识主体的“内在性”判断往往只存留在线索查证过程中，用来指引检察机关下一步调查取证的方向，检察机关无法据此作出最终监督结果，尽管它指向的监督结果符合逻辑与常识。质言之，监督结果的作出只能依靠外部证据的相互印证。举例而言，如“一对一”证据的应用，在刑事诉讼中，如果强奸案件出现“一对一”证据，由于双方处于私密空间，难以有其他决定性的客观证据，裁判者会就当事人叙述案件发生时的举止、情态等证据链条，结合自己的常识与经验作出罪或非罪的判断。但是，在刑事执行监督案件中只有“一对一”证据的情况下，因被监督机关也能作出合理的解释，出于监督效果的考虑，检察机关是不能依赖自由心证作出被监督机关违法的肯定性判断，一般只能作查否处理，尽管有迹象表明被监督机关可能真实存在违法行为，但也只能作为检察机关进一步查证的线索，在没有任何其他客观决定性证据之前，是不能据此对被监督机关进行监督的。

（三）困境本质：刑事执行监督客体的复杂多元

证明的本质是一种认识主体的主观与客观证据的客观不断交互的过程，主观与客观在这种交互中逐渐形成一致，即达到主客观的统一。因此，无论何种证明活动，都必须指向证明过程中的主体与客体，上述刑事执行监督证明困境的本质正是刑事执行监督客体复杂多元的特点导致的。当前，对刑事执行监督客体的研究存在着一定的争议：一是其司法属性与行政属性之争。作为监督对象的刑罚执行权既具有行政权属性，又具有司法权属性，那么刑事执行监督其权力运行样态就呈现出司法属性与行政属性交叉糅合的状态。二是诉讼性与非诉讼性之争。从刑事执行法律监督的基本概念进行思考，如果将这里的“法律”理解为与诉讼相关的法律，则检察机关的法律监督范围就不包含非诉讼性质的法律，如监狱法；但如果将“法律”做宽泛理解，检察机关的法律监督范围就可以扩展到刑事执行中的司法行政领域，对监狱法律法规都具有监督的职责。① 监督客体的复杂使得主观与客观的交互很难遵循统一的标准与方法，诉讼模式下的证明方法论又不能完全适应刑事执行监督的行政性与非诉讼性杂糅的现状。在无法解决客体复杂多元的困境时，需要对证明方法作出适时的改变与解释。

二、刑事印证证明解释路径的基础诠释

（一）印证原理的知识论哲学解释

当前，证据法学对印证原理的知识论哲学解释主要分为两种路径：一种是从认识本体角度出发，基于“真理理论”对印证原理进行解释；另一种是从认识过程角度出发，基于“确证理论”对印证原理进行解释。②

“真理理论”解释下的印证，是指通过关注证据间的关系和性质，以比较的方式发现证据信息的同一性或非同一性，当这些证据联合起来形成了逻辑上一致的系统，特定的事实命题即得以证立。③“确证理论”解释下的印证，是指真理理论关注的认识本体“绝对真实”，有别于法庭上案件事实的“相对真实”，在司法证明过程中，印证关注的仍是某一具体信念如何确证的认知方法论问题。④

笔者认为，无论是采用“真理理论”还是“确证理论”的知识论哲学解释视角，在印证证明方法的实践应用上，二者都是统一的。即使采用“内在主义”知识论哲学解释视角分析，印证的确证机理仍然需要满

---

① 参见侯亚辉、李奋飞：《刑事执行检察研究回顾与展望——2022 年刑事执行检察研究综述》，载《人民检察》2023 年第 2 期。

② 参见周慕涵：《印证原理的知识论诠释：理论纠偏与认知重构》，载《法制与社会发展》2022 年第 6 期。

③ 参见龙宗智：《刑事印证证明新探》，载《法学研究》2017 年第 2 期。

④ 参见周慕涵：《印证原理的知识论诠释：理论纠偏与认知重构》，载《法制与社会发展》2022 年第 6 期。

足“内容统一”——真实性存疑证据与其他证据在内容上存在部分或者完全重合，以及“指向同一”——不同内容的证据之间相互支持协调且具有一致的指向性。因此，从两种知识论哲学解释方法中可以总结出统一的印证作用机理与功能逻辑：一是对单个证据而言，可以通过其他真实性得到确认的证据对同一内容的某一真实性存疑证据进行认定；二是对整体案件而言，可以通过证据间的一致与协调完成对案件事实的认定。

（二）印证在刑事执行监督中的路径优势

1. 印证保证了刑事执行监督证明的客观性。刑事执行监督中，能够得到真实性验证的证据只有客观证据，因为言词证据受到相关人员身份地位的影响，容易掺杂个人主观情感而无法完全还原客观事实。在刑事执行监督中，言词证据的证明力是很弱的，能够得到真实性验证的证据只有客观证据。由此可见，刑事执行监督证明的基础就是客观证据，若无客观证据即使办案人员达到自由心证中的确证也无法进行监督，而印证则确保了刑事执行监督证明的客观性，即对某一待证证据（如言词证据）的认定确保了有其他真实性得到确认的客观证据予以支持。

2. 印证保证了刑事执行监督证明的一致性。在印证对整体案件事实认定的作用机理方面，需要多个证据之间互不矛盾、相互融贯，若有证据与其他证据逻辑不符，就无法认定整体案件事实为“真”。刑事执行监督中，当检察机关掌握一定的证据或线索时，被监督机关会进行一定的“补救”，以期对被监督事项作出合理的“解释”，如提供“情况说明”等，这是监督与被监督关系下被监督机关“趋利避害”的必然结果。印证则提供了保证刑事执行监督证明一致性的方法，检察机关可通过审查上述证据是否存在相互矛盾的逻辑，对证据内容进行去“伪”存“真”，从而对整体监督事实作出判断。

3. 印证保证了刑事执行监督证明的严格性。在刑事执行监督中，像监狱、看守所等都属于相对封闭的环境，检察机关难以直接全面地调查取证，甚至很多时候需依赖被监督机关提供的材料作为证据。在缺乏对证据的全面掌握时，就必须对当前已掌握线索的证明更加严格，尽可能避免“心证”。质言之，任何监督意见的提出都要得到外部客观证据的支持，且证据之间又形成完整的逻辑闭环，只有这样才能避免被监督机关认为检察机关“无中生有”、不掌握实际情况，从而实现良好的监督效果，令被监督机关心服口服。刑事执行监督证明与民事诉讼证明不同，不能仅通过达到优势证据标准来确定案件事实，印证则保证了刑事执行监督证明的严格性，从证明方法上提高了证明标准，以实现最优的监督效果。

（三）印证在刑事执行监督中的功能表现

1. 高度可能性的证明标准。首先，印证强调所发现证据之间的真实与融贯，并不会对未发现的情况进行推测，只要现有证据能够满足逻辑没有矛盾且指向明确的案件事实，就可以据此作出判断，并不需要考虑是否还有其他符合逻辑的可能。其次，印证对证据链条完整性与准确性的要求又远远高于“优势证据”的标准。办案人员即使根据现有证据形成一定的内心确信，达到“优势证据”证明标准，但如果证据链条中存在矛盾，办案人员依旧无法据此进行刑事执行监督。因此，印证的证明标准应是“排除合理怀疑”的下一级程度，“优势证据”的上一级程度，即“高度可能性”的证明标准。

2. 采信难度更高的证据标准。证据标准不同于证明标准，证据标准关注的是单个证据的证据能力，即通过对证据能力的审查从而对证据的采信能力和准入条件进行判断。在刑事诉讼过程中，证据必须具有证据能力才被准许进入法庭，而证据能力又反向形塑侦查阶段的合法取证方式。① 从具象维度来看，单个证据准入要求的要件包括证据的相关性、真实性、合法性。② 对刑事执行监督案件而言，证据标准即是对已搜集的证据从上述三个方面审查，从而确定何种证据可被采信，准予用于证明监督事项。一般意义上来说，单个证据证明力的评估与证据是否相互印证没有必然的联系，但是，将印证引入证据采信带来的一个直接后果是在

---

① 参见熊晓彪：《刑事证据标准与证明标准之异同》，载《法学研究》2019 年第 4 期。

② 参见熊晓彪：《证据标准的具象维度与实践纠偏——兼论类案证据标准的数据化统一》，载《北京航空航天大学学报（社会科学版）》2022 年第 4 期。

证据评估自然过程的基础上增加了一个额外的标准，单个真实性存疑的证据需通过其他真实性得到确认的证据方能认定证据资格，其结果就是提高了部分证据被采信的难度。①

三、印证证明方法论下的刑事执行监督证明标准

（一）印证是刑事执行监督得以成立的充分条件

在刑事诉讼领域，一般认为如果证据满足印证要求就可以判定被告人有罪，即印证被当作刑事诉讼证明标准的充分条件，会造成公诉定罪证明标准被拉低的结果，此种“证明标准印证化”被学者们所批判。②但是，在刑事执行监督领域，证明标准并不需达到“排除合理怀疑”如此之高的证明程度，而需达到“高度可能性”证明标准即可。根据假言命题判断公式，假设存在两个程度不同的数值 A 和 B，若 A 高于或等于 B，那么达到了 A，则必然达到了 B，因此 A 就是 B 的充分条件；反之，如果 A 低于 B，那么若要达到 B，必须先达到 A，那么 A 就是 B 的必要条件。同理，在刑事执行监督中，只需要达到“高度可能性”的证明标准，那么只要刑事执行监督中所有证据能够达到印证要求下的相互融贯，且单独证据又得到真实性验证的客观证据进行支撑，根据假言命题的判断公式，印证就完全满足刑事执行监督得以成立的充分条件。

（二）印证是刑事执行被监督方异议成立的充分条件

当检察机关对被监督机关进行监督时，被监督方可以提出异议，从而对检察机关监督的事实提出抗辩。不同于诉讼中控辩双方的关系，刑事执行监督应是一种准诉讼化的案件办理模式，被监督方的对抗主要存在于检察机关调查取证过程中，③ 那么判断被监督方异议是否成立自然也存在证明标准问题。在印证证明逻辑下，如果被监督机关提出异议的证据属于得到真实性验证的证据，从而与原刑事执行监督的证据链条产生

---

① 参见吴洪淇：《印证的功能扩张与理论解析》，载《当代法学》2018 年第 3 期。

② 参见杨波：《我国刑事证明标准印证化之批判》，载《法学》2017 年第 8 期。

③ 参见石聪正：《罪犯来信案件化办理的理论探析与实践应用——兼论刑事执行监督“办案”模式的应然路径》，载《中国监狱学刊》2022 年第 5 期。

了矛盾，使整个证明体系不能融贯一致，那么原刑事执行监督对整个案件事实的认定不能被认为属实，被监督方异议成立。因此，印证也是刑事执行被监督机关异议成立的充分条件。需注意的是，这里有一个重要的前提条件，被监督方异议时提出的证据必须是得到真实性验证的证据，质言之，需满足印证对单个证据的要求。单一证据不能支持异议成立，需有其他真实性已得到验证的证据对此进行真实性担保。

四、印证证明方法论下的刑事执行监督证据标准

（一）刑事执行监督中非法证据的排除

笔者认为，刑事执行监督中也存在非法证据排除的情形。对需“强制性排除”的证据，与刑事诉讼中侦查机关对被告人的非法取证行为相似，刑事执行监督中检察机关所获证据很大一部分也需由被监督机关提供①，因此需“强制性排除”的非法证据多产生于控告举报人向检察机关作证时，被监督机关事先对其采取的暴力、威胁等行为中。除了言词证据，对于书证、物证来说，与刑事诉讼相同，如果被监督机关提供的书证、物证不能证明真实来源，也应作为非法证据予以排除。② 印证证明方法中要求采信任何单一证据都需得到真实性已被确认的其他证据的验证，与上述“强制性排除”的非法证据排除规则相一致，刑事执行监督中对于需“强制性排除”的证据，检察机关必须找到可以与其内容指向相一致的其他证据才能认定，否则也必须排除。

刑事执行监督中是否也存在可供补正而不被排除的证据，即“自由裁量的排除”所涵射的证据类型？在刑事诉讼中，取证过程存在程序瑕疵等轻微违法行为，但侦查人员可作出合理解释、说明或者进行补正的，

---

① 如监狱检察时需要由监狱提供其计分考核记录、出入监记录、清监记录、减刑假释评审会记录等材料。

② 在刑事诉讼中，书证、物证未附有勘验、检查笔录、搜查笔录、提取笔录或者扣押清单，不能证明其真实来源的，都属于非法证据，这是因为上述笔录类证据都对书证、物证的真实来源起到验证作用，未经上述笔录类证据加以验证的物证书证，属于在“保管链条”的完整性存在严重缺陷的实物证据，该证据的真实性和同一性无法得到证明，无法排除被伪造、变造的可能。参见陈瑞华：《论瑕疵证据补正规则》，载《法学家》2012 年第 2 期。

为了不放纵罪犯，一般该证据仍可作为定案的依据。① 笔者认为，与一般刑事诉讼证据标准不同，刑事执行监督中并不区分“强制性排除”与“自由裁量的排除”，在印证证明方法下，凡是有瑕疵的证据均需得到真实性已被确认的其他证据验证方能使用。如被监督机关提供的证据出现记录时间、记录人员空白或不一致的情形，那么该证据被伪造、变造的可能性仍然很大，不能因为其属于轻微瑕疵就不被排除。若存在瑕疵，必须有其他内容一致的证据加以验证，不能仅凭自己的解释、说明或者进行补正后采信。更进一步，若被监督机关提供的证据存在瑕疵，该行为本身就可以成为检察机关的监督事项。

（二）刑事执行监督中言词证据的补强

首先，就控告举报人的言词证据而言，控告举报人与被监督机关之间一般直接存在管理与被管理的特殊关系，控告举报人可能会因故意报复的心理作出被监督机关严重违法的夸大陈述，或者会因害怕打击报复而隐瞒被监督机关违法的事实。其次，就被监督机关的言词证据而言，如同“被告人陈述”一样，被监督机关可能会为了减轻责任而隐瞒真相或者作出不实陈述。最后，就第三人的言词证据而言，在刑事执行的封闭管理空间内，无利益关联的第三方“证人”基本不存在。所谓“证人”，或者同属于“罪犯”为被管理对象，或者同属于“监狱民警”为共同管理主体。因此，刑事执行监督中任何一方的言词证据证明力都非常之弱，不仅只在“孤证”或者“一对一”言词证据时需要补强，所有言词证据都需得到其他证据的真实性验证方可使用，并且基本只能用客观证据加以验证，无法再通过其他真实性程度较低的言词证据相互验证。

（三）刑事执行监督中间接证据的认定

在刑事执行监督中，对间接证据认定案件事实也需通过印证实现证据间的补强与聚合，但具体应符合以下要求。第一，用于印证的证据需有直接证据，两个间接证据之间不能实现待证结论为“真”的增强。当间接证据都只是分别证明某一段事实发生的可能性，而无法直接还原案

---

① 参见陈瑞华：《非法证据排除规则的理论解读》，载《证据科学》2010 年第 5 期。

件全貌时，在刑事执行监督高度可能性证明标准的要求下，两个间接证据的印证也只是增强该证据所能涉及的命题范围，并不能直接实现待证结论的增强。质言之，刑事执行监督基本无法以全案均是间接证据来认定案件事实进行监督。第二，用于印证的证据需为具备独立来源的证据。刑事执行监督中，被监督机关自己出具的情况说明等书证不能作为用于印证间接证据的证据，即使其可能作为直接证据描述的是当时事实发生的经过，但由于并非具有独立来源，属于被监督机关根据自己调查或推论所得，所以不能单独用此对间接证据所认定结论进行增强。第三，间接证据的补强必须是真实性补强。若直接证据为言词证据，但刑事执行监督中言词证据无法得到验证时，特别是不存在无利益关联的第三方“证人”独立证词的前提下，直接利用言词证据补强间接证据基本无法实现，必须满足该言词证据通过其他客观证据已经得到充足的真实性担保使其也为真，方能用该证据认定间接证据。由此可见，在刑事执行监督中，间接证据认定案件事实也是非常困难的，其更多发挥的是指引检察机关发现监督线索和确定调查方向的作用，刑事执行监督案件事实的认定仍离不开客观的直接证据。

论暂予监外执行制度的完善路径

——以基层检察机关为视角

潘　磊[*]

摘　要　暂予监外执行制度在规范与实践运行层面仍存在一定不足。例如，法院只能依申请决定，确定保证人主体不明，超期决定易致监管缺位，“交付执行前后”的内涵不明，收押困难倒逼决定；病情复查、身体情况报告不规范，收监执行中逮捕措施、申辩程序缺失。应完善人民法院依职权作出决定、确定保证人的相关规定，明确“交付执行前后”的概念，建立怀孕与哺乳、保外就医与生活不能自理的转化机制，在收监执行中嵌入逮捕程序、强化辩护权的保护。

关键词　暂予监外执行　决定交付　社区矫正　保外就医

社区矫正法、《社区矫正法实施办法》颁布实施以来，暂予监外执行制度取得了一些进展，但仍存在不断改进的空间。本文拟通过基层检察机关的视角，将司法实践中亲历的案件办理的经验与具体的规范相结合，对暂予监外执行的决定交付、社区矫正及收监执行中存在的细节问题进行深入检视，以期丰富理论研究的视角，为制度的完善和工作的进步提供助益。

---

* 潘磊，重庆市合川区人民检察院第四检察部副主任，一级检察官助理。

一、暂予监外执行决定与交付环节中的问题与建议

（一）规范层面的问题

1. 法院只能依申请作决定，相应告知程序缺失

按照最高法《关于适用〈中华人民共和国刑事诉讼法〉的解释》（以下简称《刑诉法解释》）的规定，人民法院只能在被告人申请的前提下作出暂予监外执行的决定。法院不主动决定暂予监外执行，不利于保外就医对象疾病的及时诊疗。审判环节，法官不了解被告人的身体情况，应是只能依据申请作出暂予监外执行规定的原因之一，按此理解虽然具有一定的合理性，但程序设计上缺乏人民法院审理环节中对被告人申请保外就医的权利告知，被告人的合法的程序权益未能得到充分保障。

2. 法院决定保外就医，审查确定保证人主体不明

适格保证人是作出暂予监外执行决定的前提条件，但最高法、最高检、公安部、司法部、国家卫生计生委《暂予监外执行规定》只明确了保证人由看守所与监狱管理机关审查确定①，未规定人民法院决定暂予外执行时，审查确定保证人的主体。可以通过立法的精神以及体系解释的方法得出人民法院具有审查确定保证人的义务。一方面，保证人的缺失是收监执行的情形之一，决定环节没有保证人无法作出保外就医的决定。另一方面，人民法院和看守所、监狱管理机关同为保外就医的决定机关，当然具有审查确定保证人的职责。

3. 自行报到机制缺失，不利于节约司法资源

《社区矫正法》第21条规定，人民法院决定暂予监外执行的社区矫正对象，由看守所或者执行取保候审、监视居住的公安机关自收到决定之日起10日内将社区矫正对象移送社区矫正机构。一般的社区矫正对象系自行前往社区矫正机构报到，而暂予监外执行的罪犯身体情况与一般的社区矫正对象不同，法律规定由看守所或者公安机关将罪犯送交执行。但是这一规定并未仔细区分暂予监外执行对象的具体身体情况，有的暂予监外执行对象身体情况能够自行前往报到，并不需要公安机关移送。

---

① 《暂予监外执行规定》第10条规定："罪犯需要保外就医的，应当由罪犯本人或者其亲属监护人提出保证人，保证人由监狱、看守所审查确定。"

比如怀孕或者哺乳的暂予监外执行罪犯，其与判处缓刑时处于怀孕或者哺乳状态的暂予监外执行对象没有实质区别，一律由公安机关移送不利于节约司法资源。

（二）运行层面的问题

1. 人民法院超期决定容易导致监管缺漏

《暂予监外执行规定》第 18 条规定，暂予监外执行决定应在判决生效后 7 日内作出。实践中，因组织病情诊断，流程短则二三个月，长则八九个月，[①] 难以在规定的时间内作出决定。有观点认为，此期间罪犯的监管存在真空。[②] 对未羁押的罪犯，既未交付执行刑罚，人民法院也未重新采取刑事强制措施，易因监管缺失产生再犯罪的风险。2022 年 9 月，“两高两部”《关于取保候审若干问题的规定》明确了取保候审自动解除的情形之一为“被判处监禁刑，刑罚已经开始执行的”，由此，人民法院在暂予监外执行决定作出前，取保候审的强制措施并非自动解除，此阶段公安机关应当承担监管职责。但这一制度安排仍存在问题。判决已经作出，组织鉴定期间，取保候审期限很可能届满，期限届满后不解除强制措施，影响到当事人的合法权益。

2. “交付执行前后”概念争议较大

根据刑事诉讼法的规定，在交付执行前，暂予监外执行由交付执行的人民法院决定；在交付执行后，暂予监外执行由监狱或者看守所提出书面意见，报省级以上监狱管理机关或者设区的市一级以上公安机关批准。实践中，法院、公安机关、监狱机关对“交付执行”的认识存在分歧。

第一种观点为监狱提请说，认为投监过渡期处在“交付执行后”，应由监狱提请，省级监狱管理机关批准，“交付执行”是静态时间节点，当

① 参见张福坤、杨宏强：《决定暂予监外执行中存在的问题及对策》，载《人民检察》2021 年第 8 期。

② 参见张福坤、杨宏强：《决定暂予监外执行中存在的问题及对策》，载《人民检察》2021 年第 8 期。

法院将执行通知书、判决书送达看守所，即视为已交付执行。[①] 第二种观点为看守所有权提请说，认为除了监狱可以作为提请主体外，看守所亦可以成为提请主体，其理由是看守所在投监过渡期已经成为了投监主体，这样的安排也更有利于保障罪犯的人权，使其得到更及时的治疗。片面要求监狱先收监再启动暂予监外执行程序，极有可能影响罪犯的病情诊断和治疗。[②] 第三种观点为法院决定说，认为只有看守所将罪犯送交监狱收监执行刑罚，才能视为交付执行完毕。“交付”执行是动态发展过程，包括文书送达、罪犯待送监狱和罪犯送达监狱三个环节，而只有将罪犯交付到监狱执行刑罚，才是整个交付执行过程的完成。[③]

3. 收押困难倒逼法院作出暂予监外执行决定

因病情或者其他情形不符合暂予监外执行条件的，人民法院依规定应不予决定暂予监外执行，依法送看守所交付执行。实践中，虽然疾病不符合保外就医疾病条件，但罪犯患有某些疾病的，看守所以《看守所条例》第 10 条[④]的规定为由拒绝收押。对此问题，人民法院缺乏有效解决的手段，带来很大困扰。有的法院采取决定暂予监外执行以解决问题。

（三）完善建议

应赋予人民法院主动作出暂予监外执行决定的权利，明确规定法院有告知被告人享有申请暂予监外执行的权利。应明确人民法院审查确定保证人的职责，避免因规定不明造成实践困扰。人民法院应在规定的时间内作出暂予监外执行的决定，若因特殊情况确实无法在期限内作出决定的，应加强与公安机关的沟通协作，避免出现监管真空。明确“交付

---

① 参见杨有鹏：《交付执行途中罪犯受重伤 暂予监外执行由谁提请》，载《检察日报》2016 年 6 月 24 日。

② 参见李继华：《暂予监外执行中“交付执行前后”该如何理解》，载《检察日报》2016 年 6 月 24 日。

③ 参见李继华：《暂予监外执行中“交付执行前后”该如何理解》，载《检察日报》2016 年 6 月 24 日。

④ 《看守所条例》第 10 条规定：“看守所收押人犯，应当进行健康检查，有下列情形之一的，不予收押：（一）患有精神病或者急性传染病的；（二）患有其他严重疾病，在羁押中可能发生生命危险或者生活不能自理的，但是罪大恶极不羁押对社会有危险性的除外；（三）怀孕或者哺乳自己不满一周岁的婴儿的妇女。”

执行前后”的含义，投监过渡期由人民法院作出暂予监外执行决定，维护罪犯的合法权益，最大程度保证罪犯的健康。细化交付执行的规定，因怀孕或者哺乳等没有必要由公安机关移送的罪犯，可以自行前往社区矫正机构报到。对《保外就医严重疾病范围》与《看守所条例》第10条的规定作进一步的解释，明确严重疾病范围与看守所条例第10条中有生命危险与严重疾病的关系，对有社会危险性同时患有具有危及生命疾病的罪犯，要加强协作，依法收押后送有医疗救治条件的监狱执行刑罚。

二、暂予监外执行社区矫正及收监执行中的不足与对策

（一）机制和实践层面的不足

1. 机制层面

（1）怀孕向哺乳自动转化机制缺失，不利于提高司法效率。以怀孕为由被暂予监外执行，在社区矫正期间生产的，是否需要重新作出决定并不明确。怀孕的情形消失，严格按照规定字面意思，应当收监执行。但这一做法不利于提高司法效率。怀孕的妇女进入哺乳期是自然的过程，且此时仍会被批准或决定暂予监外执行。若仍需重新批准或者作出决定，实际上造成司法资源的浪费。

（2）保外就医向生活不能自理的转化、病情复查配套机制缺失。依照现行规定，在保外就医情形未消失的情况下，即使生活不能自理也只能按保外就医进行管理。这涉及病情复查、身体情况报告、定期报到等义务，而此时罪犯已经生活不能自理，很难履行相应义务，也变相地增加了社区矫正机构工作的难度。缺乏病情复查费用承担保障机制。当保外就医罪犯确实无力承担复查费用时，社区矫正机构为了解保外就医对象的身体状况，不得不承担病情复查的费用，而相关经费由谁负担并不明确。

（3）逮捕措施缺失，可能影响程序进程。社区矫正法及《社区矫正法实施办法》对撤销缓刑、假释规定了逮捕措施，但在暂予监外执行的收监程序中却未予规定。暂予监外执行的决定主体除了人民法院外还包括公安机关和监狱管理机关，后两者无权决定逮捕，可能因此在制度设计时未规定逮捕程序。设置逮捕措施的目的在于防止收监进行中发生脱

逃或者产生其他社会危险，而这些社会危险不仅在缓刑或者假释的社区矫正对象中存在，暂予监外执行对象也可能出现同样的情形，仅因为决定主体的不同就不设置防止危险出现的程序，难以应对实践中的问题。

（4）收监执行缺乏申辩程序，不利于权利保障。《社区矫正法》第48条规定："人民法院拟撤销缓刑、假释的，应当听取社区矫正对象的申辩及其委托的律师的意见。"而对暂予监外执行的罪犯收监执行，没有规定听取本人意见以及听取委托律师的意见。实际上，暂予监外执行不仅涉及病情这一较为客观的方面，还涉及是否遵守监管规定以及是否具有社会危险性等诸多主观方面，因此仍应充分听取意见。缓刑罪犯及假释罪犯享有申辩及委托律师的权利，而暂予监外执行的社区矫正对象不享有上述权利，有失公平。

2. 实践层面

（1）怀孕与哺乳的复查核验力度不足。社区矫正监督管理的相关文件中未对怀孕和哺乳自己小孩的妇女的身体情况应予复查进行规定，不利于及时发现暂予监外执行条件消失，不利于维护刑罚执行的良好秩序。因此应规定社区矫正机构定期对怀孕以及是否哺乳自己的小孩进行检查，发现暂予监外执行情形消失的及时收监执行。在检察监督时，也应将此作为监督重点，防止社区矫正监督管理出现缺漏。

（2）身体报告缺乏统一规范，病情复查存在客观困难。首先，身体情况报告不规范。例如，《重庆市社区矫正实施细则》第51条规定，暂予监外执行社区矫正对象应当每月向司法所报告本人身体情况。此处报告内容无明确规定。因此实践中，有的社区矫正对象提交药品单据，有的出具医生处方，有的出具缴费说明等材料来代表身体情况的报告，欠缺细化标准。H区院在检察监督中发现有的保外就医对象提供乡镇卫生院、私立医院的就诊病例。其次，一些特殊疾病的病情复查存在困难。一方面，一些保外就医罪犯经济困难无力负担复查费用；另一方面，病情复查要求医院的层级高，边远地区的保外就医对象需要跋山涉水参加复查，精神类疾病的保外就医对象在复查过程中可能发病，引发新的社会危险。

（3）暂予监外执行期限计入刑期有待改进。根据刑事诉讼法的规定，除以贿赂或者其他非法手段获取暂予监外执行的，其暂予监外执行的期限不计入刑期，其余情况期限均应计算。实践中，某些手段是否属于非法手段存在争议。比如常见的通过怀孕取得暂予监外执行，通过多次怀孕反复暂予监外执行是否属于非法手段存在分歧。刑期排除制度很难应对上述问题，影响了司法权威。

（二）优化策略

应建立怀孕向哺乳自然转化机制，提高司法效率。人民法院在因怀孕而作出暂予监外执行决定的同时，可以在文书中载明，生产小孩后，妇女需要履行哺乳照护小孩职责的，可以继续暂予监外执行，直到哺乳期结束。应明确对怀孕或者哺乳的暂予监外执行罪犯的核查制度，发现暂予监外执行情形消失的应当立即启动收监执行程序。应建立因保外就医罪犯在社区矫正期间生活不能自理的转化机制，探索赋予社区矫正机构相应的调整权限，明确保外就医罪犯生活不能自理时社区矫正机构的组织判断条件，以便于按照生活不能自理的罪犯来履行监督管理职责。同时要规范保外就医对象身体情况报告的标准，进一步细化相关规定，身体报告要尽量体现对病情判断的针对性。

应健全完善暂予监外执行的收监程序，参照缓刑撤销程序，对收监执行过程中存在脱逃等社会危险性的暂予监外执行罪犯可以先行决定逮捕。同时在暂予监外执行收监程序中应注重对罪犯申辩权以及辩护权的保护，应当听取其本人意见，告知其有权委托律师为其申辩，切实加强收监执行程序中的人权保护。可以参照域外诸多国家的做法，将我国的暂予监外执行期间计入刑期，从源头上铲除诱发违规违反暂予监外执行的土壤。

实践发展永无止境，暂予监外执行制度与检察监督的完善需要理论和实务界同人踔厉奋发、笃行不怠，以实干精神不断推动制度工作迈上新台阶。

回应性的轻罪概念及其展开

王睿柏*

摘　要　轻罪是当今犯罪治理的重要问题，对轻罪进行合理的界定是办理好轻罪案件实现由治罪到治理的前提。轻罪概念无法为犯罪化提供标准，轻罪的价值在于实现程序分流，规范附随后果以及合理区分刑事不法与行政不法。在这样的价值目标之下，轻罪概念是司法层面的概念。轻罪的定义应当坚持以宣告刑为核心判断标准，不应当以法定刑为判断标准，同时不需要在刑罚外寻找其他实质性标准。

关键词　轻罪　宣告刑　犯罪化　犯罪治理　轻罪程序

在刑事法治现代化的过程之中，如何妥当地处理轻罪问题是积极立法态势之下重要的刑事治理问题。轻罪是关涉行政权与刑罚权界限，关涉正当程序配置，关涉刑事治理成效的重要问题。但在理论之中，对于如何界定轻罪，尚未达成一致。轻罪的界定是回答所有轻罪问题的基础，所有相关问题的回应，都离不开轻罪概念的界定。轻罪的概念本身具有高度的建构性，它的定义离不开刑事治理的需求，离不开基于对现实世界的归纳与总结而提出的目的性要求。本文就将视野集中于轻罪概念所要服务的实现目的之上，为回应性的轻罪概念作解。所谓的回应性，实际上就是将轻罪概念的核心放置到刑事法治的治理需求中来，实现多元化的犯罪治理目的。解决大量附随性惩罚给社会带来的过重负担，最重

* 王睿柏，清华大学硕士研究生。

要的不在于轻罪立法，而在于轻罪司法，只有轻罪司法可以为轻罪治理带来区别于重罪之面貌，为限制轻罪过度扩张提供有效的工具。

一、轻罪概念的价值目标及其需求

宽严相济刑事政策强调“根据犯罪的具体情况，实行区别对待，做到该宽则宽，当严则严，宽严相济，罚当其罪”，“对于情节较轻、社会危害性较小的犯罪，或者罪行虽然严重，但具有法定、酌定从宽处罚情节，以及主观恶性相对较小、人身危险性不大的被告人，可以依法从轻、减轻或者免除处罚”。①宽严相济刑事政策是定义轻罪的重要前提和构建轻罪制度的指导方针，彰显了轻罪和重罪分流治理的时代呼吁。实现对轻罪的合理界定，对于区分重罪与轻罪，区分刑事不法和行政不法具有重要价值。

定义轻罪概念无法为犯罪化提供标准，有观点认为纯正的轻罪②所面临的主要问题是犯罪化与非犯罪化的问题。笔者认为，轻罪概念的界定并无法为犯罪化标准提供新的要素和理论工具，轻罪立法与重罪立法没有差异化标准，从谦抑性和比例原则的角度出发，立法标准依旧是法益值不值得动用刑法来保护，刑法要动用多大的力量来保护这一法益，刑法的保护是否是有效的，对法益的保护是不是正当的。③在立法实践中，推动轻罪立法没有办法推动刑法体系从厉而不严向严而不厉转变，只能推动刑事法网向着严密的方向发展。④因而本文所认定的轻罪概念是司法层面上的轻罪。从轻罪与重罪这一对分类出发而言，轻罪概念的主要价值和需求有如下几点。

（一）程序分流提高司法效率

1. 影响刑事诉讼的程序选择。刑事诉讼法规定对可能判处3年以下

---

① 最高法《关于贯彻宽严相济刑事政策的若干意见》。

② 纯正的轻罪是指本罪名的最高法定刑在3年有期徒刑以下，不纯正的轻罪是指在本罪名中，因为具有基本犯和加重犯的不同梯度的规定，有部分情节的法定刑会落入到3年有期徒刑以下。

③ 参见张明楷：《法益保护与比例原则》，载《中国社会科学》2017年第7期。

④ 参见杨楠：《我国轻罪立法的实践与反思——以刑法修正案（十一）为视角》，载《东方法学》2022年第6期。

有期徒刑刑罚的案件可以适用速裁程序。在轻罪案发量占据所有案件近9成的时代，司法资源紧缺与案件治理需求的矛盾集中体现在轻罪案件中，因此，诉讼程序的合理配置是轻罪程序方面的首要价值。而速裁程序的根本价值目标就是追求效率，限制完整的公平与程序保障是发挥速裁作用的前提。①

2. 影响强制措施的选择。我国的审前羁押向来存在着羁押人数过多、羁押期限过长、羁押审查的形式化等问题。推动强制措施非羁押化趋势的因素主要有三，一是轻罪的广泛化，二是认罪认罚从宽制度的普遍适用，三是非羁押性强制措施的控制效力伴随着技术上升和治理现代化得到了有效加强。合理的界定轻罪能为选择非羁押性强制措施提供更加规范的标准。

3. 影响刑事和解的适用。刑事和解制度是一种通过协商的平和方式来解决纠纷、恢复秩序的刑事纠纷解决机制，《刑事诉讼法》第288条规定了因民间纠纷引起的对公民人身权利、公民权利和财产权利的犯罪并且可能判处3年有期徒刑以下刑罚的案件，以及除渎职以外的应当判处7年有期徒刑以下刑罚的过失犯罪案件可以适用和解制度。轻罪制度和刑事和解制度具有天然的协调性和亲和性，轻罪所指向的法益侵害微弱使得被害人自决权的行使不会不平衡地破坏国家司法的基本目标，也无碍于公共利益。

（二）附随后果带来诸多社会负面效应

轻罪数量的急剧上升，导致附随后果带来了严重的社会负面效应，主要体现为对行为人的再社会化造成严重阻碍，对社会资源造成严重浪费。就轻罪本身的附随后果问题而言，我国目前的轻罪的处罚以及其附随后果适用存在着明显的不合比例的问题。一是无条件适用，所有的附随后果自行为人受到刑事处罚之后自动生效。二是大部分的附随后果的规定缺乏关联性，不考虑对犯罪人的特殊预防目的。三是附随后果的规定广泛地散见于各种法律法规、规章制度甚至行业性规定和单位内部的

① 参见汪建成：《以效率为价值导向的刑事速裁程序论纲》，载《中国检察官》2016年第5期。

规定当中。四是非规范性的附随后果依然存在，这导致附随后果的强度无法预料。五是缺乏救济制度，并无时间限制。总之，在信息化的现代社会，附随后果很有可能造成比刑罚本身更加严重的社会性伤害。附随后果是一把“双刃剑”，但在目前的刑事治理状况中，明显其伤害要大于保障作用，轻罪附随后果制度的改造迫在眉睫。

（三）轻罪和重罪的分类影响刑事实体问题

主要体现在对于未遂、累犯、共犯、缓刑适用等等问题上。① 具体而言，轻犯罪可能不存在未遂，不成立累犯，重犯罪的累犯加重幅度可能更大，刑法中缓刑的适用即以行为人被判处 3 年以下有期徒刑、拘役为前提条件。另外一个常被忽视的问题是轻罪的严格责任问题。在英美法系中，轻犯罪中的严格责任设置是比较常见的，后果的轻缓性往往为严格责任提供一定程度的正当化依据。在我国，部分轻犯罪是否可以适用严格责任仍可以进一步讨论，而从刑事不法和行政不法的区分来说，轻罪概念也有着重要价值，轻罪概念可以为行政不法和刑事不法的区分的争议界定明确的范围，满足建立合理的行刑衔接的机制的前提要求。在行政不法和刑事不法的区分这一问题上，向来有“量的差异”“质的差异”“质量的差异”三种学说的争议。而对于行政不法和刑事不法的分流，从我国刑事立法的表现上来看，主要体现为两重限制：一重是法益属性的限制，主要体现为行为类型的差异；另一重是对法益的破坏程度的限制。因而本文从解释论的立场出发，认为“质量的差异”说在我国具有合理性，刑事不法的核心领域和行政不法天生不相容，主要表现为“自体恶”和“禁止恶”的差异，而在两法的边缘区域，量是决定行政不法还是刑事不法的核心要素。② 重罪和行政不法基本不会出现难以区分的情况，因为重罪往往都存在于刑法所保护的核心法益区间并且是严重侵犯了法益的行为。只有在轻罪问题当中，才会出现刑事不法和行政不法难以区分的现象，尤其是罪量要素的存在更加剧了这种问题。因而，

---

① 参见王文华：《论刑法中重罪与轻罪的划分》，载《法学评论》2010 年第 2 期。

② 参见孙国祥：《行政犯违法性判断的从属性和独立性研究》，载《法学家》2017 年第 1 期。

在一种解释论的立场上，讨论行政不法和刑事不法的差别，应当集中在轻罪问题上。

界定轻罪概念的目的和功能是常常被忽略的重要问题，实现对不同事物的区别对待是进行子概念分类的唯一意义，就轻罪而言，为在程序上与实体上与重罪实现区别对待提供前提，在不法性判断上与行政不法的区别对待提供前提，是界定轻罪的价值目标所在。

二、回应性的轻罪概念的具体展开

轻罪概念应当是统合程序法与实体法需求的，是平衡事前性与事后性价值的，是综合形式价值与实质价值的。本文认为应当采取宣告刑为判断轻罪的标准，以发挥轻罪概念的重要功能。具体而言，以宣告刑为标准并不是说应当在案件宣判之后才确定某个犯罪是否是轻罪。在审判前，应当初步判断可能宣判的刑罚作为对宣告刑的推测；在审判后，应当以实际判处的刑罚为标准。

（一）刑罚外的实质要素不具有必要性

在轻罪与重罪的分类之中，一向存在着形式标准说与实质标准说之争议。形式标准说主张以刑罚量的轻重为标准衡量罪之轻重，而实质标准说主张以犯罪的性质与危害程度等等行为特征来衡量罪的轻重。轻罪概念不应当在形式标准外寻找实质的要素，刑罚作为衡量罪行的标准，和罪行的严重程度具有一致性。刑罚之外的实质要素会剥夺所有形式上的稳定性，且不可能设置一个统一标准，而宣告刑标准虽然也是一种实质的轻罪概念，但是其保留了可以衡量的形式要素即刑罚量，在这一层面上，宣告刑论综合考虑了实质要素和形式要素。坚持实质标准说的学者认为，罪质的不同是区分轻罪与重罪的基础，罪质的判断核心就是法益，对某些基础性法益的破坏无论如何都不能纳入轻罪，基础性法益是指刑法其他法益的来源与基础，如国家法益和公共法益中的整体法益。①在现实的立法过程中，各种因素的存在导致罪刑均衡出现一些问题，法定刑标准并不完全合理，因而需要在其之外寻找其他实质性的因素来进

① 参见凌萍萍：《轻罪刑事政策研究》，中国社会科学出版社2022年版，第26页。

行纠偏。[①] 有的实质标准说者以特殊预防实现的可能性为核心标准，或者以犯罪行为的社会危害性为标准进行衡量。[②]。这种实质标准说的问题主要体现在两个方面。一方面，在审视轻罪与重罪的视角上出现了一定的偏差，这种观点号召从实际的角度来审视现行的立法规定，并且认为部分立法在轻重的衡量上是存在问题的。这种视角是从立法批判的角度出发的，其最主要的问题在于没有办法建立一种统一的认识和标准来确定罪的轻重，[③] 这一过程是难以进行高度规范化的约束的。在这种情况下，极有可能引致轻罪程序的滥用和司法独断。另一方面，所谓基础性法益的界定存在问题，按照实质标准说的立场，根据法益本身的属性，对有些法益的侵犯不可能成为轻罪，如危害国家安全罪、大部分的危害公共安全罪、威胁人的生命安全的犯罪、针对关系到整体社会秩序以及社会稳定的重要领域的犯罪、毒品犯罪、危害国防利益罪、贪污贿赂罪、军人违反职责罪。[④] 虽然其从法条的设立目的、危害后果的严重性、行为的基本特征、刑事政策的要求等等方面对每一类犯罪进行了轻重罪的界定，但是这种具体的分类仍然摆脱不了不明确、不稳定的质疑，实质标准论者本身也无法就哪一类犯罪一律应当划入重罪达成统一的意见；同时也有过度绝对化的嫌疑，将一类可能判处轻刑的犯罪完全纳入重罪，会导致实质上的不公平。

遵从实质标准进行分类，会导致轻罪概念成为一个开放的概念，没有明确的界定标准，只要有一种实质上的理由，就可能导致罪之轻重的变化，从而导致轻罪的分类混乱，概念被虚置。

（二）宣告刑论优于法定刑论

如果以刑罚量为唯一标准，那么争议就集中于采取法定刑说还是宣告刑说。坚持法定刑说的学者认为，轻罪和重罪的分类本身是为了实现

---

① 参见郭理蓉：《轻罪刑事政策研究》，中国法制出版社 2023 年版，第 161 页。

② 参见沈玉忠：《犯罪分层理论的展开：梳理、价值与架构》，载《鄂州大学学报》2009 年第 6 期。

③ 参见郑丽萍：《轻罪重罪之法定界分》，载《中国法学》2013 年第 2 期。

④ 参见凌萍萍：《轻罪刑事政策研究》，中国社会科学出版社 2022 年版，第 30—47 页。

在法律上的实体性的和程序性的区别对待，宣告刑深受非规范性事实影响的，因而难以代表实际的罪行严重程度，只有法定刑能提供准确的标准。[①] 宣告刑说按照在具体案件中综合罪行的严重性以及行为人的人身危险性等因素而由司法机关依法判处的应当实际执行的刑罚作为划分标准。本质上而言，宣告刑说和法定刑说的最核心争议是应然状态和实然状态的差异，规范的形式稳定性和合目的的实际效果之间的衡量。

首先需要回应的是法定刑论者所提出的涉及宣告刑论本身定义的问题。法定刑论者批评宣告刑论不能实现审判前的程序分流功能，有学者从实现宽严相济刑事政策要求下的程序分流必须依赖于在诉讼活动开始之前就确定轻罪或是重罪，而宣告刑会导致在判决后才知道一罪是轻罪重罪这一角度，指出宣告刑论不能实现程序分流的功能。[②] 这一批评未免流于形式，没有理解宣告刑论的真实含义。如上文所说，以宣告刑为标准来判断轻罪或是重罪具有两个不同阶段的判断，整体的判断流程是从司法人员收到案件之后通过综合判断而形成对最后宣告刑的初步推测，而后向法院提供具体的程序适用建议，法院宣判形成确实的宣告刑。相比于法定刑论，宣告刑论能够最大限度满足刑事治理的需求。

1. 借助法定刑论者所提出的纯正的轻罪与不纯正的轻罪这一对概念来进行说明。第一，在不纯正的轻罪之中，在判断行为是否落入轻罪的法定刑之中，本身就要依赖于事后的、规范性的判断，而且这种判断也并非如此明确，需要结合预决。如果不进行一定程度的预决，无法区分不纯正的轻罪该落入轻罪还是重罪之中，而预决本身就不符合法定刑论之含义。第二，在纯正的轻罪概念之中，在犯罪分层尚未细致到微罪之时，固然可以解决司法程序选择的问题，但是在附随后果的适用与消灭中会存在过度形式化的问题，如果法定刑在3年以下的犯罪适用同样的附随后果，会导致在社会一般观念判断中的严重程度差距较大的犯行产生同样的附随后果。即使坚持法定刑标准，而后在轻罪中区分出微罪也只是可以缓解这种不平衡但是没有办法完全解决这一问题。规范的量刑标准精细化发展起来无穷无尽，最终也无法满足精细化需求。究其根本，

---

① 参见郑丽萍：《轻罪重罪之法定界分》，载《中国法学》2013年第2期。

② 参见敦宁、韩玫：《论我国轻罪范围的划定》，载《河北法学》2019年第2期。

这是法定刑论的事前性和事后性的不可协调之处。

2. 从程序功能来说，法定刑的规定不能为程序提供明确的标准。第一，从实证角度来看，刑事诉讼法以刑罚为标准的规定无一以法定刑为标准。第二，法定刑意义上的轻罪并无可能成为程序适用上的选择标准，由于其过于形式的标准，不能划分现实案件的轻重，当行为人犯法定刑意义上的重罪但同时有可宽宥的理由反而对其适用重罪程序，会出现实际上的不公平。这种不公平来源于对被告人迅速获得审判的权利的破坏。

3. 法定刑意义上的轻罪不能为附随后果的设定与适用提供合理标准。第一，附随后果的本质是一种保安处分，其目的应当是实现特殊预防，防止相应犯罪人再次利用职业的便利条件进行犯罪行为。① 法定刑论和特殊预防的目的是冲突的，特殊预防要求“必须以已经发生或者已经存在的反映犯罪人的再犯罪危险性的事实为根据”②，法定刑论是没有办法将这些要素纳入轻罪附随后果适用的判断之中的。第二，在附随后果的规范化的过程中，比例原则的适当介入，会推动附随后果从终身适用向着时限性的适用发展，会推动前科消灭制度的建立，而这些未来可能发生的改革也以轻重罪之分离为前提。对于这几种制度的构建，以宣告刑为标准的轻罪更适应其需求，对犯同罪的被告人，适用相同期限的附随后果，是不符合比例原则要求的，附随后果的时间长短，如果仅仅依赖于法定刑来进行判断，就会导致出现实质上的不公平，而应当综合评估行为人再次从事某行业或者以某资格从事某种业务而导致再次进行相关犯罪的可能性，而这种评估本身就是宣告刑的一部分。

4. 在对刑事实体问题的区分上，刑法明确以刑期为标准的规定中，以法定刑为标准的分别涉及属人管辖权、保护管辖权、追诉时效期限问题，累犯和缓刑以宣告刑为标准。但在法定刑标准的规定中，属人管辖和保护管辖并不排斥以宣告刑为标准，其规定以法定刑为标准之目的是力图追寻确定的管辖权利，以解决不同国家之间竞合存在的管辖问题，

---

① 参见徐久生、师晓东：《犯罪化背景下犯罪附随后果的重构》，载《中南大学学报（社会科学版）》2019 年第 6 期。

② 张明楷：《责任刑与预防刑》，北京大学出版社 2015 年版，第 326 页。

以最大程度维护实定法的尊严和国民利益。但法定刑标准和宣告刑标准和这一目的并没有太大的关联性，只是程序设置的形式上会出现不同。而追诉时效的时限规定常常被误解为是对犯罪分层的规定，但其实它本身并不能代表轻罪重罪之分层，只不过是为不同程度的法益破坏行为规定合理的追诉时限而已。而在宣告刑标准的两处规定之中，累犯制度以特殊预防的必要性为核心考量，不可能依据法定刑来进行判断；缓刑也以犯罪人的社会危害性判断为核心，无法依据法定刑来判断。

轻微犯罪记录封存制度之正当性与具体构建

——以《关于办理醉酒危险驾驶刑事案件的意见》为切入点

何　鑫　陈露晨*

摘　要　我国现行前科制度具有多层级、跨领域、起点低、期限长、影响广等特征，在当前背景下面临正当性危机。目前我国学界对前科制度有三种改造方案：前科消灭模式、犯罪记录封存模式和资格刑模式。我国前科制度具有强化威慑、补足报应、防卫社会、价值引领等多种功能，难以为资格刑所完全取代，在现行阶段，犯罪记录封存模式更为可取。为确保制度的可行性，应建立配套机制：在程序上区分非犯罪化行为和其他前科类型分别适用申请封存和法定封存；建立规范化、智能化的犯罪记录和查询制度，出台《前科限制就业范围指南》，赋予犯罪记录封存者隐私保护权。

关键词　危险驾驶　轻罪　前科消灭　资格刑

2023年12月13日“两高两部”发布了《关于办理醉酒危险驾驶刑事案件的意见》（以下简称《醉驾意见》），明确了“情节显著轻微、危

* 何鑫，江苏省苏州市姑苏区人民法院刑事审判庭五级法官助理，法学博士；陈露晨，浙江省台州市仙居县人民检察院第二检察部五级检察官助理。

害不大”，不认为是犯罪的情形，限缩了危险驾驶犯罪圈。迎面而来的问题是，在此之前被判处刑罚但《醉驾意见》不认为是犯罪的庞大群体，还在负担着刑罚的附随后果——前科。如何促使相关群体复归社会以减少社会对立面，事关国家长治久安。为此，《中共中央关于进一步全面深化改革、推进中国式现代化的决定》提出，建立轻微犯罪记录封存制度。作为轻微犯罪治理的制度创新，其正当性基础和具体制度构建关涉着该项制度的法律效果和社会效果。

一、轻罪案件办理背景下前科制度的正当性危机

（一）罪刑结构变动下的价值失衡

晚近中国刑法立法呈现出活跃化的态势，突出特征是轻罪范围的立法扩张，以危险驾驶罪为代表的轻罪体系，一方面通过“严而不厉”的罪刑结构提前防控法益侵犯风险，[①] 另一方面通过配置轻缓化的刑罚和繁简分流的诉讼程序实现了刑罚分配正义，体现了轻罪案件办理的公正与效率衡平的价值理念。

然而，对犯罪附随后果的忽视使轻罪案件办理的价值预设落空。犯罪的负面后果，除了刑罚外，还有附随后果，即犯罪记录对公民定罪量刑或从事相关职业、活动等所产生的负面影响。我国的前科规范由来于重罪重罚的“小刑法”时代，具有多层级、跨领域、起点低、期限长、影响广等特征，其存在于各级位阶规范甚至工作文件中，不仅影响定罪量刑，还往往终身剥夺有前科者的资格、权利，甚至波及家庭成员。轻罪体系“严而不厉”的构想，仅考虑了刑罚轻缓化，在前科上却对轻重罪不加区别，既不符合分配正义，还将大量轻罪罪犯及其家庭成员长期边缘化，潜藏着催生犯罪的隐患。[②]

（二）轻罪附随后果的分配失衡

前科规范欠缺对非犯罪化行为预防必要性的考量。我国刑法总体趋

① 参见黎宏：《预防刑法观的问题及其克服》，载《南大法学》2020年第4期。

② See Kevin Lapp, American Criminal Record Exceptionalism, 14 OHIO St. J. CRIM. L. 303 (2016), p. 311.

势上表现为犯罪化，但在微观层面，由于法定犯前置法的变化、司法解释对入罪标准的调整，也存在着非犯罪化现象。例如，《醉驾意见》对血液酒精含量不满 150mg/100ml 的醉驾行为通常情形下不再认为是犯罪。行为的非罪化说明社会情势、社会观念和法律评价发生变化，很难再说对这些行为人仍有前科预防的必要。

轻罪的报应总量过度溢出。轻罪体系之严而不厉的罪刑结构旨在以公正适度的惩罚唤醒犯罪分子本人的社会伦理意识。[①] 轻罪罪犯已经承受了严厉的刑罚，却仍被施加与重罪罪犯相同的附随后果。更甚者，由于故意犯的附随后果范围大于过失犯，于行为人而言，没有造成实害结果的危险驾驶罪的负面后果甚至超过了发生实害结果的交通肇事罪。

前科规范存在忽视罪行与职业之间关联性的“一刀切”问题。我国大部分前科规范都以“曾因犯罪受过刑事处罚”为适用条件，对犯罪类型和刑种、刑度作出特定要求的仅占一小部分。犯罪的性质、原因不同，社会危害性、人身危险性亦不同，前科规范显然没有考虑具体职业的内在需要，不符合必要性原则。

前科规范缺乏对有前科者复归社会的激励。即使认为危险驾驶等轻罪罪犯在服刑完毕后仍需进行人身危险性的观察，前科隔离也不应当是终身的。从激励有前科者积极向善的角度，设置一定的前科消灭期，让其看到恢复权利的希望，或许比“入口管制”的预防犯罪模式更有利于消除其人身危险性。

株连前科未统筹兼顾利与害的平衡。虽然前科制度厚植于我国以血缘关系为纽带、个人与家族休戚与共的宗族文化，但是在人权观念获得普遍认同的当下，对于未从犯罪中受益的家庭成员，让其负担负面后果，貌似涉嫌对基本权利的过度侵犯。

二、前科制度改造的模式选择：前科消灭、犯罪记录封存抑或资格刑？

因应轻罪体系改造前科制度，我国学界已基本形成共识，但在模式上有三种方案。一是前科消灭模式。全面清理非刑事法律中不合理的前

---

① 参见付立庆：《论积极主义刑法观》，载《政法论坛》2019 年第 1 期。

科规范，构建前科消灭制度，前科消灭后，视为未曾犯罪。二是犯罪记录封存模式。我国未成年人犯罪记录封存的制度体系已日益完善，且相对于前科消灭制度，犯罪记录封存制度能更有效地实现社会防卫与权利保障之间的价值平衡。① 三是资格刑模式。将非刑事法律中的前科规定变更为以必要性和关联性为前提的资格刑规定在刑法中。② 三者在实现处罚必要性、关联性和落实责任主义上具有目的一致性，但对于前科制度的功能，方案一和方案二将其定位为行业洁癖和保护社会公共利益，由此认为不能简单地将前科变更为刑罚措施；方案三则理解为以改造罪犯为内容的特殊预防，由此认为只要刑满释放就应推定犯罪分子已经被改造成为遵纪守法者。

本文认为，前科制度具有威慑、报应、防卫社会等多种功能，难以为资格刑所完全取代。像西方那样将其定位为监管性规定，③ 是不符合我国国情的。在我国未成年人犯罪记录封存制度日益完善且社会观念尚未发生根本性转变的当下，应当循序渐进对前科制度进行改造，目前阶段建立犯罪记录封存制度更为经济和适宜。④

第一，在刑事法律上，前科规范以人身危险性评价和消除为功能。累犯、再犯等前科规范，显然并非对已然之罪的报应，而是科处预防刑的根据之一。一方面，接受过改造的公民在回归社会后再次实施同种罪行或在较短时间内实施较严重犯罪，说明前罪的刑罚量尚未消除其人身危险性，那么对后罪就有必要适当增加刑罚量以进行补足；另一方面，刑事法律的前科包括降低入罪门槛的定罪前科和加重刑罚的量刑前科，较低的入罪门槛和较重的刑罚提高了有前科者再次犯罪的成本，这有利于降低其再犯可能性。

---

① 参见郑二威：《我国犯罪记录整体封存的制度构建》，载《法制与社会发展》2023 年第 4 期。

② 参见张明楷：《轻罪立法的推进与附随后果的变更》，载《比较法研究》2023 年第 4 期。

③ 参见彭文华：《犯罪附随后果制度的体系定位与本土设计》，载《中国刑事法杂志》2023 年第 4 期。

④ 参见曾新华：《犯罪记录封存“但书”规定的法教义学展开》，载《中国刑事法杂志》2022 年第 2 期。

第二，在非刑事法律上，前科规范具有强化威慑、补足报应、防卫社会等多种功能。其一，强化刑罚威慑。前科不仅广泛、持久地剥夺或限制罪犯本人的资格、权利，还以亲情为砝码，增加其机会成本。其二，补足刑罚报应量。前科规范以剥夺资格、权利的方式扩张犯罪的报应后果。其三，防卫社会。尽管有前科者接受过改造，但其人身危险性是否消除难以判断。为避免可能的法益侵害，前科规范将有前科者隔离于特定行业、活动之外，或要求其报告前科以给其他公民提供戒备。其四，一般预防。例如，禁止有前科者从事警察、教师等职业以维护职业的纯洁性形象；禁止有前科者申请荣誉称号、奖励，发挥对社会的激励引领作用。前科株连则把这种提示、防卫和形象维护等功能进一步扩展至有前科者的家庭成员。

三、犯罪记录封存制度实体规范的具体构建

基于兼顾公正与效率的反思，为犯罪记录封存制度的构建提供了方向指引：其一，疏堵结合，既要隔离严重人身危险性者以保护社会，也要激励较轻人身危险性者复归社会以减少社会对立面；其二，符合比例原则，避免惩罚过剩；其三，与公众文化相协调，实现公众认同与法治引领的良性互动。

（一）犯罪记录封存的法律效果

犯罪记录封存的法律效果回答的是封存什么的问题，学理上存在绝对消灭和相对消灭的分歧。绝对消灭是指犯罪记录封存后当事人在法律上应被视为没有犯过罪的人；相对消灭是指犯罪记录封存后果限于非刑事领域而不影响司法者定罪量刑。① 本文赞同绝对消灭，即除特殊情形外相关当事人不再因其前科受到任何刑事、民事、行政规范的负面影响。

首先，在刑事领域，既然作为科处预防刑基础的前科以削减人身危险性为核心，那么在行为人不再体现出再犯可能性时，也就失去了科处

① 参见李勇、曹艳晓：《中国式微罪记录封存制度之构建》，载《中国检察官》2023 年第 7 期。

预防刑的必要。正因如此，“两高”《关于常见犯罪的量刑指导意见（试行)》（以下简称《量刑指导意见》）规定“对于有前科的，综合考虑前科的性质、时间间隔长短、次数、处罚轻重等情况，可以增加基准刑的10%以下”。此外，由于《量刑指导意见》未对时间间隔予以明确，设置一定的犯罪记录封存考察期，也可以避免司法不统一。

其次，在非刑事领域，从犯罪记录封存制度激励有前科者积极向善以减少社会隐患的初衷出发，除少数具有特殊考量的职业或活动外，当事人在满足犯罪记录封存条件后，应与其他国民享受同等待遇。

（二）犯罪记录封存的主体要件

犯罪记录封存的主体要件回答的是哪些人可以封存其犯罪记录。前科制度的多重功能决定了在划定犯罪记录封存的主体时，需要综合考量犯罪的社会危害性、有前科者的人身危险性、职业的特殊性、公众的可接受性等因素。基于此，本文认为主体要件应作如下设置。

1. 前科之罪。（1）已被非犯罪化。社会情势变化导致对行为评价的变化，继续限制相关当事人的权益则就失去了规范基础。（2）特定的故意犯。以危险犯或帮助犯形式存在的故意犯，在社会危害性上有别于实害犯和实行犯，犯罪记录封存的对象可以先行限制在这两类故意犯罪范围内，在犯罪结果上宜限制在轻伤或其他较轻情节以内。（3）特定的过失犯。我国过失犯均以严重后果为要件，尽管不是追求或放任，但是受“人命大于天”观念的影响，对于过失犯，犯罪记录封存宜限制在仅造成财产损失的场合。此外，过失犯由于缺乏人身危险性，对家庭成员的影响甚微，前科不应株连其家庭成员。（4）例外情形。基于特殊预防必要性等考量，对于多次犯不宜适用犯罪记录封存。

2. 前科之罚。由于宣告刑具有不确定性，[①] 且不能完全体现人身危险性和社会危害性，而法定刑既能体现立法对罪行轻重的预设，在司法上也具有可操作性，因此宜采用应当适用的法定刑幅度，并将法定最高刑限制为3年有期徒刑以下刑罚。这一较轻的法定刑说明该罪的社会危

① 参见梁云宝：《积极刑法观视野下微罪扩张的后果及应对》，载《政治与法律》2021年第7期。

害性较轻，对该类罪犯的前科“惩罚”应当有所限制。

（三）犯罪记录封存的时间要件

犯罪记录封存考察期应当区分刑事领域和非刑事领域分别设置。在刑事领域，由于累犯制度的存在，被判处有期徒刑的考察期与累犯考察期相同；被判处管制、拘役或者单处附加刑的有前科者，考察期减半可能较为合适。在非刑事领域，被判处拘役或者单处附加刑的考察期为1年，判处管制的考察期为管制期；判处有期徒刑的，考察期为3年。

（四）犯罪记录封存的实质要件

犯罪记录封存的实质要件是有前科者不再具有人身危险性，在形式上表现为在考察期内没有犯罪和没有实施同种违法行为。前科是犯罪的附随后果，因此一般情况下，犯罪记录是否封存不应当受到非犯罪因素的影响，故不应包括严重的违法行为。但是对于同种违法行为，虽然未达到入刑标准，但反映出再犯可能性，考察期应当重新计算。

四、可行性保障：犯罪记录封存制度的配套机制

（一）犯罪记录封存的方式与规则

域外提供了消灭前科的三种方案，为我们构建犯罪记录封存制度提供了有益的经验借鉴：一是法定消灭，前科在符合消灭条件后自行消灭；二是裁定消灭，对前科之罪判决时根据特定情节在判项中直接消灭其前科；三是申请消灭，有前科者在消灭期届满前由于其特殊表现提前申请消灭前科。[①] 立足我国国情，犯罪记录封存程序，一是应保证犯罪记录封存条件的真实性，以兼顾防卫社会和人权保障；二是应保障犯罪记录封存制度的效率性，不能过度增加司法机关和当事人负担。基于此，我国的犯罪记录封存程序应以自动封存为主、申请封存为辅。这里的申请封存是指考察期届满后的申请。

① 参见崔志伟：《积极刑法立法背景下前科消灭制度之构建》，载《现代法学》2021年第6期。

犯罪记录封存应当区分不同前科类型采用不同程序。其一，前科之罪被非犯罪化的，采用申请封存。根据我国立法实际，非犯罪化主要源于前置法或司法解释的修改。因此，我国的非犯罪化属于构成要件符合性问题，具有很强的个案性，需要由司法者个案判断。在程序的具体设计上，包含申请主体、办案期限、审理程序、案件管辖等方面。申请主体包括前科者本人及其近亲属、受前科株连者；办案期限可以采用速裁程序的规定，提高审理效率；审理程序采用书面审理的方式，简化审理步骤；案件管辖可以由住所地、经常居住地和原审法院受理，便利当事人申请。其二，对于其他前科类型，采用法定封存。由犯罪记录管理部门在对犯罪记录进行信息化管理的基础上自动封存符合条件的犯罪记录，既能减轻司法负担，也便利当事人。

（二）相关制度的衔接与保障

建立智能化、规范化的国家犯罪记录管理制度。客观、准确、更新及时的犯罪记录封存制度是前科制度运行的保障，借助智能化的犯罪记录管理系统，对符合条件的有前科者可以实现犯罪记录的自动封存，提高制度运行效率。从规范犯罪记录使用的角度，有必要建立犯罪记录查询制度，既可以避免有前科者在入伍、就业时不如实报告，也可以实现对犯罪记录的安全保管和使用，避免司法机关因得知被告人前科而先入为主。

修改前科规范以实现体系协调。其一，在犯罪记录查询制度建立后，删去《刑法》第100条的前科报告制度。其二，对非刑事领域的前科规范进行修改以增强关联性。对此，可以借鉴美国德克萨斯州许可和法规部（TDLR）出台的《有刑事定罪的许可证申请人指南》，由人力资源和社会保障部牵头有关单位联合出台《前科限制就业范围指南》，明确前科限制与罪行的关联性，为不同行业提供参照。

赋予犯罪记录封存者隐私保护权，对网络信息匿名化处理。互联网提供了庞大的信息共享基础，使得人们对犯罪记录的获取非常容易。① 例

① Jeffrey Selbin, Justin McCrary & Joshua Epstein, Unmarked: Criminal Record Clearing and Employment Outcomes, 108 J. CRIM. L. & CRIMINOLOGY 1 (2018), p. 9.

如，以社会事件呈现的案件新闻和中国裁判文书网，都将当事人信息公之于众。因此，为确保犯罪记录封存制度取得实效，一方面，正在推进的“两库一网”改革（人民法院案例库、全国法院裁判文书库、中国裁判文书网）需要妥当协调公众知情权、监督权和当事人的个人信息权益；另一方面，相关部门应当联合互联网平台对网络中的犯罪记录进行清理或匿名化处理，犯罪记录封存者也可以向平台提出处理申请。对于故意披露已封存者的犯罪记录的，赋予当事人隐私权以保障其权益。

不起诉案件非刑罚措施的适用

赵　靖　毛海霖*

摘　要　通过起诉裁量权的运用对案件进行分流处理，在不起诉案件中适用非刑罚措施，是轻罪案件办理的重要一环。通过不起诉与非刑罚措施的衔接适用，可以提升不起诉的政治效果、法律效果和社会效果。应当通过立法完善非刑罚措施的结构体系阐释，规范非刑罚措施的适用范围、条件和程序，并探索新型社会共治机制、形成系统治理合力，通过检察维度促进社会治理，为中国式现代化提供法治保障。

关键词　轻罪案件　社会治理　不起诉　非刑罚措施

一、不起诉案件适用非刑罚措施的现状考察

不起诉案件适用非刑罚措施，是检察机关在办案中兼顾刑法谦抑性和刑罚轻缓化的重要表现之一。具体而言，不起诉案件适用非刑罚措施，是指对符合《刑法》第37条规定的情形，综合案件的具体情况和犯罪嫌疑人的人身危险性、社会危害性等因素，选择适用训诫、责令具结悔过、赔礼道歉、赔偿损失、行政处分、行政处罚等实体刑罚以外的处罚措施。由此可见，非刑罚措施的案件适用类型是酌定不起诉案件。刑事司法实践表明，不起诉案件适用非刑罚措施，在惩治预防犯罪、提升法律监督质效、修复受损法益及社会关系等方面的作用举足轻重。本文以C市B

* 赵靖，重庆市北碚区人民检察院检察委员会委员、法律政策研究室主任，四级高级检察官；毛海霖，重庆市北碚区人民检察院三级检察官助理。

区人民检察院不起诉案件适用非刑罚措施①的情况为基础，剖析不起诉案件的类别与具体情况，研究非刑罚措施适用的司法现状。

2023 年，C 市 B 区人民检察院不起诉案件中，酌定不起诉 94 人，占不起诉总人数的 83.9%；存疑不起诉 12 人，占不起诉总人数的 10.7%；法定不起诉 6 人，占不起诉总人数的 5.4%。

这表明，在刑事案件的办理过程中，当检察官认为案件满足犯罪情节轻微、社会危害性不大的条件时，可以根据案件类型、犯罪成因、危害后果等要素，从修复社会关系、保护受损法益、保障司法人权以及维护司法公信力角度出发，充分行使自由裁量权，对案件作出酌定不起诉处理。

如表 1 所示，酌定不起诉的适用主要集中在诈骗、盗窃以及危险驾驶等三类案件中，三者在所有酌定不起诉案件中的人数占比分别为 36.2%、30.9%、11.7%，累计超过酌定不起诉总人数的 75% 以上。

如表 2 所示，训诫是酌定不起诉案件中最常用的非刑罚措施，其适用率为 55.3%。适用训诫，通常表现为检察官直接向被不起诉人宣告训诫词，并听取其意见。在酌定不起诉案件中，建议行政处罚的适用率仅次于训诫，通常表现为检察官向有关主管机关送达检察意见书，建议由主管机关追究被不起诉人的行政责任，其适用率为 12.8%。可以看出，该院当前不起诉案件适用的非刑罚措施主要有决定型、建议型、承诺型三种类型。决定型非刑罚措施包含训诫、责令具结悔过、责令赔礼道歉、责令赔偿损失；建议型非刑罚措施包含建议行政处罚、建议行政处分、建议党纪处分、建议政务处分；承诺型非刑罚措施包含建议开展公益服务，以自愿参与为前提。

表 1　酌定不起诉适用的具体情况

案件类别	案件具体类型	不起诉人数
危害公共安全罪	危险驾驶罪	11
	交通肇事罪	4

① 该院所在省市从 2023 年开始在不起诉案件中适用非刑罚措施。

续表

案件类别	案件具体类型	不起诉人数
破坏社会主义市场经济秩序罪	串通投标罪	2
侵犯公民人身权利、民主权利罪	故意伤害罪	4
	过失致人重伤罪	1
侵犯财产罪	盗窃罪	29
	诈骗罪	34
	职务侵占罪	2
妨碍社会管理秩序罪	非法捕捞水产品罪	3
	掩饰、隐瞒犯罪所得罪	1
	污染环境罪	3

表 2　酌定不起诉案件适用非刑罚措施的基本情况

非刑罚措施类别	具体内容	适用人数
决定型非刑罚措施	训诫	52
	责令具结悔过	8
	责令赔礼道歉	10
	责令赔偿损失	7
建议型非刑罚措施	建议行政处罚	12
	建议行政处分	/
	建议党纪处分	3
	建议政务处分	/
承诺型非刑罚措施	建议开展公益服务	2

二、不起诉案件适用非刑罚措施存在的主要问题

（一）立法规定较为粗疏，尚无统一适用规范

《刑法》第 37 条和《刑事诉讼法》第 177 条第 3 款对非刑罚措施的适用程序、范围以及条件等方面未进行明确规定，当前对于非刑罚措施具体适用的指导意见，散见于针对某些具体案件类型的司法解释中，缺乏体系化的非刑罚措施适用规范。如最高检、公安部 2022 年 12 月 22 日

印发的《关于依法妥善办理轻伤害案件的指导意见》第18条对落实不起诉后的非刑罚责任进行明确规定，检察机关对于适用酌定不起诉的轻伤害案件，可以结合案件的具体情况，对被不起诉人适用训诫或者责令具结悔过、赔礼道歉、赔偿损失等非刑罚措施；对于不起诉前先行刑事拘留、逮捕的，或者刑事和解中的民事赔偿责任得到实质履行的，一般不再提出行政拘留的检察意见。

2021年9月，最高检制发了《关于推进行政执法与刑事司法衔接工作的规定》，旨在解决当前“以罚代刑”“不刑不罚”等现象。在最高检的宏观指导下，各地检察机关立足地域特点，结合法律、司法解释以及刑事司法政策的相关规定，陆续出台本地区不起诉案件适用非刑罚措施工作指引，强化行刑衔接，规范不起诉案件中非刑罚措施的司法适用。例如，甘肃省张掖市人民检察院出台《不起诉案件适用非刑罚性处置措施工作指引（试行）》①，明确对拟作酌定不起诉的案件，非刑罚措施应当“应用尽用”，不适用的需要说明理由；在需要对被不起诉人给予行政处罚、政务处分或其他处分，以及没收违法所得的案件中，应在规定期限内制发检察意见书，送达主管部门。

（二）非刑罚措施在司法实践中存在不规范现象

第一，在承诺型非刑罚措施的适用中，赋予非刑罚措施一定惩戒内容。例如，通过制发“公益服务令”“社会服务令”等法律文书，要求拟不起诉的犯罪嫌疑人强制性参与社会公益服务，从而考察其服务质效，决定不起诉是否适用。类似做法实质上违反了承诺型非刑罚措施适用的自愿性前提，越权赋予其一定的惩戒内容，可能导致非刑罚措施在适用中面临“于法无据”的窘境，犯罪嫌疑人亦可能为达到不起诉的条件而被迫参加社会公益服务，不能从根本上降低再犯罪的风险，无法真正实现非刑罚措施适用的犯罪预防目的。之所以将社会公益服务纳入承诺型非刑罚措施的范围，目的在于通过建议、引导拟不起诉的犯罪嫌疑人承

---

① 参见南茂林、赵元桂、寇海华：《如何做好不起诉案件“后半篇文章”——甘肃张掖：出台不起诉案件适用非刑罚性处置措施工作指引》，载《检察日报》2023年4月24日。

担一定社会责任，从而使其深刻认识到自身行为的危害，真正认罪悔罪、改过自新，实现“治罪”与“治理”的耦合。第二，未在非刑罚措施的适用中运用比例原则，导致重复处罚。例如，在一些侵财类犯罪案件中，被不起诉人已经与被害人达成刑事和解协议，且民事赔偿责任已经得到实质履行，但检察机关在宣布不起诉决定的同时，又责令被不起诉人赔偿损失。重复处罚，有激化矛盾、消解非刑罚措施功能和效果的可能。第三，对非刑罚措施片面解读，机械司法。例如，将训诫、责令具结悔过机械地理解为一般性法治教育，只要求被不起诉人在训诫书、具结悔过书上签字即可，忽视司法教育应有的“仪式性”程序；又如，将赔偿损失、行政处罚理解为一般意义上民事责任、行政责任，“一宣了之”“一送了之”，未予跟进监督。

（三）非刑罚措施适用存在局限，效果发挥不充分

其一，就处罚措施而言，现有非刑罚措施缺乏周备性。因立法仅规定训诫、具结悔过、赔偿损失等非刑罚措施，对于案件中出现的特殊情况可能无法有效应对。如遗弃未成年人案件，对拟不起诉犯罪嫌疑人可以进行训诫、具结悔过、赔礼道歉等非刑罚措施，但从儿童利益最大化原则角度出发，需要形成对拟不起诉犯罪嫌疑人长期切实履行抚养义务的监督评估机制，而现有非刑罚措施无法兼顾该实际需求，也难以防范再犯罪的风险。其二，就适用对象而言，非刑罚措施只适用于酌定不起诉案件。被不起诉人需要满足犯罪情节轻微，依照刑法规定不需要判处刑罚或者免除刑罚的规定，对于一些罪行不轻微，但采用社会公益服务、恢复性司法修复等措施可以修复受损法益和社会关系的案件，适用非刑罚措施则存在制度障碍。其三，就个性化适用而言，非刑罚措施缺乏考验期的规定。因检察机关必须在法定审查起诉期限内作出不起诉决定，而被不起诉人履行预防性抑或修复性非刑罚措施赋予的义务往往需要较长时间，考验期限的阙如，导致无法对被不起诉人是否最终全部履行义务进行跟进监督，非刑罚措施的应然功能和效果发挥不充分。

三、不起诉案件适用非刑罚措施的完善对策

（一）法律解释维度：完善非刑罚措施体系的阐释

在轻罪案件办理的背景下，通过法律解释方法对非刑罚措施体系进行系统阐释，可以弥补立法阙如产生的适用障碍。对非刑罚措施体系的理解和解释，必须限定在法律规则的内涵之中。具体而言，应结合法律解释的方法予以适用。

1. 通过文意解释理解非刑罚措施的适用范围、适用条件以及程序。根据《刑法》第 37 条和《刑事诉讼法》第 177 条的规定，非刑罚措施包含了不需要判处刑罚或者免除刑罚、适用于酌定不起诉案件两个维度，二者相互依托、同时适用。其中“不需要判处刑罚”“免除处罚”应作狭义解释，将此类处罚限定在检察机关的自由裁量权范围内，即检察机关可以行使起诉裁量权对涉及的刑事案件进行审前分流。在适用条件上，应当认识到并非所有的酌定不起诉案件都可以适用非刑罚措施，需对具体案件事实情节、犯罪预防、社会公益恢复、再犯罪可能性等进行实质审查，确有必要处罚的方可适用。在适用程序上，应当形成具有“仪式感”的非刑罚措施适用程序，提升犯罪预防的效果。可通过检察公开听证、建立不起诉宣布与书面训诫相结合的机制等方式，保证适用程序的规范、严格。应规范线索移送、检察意见制作程序，在不起诉宣布后的一定期限内移送有关主管机关。

2. 通过目的解释的方法规范承诺型非刑罚措施的适用。刑法对非刑罚措施作出规定有其特定的立法目的，在司法适用时应采取目的解释的方法解释相关规定。立法用专门条文对非刑罚措施作出规定，但并未排斥在不起诉案件中适用社会服务等承诺型非刑罚措施，显示立法者对于犯罪预防的重视，以及对被不起诉人真诚悔过、回归社会价值导向的偏重。检察机关根据案件具体情况，可以建议拟不起诉犯罪嫌疑人参与社会公共服务，但应以主动承诺、自愿参与为前提，不得违反法律强制性规定越权赋予其一定的惩戒性内容，并符合非刑罚措施的立法目的，最后再根据犯罪嫌疑人履行社会公益服务情况，决定是否作出不起诉。

3. 通过体系解释的方法保障非刑罚措施的规范适用。法律规定的六

种非刑罚措施，即训诫、责令具结悔过、责令赔礼道歉、责令赔偿损失、建议行政处罚、建议行政处分，与司法实践中逐步探索的建议党纪处分、政务处分，以及社会公益服务等承诺型非刑罚措施，共同构成了非刑罚措施的内容。从规范行刑衔接的角度出发，在法律规则之下通过对非刑罚措施进行体系解释，实现非刑罚措施引入不起诉案件处理的目的，完成非刑罚措施司法适用的规范性表达。在明确被不起诉人有罪但可以酌定不起诉的前提下，基于预防犯罪、打击犯罪的双重目的，合理选择决定型、建议型以及承诺型非刑罚措施的适用。由于训诫、责令具结悔过这两种非刑罚措施本身具有法治教育属性，本质上是被不起诉人承担刑事责任的具体方式，二者在不起诉案件适用非刑罚措施时，可单独适用，也可择其一与其他类型的非刑罚措施并用。基于比例原则的考量，责令赔偿损失与建议行政处罚、建议行政处分等三种非刑罚措施，应当充分评估适用的必要性。

（二）功能主义维度：发挥侦查监督与协作配合机制的实效

基于不起诉案件中非刑罚措施适用功能上的差异，为保障非刑罚措施适用的效果，检察机关在行使起诉裁量权时，应重视推动形成共治的犯罪治理现代化格局。对标非刑罚措施的惩治与预防犯罪、教育矫正功能，探索共治机制应着力于行刑衔接方面。当前需要特别重视发挥侦查监督与协作配合机制的实效，检察机关与侦查机关形成侦查监督与协作配合机制，有助于协同构建以证据为中心的刑事指控体系，全面提升刑事案件办理质效。应充分利用现有的侦查监督与协作配合机制，积极推进行政处罚和刑事处罚的紧密衔接，发挥机制的应然作用。在需要向侦查机关提出给予被不起诉人行政处罚、没收违法所得意见的不起诉案件中，需在不起诉决定作出之日起的规定期限内提出检察意见，连同不起诉决定书一并移送侦查机关，并要求侦查机关自收到检察意见书之日起的规定期限内将处理结果、办理情况作出书面回复。在此基础上，检察机关可吸收侦查监督与协作配合机制的有益经验，打造犯罪治理现代化的共治方略，就地区常见的轻罪案件与有关行政部门形成协作文件，实现非刑罚措施在刑法规范内运行，形成犯罪治理的合力。

（三）恢复性司法维度：探索“非刑罚处罚措施＋社会帮扶”机制

在判处管制、缓刑的刑事案件中，社区矫正制度的运行在犯罪矫治、促进被矫治对象复归社会等方面起到积极作用，实现了矫正、教育和再社会化目标，达到抑制和预防犯罪的目的，体现了行刑社会化和恢复性司法理念的内在价值。参考社区矫正实施过程中的机制和做法，可探索“非刑罚处罚措施＋社会帮扶”机制，在不起诉案件适用非刑罚措施的过程中，运用社会帮扶机制。通过与街道社区、公益组织、社会团体等组织进行会商，签订社会帮扶文件，帮助被不起诉人真诚认罪悔罪、积极改过自新，提升自身劳动技能和文化素养。在此基础上，激活不起诉以及非刑罚措施的内在功能，实现非刑罚措施在刑法规范内运行，达到非刑罚措施适用的政治效果、法律效果和社会效果的统一，以检察工作现代化更好服务中国式现代化。

行政执法与刑事司法的反向衔接探构

——以检察不起诉案件与行政处罚衔接为视角

张　宇　彭丽娟*

摘　要　伴随我国“轻罪化”犯罪结构变化，检察机关贯彻落实宽严相济刑事政策，通过“轻重分离、快慢分道”，对刑事案件进行繁简分流，有力推动司法资源合理配置。因立法技术瑕疵、法律适用标准不清、司法实践效果不佳等因素交织，刑事不起诉后如何与行政执法有效衔接的问题逐渐突出，不起诉制度司法效果也未得到有效发挥，确有必要通过完善法律体系、规范适用标准、发挥不起诉制度作用，进一步彰显刑法谦抑性价值。

关键词　不起诉　行刑衔接　司法困境

行政执法与刑事司法的衔接，亦称“行刑衔接”，是指行政权与司法权的衔接，狭义上指行政处罚与刑罚之间的衔接。由行政执法向刑事司法的流动称为“正向衔接”，即对于行政执法机关依法查处的案件，发现涉嫌犯罪的，应当依照程序移送公安等司法机关；由刑事司法向行政执法的流动称为“反向衔接”，即公安等司法机关已立案侦查的案件、人民检察院依法作出不起诉决定的案件、人民法院作出无罪判决或者免予刑事处罚的案件，对行为人不再追究刑事责任，但依法需要给予行政处罚

* 张宇，贵州省人民检察院党组成员、副检察长，二级高级检察官；彭丽娟，贵州省毕节市七星关区人民检察院二级检察官。

的，移送行政执法机关进行处理。对于反向衔接，因法律体系不完善、程序制度未形成、实践需求相对低等因素制约，关注度较少。

在1997年《刑法》以及之后通过的若干修正案中，刑事犯罪结构和刑罚结构逐渐轻缓化，轻罪入刑倾向明显。“轻罪化”从方案构想走向立法现实，轻罪制度也被视为刑事立法的改革趋势。[①] 办案实践中，轻微犯罪在刑事领域所占比重逐步在增加，以1999年至2019年为例，我国刑事犯罪结构发生重大变化，严重暴力犯罪持续下降，新型危害经济社会管理秩序等犯罪大幅上升。检察机关作为司法重要一环，通过认罪认罚从宽制度等，充分发挥不起诉裁量权，对案件进行审前分流和“过滤”作用，优化刑事案件处理机制，全国不起诉率逐年上升。随着不起诉率的增长，不起诉案件与行政处罚在如何衔接、衔接当中的问题逐步凸显，迫切需要完善“反向衔接”的路径。

一、反向衔接的立法脉络

1979年《刑法》第32条规定，对犯罪情节轻微免予刑事处分的，可以根据案件不同情况，予以训诫或者责令具结悔过、赔礼道歉、赔偿损失，或者由主管部门予以行政处分。1997年《刑法》对此再次予以重申，但因配套制度不全等因素制约，该条文未有效发挥作用。1996年《刑事诉讼法》第142条规定，检察机关不起诉的案件，对被不起诉人需要给予行政处罚、行政处分或者需要没收其违法所得的，检察机关应当提出检察意见，移送有关主管机关处理，主管机关应当将处理结果及时通知人民检察院。此为检察机关不起诉与行政执法衔接的初步规定，随后历次修订的刑事诉讼法一直保留该规定。

查阅行政机关出台的相关规定发现，2001年7月国务院制定的《行政执法机关移送涉嫌犯罪案件的规定》仅规定，公安机关对发现的违法行为，经审查不需要追究刑事责任，但依法应当追究行政责任的，应当及时将案件移送同级行政执法机关。2011年2月八部门《关于加强行政执法与刑事司法衔接工作的意见》对行刑衔接中涉嫌犯罪案件反向移送

① 参见周光权：《转型时期刑法立法的思路与方法》，载《中国社会科学》2016年第3期。

进行了规定，即对检察机关作出不起诉决定的案件、法院作出无罪判决或者免予刑事处罚的案件，认为依法应当给予行政处罚的，应当提出检察建议或者司法建议，移送有关行政执法机关处理，标志反向衔接制度初步形成，但发展相对滞后。除2015年12月国家食品药品监督管理总局、公安部、最高人民法院、最高人民检察院、国务院食品安全办等部门联合制定《食品药品行政执法与刑事司法衔接工作办法》和2019年4月应急管理部、公安部、最高人民法院、最高人民检察院等部门联合制定的《安全生产行政执法与刑事司法衔接工作办法》等少数规范性文件涉及司法机关向行政机关移送的规定外，其余的20多部规范性文件都只是关于行政机关向司法机关移送的规定。①

2021年1月修订的行政处罚法进一步完善行刑衔接制度，明确反向衔接机制，规定司法机关对依法不需要追究刑事责任或者免予刑事处罚，但应当给予行政处罚的，应当及时将案件移送有关行政机关。2021年6月《中共中央关于加强新时代检察机关法律监督工作的意见》对健全完善“两法衔接”工作机制亦提出具体要求，健全检察机关对决定不起诉的犯罪嫌疑人依法移送有关主管机关给予行政处罚、政务处分或者其他处分的制度。2021年9月最高人民检察院《关于推进行政执法与刑事司法衔接工作的规定》（以下简称《规定》）也确立检察机关不起诉案件移送行政执法机关制度。《规定》虽详细规定不起诉案件审查要求、移送程序、处理要求等内容，正式确立不起诉案件刑事司法与行政执法反向衔接机制，但对检察机关不起诉案件同时审查是否需要行政处罚制度未加以约束性条款，也未配套相应的监督机制。

因此，除了行政处罚法作出原则性的规定外，尚无高阶位的法律具体规定刑事案件转为行政处罚案件的衔接，从某种意义上说，刑事司法与行政执法衔接缺乏顶层设计，尚不能从根源上解决司法实践中反向衔接的迫切需求。

---

① 参见练育强：《完善行政执法与刑事司法衔接机制之反思》，法律出版社2017年版，第251—260页。

二、反向衔接的司法困境

因刑事司法与行政执法二者属性存在重合、交叉以及法律规定不完善等因素，导致刑事不起诉与行政处罚未有效衔接。特别在治安管理处罚领域，因与刑事司法实体冲突尤为明显，在司法实践中成为了主要例证。

（一）刑事司法与行政执法存有真空地段

因立法技术、表述等原因，部分案件在作出不起诉决定后，未能适用行政处罚予以规制。如，对比《刑法》第 348 条与《治安管理处罚法》第 72 条发现，对于非法持有鸦片 200 克以上、海洛因或者甲基苯丙胺 10 克以上或者其他毒品数量较大，被检察机关作出不起诉决定后，反而不能适用治安管理处罚法进行处罚。又如，对比《刑法》第 314 条与《治安管理处罚法》第 60 条发现，对非法处置查封、扣押、冻结的财产不起诉后，反而不能适用治安管理处罚法进行规制。研究发现，不起诉案件行政处罚缺位现象很多，如《刑法》第 135 条之一，构成要件为举办大型群众性活动违反安全管理规定，因而发生重大伤亡事故或者造成其他严重后果的。但《治安管理处罚法》第 38 条仅处罚尚未发生事故，有发生安全事故危险的。又如，《刑法》第 262 条之一组织残疾人、儿童乞讨罪，规定入罪条件为以暴力、胁迫手段组织残疾人或者不满 14 周岁的未成年人乞讨的，《治安管理处罚法》第 41 条仅规定胁迫、诱骗或者利用他人乞讨的，对暴力手段轻缓处理的无对应处罚。类似的还有《刑法》第 290 条与《治安管理处罚法》第 23 条第 1 款、《刑法》第 318 条与《治安管理处罚法》第 61 条等。

（二）刑事司法与行政执法存在部分重合，界限模糊不明

对同一违法行为，未进行程度区分，刑事司法与行政执法二者界限模糊不明。实践中，出现相同违法行为，有的适用行政处罚，有的则以刑事立案。如，《刑法》第 323 条破坏界碑、界桩罪，根据 2000 年公安部《关于妨害国（边）境管理犯罪案件立案标准及有关问题的通知》（以下简称《通知》），“对采取盗取、毁坏、拆除、掩埋、移动等手段破

坏国家边境的界碑、界桩的，应当立案侦查”。而《治安管理处罚法》第 33 条第 2 项规定“移动、损毁国家边境的界碑、界桩予以治安处罚”。公安部的《通知》与治安管理处罚法所规定的“移动、毁损”存在重合，二者无界限、无法区分，定罪标准模糊，刑事与治安不易分辨。又如，《刑法》第 308 条规定对证人进行打击报复的要予以刑事处罚，而《治安管理处罚法》第 42 条第 4 项规定对证人及其近亲属进行威胁、侮辱、殴打或者打击报复的予以行政处罚，二者同时规定打击报复证人的行为，且无程度之分，刑事处罚与行政处罚界限不明。类似的情况还有《刑法》第 244 条与《治安管理处罚法》第 40 条第 2 款，《刑法》第 279 条与《治安管理处罚法》第 51 条，《刑法》第 353 条与《治安管理处罚法》第 73 条等。

（三）刑事司法与行政执法对同一行为入罪标准不一

如，《禁毒法》第 59 条规定，对走私、贩卖、运输、制造毒品的行为，构成犯罪的，依法追究刑事责任；尚不构成犯罪的，依法给予治安管理处罚。即是说，有可能存在不构成犯罪的情况，此时需要依法给予治安管理处罚。而《刑法》第 347 条规定，走私、贩卖、运输、制造毒品，无论数量多少，都应当追究刑事责任，予以刑事处罚。以上两法对同一罪行入罪标准不一。

（四）刑事司法与行政执法对情节程度规定模糊不明

刑事司法与行政执法通常将情节程度作为区分标准，情节严重的构成犯罪，情节不严重的则按照行政处罚法来进行处理。但是，对部分条文，法律及相关司法解释对于情节程度的判断并没有可操作的规定，因此标准依然存在模糊。如，《治安管理处罚法》第 45 条规定对虐待家庭成员，被虐待人要求处理的，遗弃没有独立生活能力的被扶养人的，处 5 日以下拘留或者警告；《刑法》第 260 条规定对未成年人、老年人、患病的人、残疾人等负有监护、看护职责的人虐待被监护、看护的人，情节恶劣的，处 3 以下有期徒刑或者拘役；《刑法》第 261 条规定对于年老、年幼、患病或者其他没有独立生活能力的人，负有扶养义务而拒绝扶养，情节恶劣的，处 5 年以下有期徒刑、拘役或者管制。但对什么情况属于

“情节恶劣”的，未有相关法律及相关司法解释予以明确。又如，煽动民族仇恨、民族歧视的，《治安管理处罚法》第47条规定煽动民族仇恨、民族歧视，处10日以上15日以下拘留，可以并处1000元以下罚款；《刑法》第249条规定煽动民族仇恨、民族歧视，情节严重的，处3年以下有期徒刑、拘役、管制或者剥夺政治权利。但对于何为“情节严重”，依然标准模糊。

（五）不起诉案件反向衔接程序存在“一头热”情况

《规定》对反向衔接的程序作出具体规定，但此规定只是检察机关内部的要求。一是对行政执法部门无衔接的约束性条款。如，虽明确“人民检察院提出对被不起诉人给予行政处罚的检察意见，应当要求有关主管机关自收到检察意见书之日起两个月以内将处理结果或者办理情况书面回复人民检察院。对行政执法部门不履行该条款的，人民检察院以书面通报同级或上级主管部门，或报告同级党委和人民代表大会常务委员会”，但对行政执法机关的硬性约束力不强，对处理结果如何跟进监督也无规定。二是对检察办案人员缺乏监督程序。虽明确“人民检察院决定不起诉的案件，应当同时审查是否需要对被不起诉人给予行政处罚”。但对于审查的标准特别是检察人员以何种标准进行审查，审查的结果如何进行监督等无具体细化规定。

三、反向衔接司法困境的原因分析

行政执法与刑事司法在衔接上之所以存在司法困境，源于立法层面存在适用矛盾、衔接机制未完善、不起诉制度效果未有效发挥等。

（一）现有法律体系未对反向衔接制度进行顶层设计

因缺乏立法层面的制度支持，致使司法适用困难。目前除行政处罚法有原则性规定外，仅有《规定》对不起诉案件与行政执法衔接作出相对具体的规定，但该《规定》无行政执法部门的参与，对行政执法部门无衔接的约束性条款。反向衔接不只是刑事司法部门之责，更要将行政执法部门纳入，现有法律体系尚无对行政执法部门予以约束的条款。

（二）行政法与刑法的二元属性导致司法适用矛盾

行政法、刑法因分属不同的领域，在违法与犯罪二元化法律处理机制下，在权力配置过程中，二者出现交叉、重叠、矛盾等问题，在未加以融合、权衡、修正的情况下，通过法律的制定映射到现实中，会致使司法适用困难。比如，与刑法衔接最多的是治安管理处罚法，治安处罚的主体是公安机关，公安机关拥有行政治安管理与刑事司法侦查双重职权，① 其对案件的处理具有行政、司法双重权力。若在治安管理处罚法与刑法规定出现诸多交叉、重叠、矛盾，且界限不明的情况下，公安机关对于案件的自由裁量空间极大。基于此，若无规范的监督体系，在标准不明确、执法要求不一的情况下，容易出现“以罚代刑”或“以刑代罚”的情况。

（三）不起诉制度作用未得到有效发挥

检察机关依法敢用善用轻罪不起诉制度，不仅有利于对案件的繁简分流、减少社会对立面，还能最大限度地释放司法善意，有利于对轻微犯罪行为人进行教育改造。在实践中，不起诉之后却意味着刑事程序完结，若无后续跟进措施，当事人往往认为不起诉等于无责。因此，便起不到教化引导的作用。

四、关于反向衔接的几点建议

（一）完善立法体系

1. 由全国人大常委会对行刑衔接出台相关法律规定。要明确双向衔接的范围、移送标准、程序要求等，对不起诉案件与行政执法的衔接，明确审查要求及监督要求，规范行政执法部门接收程序、处理及反馈程序以及对检察意见异议程序、不予履行的处理等内容。在此基础上，行政执法部门要制定实施细则，细化操作要求，规范实体、程序要件，逐步构建双向衔接规范体系，弥补现有法律体系的空白。

---

① 参见田宏杰：《行刑诉讼交叉案件的裁处机制——以行政权与刑罚权的双重法律关系为视角》，载《法学评论》2020 年第 1 期。

2. 对检察不起诉制度进行完善。要扩展不起诉制度的适用范围，建立违法犯罪行为行政处罚—刑事不起诉—刑事处罚分级处遇体系；在不起诉制度中，设立附随义务，将取得谅解、完成一定的公益活动、不得进入特定场所、一段时间的考察等作为作出不起诉决定的条件，可借鉴未成年人附条件不起诉制度，强化不起诉制度的效果；要对刑事不起诉案件当事人的救济程序予以完善，设立不起诉异议程序。

（二）跟进配套规定

1. 落实不起诉案件反向衔接责任制度。要逐步规范检察机关处理不起诉案件同步审查制度，对不起诉案件，同步审查是否需要行政处罚，及时提出检察意见，移送行政执法部门处理并跟进处理情况。要加强行政执法部门依法处罚意识，对检察机关不起诉移送的案件，及时进行审查处理并向检察机关反馈处理情况；对未按相关规定履行义务的责任人，要严肃追责问责。

2. 发挥“两法衔接”平台作用。要总结“数字检察”的实践经验，对“两法衔接”信息平台进行完善，设立不起诉案件移送行政执法部门模块，检察机关作出不起诉决定后，需要提出行政处罚检察意见书的，通过“两法衔接”信息平台将检察意见书及相关材料移送给行政执法部门，同时设置反馈流程，行政执法部门在接收受理后，在规定时间内向检察机关反馈处理情况，对超期反馈的，将相关数据推送给行政执法部门上级主管部门。要明确提出“有关国家机关收到检察建议书后，应当在规定期限内将处理情况书面回复人民检察院。有关国家机关不予书面回复或无正当理由超期回复人民检察院的，人民检察院可以移送监察机关依法处理。有关国家机关书面回复人民检察院不采纳检察建议书的，人民检察院可以报请上一级人民检察院跟进监督”类似的规定。

3. 搭建专业领域“两法衔接”队伍。要结合各地情况，邀请专业素能强的人员，搭建“司法人员、行政执法人员专家库”。检察机关在办理不起诉案件中，可邀请专家库人员，相关行政部门一同介入，以听证会、联席会等形式，充分听取各方意见。

（三）强化履职担当

1. 加强协作配合，凝聚专业共识。在现有法律体系下，检察机关要对行政执法与刑事司法之间存在交叉、重叠、矛盾等问题，结合案件进行汇总分析，将本地出现的问题进行梳理，对行政执法与不起诉衔接“失灵”情况，按照举重以明轻的原则，与行政执法部门进行讨论座谈，凝聚共识；对于行政执法与刑事司法存在界限模糊的情况，要梳理相关解释，联合公安、法院、相关行政部门，根据司法标准高于行政标准的原则，逐步规范本地标准。

2. 加强宣传引导，推进社会治理。检察机关要加强与行政执法机关的对接，对不起诉案件，要通过公开听证、公开宣告等方式，开展法治宣传教育，告知“不起诉不等于无责”；要选取不起诉后进行行政处罚的典型案例，进行以案释法，让“不起诉不等于不处罚，免除刑罚不代表放纵过错”的意识深入人心。

3. 加强责任担当，做实不起诉“后半篇文章”。要积极贯彻落实恢复性司法理念，针对不起诉的案件，充分发挥《刑法》第 37 条的规定作用，根据案件的不同情况，对被不起诉人予以训诫或者责令具结悔过、赔礼道歉、赔偿损失等，充分发挥非刑罚方式，对行为人进行教育矫治。

《刑法》第 13 条“但书”在非法侵入住宅罪认定中的适用检视

郑法梁　邵学瑱*

摘　要　《刑法》第 13 条“但书”作为法定不起诉的情形之一，因缺乏具体指引而适用效果不佳。以非法侵入住宅罪为例，实务中“但书”适用存在逻辑不清晰、标准不统一等问题，一些情节显著轻微危害不大的违法行为被错误认定为犯罪。检察机关应发挥好把关过滤职能，把握好“但书”在刑法体系中的定位效力，在具体适用中厘清考量的要素，采用综合判断的标准与双向论证的方法，并重视法律文书说理，从而保证“但书”的准确适用。

关键词　非法侵入住宅罪　“但书”　情节显著轻微　双向论证

社会治理贯穿诉讼全过程，检察机关要充分发挥不起诉职能，有效推进社会治理。《刑法》第 13 条“但书”为罪与非罪的区分提供了有力依据，对此具有重要意义，该条规定：“一切危害国家主权、领土完整和安全，分裂国家、颠覆人民民主专政的政权和推翻社会主义制度，破坏社会秩序和经济秩序，侵犯国有财产或者劳动群众集体所有的财产，侵犯公民私人所有的财产，侵犯公民的人身权利、民主权利和其他权利，

* 郑法梁，浙江省瑞安市人民检察院第二检察部副主任，四级检察官；邵学瑱，浙江省瑞安市人民检察院第二检察部检察官助理。

以及其他危害社会的行为，依照法律应当受刑罚处罚的，都是犯罪，但是情节显著轻微危害不大的，不认为是犯罪。”以非法侵入住宅罪这一轻罪为例，由于刑法对该罪罪状的表述过于简单，实务中对该罪相关定义把握不准、区分罪与非罪的标准不当，将一些情节显著轻微危害不大的违法侵入住宅行为错误认定为犯罪，增加了一些不正确“诉”。类似的有相当多的轻罪在行为是否构成犯罪上处于罪与非罪的边缘。① 据此，有必要就“但书”的准确把握与适用进行研究，过滤掉一些不应苛以刑责的违法行为。本文以非法侵入住宅罪为切入，检视“但书”适用现状与完善。

一、非法侵入住宅罪中“但书”的实践考察

（一）“但书”适用的基础情况

在中国裁判文书网上以“非法入侵住宅罪”“情节显著轻微”为关键词检索、筛选，得到95份生效裁判文书（有罪78份、无罪17份）②；在中国检察网上检索到近一年适用“但书”的法定不起诉决定书共28份③。以上述文书为样本分析，可以得出以下结论：

第一，“但书”适用的判断要素范围较为稳定。实务中判断非法侵入住宅犯罪行为是否情节显著轻微危害不大，基本上是基于侵入起因、侵入手段、侵入时间、侵入造成后果、公权力是否介入、被害人意愿等要素进行的。

第二，单一要素对“但书”适用的认定影响有限，不能直接决定“但书”的适用。具体为：

（1）侵入起因。根据实践案件中行为人的非法侵入他人住宅的起因及正当性程度，将索要债务归类为“一定正当性起因”，情感纠纷、家庭纠葛归类为“中性起因”，积怨报复、猥亵及盗窃等不法目的则属于“违法性起因”。据统计，不论是未采纳“但书”裁判有罪的案件，还是采纳“但书”裁判无罪的案件，行为人因一定正当性起因而侵入他人住

① 参见袁彬：《犯罪结构变化下轻罪的刑法区别治理》，载《人民检察》2022年第9期。

② 检索时间为2013年1月1日至2024年5月1日。

③ 检索时间为2022年3月1日至2023年3月1日。

宅的均有半数左右，剩余案件中行为人因中性起因或违法性起因侵入他人住宅的数量相近。可见，侵入起因的正当或违法程度并不当然决定“但书”的适用。

（2）侵入手段。侵入手段主要有平和侵入、平和侵入后升级为暴力、暴力侵入。据统计，在有罪和无罪两类案件中，均仅有少数案件属于行为人先采用平和手段侵入他人住宅，后在侵入停留过程中升级为暴力的情况；在剩余多数案件中，行为人侵入手段暴力与侵入手段平和的数量相近。可见，是否使用暴力手段，对“但书”的适用影响较弱。

（3）侵入时间。参照非法拘禁罪的立案标准，将侵入时间小于 24 小时的归类为侵入时间短，并将侵入时间达数日但未到一周的归类为侵入时间较长，将侵入时间一周时间以上的归类为侵入时间长。据统计，在有罪或无罪两类案件中，行为人侵入他人住宅时间短的均占大多数，这与该罪轻罪的本质属性一致，同时也反映出侵入时间对于“但书”适用的影响有限。

（4）侵入造成后果。根据行为人侵害的法益种类划分，有侵害住宅安宁单一法益、住宅安宁和财产或者人身健康复合法益，及同时侵害住宅安宁、财产、人身健康复合法益。其中，在人身健康法益方面，根据伤势后果可分为未达轻微伤、轻微伤、轻伤、重伤及死亡。对比有罪和无罪裁判可知，是否侵害复合法益对“但书”的适用影响不大，但在侵犯住宅安宁和人身健康复合法益的案件中，造成或引起重伤及死亡的，一般会被判决有罪。

<table>
<tr><th colspan="2">有罪判决（“但书”未采纳）</th><th colspan="2">无罪判决（“但书”采纳）</th></tr>
<tr><td colspan="2">仅侵害住宅安宁 41 件</td><td colspan="2">仅侵害住宅安宁 8 件</td></tr>
<tr><td colspan="2">侵害住宅安宁 + 财产 8 件</td><td colspan="2">侵害住宅安宁 + 财产 3 件</td></tr>
<tr><td rowspan="4">侵害住宅安宁 + 人身 23 件</td><td>未达轻微伤 3 件</td><td rowspan="4">侵害住宅安宁 + 人身 4 件</td><td>未达轻微伤 0 件</td></tr>
<tr><td>轻微伤 13 件</td><td>轻微伤 3 件</td></tr>
<tr><td>轻伤 3 件</td><td>轻伤 1 件</td></tr>
<tr><td>重伤及死亡 4 件</td><td>重伤及死亡 0 件</td></tr>
<tr><td colspan="2">侵害住宅安宁 + 财产 + 人身 6 件</td><td colspan="2">侵害住宅安宁 + 财产 + 人身 1 件</td></tr>
<tr><td colspan="2">不明 0 件</td><td colspan="2">不明 1 件</td></tr>
</table>

（5）公权力是否介入。部分权利人在住宅安宁受侵害时会向公权力求助，公权力介入情况能反映案件客观后果及行为人主观恶性。据统计，在未采纳“但书”裁判有罪的案件中，近三分之二的案件公权力未曾介入，剩余三分之一的案件公权力曾介入，且多数案件介入后还曾要求行为人退出他人住宅；在采纳“但书”裁判无罪的案件中，三种情况案件的数量相近，未体现出明显区别。由此可知，公权力介入情况未对“但书”的适用产生实质影响。

（6）被害人意愿。非法侵入住宅行为必定违背被害人意愿，经统计，行为人的意愿并不直影响“但书”适用。具体而言，在两类案件中，被害人未明确表示要求行为人退出的均占大多数。此外，在有罪案件中，被害人要求行为人退出但意愿一般或强烈要求行为人退出的数量相近；在无罪案件中，不存在被害人曾强烈要求行为人退出住宅的情况。

第三，轻微要素或非轻微要素的叠加，对于“但书”的适用或排除有明显的作用。将前文“一定正当性起因”“平和侵入”“短时间”“侵害住宅安宁单一法益”“公权力未介入”“被害人未明确表示退出”归为轻微要素，其他情形归为非轻微要素，再进行整体统计分析。在两类案件中，仅有一个非轻微要素或轻微要素决定“但书”适用的案件占比极低，但同时具备全部六要素的情况也不存在。多数案件的情况主要为二至五个要素叠加，且三个要素叠加的数量最多。这表明“但书”适用判断过程具有综合复杂性，非轻微或轻微要素的适当叠加能够增加“但书”适用或排除的概率。

第四，法律文书对“但书”的说理和回应不充分。在35件有罪裁判文书中，法院仅论证行为符合非法侵入住宅罪的构成，而未回应辩方提出的“被告人行为情节显著轻微”，或简单以“无事实及法律依据”予以否定。剩余43件有罪裁判文书采取了援引情节要素的方式论证不适用“但书”。在17件无罪裁判文书中，法院未作任何具体说理的有7件，援引情节要素论证的有10件。不起诉决定书也存在类似问题，未详细论述情节显著轻微，而直接作为结论进行引用。这表明，裁判说理原则未得到贯彻，若司法人员不进行说理而直接就是否适用“但书”出具结论，其认定标准将不得而知，自由裁量权有被滥用的可能。

（二）“但书”适用存在的问题

1.“但书”适用路径不清晰。

第一，实务中对“但书”效力的认识混乱。该现象主要集中于辩方，“但书”的适用结果是不作为犯罪处理，但在部分案件中，辩方率先提出案件“情节显著轻微”，又以此请求法院减轻或者免除处罚，导致辩护效果不佳。此外，极少数的司法人员也存在认识错误，认定案件犯罪“情节显著轻微”，却未判处被告人免予刑事处罚。

第二，“但书”的适用逻辑顺序混乱。犯罪构成要件与“但书”之间法理关系，以及论证的先后顺序如何，实践中认识不一。有的司法人员先对构成要件符合性进行判断，再综合全案判断是否适用“但书”；[①]有的司法人员则跳过构成要件符合性，直接判断案件能否使用“但书”；[②]还有的司法人员通过论证构成要件符合性，直接排除“但书”适用。[③]“但书”的适用逻辑不明，给实务认定带来较大障碍。

2.“但书”适用标准不统一。

适用“但书”应考虑哪些轻微要素，案件事实中的相关要素有无达到适用标准，轻微要素与非轻微要素的矛盾如何综合判断等问题，因缺乏适用标准，一直困扰着司法实务。

第一，判断要素的范围及轻微程度不统一。从说理情况看，司法人员未全局考虑“但书”适用的要素和重要因素，有的案件援引了多个要素进行论证，而有的案件以某些要素达到严重程度排除“但书”适用。[④]实务中对不同要素的考虑有一定倾向性，如无罪判决中有80%的案件主要援引“侵入起因”论证“情节显著轻微”，仅20%的案件主要援引被侵入人意愿说理；另外，一些其他重要因素在“但书”的判断适用过程中被忽视，如行为人侵入的具体时刻，行为人在白天和深夜侵入他人住宅对居住安宁的侵害程度显然不同，但这一要素在本文调研的样本中几

---

① 参见黑龙江省黑河市中级人民法院刑事裁定书，(2017) 黑11刑终19号。

② 参见天津市西青区人民法院刑事判决书，(2016) 津0111刑初383号。

③ 参见河北省石家庄市中级人民法院刑事裁定书，(2020) 冀01刑终112号。

④ 参见安徽省砀山县人民法院刑事判决书，(2021) 皖1523刑初226号。

乎没有出现。

对比类似案件后发现，司法人员对同一因素的危害性判断标准也不一致。如侵入时间，多数案件将几小时认定为短时间，而某些案件将“行为人侵入他人住宅后停留了七日”认定为“未对生活造成影响”。①又如侵入起因是否具有正当性，有的案件认为为索要正常债务进入住宅具有正当性；有的案件则认为讨债本身合法，但未经同意进入住宅不具有正当性。再如侵入造成的后果，有的案件将侵入破坏房屋财物评价为较严重后果，而有的案件认为财物数额较小，尚属轻微。

第二，案件整体综合评价标准不明。除了单个要素评价标准不一外，“但书”适用最大的难题在于整体评价标准不明。情节显著轻微与情节轻微的区别是什么？实务中有的案件情节类似，裁判最终的定性却相反。在论证了“情节显著轻微”后，还有无必要论证“危害不大”？两者是同时论证，还是分别论证？实务中，部分裁判仅论证了“情节显著轻微”，对“危害不大”只字未提，或者以未造成严重后果等同于“危害不大”。而且，“但书”适用的整体论证路径亦有不同，有的正向论证，有的则认为“但书”的实质是行为没有严重社会危害性，在论证逻辑上以是否达到严重社会危害性进行反向论证，以排除“但书”适用。

二、“但书”适用路径的厘清

（一）把握“但书”的应有之义

受苏联刑法理论影响，我国刑法理论从20世纪50年代至今，都认为犯罪的本质是社会危害性，并且认为社会危害性的内部结构是客观因素与主观因素的结合或者统一。②《刑法》第13条规定了犯罪的三个基本特征，即社会危害性、刑事违法性与应受刑罚处罚性。刑法分则规定具体罪名，就是对刑事违法性的具体要求；而总则第13条“但书”系对分则罪名的约束与指引，即在具备刑事违法性的基础上，还要综合评价该行为的社会危害性、应受刑罚处罚性。分则对不同罪名的规定方式不

① 参见山西省晋城市中级人民法院刑事附带民事裁定书，（2014）晋市法刑终字第68号。

② 参见张明楷：《犯罪论的基本问题》，法律出版社2017年版，第5、13页。

一，有的要求次数，有的要求数额，还有的只有行为表述，但需注意的是，并不是达到这些要求就都属于犯罪。由于“但书”的限制，犯罪门槛才得以存在，违法行为与犯罪行为才能不被随意混同。

实务中对“但书”定位的认识不一，如前文所述，“但书”的适用逻辑顺序主要有两种模式，一是先判定是否属于刑法分则规定的行为，再判定是否属于“但书”；二是将“但书”融合到犯罪构成要件中进行判断。两种模式的背后是有关“但书”功能定位的两种不同理论：前者认为“但书”是犯罪概念的补充性规定，是犯罪概念的组成部分；① 后者则认为在行为与刑法分则的规定相一致，符合犯罪成立条件的情况下，又根据“但书”的规定排除其犯罪性是自相矛盾的，没有坚持构成要件观念，可能冲击罪刑法定原则。②

第一种立场更具合理性。第一，《刑法》第61条规定，对于犯罪分子决定刑罚的时候，应当根据犯罪的事实、犯罪的性质和对于社会的危害程度，依照本法的有关规定判处。由此可知，在考虑行为的危害程度时，除了犯罪要求的严重社会危害性，当然还要审查是否属于“但书”规定的情节显著轻微危害不大。认可“但书”的补充性地位与《刑法》第13条规定的逻辑一致，有利于实现法律适用的统一性。第二，认可补充性地位并不等同于将行为的社会危害性作为评价罪刑的唯一标准，仍必须对构成要件符合性先行审查。第三，有些行为与刑法分则的规定相符不能直接认定为犯罪，一些类型的行为在治安管理处罚法中的表述与刑法完全一致，社会危害性程度的实质判断显得尤为重要。第四，将“但书”规定融入犯罪构成要件中考量存在局限性。刑法分则并未一律将情节或后果纳入罪名构成中，刻板考察情节或后果只会流于形式，而在审查犯罪构成后再对全案情节综合评价则不受此限制，且能更科学地反映行为性质的全貌。

（二）“但书”的适用路径考量

1. 厘定应当考量的要素。主观与客观的统一是我国犯罪论体系的基

① 参见王尚新：《关于刑法情节显著轻微规定的思考》，载《法学研究》2001年第5期。

② 参见周光权：《刑法总论》，中国人民大学出版社2011年版，第5页。

本特点及核心，社会危害性程度由主客观要素综合决定，“但书”的适用离不开主客观要素。受立法技术影响，分则的罪名规定高度精练，限制性地按照构成要件难以对案件作出全面、精确判断。主客观要素不能局限于分则明确规定的情节，应当摒弃仅作形式解释的做法，要以刑法分则规定所要保护的法益为核心，从实质上挖掘出隐含的相关要素，从而将形式上符合犯罪构成但不值得刑罚处罚的行为出罪。就非法侵入住宅罪而言，侵入起因、侵入手段、侵入时间、侵入造成后果、公权力是否介入、被害人意愿等六要素从不同方面反映出了行为人的主观恶性、侵入的违法性、侵入的实质危害性，而这决定了行为的社会危害性的程度。当然，六要素也只是考量的基本方向，未囊括全部情节。

2. 把握综合判断的标准。“但书”的适用与否是综合、整体判断的结果。其一，在综合判断前，应逐一评价各要素的恶劣程度。该判断多属于事实层面，故评价标准以刑法所保护的法益为基本依据，结合特定时期及地域的特点，将大众朴素认知作为判断核心，如以违法犯罪为目的侵入行为的恶劣程度明显重于有一定事由的侵入行为；侵入又破坏财物、伤害他人的重于仅有侵入行为。其二，“但书”条款是行为与结果的统一。“但书”中的“情节显著轻微”针对的是行为维度，“危害不大”则是对结果维度的考察，二者的评价标准应保持一致。需要明确的是，必须同时符合这两个维度的要求，才能适用“但书”，不能忽视行为与结果间的联系。尤其是行为轻微、结果却重大的案件，应重点审查行为与结果的因果关系，避免出现重大伤亡就追究刑责的唯结果论裁判。其三，综合性判断极大考验着司法人员的司法阅历和法律水平。在各要素均轻微或者恶劣的情况下，“但书”的适用争议不大；但当各要素之间或者多个要素出现矛盾，“但书”的适用就会存在较大争议。如，行为人为索债强行破门进入他人住宅，被害人自知理亏而予以招待，行为人又发泄情绪破坏房屋桌椅，此案中，行为人的侵入手段是暴力的，侵害的又是复合法益，这两要素是恶劣的；然而侵入又有一定事由，被害人亦无明确反对意见，这两要素是轻微的，此时如何综合衡量作出裁判显然是难题。这种情况是实务常态，很难提供具体明确的标准，应尽可能全面地考量行为对住宅安宁造成的影响，从公众角度审视非轻微要素能否被轻微要素消解，以及最终的结论能否被信服。

3. 采用双向论证的方法。第一，划清入罪标准。“但书”适用不明的一大部分原因在于非法侵入住宅罪的入罪标准模糊，故有必要作进一步明确。结合实务判例及把握严重社会危害性的实质，本文尝试对该罪提出5种类型化的入罪标准，也是恶劣行为加严重影响的罪量要求，具体为：（1）非法侵入他人住宅，经要求退出而不退出，严重影响居住安宁；（2）非法侵入他人住宅，停尸闹事，严重影响居住安宁；（3）非法侵入他人住宅，又殴打他人或毁坏财物，严重影响居住安宁；（4）以暴力手段非法侵入他人住宅，严重影响居住安宁；（5）非法侵入他人住宅，致他人无法居住的。入罪门槛的确立有利于将大量违法行为划出犯罪圈，为“但书”的适用进行必要的筛选。

第二，遵循双向论证的运行逻辑。所谓双向论证，是指正向论证案件能否适用“但书”，以及反向论证行为是否构成犯罪。双向论证是基于“但书”作为犯罪概念的组成部分提出的，为“但书”科学准确适用提供了一道程序保障。一个符合构成要件的违法行为或因情节显著轻微危害大而出罪，或因具有严重的社会危害性而入罪，司法人员在双向论证过程中能够对该行为具有更全面和细致的考量，避免出现明显错误的适用情况。

在正向和反向论证中，构成要件符合性是判断的共同第一步，以分清一般的违法行为与具有刑事违法性的行为。关于在案情节和后果是否属于显著轻微、危害不大，以及有无严重的社会危害性的评判衡量，是正向和反向论证各自进行的第二步，这一步骤必然存在显著轻微与严重的社会危害性的判断拉扯。第三步，通过正向论证得到是否适用“但书”的结论后，再以反向论证中的结论进行印证。如，正向论证结果为可以适用“但书”，反向论证认为不构成犯罪则表明双向论证成立；又如，正向论证结果为可以适用，反向论证认为，可以构成犯罪，则表明存在较大争议，需慎重地考虑“但书”适用问题。

4. 重视“但书”适用的说理。不论是检察机关的不起诉决定书还是法院的裁判文书，都具有终局性的法律效力，应当充分释明与罪刑相关的内容，以保证司法公信力。这也对检察官和法官审查案件提出了更高要求，促使司法人员对个案是否符合“但书”适用条件进行实质审查，从而全面展示案件罪质的评断、裁量过程，也便于公众进行监督。实务中，应杜绝简单援引“但书”而直接得出结论，进一步加强“但书”是否适用的说理。

非法采运海砂行为治理研究

——以舟山市检察机关所办案件为样本

姚秉正　王柳巧*

摘　要　当前沿海地区非法采运海砂行为日益猖獗，且逐渐形成开采、运输、收购、销售非法产业链。非法采运海砂犯罪多发是由于违法犯罪成本较低、协同治理尚未体系化以及案件办理存在片面性，全链条打击能力严重不足。对此，需运用法治、经济、社会等手段系统性整治，实行涉海砂违法犯罪全链条打击，在开源端注重疏堵结合、在运输端注重联防联动、在销售端注重标本兼治，规范海砂采运、销售秩序，保护海洋矿产资源。

关键词　非法采运海砂　掩饰、隐瞒犯罪所得　全链条打击　协同共治

浙江沿海地处我国南北海岸线和长江黄金水道的交叉地带，自古以来航运贸易繁荣发达。改革开放后，包括浙江在内的整个长三角地区经济迅速崛起，巨大的基建市场催生了持续不断的用砂需求，由此引发的非法采运海砂违法犯罪问题逐渐增多，特别是在航运条件优渥、仓储资源丰富的舟山群岛地区，非法采运海砂的问题更为集中突出。

* 姚秉正，浙江省舟山市人民检察院第一检察部副主任，一级检察官；王柳巧，浙江省舟山市人民检察院法律政策研究室三级检察官。

一、浙江舟山地区非法采运海砂犯罪案件的特点

经笔者统计，自 2019 年舟山海警局正式履行海上犯罪打击职责以来，舟山市检察机关共办理非法采运海砂案件近百件，所涉罪名除个别为非法采矿罪，其余均为掩饰、隐瞒犯罪所得罪，办案量从 2020 年 10 余件 30 余人到 2022 年 40 余件 100 余人，呈逐年大幅上升之势，至 2023 年，在海上非法采砂犯罪持续从严惩治高压态势下又有所下降。案件总体呈现如下特点：

（一）采运海砂犯罪环节多，区域跨度广，具有明显的流窜特征

1. 海砂来源地域广中有聚。从 2019 年至今舟山海域查办的非法运输海砂案件来看，盗采海砂的地点均为不同省份的特定海域，主要集中在福建、台湾海峡以及广东近海海域等。总体来看，海砂来源地域较广，涉及多个沿海省份，没有稳定且具备规律性的海砂采运溯源路线，但同时又相对集中在特定海域。

2. 海砂卸货地点较为分散。盗采海砂的装运基本依托水路，部分过驳船舶系“三无小船”或是长江内河货船，基于规避执法的考量，船舶的卸货点大多选择舟山海域离岛的民间码头或相关企业临时租用的浮动码头，且卸货地点并不固定，较为常见的有嵊泗枸杞岛海域、定海大菜花山海域以及老塘山海域等，遍布舟山群岛的主要散货船靠泊码头。

3. 海砂销售目的地众多。2021 年之前在舟山地区过驳转运的海砂除少部分在当地销售外，大多数海砂销售目的地为长三角沿海城市，通过货车运输或者散装海运的方式输入上海、太仓、南通、宁波等地，销售链条以点到面，辐射较广。2021 年以来，因本地砂场用砂需求增长等原因，相当一部分运砂船将非法采运的海砂就地转卖给舟山地区的砂场。

（二）采运海砂手段隐蔽，伪装性较强，呈现非法运营特性

1. 采运海砂的船舶违法作业较为普遍。涉案的吸砂船舶均为非法改装，私自架设传输带，并通过传输带运送到过驳船只进行分装；涉案的过驳船只大多不具备货运资质或海运条件，通常由渔船或油轮临时改装而来，并不具备海砂装运的条件，更有甚者，直接将长江内河船舶作为

海上过驳船只，严重违反海运管理秩序。据统计，涉及内河船出海运砂的案件有30余件，约占30%。

2. 采运海砂船舶的联系较为隐蔽。与走私犯罪中的联系方式相似，采运海砂案件中盗采船只与过驳船只之间也是通过高频呼叫、一元纸币或境外社交软件等极为隐蔽的方式进行联系，且常采取关闭AIS、更改航海日志、不向海事部门报备报港、黑夜过驳等方式隐迹潜踪。据统计，过驳船只关闭AIS的有近70件，更改航海日志的有近30件，未向海事报备的有20余件，黑夜过驳的有60余件。此外，涉海砂犯罪的开采、运输、卸货、分送等各个环节各自独立，人员之间相互不识，在每个环节均实现较为完整的犯罪闭环，不易被全链条打击。

3. 所采运海砂的相关凭证多系伪造。为应对海事、海警等执法部门的检查，涉海砂犯罪船舶通常携带伪造的水路货运单等相关凭证，为违法犯罪行为披上合法有效的外衣。特别是货物单据系合同交易双方之间的交易凭证，现场执法过程中往往难以发现其真伪，致使采运海砂的船舶伪造证件现象层出不穷，成为违法犯罪的普遍性辅助手段。在金某等5人掩饰、隐瞒犯罪所得案①中，高某在船舶出海前事先准备好“水路货运单，船舶载运货物舱单，运砂登记票据，非集装箱货物港建费减征、免征、缓征申报”6张虚假票据，被海警执法部门查获后，经与海砂开采项目部核查才发现高某提供的票据系伪造，该海砂开采项目部未曾给高某所在的船只办理海砂业务单据，该船当日也未曾在该公司海砂开采场进行装砂作业。

（三）采运海砂人员复杂，流动性较强，具有分工配合的特点

1. 海砂开采人员逐渐去本地化。近年来因浙江省持续加大对非法采砂的打击力度，省内沿海非法采砂每年呈减少之势。因此，在海砂开采环节的人员构成中，浙江本地的参与人员逐渐减少。近两年舟山涉海砂犯罪的案件中，已经很难发现本地人员参与海砂开采环节的违法犯罪活动。由于台湾海峡区域海砂开采数量的大幅提升，福建籍人员深度参与海上非法采砂活动增多，形成了较为完整的船舶选用、船员招募、交易

① 参见浙江省舟山市定海区人民法院刑事判决书，(2021) 浙0902刑初215号。

信息发布等犯罪链条。

2. 海砂运输人员的构成逐渐复杂。2019 年非法采运海砂案件显露苗头时，海砂输运环节的人员基本都为浙江沿海地区的船员，且大多系具备航行资质的运输类船员，身份排摸和追索较为便利。随着非法采运海砂的持续发展，运砂人员在地域构成上不再一地独大。此外，参与运砂人员中具备航运资质的船员逐渐减少，渔船船员乃至无任何船员资格证书的人员大量参与其中，致使运输环节参与人员的构成越来越复杂，加大了执法和管理难度。

3. 海砂卸货人员以本地化为主要构成。海砂运输的装载量通常较大，少则几十吨，多则上万吨，因此仓储分装需要寻找较为便利的港口码头。从近两年来的案发情况看，从事海砂卸货的人员以舟山本地从事砂场工作和港口卸货的为主，更有甚者，与当地大型国有企业签订仓储管理合同，将海砂卸货仓储工作分包给当地企业，逐渐形成物流环节的本地化和封闭式运作。

二、非法采运海砂犯罪多发的成因分析

非法采运海砂不仅严重侵害国家对资源的管理开发秩序，也对沿海地区海洋生态环境造成不可逆转的破坏性影响，同时因海砂淡化不合格流入建材市场对建筑质量带来安全性风险。非法采运海砂犯罪行为多发频发既是法律问题，也是经济问题，更是社会治理问题，需全方位、多角度分析其成因。

（一）非法采运海砂获利巨大，违法犯罪成本较低

1. 市场高需求和海砂采矿权未开放的反差引发虹吸效应。当前我国大多数沿海省份均未设海砂矿业权，无有效的涉海砂开采的海域使用权。采砂权的空白和机制砂的未全面开发为地下非法开采带来商机，从而自发通过网络建立地下市场，从中牟利。例如，在郑某等 4 人涉海砂掩饰、隐瞒犯罪所得案①中，郑某因从事船舶运输代理，听闻长江附近卖海砂获利颇丰，即从船讯网上主动订船，并与采砂方通过微信传输合同，支付

① 参见浙江省舟山市定海区人民法院刑事判决书，（2020）浙 0902 刑初 140 号。

定金，确定装砂事情，最后前往福建漳州古雷锚地装运海砂。由此非法采运海砂的采、运、储、供、销的地下产业链自发形成。

2. 低廉的违法成本与高利润形成反差，对非法盗采行为难以起到震慑作用。首先，不法分子多通过夜间采砂、通风报信、随时转移等方式躲避监管，被查获的概率非常小；其次，即使被查获，由于作案者往往不如实记录航海日志，也无雷达等航行记录，并提前隐匿账簿，导致证据获取困难。与非法采运行为获取的巨额利润相比，因砂量未达刑事构罪标准而多被处以罚款、拘留、暂扣船舶等行政处罚，与高利润的诱惑相比，上述处罚微不足道，无法起到震慑作用。此外，非法采矿罪总体上入罪门槛尚偏高、刑罚偏轻，虽然刑法和“两高”《关于办理非法采矿、破坏性采矿刑事案件适用法律若干问题的解释》明确了非法采砂行为可以非法采矿罪入刑，并相应降低了该罪的入罪门槛，但从舟山地区司法实践情况看，涉海砂被判有罪案件占比不高，而检察机关以非法采矿罪提起公诉的仅个别案件，且法院对于其中 1 件的判决认为涉案人员在审查起诉阶段所作其事先联系吸砂船的供述无其他证据印证，无法证明其事前与非法采矿分子通谋的事实，故对指控罪名予以变更。可见，目前该法条比较难被有效“激活”。

3. 巨大利益的诱惑引发各地下产业链铤而走险。在浙江省近几年持续加大对非法采运海砂打击的情况下，采运人员之所以明知福建、台湾海峡等地的海砂是不合法的，仍然心照不宣进行交易，是因为与较轻的处罚相比，铤而走险更值得尝试，不论是开采方、运输方还是销售方均在海砂非法产业链中获利颇丰。

（二）非法采运海砂协同治理尚未体系化

1. 不同区域的差异化治理为不法分子提供违法犯罪可能。随着环保力度不断加大，各类自然资源多被严格控制开采范围和规模。例如，长三角、福建海域以及台湾海峡等地的海砂已被禁止开采；但广东湛江海域仍旧允许持证采砂。虽然福建海域和台湾海峡的海砂已被地方政府禁止开采，但该海域的海砂属天然海砂和细砂，符合建设用砂技术指标要求，故非法采砂行为层出不穷。上述海砂被运输至湛江时，因海砂开采地是否为湛江海域存在疑问，故当地执法机关通常以证据不足为由不予处理。而海砂被运至浙江沿海查获时，不法分子通常以相同海砂在湛江地区未作为非法开采的海砂作为理由，主张所运海砂来源合法，给执法办案造成困扰。

2. 不同区域执法机关联动性不足导致涉海砂犯罪打击不彻底。舟山海警局于 2019 年起正式履职，但改革后的海警机构执法力量相对薄弱，专业办案人员相对匮乏，疲于履行大幅增加的执法办案职能。2019 年前后，浙江省持续加大打击力度，但跨区域非法采砂的联合执法机制缺失，导致打击涉海砂犯罪不够彻底，不够充分。近年来福建古雷半岛和台湾海峡等海域成为非法采砂的主要集中地，但目前对于该两地的非法采砂和相关上下游的联合治理和惩治机制尚未建立，一旦发生此类案件，缺乏联动应对机制，无法有效突破执法信息壁垒。

3. 海事机关报备制审核改革客观上为不法分子提供主观脱罪空间。2021 年《海上交通安全法》修订以来，海事机关对于船舶装载货物由审核制变更为报备制，重点审查船载货物的适航性，对于船载货物来源的合法性、合规性等问题不予审核。由此，涉海砂运输犯罪嫌疑人即以船载货物得到海事机关的报备批准为由，为自己涉海砂运输、买卖等犯罪行为脱罪。客观上说，犯罪嫌疑人的上述抗辩具有一定的合理性，即犯罪嫌疑人对于海事机关监管审查内容的变化并没有知晓义务，其将船载货物适航性的报备当作合法性的报备并无明显不合理之处，这就为犯罪嫌疑人通过报备制进行主观脱罪提供了辩解空间。

（三）非法采运海砂案件办理存在片面性，全链条打击能力严重不足

1. 案件线索移送机制不畅导致办案办理存在“断片”现象。近年来，涉海砂犯罪查处始终难以突破“断片”魔咒，刑事案件的最终处理结果大都因指控证据缺乏，只能就低认定罪名。从舟山检察机关查办的涉海砂刑事案件来看，其中 90% 以上为掩饰、隐瞒犯罪所得罪这一轻刑化的下游犯罪罪名，刑期多为 3 年以下有期徒刑。究其原因，主要是由于不同区域执法信息移送不畅所致。例如，海警机关在舟山查处的非法运输海砂刑事案件后，难以将案件信息和在案证据即时同步给上游犯罪所在的福建海警机关，不同区域执法机关之间的联合分析研判往往落后

于上下游不法分子之间的信息串联，执法信息的不及时、不对称和不平衡导致涉海砂犯罪打击难以彻底。

2. 跨区域取证不力导致涉海砂犯罪数额认定与实际情况存在偏差。侦查机关在查处涉海砂违法犯罪案件时，通常仅能在砂场或者运砂船上查扣少量海砂，价格认定机构也只能对案发时涉案海砂的价值进行鉴定，而对于涉案人员供述的之前采运海砂的行为，由于没有扣押在案的海砂和其他地区查处的案件信息的印证，无法作为司法实践中认定的犯罪事实，最终只能以现场起获的海砂数量作为犯罪认定，导致涉海砂案件中能够入刑的往往不多，多数案件由于未达刑事构罪标准而仅处行政处罚。因此，跨区域取证不力，往往导致案件办理的惩治力度大打折扣，也无法体现出涉海砂违法犯罪的真实情况。

3. 对涉案财物的简单处置导致重新犯罪概率较高。涉海砂案件中的涉案财物主要有采砂运砂船只及海砂。根据刑法及“两高”司法解释规定，对非法、破坏性采矿犯罪的违法所得及其收益应当依法追缴或者责令退赔，对用于非法采矿、破坏性采矿犯罪的专门工具和供犯罪所用的本人财物应当依法没收。但实践中对于涉案船舶和海砂的处理，执法机关往往只考虑顺利办结案件，而非从精准打击和预防犯罪的角度长远规划。例如，对于涉案海砂的处置，有些侦查机关甚至因海砂拍卖后所得款项价值可能远远超过其自身非法销售所获价值，而将部分款项返还违法人员，如此处置，十分不利于精准打击犯罪，也有违相关立法的原意。而对于涉案船舶的处置方面，侦查机关往往因在案证据存疑就直接将涉案船舶发还犯罪嫌疑人，未对涉案船舶进行违法信息录入和发布，致使有些涉案“三无船舶”可以循环往复从事非法采运海砂活动。

三、推动非法采运海砂治理的对策建议

海砂作为重要的海洋矿产资源，亦属不可再生资源，对国家经济社会发展具有重要战略意义，加强海砂资源合理保护利用刻不容缓。应当运用法治、经济、社会等手段系统性整治，紧盯开采、运输、销售三个环节，实行涉海砂违法犯罪全链条打击，形成协同共治新格局。

（一）在开源端注重疏堵结合

1. 合理许可海砂开采。自国家海洋局将海砂开采海域审批权限下放地方后，地方出于保护区域生态环境考虑，多采取从严许可海砂开采的态度，一定程度上与建设市场对海砂的大量需求产生了矛盾。鉴于此，应当有序开展海砂采矿权、海域使用权的公开招标拍卖或挂牌出让工作，在认真做好拟出让的有关海域使用权和海砂采矿权的海洋环境评估工作的情况下，进一步推动对海砂资源的合理使用，促生产、保供应、稳物价、强化市场监管，缓和建设中用砂供需和环保资源利用之间的紧张关系。

2. 加强海砂开采环节监管。监督海砂采矿单位和个人根据许可的区域和方法合理有序采砂，并健全台账记载，在销售海砂过程中要及时向运砂船提交海砂来源凭证。涉海行政执法机关需强化协调与配合，进一步加强对违规采砂的打击力度，从严惩治未经许可采砂、超越许可范围采砂和因违法采砂而导致自然环境损害等严重违法行为，进一步建立健全海上协作联合执法检查制度，按照统一检查形式、调查取证、自由裁量、立案管理、案情会审与移交、大案要案挂牌监督等有关规定，进一步提高执行效能。

3. 拓宽砂源渠道。贯彻落实工业和信息化部等十部委《关于推进机制砂石行业高质量发展的若干意见》，深入进行市场调查研究，本土化培育智能化、绿色化、质量高、管理好的相关示范企业从事机制砂生产经营，加强土地、物流等要素保障，加快项目手续办理，严格质量管控、加快技术创新、推进绿色制造，促进机制砂产业供应链高质量发展，以解决工程建设市场需求；充分发挥港口区位优势，大力挖掘和拓展进口砂市场，并利用江海联运中心集输运网络打造进口砂配送基地，服务长三角地区。

（二）在运输端注重联防联动

1. 精准打击非法运砂行为。海警、海事、海洋与渔业等部门通过常态化的联动开展执法检查等活动，建立有声势、有效果的海上打击合力，进一步加强与执法部门的互动衔接。以非法运砂问题的高发地区为重点，对敏感水域通过每日巡逻与重点监测相结合的手段，深入开展与非法涉砂船只联防联动和“屯兵海上”工作，打击非法运砂违法犯罪行为；①布建涉砂情报网络，拉网式彻查、清理非法运砂船舶，严厉打击“三无”船舶、“黑名单”船舶等在海域非法营运。深化治理船舶不适航、船员不适任、配员不足等问题，严防海上重大安全事故。

2. 严防内河船舶非法从事海上运输。水路运输、海事管理部门实时跟踪掌握辖区登记内河船舶非法从事海上运输的情况，依法责令内河船舶经营人停止经营涉海运输行为，加强违法行为查处销号管理，及时反馈处理情况，加强对本船籍港登记船舶的监督管理，接到相关内河船舶非法参与海上运输违法行为通报及时做好跟踪处置；推动实施船舶黑白名单制度，对违规失信的从业单位、从业人员和船只，在日常监督管理中作为重点监督对象，加大抽查频次，强化现场检验。

3. 加强船载货物合法性审查。针对海事部门对进出港船舶由审核制改革为报备制后船载货物合法性监管审查存在空白的问题，应当以海上行政执法监管大数据改革为牵引，通过数字推送实现船载货物合法性提示，明确海事部门适航性报备审核和船载货物合法性审核的区分，避免被混淆误导，同时将对船载货物合法性审查作为对船舶运输人证件颁发、考核认定等项目的重要依据，进一步加强船舶运输人对船载货物合法性的责任意识和审查力度。

（三）在销售端注重标本兼治

1. 加强港口码头经营监管。依法取缔无经营许可或未依规备案的废弃或闲置码头，推动非法砂石码头宕口清理，并加强已取缔码头日常巡查，严防死灰复燃；整合码头资源，纳入准入审查、经营监管序列，全面扫清监管盲区；严格落实港口法、《港口经营管理规定》的相关要求，督促码头经营人开展海砂装卸情况排查，通过要求码头经营人加强海砂来源合法性审查、完善单据核查台账，对码头卸货监控抽查等方式确保码头经营管理规范化，严防来源不明的海砂被“洗白”。

---

① 参见余深画、沈海平、林宁烨、李兵、何燕：《盗采海砂犯罪刑民交叉问题研究》，载《中国检察官》2021 年第 12 期。

2. 规范建筑用砂市场秩序。全面加大工程施工现场的砂石质量抽检监督检查工作，有效防止不合格砂进入现场，严格保证质量，对违法使用海砂和测量数据等弄虚作假的情况依法严肃查处，严格追责，同时通过降信用等级等举措强化惩罚力量；强化对砂石产业价格与不正当的竞争活动监督管理，进一步加强稽查惩治力度，进一步规范市场价格和物价秩序。

3. 解决禁渔期压力下渔业人员生产生活问题。关于本地渔民在禁渔期因生计参与非法装卸、销售的问题，需要进一步强化渔业主管部门、海事部门、渔业生产合作社等有关部门的协调配合，全面掌握渔业从业人员结构、生产需求，通过强化普法教育、优化职业技能培训模式，扶持其发展养殖生产、就地就业务工等多种途径，解决渔业人员禁渔期生产生活问题，防止渔民因生计所需从事涉海砂违法犯罪活动。

从推定到综合认定：帮助信息网络犯罪活动罪主观明知模型化证明研究

刘柳明　李斯凡*

摘　要　帮助信息网络犯罪活动罪主观明知要素的认定司法实践中存在两种模式，即推定和综合认定。推定的本质是经验规则下的条件联系，基于列举的固有限制影响，其中的兜底条款往往被降格适用，而综合认定是立足于行为人立场的主客观一致的证据审查模式，自由裁定权缺乏内容限制，存在规则虚置的风险。但推定和综合认定两种模式存在交互检视的互为补充与限制的逻辑关系：一方面，综合认定对于推定进行正向的理论纠偏与适用检视；另一方面，推定对于综合认定同时进行反向自由裁量缩限与具体指导。基于这一交互检视关系，可以构建本罪明知认定的体系性模型，该模型既包含证明到推定"点"要素层面的层级适用，也包括综合认定"面"要素层面的证据总体证明力的宏观把控。

关键词　帮助信息网络犯罪活动罪　推定　综合认定　交互检视　体系证明

帮助信息网络犯罪活动罪（以下简称帮信罪）自设立至今，其适用

* 刘柳明，江苏省南京市鼓楼区人民法院三级法官助理，南京市中级人民法院调研人才库成员；李斯凡，江苏省南京市鼓楼区人民法院三级法官助理，江苏省高级人民法院调研人才库成员。

定案数呈现激烈的蔓延性,[①] 该罪名被大幅激活的时间点，与 2019 年“两高”发布的《关于办理非法利用信息网络、帮助信息网络犯罪活动等刑事案件适用法律若干问题的解释》（以下简称《解释》）、“两高一部”于 2021 年联合发布的《关于办理电信网络诈骗等刑事案件适用法律若干问题的意见（二）》（以下简称《意见（二）》），以及 2022 年最高法刑事审判第三庭、最高检经济犯罪检察厅和公安部刑事侦查局出台的《关于断卡行动中有关法律适用问题的会议纪要》（以下简称《会议纪要》）等一系列规范文件的施行具有同步的一致性，规范文件对帮信罪明知要素认定进行简化证明“松绑”，灵活的司法方法为本罪的扩张适用提供了直接助力。[②]

明知作为犯罪主观构成要件要素，一直以来是刑法理论中的传统认定难题。本文尝试从推定和综合认定出发，通过检讨和反思单个认定规则的不足，探讨推定和综合认定交互检视联系，并以此为基础尝试构建明知要素的体系证明模型，以期有所裨益。

一、帮信罪中明知要素的两种认定模式及其反思

主观明知作为规范构成要件要素蕴含价值评判，其证明认定在学理上一直存在较大的困难，具体到本罪中，司法实务中出现了推定和综合认定两种模式，虽然起到一定的积极作用，但是也存在不可忽视的弊端。

（一）推定模式：经验规则下的条件联系

《解释》第 11 条在立法技术上采取了列举与概括并用的模式，先行列举推定明知的基础事实，再叙明概括明知认定的兜底条款，基础事实必须经过经验创设联系，然后运用条件理论进行确证以保证高度关联，常态联系越紧密，推定事实的可靠性也就越高，但得出的结论具有“似

---

① 参见冀洋：《帮助信息网络犯罪活动罪的证明简化及限制》，载《法学评论》2022 年第 4 期。

② 参见冀洋：《帮助信息网络犯罪活动罪的证明简化及限制》，载《法学评论》2022 年第 4 期。

真性”而没有“全真性”和“必然性”。①

其一，经验列举的固有限制。社会事实的复杂多样决定了经验式的列举无法穷尽，存在适用不能的固有限制。一方面无法找到与之对应的列举事实，另一方面在列举事实与案件事实之间进行勉强的反复比对，强行索引，出现一律适用兜底条款的情形。例如，被告人将自己的银行卡出售给他人，而后该银行卡被用于转移诈骗资金的，直接认定为明知，则明知认定的妥当性存在较大疑虑。

其二，兜底条款的适用降格。在经验列举后辅以兜底条款，形式上虽能弥补有限列举的固有不足，但实质上却存在滥用的情形。其原因在于，一方面，该条款中“足以认定”的表述内容空泛；另一方面，从体系解释的基本逻辑看，兜底条款的性质应当列举事实具有同质性，同质性的等值连接点没有被归纳和总结，导致司法实践中兜底条款把握不足，极大降低入罪门槛。

其三，规范目的限制缺乏。列举事实类型及兜底条款都是从客观行为的角度，创设与主观明知认定的经验联系，虽可以运用条件理论对经验桥梁进行紧密关联的和选，但会出现超出行为人主观故意内容的范畴。对于明知认定，应当结合明知内容及程度进行规范目的限制，即运用实体法构成要件的内容进行框定和纠偏，明知条件筛选的最终结果必须落在构成要件范围之内。

（二）综合认定模式：行为人立场的主客观一致

对于明知认定，除了推定模式，还有一种近来所提倡的审慎认定模式，即综合认定。与推定不同的是，综合认定强调从行为人自身立场出发，充分关注各种主客观因素，尤其是行为人认知能力，在权衡全案证据的基础上达到排除合理怀疑的标准。② 综合认定是改变明知认定的武断

① 参见琚明亮：《论经验法则在司法证明中的展开及适用》，载《法制与社会发展》2021 年第 5 期。

② 参见朱军彪、郭旨龙：《网络共同犯罪中“明知”推定的规范协调》，载《北京警察学院学报》2020 年第 4 期。

性、扩大经验抗辩的至关重要的机会。① 但该模式也存在适用障碍，较为明显的是以下两点：

其一，证据审查的自由裁量限制缺省。综合认定对于综合的内容以及方式，即综合什么、如何综合等关键要素只作了抽象描述，其结果是将据以认定明知的事实素材、认定方式、判断标准的自由裁量权都过渡给了司法者一人，导致法官排他性的参与整个明知认定的全过程，缺乏自由裁量边界的限制。

其二，存在规则虚置风险。综合认定对过程要素不作细致设定，导致缺乏具体操作指引，其或许不能真正地发挥其功能，处罚范围不能有效界定，主观明知不能得到实际实现的质疑。②《意见（二）》所规定的综合认定规则实际上是一种注意规定，有学者认为这种注意规定是对简化认定模式的纠偏和调适，③ 其实质是对主客观一致原则的重新强调和本质回归，其较推定规则出台以前的明知认定方式并无二致，尽管理念合理，但这一模式仍然不能摆脱无法具体操作的实践质疑，存在规则虚置风险。

二、推定和综合认定模式的交互检视关系

（一）综合认定对于推定的正向纠偏与适用检视

为了舒解主观明知的证明困难，《解释》颁布出台明知的推定规则，降低认定难度。而为了精准打击犯罪，保障人权，《意见（二）》引入综合认定，在一定程度上对推定调适和纠偏。

1. 理念纠偏：简化证明向审慎认定的转变。刑事政策的压力能够直接传导进入刑事立法，为了能够满足惩罚犯罪的实际需要，通过设置推定规则调整证明对象和认定方法，降低明知证明难度，以完成对明知的简化跳跃式证明，这一理念来源于对网络犯罪全链条高压打击的刑事政

① 参见冀洋：《帮助信息网络犯罪活动罪的证明简化及限制》，载《法学评论》2022 年第 4 期。

② 参见周光权：《网络服务商的刑事责任范围》，载《中国法律评论》2015 年第 2 期。

③ 参见毛斌：《帮助信息网络犯罪活动罪明知认定的困境及反思》，载《证据科学》2022 年第 6 期。

策，体现的是对本罪高效、从严治理的刑事价值追求。而面对本罪适用的爆炸式增长，综合认定转向了公平正义和保障人权的考量，提倡审慎认定明知的态度，应当说，综合认定对推定规则所随附的消极后果进行了及时遏制，防止对明知的认定落入了打击犯罪的功能主义陷阱，是对推定规则适用理念上的调适和纠偏。

2. 认定限制：简单客观主义向主客观一致的综合主义回归。《解释》所列举的基础事实，是从客观行为的角度予以描述，不涉及主观方面的范畴，通过架设客观行为同推定事实之间的经验桥梁，体现的是简单客观主义。而行为的客观性质是行为人主观罪过内容的客观化和现实化，是主观罪过在客观现实中的展开，①因而主观罪过内容是客观行为的根源和基础，是认定犯罪中最为核心的要素，具有对客观行为性质的天然限定作用。综合认定模式提倡综合行为人主客观因素审慎认定明知，强调在客观证据的基础上，必须综合行为人的主观认知能力，对客观的证据证明予以主观要素的限定，以实现明知的认定从简单客观证明向主客观综合主义的回归。

3. 结果检视：后置检验规则的应然功能。简单的客观推定具有扩张适用本罪的风险，对于推定的明知结果必须予以限制，主观要素作为行为中最为本质和核心的要素是其限制理念，客观行为是主观要素的现实展开，而综合认定所遵循的主客观一致原则正是其作为后置检验规则的立论基础。综合认定规则能够后置位地检验推定规则下明知认定的结果，即在能够适用推定规则的情况下，运用推定规则推导出明知的认定结论后，再运用综合认定规则对其加以检验，防止简单的客观认定。

4. 兜底条款的内容填充与限制。推定规则中兜底条款的适用比例比其中三种列举式的情形要高，② 其原因在于其内容空泛，且司法降格适用。单就推定而言，在比对不能时，明知认定实际是综合主义的主客观一致，由司法者对于实际情况进行总体把握，因此，综合认定强调的主

① 参见陈忠林、徐文转：《犯罪客观要件中“行为”的实质及认定》，载《现代法学》2013 年第 5 期。

② 参见周振杰、赵春阳：《帮助信息网络犯罪活动罪实证研究——以 1081 份判决书为样本》，载《法律适用》2022 年第 6 期。

客观一致实际上是对推定兜底条款内容空泛化的充实，其提出了抽象性认定“其他足以认定明知情形”的指导方法，自此兜底条款有了实在的内容，同时，作为兜底条款内容的填充，又起到了一定的限制作用，兜底条款有了一定的抽象性边界，不再是盲目的、无边界的降格适用。

（二）推定对于综合认定的反向缩限与具体指导

推定虽然有其列举不能穷尽的局限性，但其以指导功能限定了任意自由裁量权，能够对综合认定规则反向缩限和外部指导。

1. 自由裁量的静态框定。以审判为中心的诉讼制度改革虽然必须保障法官的自由裁量权，① 但行使该权力的公正及合理性完全系于个人主观判断的准确无误，附带浓烈的个人特性，因此必须对自由裁量权予以规范规制。自由裁量的限制分为静态限制和动态限制，静态限制的核心理念在于从完善刑事立法等角度予立法层面的静态框定。② 推定规则由于其列举树立了明知认定的对标行为类型，从而在立法上对综合认定模自由裁量进行了范围静态框定，要求在运用综合认定模式认定明知时，必须尽量向推定明知认定的实质性内涵靠拢，质言之，推定规则所确立的基础事实和待证事实之间的高度紧密联系能够充当综合认定规则下自由裁量限定的标准。

2. 抽象的二次具体与再解释。综合认定规则由于其内容空泛，只是相对简单地提示了部分综合要素，例如行为人认知能力、既往经历等，对于这些要素既没有完全阐明，事实上也无法完全提示，同时也没有安排逻辑上的适用顺序，是一种原则性、抽象性的提示性规定，属于抽象司法解释。而抽象司法解释作为法律制定质变前量的积累，能先行总结和归纳，以精确、深刻法律概念，最终实现对法律的发展和完善，具有反哺刑法的机能。③ 但是由于其固有抽象性，在适用抽象司法解释时存在

---

① 参见马春娟、张富旗：《刑事诉讼制度改革视野下的法官自由裁量权再审视》，载《安徽理工大学学报》2022 年第 5 期。

② 参见董玉庭、董进宇：《刑事自由裁量权负效应及其克服》，载《北方论丛》2006 年第 2 期。

③ 参见黄星：《刑法抽象司法解释的时代定位与纠偏》，载《法学评论》2017 年第 1 期。

对要素的恣意延展情形，因此应予以“再解释”①。就本罪而言，推定规则基于其列举式的基础事实描述，明确了几种实践中与本罪明知具有高度联系的情形，能够充当综合认定规则的具体操作指引，在一定程度上弥补综合认定的抽象性，将综合认定的操作方式予以一定程度上的客观外化。

3. 主观的具体现实展开。推定规则具有直接的外在指向性，能够指向客观外化的行为，因此具有现实的可操作性，而客观行为是主观要素在具体现实中的客观展开，在一定程度上说，如果在推定规则下考虑综合认定模式下所必须综合的主观要素，或者说直接在推定规则中纳入主观要素的考量，推定规则就成为了综合认定模式下主观明知认定的客观外化依据，是在帮信罪推定客观现实中的具体展开。

三、基于交互检视关系下的体系主义证明模型构建

如前所述，对于本罪明知的认定，推定模式和综合认定模式均存在无法回避的弊端，任一模式均不能单独完成证明任务，基于两种模式的交互检视关系，有可能构建一种两种模式共同作用下的体系主义模型。

（一）多要素的体系主义证明框架

推定和综合认定具有交互检视关系，基于这一互为补充和整体主义关系，再纳入直接证明，则初步显现出司法实务中的三种明知证明路径，可为三个法律材料安排一种符合实际法律操作的体系性运用模式，即体系主义证明。体系主义证明路径的内容涵盖了证明、推定和综合认定三种要素，是将这三种明知证明或者认定路径的单一优势进行相互整合，构建一个层次分明的明知认定体系证明路径。其核心思想为两个层次，即从证明到推定的层级适用和从推定到综合认定的整体适用。

（二）从证明到推定：点到点的层级适用

推定是司法证明的一种重要辅助性方法，其只是在证据证明力所不

---

① 参见孙跃：《指导性案例与抽象司法解释的互动及其完善》，载《法学家》2020年第2期。

及的地方才有存在的空间，从整体上说，刑事推定是一种“末位式”的证明，[①] 因此，出现直接证明困难是适用刑事推定的前提条件，证明和推定这两个“点”要素之间存在先证明后推定的层级适用关系。

1. 最优解的直接证明和印证。由于基本的证据证明机制，直接证明是明知认定的最优解，其证据形式常常表现为被告人的有罪供述，而这一证据的取得通常存在于被认定为追求控辩双方内心期许的共识性预期利益或曰协商式“共识性正义”[②] 的认罪认罚案件之中，而由于实践中口供取得的自愿性保障不足，翻供成为这类案件最有可能出现的情形，通常的操作方式是将认罪供述作为核心证据进行审查，并围绕认罪供述展开对于其他证据的调查、收集工作，而后再反向验证被追诉人认罪供述的真实性。具体到本罪中，对于明知的证明通常应该在保障被告人自愿性的前提下取得明知自认，对于存在翻供情形下的明知审查，应该采取由供到证的思路，即围绕本罪中明知自认的供述出发，寻找聚焦于对认罪口供的补强、校验和支持之上能够相互印证的其他物证和书证。

2. 证明困难语境下的推定适用及其检视。推定规则基于高度紧密的经验联系，能够从客观行为的角度获得对明知的认定，但是应对推定的明知结果进行三重检视。

检视一：推定规则自身的反思——被允许的反驳。《解释》所列举的基础事实是根据长期的司法经验，通过归纳推理所确立的与推定事实之间的常态联系或伴生关系，由于经验命题的可证伪性以及理性列举的有限性，[③] 对基础事实的证明，并不能够得出明知认定的必然结论，因此《解释》同时也规定了上述推定规则可反驳，即明知认定的第一重检视。按照这一检验逻辑，在具体的案件中，当证明了本罪明知的基本事实之后，推定事实并非自动证立，仍需关注案件是否有异常的事实要素，是否能够达到足以反驳该条推定规则所认定的结论。

检视二：规范目的范围的实体法限制。任何罪名都有其独立的规制

---

① 参见张旭、张曙：《也论刑事推定》，载《法学评论》2009 年第 1 期。

② 参见步洋洋：《论印证证明在认罪案件中的司法适用》，载《中国人民公安大学学报》2022 年第 6 期。

③ 参见牟治伟：《法律推定的可反驳性辨析》，载《昆明理工大学学报》2019 年第 3 期。

范围，本罪所规制的是明知他人进行网络犯罪的行为，排除了一般意义上的违法行为，其程度必须达到严重的社会危害性，即在犯罪构成的阶层理论中，必须要该当犯罪构成要件并具备实质违法性，即明知认定的第二重检视。行为人必须达到明知是帮助他人的犯罪行为的程度，如果仅仅明知他人进行一般违法活动，则不满足本罪构成的规范目的，不构成本罪的明知。因此，其检视逻辑为在具体的案件中，由证据证明了的基础事实，且不存在可反驳的情形的时候，还应该检视是否满足达到明知他人网络犯罪的程度。

检视三：行为人立场的主观纠偏。本罪所列举的推定规则，都是从客观行为的角度确立的基础事实和待证事实之间的经验联系，这种经验联系的判断是基于理性人的常识常理常情，即根据客观行为来推定主观的明知，其本身并不涉及主观方面诸如认知能力、认知可能性以及行为人特异性质的考量。客观行为并非与主观要素相分立，而是主观要素的现实具体展开，两者都是行为的侧面，主观要素具有限制客观推断主观明知的应然功能。基于此基本逻辑，要求本罪在适用推定后，对于明知的最终认定，必须站在行为人自身的立场，考量其认知能力、明知可能性对明知认定的因素影响，如若涉及规范的价值判断，必须依照外行人领域同行评价的理论进行等价值规范判断。

3. 证明、推定到综合认定：点到面的整体适用

从证明到推定规则的层级适用，形式上都是在“点”要素的层面对单个证据的审查和认定，其侧重点在于探究单个证据的真实性以及逻辑关联的紧密度。而综合认定所提倡的综合体系思维，强调将能够确证的全案主客观证据均纳入证据的审查范围，不依赖、不遗漏任一单个证据，而是着眼于证据间的相互印证程度，从整体和体系的角度考量全案证据，因此综合认定能够为适用证明和推定规则所确定的明知认定结果提供体系层面的整体审查，是一种后顺位的“面”要素的证据审查模式。

就证明、推定模式和综合认定模式的具体适用而言，在具体的案件中，以是否必要单独适用综合认定规则作为条件，能够大体区分为两种情况。一是有口供或能证明基础事实的情况。在这一命题下，应当先进行“点”要素层面的层级适用证明和推定，然后对于明知认定的结果在“面”要素层面进行综合认定的整体审查，以点和面相结合的方式，既在

现有的司法经验下先行关注单个证据的推定适用情况，在确定紧密关联情况后，综合全案其他主客观证据，从整体的角度进行概括审查，以达到排除合理怀疑的程度。需要说明的是，这一体系审查模式与口供前后矛盾采取的印证证明方式具有本质的区别：在印证证明的模式下，对于本罪明知的认定采取的是由供到证的思路，其适用逻辑是围绕行为人的供述，查证其他能够补强该供述的证据，其证据核心还是被告人供述，本质上还是对单一证据的依赖；而综合认定模式的体系主义，其采取的是主客观一致原则，强调不依赖任一单一证据，而是综合全案证据要素予以整体审查。二是口供缺失和基础事实无法证明的情况。在这一场合虽然缺乏了点要素层面的单个证据审查模式，无法适用证明和推定，但是可以直接运用综合认定模式予以认定明知，因为综合认定所强调的是综合主客观因素予以认定证据的总体证明力，主客观要素都是需要证据予以证明的，即对于单一证据也予以了单独的考量，只是不偏重单一证据，是对全案证据的整体把控。

故意伤害犯罪治理问题研究*

——以新时代“枫桥经验”为视角

王柏洪　夏大伟　王　远**

摘　要　新时代“枫桥经验”是化解基层社会治理中各类矛盾纠纷的重要范式，对推动犯罪问题治理有着独特的功能价值。故意伤害犯罪作为当前基层社会多发频发的一类犯罪，是社会治理中矛盾纠纷爆发的典型犯罪样态。需运用好新时代“枫桥经验”，在理念上牢固树立系统思维、穿透思维、共治思维，从专业化防控体系、数字赋能矛盾纠纷化解以及培育“枫桥式”治理文化等角度，建构一条高质效应对故意伤害犯罪问题的路径，有效提高人民群众的获得感、幸福感、安全感。

关键词　枫桥经验　矛盾纠纷　故意伤害　数字化改革

党的二十大报告指出，“在社会基层坚持和发展新时代‘枫桥经验’，完善正确处理新形势下人民内部矛盾机制……及时把矛盾纠纷化解在基层、化解在萌芽状态”。在新时代坚持和发展“枫桥经验”，需要以习近平法治思想为指引，着眼于人民群众普遍关心的突出问题，针对现

* 本文为国家检察官学院2023年度科研项目院内一般项目“新时代‘枫桥经验’的检察实践——以常见轻微刑事犯罪治理为样本”（GJY2023NY20）的阶段性成果。

** 王柏洪，浙江省金华市金东区人民检察院党组书记、检察长，三级高级检察官；夏大伟，浙江省金华市金东区人民检察院党组成员、副检察长，一级检察官；王远，国家检察官学院讲师。

实生活中高发频发的故意伤害等犯罪的治理问题，以先进理论指导社会实践，以实践丰富理论，满足当前社会矛盾纠纷系统、全面化解和问题源头治理之需求，不断夯实平安与法治中国的基层基石。

一、理论思辨：新时代“枫桥经验”的内涵及其赋能犯罪治理之逻辑

（一）新时代“枫桥经验”的内涵阐析

从发展的角度看，新时代“枫桥经验”的内涵极为丰富，其基本要求是坚持党建引领、坚持人民主体、坚持“三治融合”、坚持“四防并举”和坚持共建共享。① 在习近平法治思想的指引下，新时代“枫桥经验”得到了持续优化和充分发展，在社会治理领域呈现出强大的生命力，其实质始终是“以人民为中心”，牢牢坚持为了群众、依靠群众，群防群治、综合治理。

（二）新时代“枫桥经验”赋能犯罪治理的内在逻辑

1. 马克思主义唯物史观的理论逻辑。“枫桥经验”之所以能历经半个多世纪活力不减，就在于始终遵循马克思主义唯物史观所揭示的社会发展规律。② 马克思主义唯物史观把历史发展的价值尺度定位于人民，以新时代“枫桥经验”治理犯罪问题，正是遵循了这一价值尺度之要求，它关注“人的需要”和“需要的满足”，把人民群众作为治理主体和价值原点，充分激发人的潜力。

2. 把非诉讼纠纷解决机制挺在前面的制度逻辑。习近平总书记提出，坚持和发展新时代“枫桥经验”，把非诉讼纠纷解决机制挺在前面。③ 这一论断既体现了先后顺位之分，强调非诉讼解决机制的优先作用，又彰显了分层递进多元纠纷化解格局。案多人少矛盾和当事人解决争议的需

---

① 参见卢芳霞、刘开君：《“枫桥经验”在重大社会风险防控中的应用》，载《中国领导科学》2020 年第 4 期。

② 参见余俊遐：《“枫桥经验”发展中的唯物史观意蕴》，载《上海公安学院学报》2023 年第 1 期。

③ 参见人民法院报评论员：《把非诉讼纠纷解决机制挺在前面》，载人民网，http://society. people. com. cn/gb/n1/2022/1020/c1008 - 32548506. html。

求，都要求把非诉讼纠纷解决机制挺在前面，以实现更好社会治理效果。①

3. 完善预防性法律制度的实践逻辑。2020 年中央全面依法治国工作会议指出，完善预防性法律制度，坚持和发展新时代“枫桥经验”，促进社会和谐稳定。② 预防性法律制度是运用信访、调解、帮教、群防群治等东方智慧构建起来的社会矛盾纠纷多元预防调处化解机制的制度化体现。③ 新时代“枫桥经验”的重要目标就在于保障人民群众的发展与安全利益，事先主动采取预防性措施，切实防止故意伤害等犯罪案件发生。

4. “三治融合”的共治逻辑。“三治融合”治理模式即自治、法治、德治相结合。新时代“枫桥经验”侧重于把各类社会治理主体的力量融合一体，把自治、法治、德治的功用有机组合，兼顾了自治之广泛基础、法治之强制保护、德治之风向引导作用，形成多主体之间共建共治共享的合力。

5. “为了正义的法治”的时代逻辑。党的十八大以来，中国特色社会主义进入新时代，新时代中国法治体现为保障善治、实现正义，即“为了正义的法治”。④ 新时代“枫桥经验”强调法治思维和法治方式在社会治理中的极端重要性，通过及时遏止可能演变为犯罪问题的各类矛盾纠纷，并在矛盾纠纷化解的过程中平衡天理、国法、人情，真正让基层群众实现其所意求的公平正义。

二、现实困境：故意伤害犯罪治理面临的多维实践难题

笔者以 2020 年 1 月至 2024 年 5 月发生在 J 市的 338 件故意伤害犯罪

① 参见姚海涛：《新时代“枫桥经验”在市域治理中的司法实践与创新路径》，载《中国应用法学》2023 年第 2 期。

② 参见潘剑锋：《有的放矢：完善预防性法律制度》，载人民网，http：//opinion. people. com. cn/n1/2021/0119/c1003 – 32003701. html。

③ 参见刘军：《预防性法律制度的理论阐释与体系构建》，载《法学论坛》2021 年第 6 期。

④ 参见肖金明、白玉荣：《新时代中国法治的理念和形态》，载《法学论坛》2021 年第 5 期。

案例为样本，全面剖析该类犯罪在治理领域存在的规律特征。

（一）犯罪前端——矛盾纠纷琐碎化、偶发化、激烈化

1. 矛盾纠纷呈琐碎化，起因多为日常琐事纠纷。经统计，338 件案件中，发案的原因主要集中在日常琐事纠纷、情感纠纷、工作纠纷、家庭纠纷、经济纠纷、赌博纠纷等，以日常琐事纠纷、情感纠纷、工作纠纷为三大主因，因该三类纠纷引起的故意伤害犯罪案件分别为 224 件、30 件、28 件，分别占总案件数的 66.3%、8.9%、8.3%。尤其是在日常琐事纠纷方面，纠纷的种类较为庞杂，主要有日常生活口角、邻里纠纷、停车纠纷、噪声引起的不满等。除此之外，因经济纠纷、赌博纠纷、嫖资纠纷等原因而发案的亦占一定比例。

2. 犯罪具有一定偶发性，激情犯罪特征明显。大多数故意伤害行为发生于双方临时起意产生的冲突，带有一定“偶然性”，这种具有激情犯罪特征的案件有 261 件，占比达 77.2%。如向某某故意伤害案①，其与闯入工艺品厂内传达室的被害人郭某某发生争执打架，后使用匕首刺向郭某某，郭某某送至医院后经抢救无效死亡。

（二）犯罪中端——行为手段具有残忍性、私密性、影响性

1. 部分案件中的作案手段残忍。故意伤害的后果与犯罪嫌疑人的作案手段残忍程度相关联。作案手段主要集中于用拳头击打、用脚踢打、刀具砍刺、棍棒击打、酒瓶砸击等行凶方式。这其中，用拳头击打敏感部位是最常见的作案手段，该类案件有 133 件，占比达 39.3%。行为人事先购买刀具、随身携带小型刀具、发生纠纷后立即回去取刀具行凶的案件高达 55 件，尤其是部分犯罪嫌疑人随身携带刀具，在发生纠纷后即拔刀相向，造成被害人伤亡的严重后果。

2. 发生于相对私密空间的伤害行为难以被及时发现并介入。经统计，案发地点主要集中于路边、房间、车间、酒吧等处，而发案量最大的场所是出租房、公寓、宿舍、宾馆等相对密闭的房间内，数量达 67 件，因这些场所的空间相对封闭，一旦发生冲突，极易造成故意伤害犯罪案件

---

① 参见浙江省义乌市人民法院刑事判决书，（2023）浙 0782 刑初 2142 号。

的发生，且不易被周围群众察觉。此外，发生于夜宵摊、饭店、超市、KTV、酒吧等经营场所的故意伤害案件有40件，而这些场所的经营主体对现场的关注度普遍不够，未能及时有效阻止冲突扩大和伤害行为的发生。

3. 部分特殊情境下的故意伤害犯罪案件易产生较大社会影响。主要有三类情形：其一，发生于劳务市场、菜市场、公园、交通要道等人流量密集场所的故意伤害案件，在案发时容易引起大量人群的围观与信息扩散；其二，发生于派出所、法院等特定场所的故意伤害案件，因案发场所在司法机关，对司法权威带来极大挑战；其三，针对执法人员的攻击行为，如刘某某故意伤害案①，某派出所辅警陈某某在巡逻时发现刘某某行迹可疑，遂上前对其进行盘查，刘某某在接受询问时突然掏出随身携带的折叠刀捅刺被害人陈某某腹部，随后逃离现场。

（三）犯罪后端——矛盾纠纷尖锐化、反复化、风险化

1. 部分伤害案件致使当事人双方矛盾难以调和。部分故意伤害案件中，当事人双方因房屋纠纷、邻里纠纷等问题积怨已深，加之案件发生后，一方为让另一方受到法律的严惩，坚决拒绝进行和解，这也在实质层面造成双方矛盾的进一步加深。

2. 案后综合关怀不足带来行为人再犯罪问题。经统计，在338件故意伤害案件中，犯罪嫌疑人有刑事前科的为23件，且部分为抢劫罪、故意伤害罪、寻衅滋事罪前科。这些行为人实施前科行为时年龄普遍不大，回归社会后因前科经历易产生挫折感，产生纠纷后选择用暴力方式解决，在心理上实际仍未“回归社会”。

3. 精神病人伤人问题导致风险潜藏于社会之中。在纳入统计范围的故意伤害案件中，有5件的行为人为特殊主体精神病人，在处于精神状态异常期间甚至无法辨认或控制自己行为的期间伤害他人，这也暴露出对该类特殊人群的管控仍存在疏漏。如王某某故意伤害案②，涉案精神病人王某某在被害人叶某某跑完步散步之时，用一把木柄尖刀捅叶某某后

---

① 参见浙江省义乌市人民法院刑事判决书，（2023）浙0782刑初835号。

② 参见浙江省义乌市人民法院刑事决定书，（2020）浙0782刑初5号。

腰部一刀构成轻伤一级，经鉴定，涉案精神病人王某某患精神分裂症，作案时处于发病期，无刑事责任能力。

（四）犯罪主体——部分呈现年轻化、群体化、特定习惯化

1. 有未成年人涉入故意伤害犯罪。故意伤害犯罪的犯罪主体整体偏向于年轻化，经统计，犯罪嫌疑人以青壮年为主，年龄在45岁以下（含本数）的占比85.5%，其中，有未成年人涉入故意伤害案件的有16件。

2. 外来务工群体为故意伤害犯罪高发人群。故意伤害案件中，犯罪嫌疑人为外来务工人员的达203件，占比达60.1%。这一群体人员学历普遍较低，遇事容易意气用事而涉入犯罪。

3. 部分行为人有饮酒习惯，酒后行为极易失控。故意伤害案的犯罪嫌疑人有饮酒行为的达22件，一方或双方在酒后因琐事互相争吵，酒精的作用使行为人情绪激动而失去理智。

三、现状反思：新时代“枫桥经验”与故意伤害犯罪治理尚未有效融合

（一）矛盾纠纷的隐蔽复杂使新时代“枫桥经验”产生了契入屏障

如前所述，当前在基层社会潜藏的各类矛盾纠纷较为庞杂，任一疏漏都可能导致故意伤害类案件的发生。例如家庭纠纷，往往更多地为家庭成员内部所掌握，一旦发生伤害案件，后果往往不可控。再如农村的邻里之间房屋纠纷，往往由历史渊源、现实争议、性格不和等原因交织而成。

（二）矛盾纠纷的排查与掌握不足

目前实践中，基层镇街、公安等治理主体对与故意伤害案发原因相关的矛盾纠纷排查掌握仍然不足，由此造成了矛盾纠纷信息掌握的“不对称”，以致错失“前端”解决之良机。究其原因：其一，基层镇街在应对上访信访、突发事件上倾注了大量精力，忽视了潜藏于家庭内部、邻里之间的纠纷；其二，公安机关对基层社会矛盾化解缺少有效的资源

投入，难以全面掌握各类隐而不显的矛盾纠纷；其三，基层组织自治功能仍然不足，对村民、居民的矛盾调处仍然以“劝”为主，调处带来的实际功效有限。

（三）矛盾化解的理念和数字化程度滞后

从理念上看，目前对于基层矛盾纠纷应对的工作理念仍然相对滞后，未能用好新时代“枫桥经验”的理念内核，不同部门之间没有树立系统科学的理念，工作思维简单粗放，对于基层社会矛盾纠纷处于一知半解的状态，往往倾向于“压”，而非更加有效的“疏”。从工作顺畅度上看，目前数字化改革的治理效果有待持续拓展。实践中，数字化改革应用于矛盾纠纷梳理分析、排查化解的手段仍然欠缺，更多是从发现后端案件本身、推动案件全流程运转、事后归类治理的角度进行功能设计，倾向于“案后治”，而非“案前治”。

（四）部门联动质效与精准性不优

社会治理是一项系统性大工程，需要不同主体之间协同发力，针对故意伤害犯罪问题的前端系统施策，方能在治理上有所增益。就实际而言，存在部门“单打独斗”“彼此推诿”“信息孤岛”等现象，影响部门联动效果。实践中，信息瓶颈问题仍然不同程度地存在，让数字治理沦为了无源之水。

（五）社会主体参与力量不多

其一，社会公众参与程度较低，如部分案件中，多数社会公众在看到发生于劳务市场、公园、夜市等人员密集开放场所的口角与冲突时，选择站在一旁充当“看客”，而非及时向公安机关或场所管理主体反映情况。其二，行业主体参与程度不高，如前文述及的发生于公司、车间、员工宿舍等场所的职工之间的矛盾纠纷，公司企业内部缺少一套完善的矛盾梳理与及时介入机制。其三，社会组织参与程度不高，目前针对矛盾纠纷解决的专业组织较少，专业水平不高。

四、完善进路：新时代“枫桥经验”赋能故意伤害犯罪治理的几点思考

（一）树牢“枫桥式”思维理念

1. 具有系统思维。针对故意伤害犯罪相关矛盾纠纷的应对与处置，应以体系化的视角锚定基层社区、琐事纠纷等重点区域、重点内容，发挥群防群治效应，避免盲目排查问题、调处浅尝辄止。

2. 要具有穿透思维。坚持“穿透式”打击和预防，不仅注重发现故意伤害犯罪相关领域、防控制度运行中存在的普遍问题，更要致力于满足社会公众对司法正义的更高期待，通过对故意伤害类案、矛盾多发易发的系统性治理问题形成的缘由进行追根溯源，做到“抓末端、治已病”与“抓前端、治未病”的要求辩证统一。

3. 具有共治思维。鉴于治理主体的多元特性，必须树牢共治思维。检察机关需用足法律监督职能推动基层社会治理，而践行“双赢多赢共赢”新理念，重在构建监督者与被监督者的良性、积极关系。① 尤其需要关注治理主体之间的信息共享数据应用，联动推进故意伤害等犯罪治理的“检察数仓”建设。

（二）推进打击与治理相同步

1. 要以打击促控案，形成震慑合力。一方面，加强侦检衔接，针对社会影响大、客观证据薄弱的故意伤害案件，检察机关积极提前介入，检察环节建立资深检察官领办重大、疑难案件机制，形成对故意伤害犯罪的震慑力；另一方面，积极促成刑事和解。在办案过程中，广泛运用公开听证等制度在维护群众合法权益、化解矛盾纠纷、促进社会和谐稳定中的积极作用。对由民间纠纷引发的“民转刑”故意伤害案件，要以化解矛盾的视角去办案，避免矛盾升级。重点关注“案中案”，对因故意伤害案件双方矛盾激化引起的信访、上访，坚持在党委政法委的统一协调下有预判、有协同、有对策，实现案结事了人和。

---

① 参见缪树权：《践行检察工作新理念　促成“多部门治理一事”》，载《中国检察官》2023 年第 4 期。

2. 深化对赌博行为的打击查处。“赌博纠纷”是故意伤害犯罪案发的六大原因之一，对此，执法部门对辖区内棋牌室、麻将馆等容易聚赌场所开展摸排和整治，建立经营主体的矛盾纠纷实时举报机制，对发现赌博行为的坚决予以打击，对赌博场所经营者依法作出处理。对发生在空闲的私人房屋、农村田间山头等隐蔽偏僻场所的赌博行为加强打击，使故意伤害犯罪与赌博行为“脱钩”。

（三）建立健全专业化防控体系

1. 建立邻里关系类、情感类纠纷专业化解机制。针对大量故意伤害案件是由邻里之间、家庭夫妻日常琐事以及情感纠纷所引的现状，积极推动在社区、村一级设立专门针对邻里纠纷以及婚姻家庭情感问题的调解组织，并配备专业的心理健康疏导室。该组织既要关注本地居民的琐事纠纷、情感纠纷，又要注重化解外来务工者的琐事与情感矛盾，并有效借助当事人朋友、亲属的力量，及时发现、及时调解、及时疏通，对可能出现冲突扩大倾向、有伤害苗头的因素，及时研判并上报。在社区、村级单位持续深入开展矛盾纠纷大排查、大化解活动，对一些模糊不清的诸如农村利益分配、相邻关系等纠纷，厘清渊源与脉络，提供确权的方式，促成双方和解。

2. 建立立体化治安管理机制。第一，加强对流动人口和前科人员的管理，落实暂住人口登记管理责任制。同时，定期掌握辖区内有犯罪前科、违法劣迹的重点人员的活动情况，一旦发现异常及时处理，预防前科人员再犯罪。第二，加强对出租房的管理，严格落实房屋出租实名登记制度，禁止房屋任意租赁、随意转租、合租，做到不脱管、漏管。第三，加强对管制刀具的管理，针对文中述及的犯罪嫌疑人存在事先购买刀具、随身携带小型刀具、发生纠纷后取刀具行凶的情况，重点对辖区内可疑佩刀人员展开排查，压缩存有侥幸心理的“带刀人群”。

（四）落实特定治理主体责任

1. 明确特定场所的犯罪苗头举报责任。明确饭店、烧烤摊、KTV、酒吧等易饮酒、易争执场所经营者的故意伤害等犯罪的苗头举报责任，对经营区域存在的客户打架滋事、争吵辱骂纠纷，及时介入并初步掌握情况，发现有扩大苗头的，第一时间联系辖区派出所出警控制，避免纠纷场面失控。

2. 明确企业应急处突与规范管理责任。企业主管部门应督促企业建立矛盾纠纷问题应急处突机制，企业落实人员作为内部稳控员，与辖区警务人员、镇街对接，定期摸排员工中存在的工作纠纷、工资纠纷等矛盾纠纷，发现苗头性、倾向性纠纷及时上报。一旦发现员工有口角、打架问题，稳控员需及时代表企业控制住局面并上报备案，发现纠纷有扩大化势头，则第一时间上报，协同处置。同时，督促企业内部制定严格的规范化管理规定，禁止员工随身携带弹簧刀、折叠刀等锐器上班。

（五）借力大数据赋能源头治理

1. 创新发展线上新时代“枫桥经验”，拓宽线上解决矛盾纠纷的方式路径，深化线上线下同步治理，提升市域重点单位、要害部位、城乡社区的技防设施智能化水平。如浙江省推出的“解纷码”数字应用平台可线上申请纠纷调解业务，解决了以往纠纷案件信息不透明、部门数据不共享的问题，实现了解纷便捷化。

2. 加大对故意伤害等犯罪问题的“追根溯源”，利用大数据对故意伤害等犯罪的数据分析研判，形成治理决策的体系化数据参考，推动治理前端、中端、后端的有效闭环。

3. 高度关注行刑衔接参与治理的质效，打造“行刑共治”大平台，执法司法联合开展区域矛盾纠纷问题治理，避免治理问题反复滋生而难以源头根治。

（六）育强“枫桥式”社会治理文化

新时代“枫桥经验”之所以是社会治理的重要抓手，是因为其本身蕴含了中国传统文化中的“和文化”，这与故意伤害案件起因中的矛盾纠纷化解关系甚大。

“枫桥式”社会治理文化要求法理、事理、情理“三理”贯通，符合中华优秀传统法律文化“谨持法理，审察人情”“融天理、国法、人情为一体”等底色，尊重人民群众朴素的情感和公平正义观，在办案环节坚持“高质效办好每一个案件”，讲清“法理”、讲透“道理”、讲明“情理”。在矛盾纠纷的调处中，兼采“法、理、情”三者相融合的说理方式，彻底解开埋藏于双方当事人内心的心结。

从区域治理文化角度看，地方政府可持续创新社会治理的“枫桥式”意蕴，充分挖掘本土调解资源，打造明星调解员、金牌调解组织和生活化、方言类调解栏目。如支持“红枫义警”“枫桥大妈”等乡土调解力量的发展，鼓励“大胡子调解工作室”“娟子工作室”等调解组织参与基层社会矛盾治理，创新贴近基层群众生活一线的“近距离”解纷栏目，寓“实打实”解纷与社会普法功能于一体。

命案中犯罪主体责任能力的证据审查

李子枫　王凯旋*

摘　要　实践中，命案办理的审查重点在于客观事实，往往忽视了对犯罪嫌疑人刑事责任能力这一关键犯罪构成要件的审查评估。行为主体可能无刑事责任能力的判断要点，包括案发是否符合常理、行为主体健康状况、证言有无线索指向、家属是否请求鉴定等方面，应将提审犯罪嫌疑人作为判断其责任能力的核心参考，充分利用自行补充侦查有效核实相关线索痕迹，对于存在无刑事责任能力可能的务必审慎，鉴定确为无刑事责任能力的主导进行强制医疗，并在此基础上形成命案办理中审查是否有刑事责任能力的类案启示，力求尽早发现并规避因无刑事责任能力导致的“无罪”案件发生。

关键词　命案　精神病人　刑事责任能力　证据审查

实践中，重罪检察办案人承办命案普遍存在矛盾心理。一方面，命案的证据链条相对较为完整，证据标准相对较高，证据体系在侦查阶段已经较为完善，除封闭空间、零口供且客观证据较为薄弱的极特殊情况外，办理难度相对较小；但另一方面，随着司法责任制的不断推进和深入落实，案件质量评查和错案追究机制始终伴随在每一名员额检察官身边，尤其是近年来“平反倒查”、重新检视发现，命案易成为冤假错案的“重灾区”。实践中，命案的审查办理往往重点围绕“B 死了，是 A 干

* 李子枫，辽宁省锦州市太和区人民检察院党组副书记、副检察长，二级检察官，全国重罪检察人才库成员；王凯旋，辽宁省锦州市古塔区人民检察院四级检察官助理。

的”这一固有模型展开，核心在于认定犯罪的客观行为是否有证据证明以及证据是否合法、充分，据此架构起“清楚的犯罪事实”，进而拟制继续侦查方向、作出批准逮捕或提起公诉的决定。这样的“以犯罪事实为中心”的审查模式贯穿于提前介入、审查逮捕、审查起诉、出庭支持公诉、上诉抗诉直至死刑复核等重罪检察诉讼全流程，在一定程度上可能忽视了对犯罪动机、起因、主体、对象、环境、发案背景等其他案件事实的分析判断，其中当然就包括对犯罪嫌疑人刑事责任能力这一关键犯罪构成要件的审查评估。

当然，对于办案中想要确定行为主体系不负刑事责任的精神病人，只要委托进行相关司法鉴定即可。但实践中，不足1%的案件在整个刑事追诉活动中进行了刑事责任能力的司法鉴定，绝大多数命案从侦查到最终判决生效均未附此类型证据，其缘由并非系疏于取证而是没有必要，因为刑事司法官普遍认为精神病人的判断仅凭办案经验确认即可，这就导致存在个别案件犯罪主体可能系不负责任的精神病人的可能性。解决此问题不能“一刀切”地在作出处理决定所依据的证据清单中加入“责任能力鉴定”，尤其是对于极短侦查期限的审查逮捕案件更不具备可行性。故本文结合实践中两起不负刑事责任的精神病人所犯命案的审查办理，为广大重罪检察同人办理此类案件明晰审查重点、找寻评估线索、排查可疑痕迹，进而提出有效工作思路、完善审查方向，以期规避办案风险，力求尽早发现并有效避免因无刑事责任能力导致的“无罪”案件发生。

[案例一] 犯罪嫌疑人赵某某与被害人董某某系同村邻居，董某某与白某某系夫妻关系。赵某某因怀疑白某某预谋要将其杀害而心生怨恨，产生了先将白某某、董某某夫妻二人杀死的想法，并在商场预先购买了一把菜刀。2020年5月19日5时30分许，赵某某发现董某某在乡道边等班车，遂携带事先准备好的之前购买的菜刀来到董某某面前，质问其“白某某是否监视我”，董某某予以否认，赵某某随即用菜刀对董某某的颈部连砍数刀，致董某某死亡，后在案发现场被公安机关抓获。经鉴定，董某某系被他人用锐器多次砍切颈部等处造成颈部肌肉及大血管断裂致大出血死亡。同年6月1日经公安机关报捕后，检察机关对赵某某作出批准逮捕决定。后经鉴定，赵某某患有精神分裂症，在案发时无刑事责

任能力。①

[案例二] 犯罪嫌疑人刘某山系聋哑人，其与被害人刘某君系兄弟关系，二人共同居住。2021年，刘某山因脑出血经抢救出院后回家中养病，刘某君照顾刘某山的日常起居，后刘某山身体好转，生活基本能够自理，二人在共同生活中经常因琐事产生口角。2022年2月13日4时50分许，犯罪嫌疑人刘某山想烧炕，但刘某君不同意，并打、挠刘某山，还把烧炕的柴火扔了，引起刘某山不满。刘某山遂持镰刀把、长木棍、砖头等工具多次击打刘某君头面部、四肢等部位，致刘某君死亡。当日，公安机关将犯罪嫌疑人刘某山抓获。经鉴定，刘某君系被他人用钝性物体多次击打头面部造成重度颅脑损伤死亡。同年2月23日检察机关对犯罪嫌疑人刘某山作出批准逮捕决定，后提起公诉。后经鉴定，刘某山患有脑器质性精神障碍、精神发育迟滞，无刑事责任能力。②

一、命案中判断可能无刑事责任能力的审查要点

上述两起命案，有现场、有物证、有证人指认、有鉴定，且与犯罪嫌疑人翔实、准确、全面的供述相互印证，可以说，在犯罪构成的客观方面均没有任何争议，足以得出“犯罪事实清楚，证据确实、充分”的处理意见，于是办案人仅仅依靠惯性思维，在确认人没抓错以后，便过于自信地轻易作出了批准逮捕和提起公诉的决定，反而忽视了对犯罪嫌疑人自身精神状态和有无刑事责任能力的审查判断，导致案件在后续进程中分别在审查起诉阶段和审判环节出现了所谓的“新证据”，即犯罪嫌疑人被鉴定出在案发时系不负刑事责任的精神病人，进而中断了检察机关主导的正常的刑事追诉活动，足以引起办案人的注意和反思。想要避免上述情况，就需要重罪检察办案人提高风险预警、捕捉案件细节、善于发现痕迹、深挖线索指向，力求避免错捕错诉的情形发生。

（一）案件发生是否符合生活常理

在认定案件事实时，办案人不能仅盯“实然”，更应关注“应然”，

---

① 参见辽宁省凌海市人民法院刑事决定书，（2020）辽0781刑医3号。

② 参见辽宁省凌海市人民法院刑事决定书，（2022）辽0781刑医1号。

即命案理所应当要查明“实际发生”，但办案人更需要深入判断是否“应该发生”。比如命案的发生违反一定生活常理，尽管起因和动机在表象上“顺理成章”，仍足以引起办案人警觉。在案例一中，犯罪嫌疑人赵某某在被害人董某某上班等车路边当众将其砍杀，命案“实际发生”且清晰明了，但其犯罪动机没有相关证据予以证实且并不符合正常生活常理。对于可能判处死刑的命案来说，办案人对任何心存怀疑的事实应当达到有证据证明或排除的程度，本案的犯罪动机为“有仇有怨”，就应当予以核实“什么仇什么怨”。对于生人之间毫无缘由、至亲之间没有积怨、起因动机较为牵强、发案情形不合逻辑等明显超出一般社会认知和生活常理的命案办理，应当在准确查明案件事实的基础上，深入评判行为人的主观心态和认知能力，排除异常精神障碍因素介入的可能性。

（二）犯罪嫌疑人的健康状态是否异常

可以说，身体情况直接反映或是影响精神状态，对于评估行为人是否具有精神障碍具有直接参考价值。实践中，办案人对于犯罪嫌疑人身体、智力或精神状态的审查往往仅凭借就诊病历、残疾证、精神病史等书证表象予以判断，容易忽视深层次评价行为人身体疾病、行动障碍或智力不健全等异常情况对精神状态的影响甚至是改变，导致轻信行为人只是身体不健全、精神没问题，缺乏用普遍联系的、发展的眼光去看待身体和精神的关系。如在案例二中，犯罪嫌疑人刘某山系聋哑人，且在案发前一年因脑出血抢救，出院后一直处在半自理状态，生活起居都是靠二哥刘某君照料。办案人在审查刘某山没有精神疾病并确认家族无精神病史的基础上，认为其只是残疾加之患病导致思维迟钝和行动受限，并没有因刘某山的特殊体质而对其精神状态是否正常提高警惕。在审判阶段刘某山被鉴定为“脑器质性精神障碍、精神发育迟滞导致无刑事责任能力”，与其异常的身体细节正好能够一一对应，前者系脑出血后发生脑部器质性病变，而后者则是天生聋哑沟通不畅所以智力发育不良，二者共同作用，导致案发时出现精神障碍。据此，办案人应当善于提前捕捉犯罪嫌疑人身体异常与精神状态的关联性痕迹，有效避免因出现所谓的“新证据”而陷入错捕错诉的被动局面。

（三）证人证言有无相关线索指向

因命案办理中对客观证据标准规格要求较高，故除案发现场目击证人外，证人证言是命案证据体系中证明力相对薄弱的证据类型，缘于其主观性、随意性、从众性较为明显。但对于评判犯罪嫌疑人是否具有刑事责任能力这一主体构成要件，证人证言很可能会提供有指向价值的审查线索。在没有相关刑事责任能力鉴定的前提下，又没有精神疾病的相关病例、家族病史等书证支撑时，主动去发现、深入去挖掘证人证言中的线索就显得尤为重要，即需要着重关注相关证言中不经意间流露出的行为人反常行为表现、异常精神状态等细节描述的蛛丝马迹。如在案例一中，大部分证人都不约而同地围绕犯罪嫌疑人杀害被害人和报警抢救等核心案件事实展开陈述，但其中有两名村民在证言中均提到赵某某平时“自己总嘀咕”，办案人审查时并未留意此处证言细节，习惯性地根据犯罪事实作出了批捕决定。后赵某某被鉴定患有精神分裂症，此鉴定意见恰恰是在赵某某没事总自言自语、妄想有人要害他的精神状态的基础上经过分析论证而最终得出的医学诊断结论。

（四）家属是否提出精神鉴定请求

家属的相关请求能够帮助办案人发散思维、扩展思路，发现案件中行为人可能存在精神异常的线索。因为精神领域的医学判断相对专业，办案人审查时更多需要依靠回溯行为人的日常生活，而家属能够准确揭示和回忆嫌疑人的思维、行动及日常表现，对于评估其有无责任能力提供线索来源。如在案例二中，犯罪嫌疑人家属提到的“我给他做饭、对他好，他就冲我笑”的生活细节，应当引起办案人的足够警觉。办案人应当认真对待、审慎处理犯罪嫌疑人家属的相关申请，坚持有线索指向就要委托鉴定，确保排除一切合理怀疑。

二、命案中发现可能无刑事责任能力的解决对策

（一）将提审犯罪嫌疑人作为判断其责任能力的核心参考

在命案审查中，一是审事，二是审人。对于目前办案人普遍建立起

的“轻口供、重客观事实”的以证据为中心的指控理念下，引导侦查、补强证据等办案重心向审事层面倾斜无可厚非，但“零口供”不等于“零接触”，尤其是在办理命案时，更应当注重对行为主体的审查。在案例一审查起诉阶段的提审过程中，办案人就是在讯问中发现犯罪嫌疑人赵某某虽然能够正常交流并翔实全面地供述杀人事实，但明显存在思维偏执、头脑简单的迹象，提审中给办案人的整体感觉就是“跟正常人不太一样”，尽管命案的犯罪嫌疑人或多或少都有些不寻常，但办案人还是本着审慎的态度，要求公安机关对其进行精神病鉴定，果然最终验证了感性层面的怀疑，准确作出了不予起诉的决定。

（二）充分利用自行补充侦查有效核实相关线索痕迹

对于命案的审查要坚持“眼见为虚、耳听为实”。实践中很多主观性较强的证据材料都掺杂了诸多人为因素，就取证工作本身来说，不论是办案主体还是取证对象，均存在一定的主观色彩，鉴于命案办理的严肃性，尤其是对于犯罪嫌疑人是否精神异常的评估判断对证言的依赖程度较高，就需要办案人根据卷宗内发现的相关线索痕迹，以问题为导向，有针对性地依靠自行补充侦查手段，通过走访、见面、询问等方式予以核实，或印证猜想或排除怀疑，特别是在审查逮捕环节较为紧凑的办案期限内，更为实际和高效。

（三）对于存在无刑事责任能力可能的务必审慎

在案例二的审查逮捕阶段，办案人已经发觉犯罪嫌疑人精神状态的异常状况，鉴于短时间内无法作出相关鉴定，不予逮捕又担心出现再犯罪风险，故作出了批捕决定，后在继续侦查提纲中列明了要求公安机关委托对其刑事责任能力进行鉴定。但受当时新冠疫情因素影响，移送起诉时仍未开展鉴定工作，负责起诉的下级院检察官见案件事实没有争议且认罪认罚，便未理会鉴定情况仓促起诉，结果在审判阶段出现意外，值得反思。可见，应排除一切外在因素和诉讼障碍，确保捕得准、诉得稳。如在逮捕阶段可以先变更为监视居住，并要求公安机关必要时采取临时的保护性约束措施，规避再犯罪风险；在捕后诉前要实时跟踪委托鉴定进展情况，力求鉴定意见作出在移送起诉前；到起诉环节可以酌情利用一次退补或延期时限，等待鉴定意见。总之，办理已经对责任要件心有顾虑或正在鉴定的命案，务必坚持以最终的鉴定意见作为批准逮捕和提起公诉的有效证据支撑，确保对命案负责、对当事人负责。

（四）鉴定确为无刑事责任能力的主导进行强制医疗

鉴于命案一般为严重暴力犯罪并致人死亡，且手段残忍、情节恶劣，自主医疗存在不能预防再犯罪风险的局限性，故在没有特殊情形下，命案中的犯罪嫌疑人可以径行认定为“有继续危害社会可能”，即原则上均应予以强制医疗。故在上述两个案例中，当出现相关责任能力鉴定意见时，办案人第一时间对人变更强制措施、对案更正诉讼程序，建议公安机关重新成卷、移送强制医疗意见，同时向人民法院提出强制医疗的申请，并建议人民法院对命案的犯罪嫌疑人作出强制医疗的决定，充分发挥了检察机关在刑事诉讼活动中的主导作用，努力做好无刑事责任能力命案办理的“后半篇文章”。

三、命案中审查是否有刑事责任能力的办案启示

尽管前文所述的两起无刑事责任能力的命案情形在实践中并不常见，但切切实实发生在重罪检察办案人身边，并给诉讼进程带来了不可忽视的负面影响。故在今后承办命案再遇到类似问题时，应提高主体责任能力方面的审查和取证意识，努力做到心中有数、提前预判、细致审查、妥善处理、审慎决定，建议从以下几个方面参考借鉴。

（一）将行为主体刑事责任能力纳入命案必查要件

从前文的阐述不难看出，解决上述案例问题并非难事，只要办案人时刻绷紧主体责任要件审查这根弦，并贯穿于提前介入、审查逮捕、审查起诉、出庭支持公诉、裁判结果审查、上诉、抗诉、死刑复核等命案诉讼活动全流程，有意识地、有针对性地去评估判断犯罪嫌疑人的精神状态，进而确定其是否具有相应的刑事责任能力。无论所办命案处于哪个诉讼阶段，务必在查明事实的基础上，更多着眼于案件发生是否符合常理、犯罪嫌疑人状态是否异常、相关线索是否有所怀疑、当事人申请是否合理等细节问题，做到应查尽查，将主体责任能力有效纳入命案必

查要件清单。

（二）提前介入责任能力存在疑问的命案侦查前端

当前，在侦、捕、诉一体的大控方指控体系的背景下，检察机关受邀提前介入案件已经成为常规办案动作之一。命案虽然作为重大案件类型之一，但鉴于多数命案并非疑难、复杂，公安机关并未把命案作为邀请检察机关提前介入的重点案件对待，而对于主体责任能力的侦查取证纳入提前介入研判对象则更是少之又少。据此，应当补充提前介入的工作方向模块，将行为主体是否确定具备刑事责任能力纳入引导侦查范畴，即命案发生后，检察机关介入查明案件事实的取证过程中，同步开展行为主体刑事责任能力社会调查，力求将主体适格问题解决在提请逮捕前。

（三）除程序问题外对责任能力鉴定一般应当采信

重罪检察官在审查命案时，之所以疏于主体责任能力的审查，是因为在绝大多数案件中，通过查阅卷宗材料、当面提审和证据综合分析以后，凭借办案经验均可以准确判断出犯罪嫌疑人的精神状态，不需要再将此类证据审查寻求相关鉴定协助，且在较短的办案期限内，委托主体责任能力的鉴定耗时较长，影响办案效率。但需要注意的是，检察官和鉴定人对于犯罪嫌疑人是否具有责任能力属于不同领域的判断，前者为司法评价，后者为医学诊断，思维方式、专业依据、裁量标准均有所不同。故除委托鉴定流程不标准、机构或人员资质不完备、鉴定过程不规范、检材来源有瑕疵、鉴定依据不合法等重大程序违法事由外，行为人无责任能力的鉴定一经作出后，一般应当采信。如果程序合法且无任何瑕疵，即便进行二次鉴定，受制于鉴定机构的平等关系和对被告人有利的裁判原则，亦不能推翻不负刑事责任的实体意见。

（四）善用“外脑”在办案关键环节听取专业意见

重罪检察官在审查命案中，过于依赖自身的办案经验，尤其对于犯罪嫌疑人主体责任能力的判断，普遍根据户籍信息证明已成年，进而直接判定具有刑事责任能力，甚至在出庭举证质证环节都据此认定，对于责任能力方面的证据收集和审查判断容易忽视或一带而过。这就需要在办案的关键环节，善于运用“外脑”帮助检察官作出专业领域的判断，为检察官作出重大决定提供有效参考。如通过聘任具有专门知识的人担任检察官助理，或是建立神经学科的专家咨询委员会等途径，建立行为主体层面审查的常态化辅助办案机制，提供专业评估意见，以便对命案作出处理决定时有章可循，力求在刑事责任能力书面鉴定难以纳入必备证据清单的客观条件下，实现重罪检察命案办理专家口头意见“全覆盖”。

审判中心主义视野下监察法与刑事诉讼法证据衔接的困境与路径

罗素素　黄江源*

摘　要　实现监察法与刑事诉讼法证据有效衔接在贯彻落实证据裁判原则、推进庭审实质化审查以及依法反腐方面具有重要意义。当前，监察法与刑事诉讼法证据衔接尚存在职务犯罪案件刑事立法相关制度缺失、监察证据实质化审查不足、非法证据排除存在程序空转以及辩护权行使受限等问题，影响着职务犯罪案件庭审实质化目标的实现。审判中心主义视野下，通过完善顶层制度设计、贯彻落实证据实质化审查以及严格适用非法证据排除规则等措施，强化对监察证据的收集、固定、审查以及运用等环节进行规制，是实现监察法与刑事诉讼法证据衔接和庭审实质化目标的策略路径。

关键词　审判中心主义　证据衔接　困境　实质化审查

2018年3月《监察法》颁布并施行。该法作为监察体制改革的制度化成果，兼具组织法、实体法、程序法功能。作为监察法律体系中的基本法律，全文法条数量仅有69个，数量极为有限。从内容上看，该法粗略勾勒了我国监察制度的顶层设计框架轮廓，与刑事诉讼法相比，其明

* 罗素素，广西壮族自治区防城港市人民检察院政治部三级主任科员；黄江源，广西壮族自治区防城港市人民检察院办公室五级检察官助理。

显难以胜任规范监察调查的立法目的。[①] 为更好地适应我国监察体制改革的要求，实现“两法”进一步衔接，2018 年 10 月《刑事诉讼法》修订并施行。[②] 2021 年 9 月，《监察法实施条例》（以下简称《实施条例》）也公布施行，法条数量总计 287 条，规定的内容也较为完善和系统，系严格对照《监察法》的章节制定。

一、问题的提出

自监察法、《实施条例》等相关法律制度相继颁发以及 2018 年新修刑事诉讼法施行以来，“两法”制度衔接在多方面已得到调整，回应了过去理论与司法实务中的热点难点问题，也从总体上规范解决了此前“两法”制度衔接的困境，从理论上为职务犯罪案件的全面化、高效化、体系化公正查处提供了较为明确的程序保障。[③] 但是，就人权保障等方面而言，“两法”衔接困境仍未得到根本上的化解。尤其是监察证据衔接方面，当前，监察法未专章规定证据章节，仅在第 33 条用一个条文对证据问题作了较为宽泛的规定。此外，《实施条例》虽细化规定了证据问题，并参照刑事诉讼法对监察证据的法定分类、证明标准以及非法证据排除规则等规范进行了移植借鉴，一定程度上实现了监察法与刑事诉讼法证据衔接，[④] 然而，实务中“两法”有关证据规定在证据收集、证据审查和证据运用等环节仍然存在衔接困境，影响着庭审实质化目标的实现。本文着重以审判中心主义为视角，审视当前“两法”证据衔接的立法以及运行现状，剖析“两法”证据衔接存在的现实困境，以探究“两法”证据衔接的优化路径。

---

① 参见程雷：《监察调查权的规制路径——兼评〈监察法实施条例〉》，载《当代法学》2022 年第 7 期。

② 参见赵佳晖、李影：《〈刑事诉讼法〉与〈监察法〉衔接困境之破局》，载《山西省政法管理干部学院学报》2021 年第 6 期。

③ 参见魏伊慧：《刑诉法与监察法双向衔接机制研究——兼论〈监察法实施条例(征求意见稿)〉》，载《辽宁公安司法管理干部学院学报》2021 年第 10 期。

④ 参见程雷：《监察调查权的规制路径——兼评〈监察法实施条例〉》，载《当代法学》2022 年第 7 期。

二、审判中心主义视野下监察法与刑事诉讼法证据衔接运行现状

（一）总体情况

根据最高检近年来公布的工作报告数据显示，党的十九大以来，受理各级监委移送职务犯罪10.8万人，已起诉9.6万人。2018年至2023年期间，各级检察院共受理监察委移送起诉的职务犯罪嫌疑人数分别为16092人、24234人、19760人、20754人、18000人和2万人，已提起公诉犯罪嫌疑人分别为9802人、18585人、15346人、16693人、1.6万人和1.8万人，其中，2018年至2020年间，直接作出不起诉决定的分别为250人、704人和662人。① 据此可知，该三年间不诉率分别为2.49%、3.65%和4.15%。然而，相关数据显示2017年全国职务犯罪案件不诉率高达12%，高于转隶之后的不起诉率适用率。②

（二）罪名分布

本文以“刑事案由”“监察委”“调查”“刑事一审”等关键词在中国裁判文书网进行研究检索，自2018年至2023年共有4332篇裁判文书，其中贪污贿赂罪裁判文书3387份，渎职罪裁判文书437份，共计3824份，共占比88.3%。以上数据反映出，职务犯罪案件罪名分布主要为贪污贿赂型犯罪。

为确保职务案件数据比例的准确性，本文案例数据以监委调查的典型职务犯罪案件贪污贿赂罪为例进行研究分析。在选取的贪污贿赂罪样本案件判决中，受贿罪为1628件，数量最多；贪污罪、挪用公款罪和行贿罪等案件数量分别为1263件、203件和380件，由此可知，在贪污贿赂罪案件中，受贿罪案件为职务犯罪案件的常见高发罪名。

（三）证据突出特点

1. 言词证据、书证占比较大。在4332份裁判文书中，以“证人证

① 参见2019年至2024年《最高人民检察院工作报告》。

② 参见付政：《论监察法与刑事诉讼法程序衔接》，山东大学2021年博士学位论文。

言”为关键词，搜索到2590篇裁判文书，占比59.8%；以“书证”为关键词搜索到3282篇裁判文书，占比75.8%。从上述样本数据来看，职务犯罪案件在案证据以书证和言词证据为主。

2. 犯罪手段极为隐蔽，物证较少。在4332份裁判文书中，以“物证”为关键词共搜索到479份裁判文书，占比11.1%。该数据从侧面反映出贪污贿赂型职务犯罪案件，作案手段隐蔽，证据较为单一。

3. 录音录像证据随案移送率低。根据监察法有关规定，录音录像仅“留存备查”，不随案移送。在4332份裁判文书中以“录音录像”为关键词，搜索到188份裁判文书，占比4.3%。

（四）庭审质效情况

1. 调查人员（证人）等出庭率低，证据合法性调查启动程序难。调查人员（证人）出庭为庭审实践中难以回避的问题。在4332份裁判文书中，以“调查人员或监察人员出庭”为关键词分别进行搜索，共搜索到0份裁判文书；搜索“证人出庭”，裁判文书总份数也不足20件，且获法院采纳同意证人出庭的不足10件；以“非法证据排除”为关键词，仅搜索到55份裁判文书，占比不到总数的1.3%。

2. 辩护律师介入率高。据统计，我国刑事案件的辩护率约为66%，[①]这意味着我国经济飞速发展以及法治社会建设取得初步成效。在4332份职务犯罪案件裁判文书中，有律师参与辩护的占比达87%。职务犯罪案件律师辩护介入率高，原因主要和被调查人经济收入以及辩护意识有关。

三、监察法与刑事诉讼法证据衔接现实困境

（一）刑事立案制度缺失，证据准入加大审查难度

在监察体系下，监察立案包括一般的职务违纪违法立案和职务犯罪立案，而司法实务中，监察立案多数为行政违法立案。然监察法、《实施条例》并没有专章设立刑事立案的相关程序，在职务违法与职务犯罪之间缺乏程序区分节点。同时，据《实施条例》第59、68条规定，监察证

---

① 《司法部：全国刑事案件律师辩护率达到66%》，载中国新闻网，https://www.chinanews.com.cn/gn/2021/09-24/9572591.shtml。

据在审查起诉阶段采用证据准入规则。在当前的纪检部门和监察机关合署办公背景下，如此规定致使监察机关在职务案件调查过程中所收集的监察证据在监检程序衔接中直接流入到检察机关的审查起诉环节，由于纪检证据与刑事证据不具有统一性，立案标准也不统一，若将纪检获取的证据直接当作刑事的立案证据，显然有失偏颇，庞大体量的行政立案及准入证据，无疑增加了检察机关审查分辨监察证据的难度，检察权亦无法实现对职务犯罪监察立案的有效监督。

（二）证据实质化审查弱化，检察机关主导责任未有效发挥

审判中心主义下，检察机关根据自身职能定位，围绕审判中事实认定、法律适用的标准和要求而展开证据审查和出庭支持公诉。为更好地执行控诉职能，审前程序的监察和检察机关需形成合力，然而通过对司法实务中职务犯罪案件两法衔接运行情况分析发现，当前在“以调查为中心”的职务犯罪追诉模式下，检察机关对监察证据的实质化审查弱化，主导责任未有效发挥。例如，在对被调查人采取逮捕措施时，实务中有检察机关以羁押审查期限所需，先行拘留处于留置状态的犯罪嫌疑人，一般不再进行实质审查，而是基于程序便利当然采取拘留手段，未实质履行羁押性必要性审查；又如在审查起诉阶段，当监委调查活动和证据材料不足时，检察机关在行使非法证据排除或者退回补充调查权力时面对着巨大心理压力，致使“相互配合、相互制约”多表现为“制约不足”而“配合有余”，一定程度上，监察调查结论往往对后续的审查起诉工作乃至审判工作产生决定性影响，以至于检察机关的审查起诉阶段沦为“走过场”，即监察机关的调查阶段嬗变为案件事实认定的实质阶段，后续的审查起诉阶段异化为监察机关调查工作的确认和程序保障，以致检察机关在职务犯罪的审查起诉功能被弱化和形式化。

（三）律师辩护权受限，被调查人有效辩护难以保障

“审判中心主义”视域下，最大限度发挥辩护律师的刑事辩护职能，坚持有效辩护、实质辩护，充分行使诉讼权利是庭审实质化的目标任务。然而，实务中，辩护律师所享有的辩护权不同于一般刑事案件律师辩护的制度设定，即监察法、《实施条例》重新界定了律师介入职务犯罪案件

的时间节点和行使辩护权的方式，由此导致了在非法证据排除、律师帮助权等司法制度上律师辩护的难点，影响着辩护律师辩护权的实现。据监察法及相关规定，辩护律师在对职务犯罪案件被调查人进行辩护时存在介入时间有限，影响对在案证据的审查、质证质量，以及调查阶段无会见权和法律帮助权，非法证据排除难度大等问题，庭审中律师的质证意见以及辩护意见法庭听取及采纳极为有限，这使得被调查人的防御权基本上被架空，有效辩护难以得到保障。

（四）庭审流于形式，审判中心地位弱化

法庭直接听取控辩双方意见，依证据裁判原则作出裁判是“以审判为中心”的内涵和要求下实现庭审实质化的关键。然而，实务中，证据裁判原则以及直接言词原则贯彻落实难度较大。例如，调查人员（证人）出庭问题，依有关规定，法庭可以在现有证据无法证明其合法性的情况，通知调查人员出庭就证据合法性问题说明情况。而从监察制度的有关规定看，对于调查人员的出庭问题并不明确，如《实施条例》第 8 条、第 229 条第 2 款规定对于法检要求调查人员出庭说明情况的“依法办理”。对调查人员出庭规定得过于笼统，以致其在司法实践中不太具备操作性，一定程度上使非法证据排除以及调查人员出庭说明情况等措施无法得到有效落实。同时，转隶后监察机关相对于审判和公诉的特殊法律地位，让有争议案件的重要证人出庭作证难，体现得尤为突出。① 立法模糊以及实践困境短时间内难以得到有效解决，一定程度上影响着与刑事诉讼法相关规定的协调统一，无可避免地阻碍了审判机关对非法证据存在与否进行有效审查。

（五）非法证据排除存在程序空转

非法证据排除启动难。监察体制改革，监察委与纪委合署办公，司法实务中侧重强调监察机关的反腐作用，法检在面对强大的纪检监察力量时，排除非法证据将面临着巨大压力，这也直接导致在面对被调查人

---

① 参见龙宗智：《监察与司法协调衔接的法规范分析》，载《政治与法律》2018 年第 1 期。

及其辩护人提出排除非法证据请求时，司法机关对监察证据排除都秉持极为谨慎的态度，非法证据排除启动异常艰难。

录音录像“留存备查”加大证据核实难度。理论上，在实务中一般通过核实供述时的录音录像来对供述类的言词证据进行合法性审查，但实务中检察机关以及法庭在核实录音录像是否客观真实方面亦存在困难。除了同步录音录像“留存备查”不随案移送之外，录音录像“经审批依法予以提供”制度规定较为模糊，是导致实践中执行较为困难的主要原因。

四、监察法与刑事诉讼法证据衔接优化路径

（一）调查阶段：增设刑事立案程序，贯彻纪法分离原则，完善监察调查取证外部监督

刑事立案作为刑事诉讼程序的开启环节，唯有经过刑事立案程序，被追诉对象的身份才可以由被调查人转换成犯罪嫌疑人，方能为之后程序中被采取强制措施、起诉、审判等活动提供依据。当前，监察法虽规定了监察立案程序，但监察立案性质异于刑事立案。故为实现监察法与刑事诉讼法证据的程序有效衔接，需要对监察法有关职务犯罪调查程序作进一步规范，通过在监察立案环节，对案件实行一般违法违纪与涉嫌职务犯罪的适度分离，并分别建立两者的立案标准，从而使职务犯罪立案调查更加规范，从源头上减轻证据审查压力。此外，为避免过度取证问题，建议实行监察取证分类管理制度，通过设立不同的证据标准以对监察取证进行分类管理。如在后续的案件调查深入开展中，发现被调查人涉嫌职务犯罪，需要将案件性质由最初的违法违纪案件，转变为涉嫌职务犯罪案件并进行立案，最终需要转入到司法程序的，则亦需遵循与刑事诉讼法规定相适应的标准进行证据标准转换和收集，如此，方能实现两法证据的衔接，亦减轻证据审查压力，便于检察机关提升监督质效。

（二）审查起诉阶段：充分发挥检察机关证据审查主导责任，提升法律监督实际效能

在审查起诉阶段，检察机关作为法律监督机关，应当秉持证据实质性审查原则，依法全面、客观地审查监察机关移送的案件证据材料，并

就职务案件犯罪嫌疑人定罪量刑以及是否存在调查人员违法调查等情况进行审查核实，通过对监察机关移送的证据材料进行实质化审查，依法作出是否对被调查人采取拘留或逮捕强制措施的决定。此外，根据宪法规定的法律监督职能，实务中检察机关需要勇于承担并充分发挥主导责任，对于监察机关在调查阶段存在的违法行为，通过及时制发纠正违法通知书或检察建议等多种形式提升检察监督的精准性和实效性。同时，为有效提升检察机关法律监督的实际效能，除了通过运用上述柔性方式纠违之外，还需要保留适用少量的刚性兜底手段，通过对在案证据进行实质性审查方式，视全部案情及在案证据情况，[①] 对于犯罪事实不清、证据不足的职务犯罪案件，经两次退查仍然犯罪事实不清、证据不足或者经审查认为犯罪嫌疑人犯罪事实显著轻微，不构成犯罪的，视情况行使存疑不起诉权或者依法作出酌定不起诉和法定不起诉决定等，及时将案件分流出刑事诉讼程序。如此，检察机关通过交叉行使不批捕、退回补充调查权以及不起诉权等，提升对职务犯罪案件的法律监督实际效能。

（三）辩护权实现：建立监察调查律师介入制度，保障被调查人有效辩护权益

有效的刑事辩护能够提升刑事诉讼的质效，推进国家治理体系和治理能力的现代化。因此，在监察调查程序中，可尝试探索允许律师有限度地介入到职务犯罪案件中来，并通过行使会见、通信权、非法证据排除权以及被调查人认罪认罚时在场权等，不仅有利于保护被调查人的正当权利，一定程度上也能保障监察调查程序上的公正合法，实现权威高效反腐和保障人权统一。当然，对于职务犯罪监察调查律师介入而言，因案件性质特殊，律师介入监察调查程序，其享有的辩护权也不能滥用，需要参照刑事法相关规定，对律师介入到监察调查程序的时间节点予以明确规定。同时，应当对律师介入到监察调查程序中的义务加以明确规定，即律师在此阶段对于其通过办案获悉的案件相关信息，应当严格保密。如此，通过赋予辩护律师在调查阶段有条件的介入职务犯罪案件，

---

① 参见洪浩：《以审查起诉为枢纽：监察法与刑事诉讼法衔接的制度路径》，载《河北大学学报（哲学社会科学版）》2023 年第 1 期。

通过刑事法律帮助权、会见权以及非法证据排除申请权等方式，提升辩护律师在庭审中对证据的有效辩护，实现庭审对证据实质化审查的目的。

（四）审判阶段：加大证据审查力度，实现庭审实质化审查

全面贯彻落实证据裁判原则和直接言词原则，实现庭审实质化审查。证据裁判是刑事诉讼的基石，审判阶段作为司法公正的最后一道防线，在证据审查以及适用方面，应当对证据进行复审，严格审查在案证据是否符合“三性”要求，在案证据是否可以认定被告人职务犯罪达到事实清楚，证据确实、充分的定罪标准，并综合全案排除合理怀疑。此外，为解决职务犯罪案件重要证人以及调查人员出庭难问题，立法层面，需要对调查人员（证人）等出庭问题进一步明确，通过参照刑事诉讼法关于侦查人员（证人）出庭作证以及对侦查合法性问题出庭说明情况的相关规定作出进一步规范。证据只有经过控辩双方举证质证并经法庭审查认为具有证据资格并客观真实采用的，方可作为定案根据，否则便需要排除。如此，方能更好地坚持审判中心主义，推进庭审实质化改革落地落实。

（五）程序方面：健全职务犯罪领域非法证据排除规则

细化非法证据排除规则，从立法层面解决“不敢排”问题。非法证据排除规则是国家法治发达程度的重要标尺，在今后的监察法、《实施条例》的修订中，应当细化监察机关非法证据排除有关规定，以提高实务中“排非”的可操作性。同时，应当在刑事诉讼法中进一步明确检察机关的法律监督职能，如此，方能解决监检关系错位引发的“不敢排”问题，从而实现司法实务中监检“相互配合，相互制约”的立法目的。

此外，鉴于职务犯罪案件中多以言词证据为主，为实现司法机关对监察证据的实质化审查，增加内心确信，笔者认为应当完善监察调查程序中的录音录像制度及其移送检察机关审查制度，通过随案移送以及分由不同部门行使录音录像制作主体和调查案件主体的方式，以保障监察调查录音录像证据材料的客观性与合法性，以便司法机关对取证始末进行全面了解，对案件进行全面审查认定。

正当防卫案件刑事指控体系构建研究

高 斌*

摘 要 正当防卫的准确适用体现了人民群众对公平正义的新期盼，随着正当防卫实体条件的明确与细化，正当防卫的认定与适用日益成为一种新常态，但正当防卫案件举证责任分配、证据审查理念及规则等仍有待完善。对于正当防卫的举证责任，应以检察机关承担为宜。在审查正当防卫的相关证据时，应坚持同步审查、全面审查、整体审查、形式判断与实质判断相结合等理念，不断完善对视听资料、证人证言、鉴定意见、犯罪嫌疑人供述和辩解等证据的审查，努力让人民群众在正当防卫案件中感受到公平正义。

关键词 公平正义 正当防卫 证明责任 合理怀疑 经验法则

党的二十大报告强调："江山就是人民，人民就是江山。"坚持人民至上，是习近平新时代中国特色社会主义思想的根本政治立场。民心是最大的政治，司法为民是检察机关必须坚守的初心和使命，新时代人民群众对公平正义民主法治提出了新需求，对"法不能向不法让步"提出了新期盼。检察机关在"于欢故意伤害案""昆山反杀案""涞源反杀案"等一系列影响性案件中对正当防卫制度的正确运用，极大地提升了人民群众的司法安全感、获得感、幸福感。2020 年 8 月 28 日"两高一

* 高斌，重庆市渝中区人民检察院检察二部四级高级检察官。

部”联合发布《关于依法适用正当防卫制度的指导意见》，明确了正当防卫相关实体要件的认定规则，为准确认定正当防卫提供了清晰的指引。但不可否认的是，“被告人的行为究竟属于故意伤害或故意杀人，还是正当防卫或防卫过当，不仅是法律适用的问题，而且是并首先是事实认定的问题”①，关键证据缺失、证据不足等问题仍然困扰着正当防卫的认定。因此，明确正当防卫的相关证据规则，经由证据得出正当防卫相关事实，为法律适用打下坚实基础，对于让人民群众在每一个正当防卫案件中感受到公平正义显得尤为重要。

一、正当防卫证明责任分配现状

证明责任通常是指对刑事诉讼中的特定待证事实举示证据予以证实的义务，同时其也与待证事实真伪不明时的不利后果承担相关联。在正当防卫事实不清的情况下，是由犯罪嫌疑人、被告人承担正当防卫不成立的不利后果，还是由控方承担不能排除“正当防卫存在可能”因而全案达不到“证据确实、充分”标准的不利后果，对最终事实的认定具有重大影响。

（一）理论分歧

理论上对正当防卫的证明责任分配，存在控方举证说、辩方举证说和责任分担说的不同观点。

控方举证说认为，基于“无罪推定原则”和“谁主张谁举证”基本原理，控方指控被告人有罪，需要通过举证证明被告人的行为构成犯罪，并排除可能构成正当防卫的合理怀疑，被告人无须通过举证证明自己存在正当防卫等违法阻却事由以证实自己无罪，即应由控方承担证实正当防卫不存在的责任。对于正当防卫事由，辩方只有说明义务，没有举证责任，若辩护方承担证明存在正当防卫的责任，则无异于要求被告方证

① 何家弘、梁颖：《论正当防卫案的证明责任》，载《中国高校社会科学》2021 年第 2 期。

明其自身无罪，违反了刑事诉讼的基本原则。①

辩方举证说认为，我国刑法通说认为犯罪构成是认定犯罪的唯一标准，控方只要按照犯罪构成四要件证实行为符合犯罪构成，就完成了证明工作。正当防卫被安排在犯罪构成体系之外评价，辩方主张存在正当防卫是提出新的积极抗辩，依据证明责任的最基本分配原则——“谁主张谁举证”原则，应由辩方承担证明责任。辩方举证体现的是证明责任转移、倒置和推定之要求，并没有违反无罪推定原则和不被强迫自证其罪规则。② 对于虽然存在正当防卫的可能，但最终无法查实是否存在正当防卫的情况下，由被告方承担正当防卫事实真伪不明的不利风险。③

责任分担说认为，由辩方和控方分担正当防卫的证明责任。辩方针对控方的故意杀人等犯罪指控提出正当防卫的事实主张，就要承担初始的证明责任，用证据让法官相信存在正当防卫的实质可能性。然后，控方要承担证明辩方的行为不构成正当防卫的责任，如果最终事实不清，证据不足，就要认定被告人的行为属于正当防卫。④即犯罪嫌疑人、被告人抗辩存在正当防卫时，需要承担主观证明责任，通过举示证据证实存在正当防卫的可能，形成案件“争点”。而后因为证明犯罪的证据体系被动摇，由控方承担证明正当防卫不存在的证明责任，且需要达到证据确实、充分的程度，否则就需要承担犯罪指控不能成立的不利后果。

（二）实务做法

对正当防卫的证明责任分配问题，法律、司法解释尚没有明确的规定。“昆山反杀案”等影响性案件中，检察机关积极承担了证明正当防卫存在的责任，取得了良好的法律效果、社会效果。

但实务中也存在着让被告人承担正当防卫事实不清不利后果的做法。

---

① 参见揭萍、余怡：《正当防卫司法认定的证据学实证分析》，载《中国人民公安大学学报（社会科学版）》2020年第6期。

② 参见房保国：《论辩护方的证明责任》，载《政法论坛》2012年第6期。

③ 参见李蓉、宋家骏：《论正当防卫的证明责任——以阶层犯罪论为视角》，载《首都师范大学学报（社会科学版）》2019年第3期。

④ 参见何家弘、梁颖：《论正当防卫案的证明责任》，载《中国高校社会科学》2021年第2期。

如田某某故意杀人案中，2006 年 2 月，被告人田某某和妻子罗某到瑞安市某汽车装修服务部上班，入住员工宿舍，与同事张某（被害人）同居一室。3 月 18 日夜，田某某回到宿舍时见房间内未开灯且房门关闭，便爬窗进入，发现张某正从罗某身上下来并提着裤子。罗某哭泣，称被张某强奸。田某某遂与张某争吵、扭打，后持菜刀砍中张某头、颈、上肢等部位，致张某当场死亡。在该案中，控辩双方的争议焦点是被告人田某某的行为是否构成正当防卫。公诉方认为，该案中是否存在张某强奸罗某的事实以及田某某与张某互相打斗的事实，只有田某某的供述及其妻子罗某的证言，没有其他证人和物证，无法认定，因此被告人的行为构成故意杀人罪。被告人田某某则声称其行为是对张某强奸行为和殴打行为的反制，属于正当防卫。法院判决支持了公诉方的诉讼主张，判决田某某犯故意杀人罪，并判处无期徒刑。① 该案中因证实正当防卫的证据不足导致正当防卫事实真伪不明，最终由被告人承担了事实真伪不明的不利后果。

二、检察机关承担正当防卫证明责任的合理性

对于证据证明责任分配、证明标准的判断以及法庭调查等，往往都是要在将证明对象细分的基础上才能进行正确处理。② 刑事诉讼中的证据对象可以分为定罪事实、量刑事实、程序性事实等。对定罪事实，核心是哪些事实属于能够证实犯罪、据以定罪的事实。刑法通说认为犯罪构成是认定犯罪的唯一标准，正当防卫不属于犯罪构成要件，存在于构成要件之外。但以此为理由认定控方不需要承担正当防卫证明责任，在某种程度上是对犯罪构成理论的误读。

原因在于，我国刑法传统理论并非将正当防卫排除在犯罪认定之外。其一方面认为，“中国刑法学之所以将正当防卫、紧急避险等阻却犯罪行为置于犯罪构成之外加以研究，完全是因为中国刑法学中的犯罪构成是

---

① 参见浙江省温州市中级人民法院刑事判决书，(2014) 浙温刑初字第 111 号。

② 参见周洪波：《证明对象的基本法理与中国问题》，载《江海学刊》2022 年第 1 期。

承载社会危害性的实质构成，所以没有阻却犯罪行为的托足余地"①；另一方面还认为，犯罪构成是形式要件与实质要件的统一，行为符合犯罪构成，就意味着该行为不仅在形式上符合某具体犯罪的轮廓或者框架，而且在实质上也具有成立该罪所必要的相当程度的社会危害性，在得出行为符合具体犯罪的犯罪构成结论之前，已经进行了该行为不是正当防卫的判断，否则就不可能得出这样的结论来。② 即从正反两个方面说明了认定犯罪嫌疑人的行为符合犯罪构成并非仅针对四要件进行认定，仍需要认定犯罪嫌疑人的行为不构成正当防卫等正当行为，综合两方面的内容才能得出行为符合犯罪构成进而成立犯罪的结论，缺少任何一个方面均无法准确认定犯罪。因此可以说正当防卫本身也是定罪事实的一部分，是需要与四要件一并进行证明的犯罪对象，检察机关要证明犯罪成立就需要证实正当防卫不存在。

同时，检察官法规定检察官应秉持客观公正立场，对犯罪嫌疑人有罪、无罪、罪轻的证据都要全面收集审查。检察官不能将自己仅仅定位为诉讼一方当事人，应客观公正地审查全案证据，对存在正当防卫可能的，要通过提前介入引导侦查、自行补充侦查等方式，调查收集证明不法侵害、防卫意图、防卫对象、防卫时间、防卫限度等的证据，加强对视听资料、证人证言、鉴定意见、犯罪嫌疑人供述和辩解等证据的审查认定，准确认定正当防卫。

此外，将正当防卫的证明责任全部或者部分分给辩方承担可能会导致错案的发生。如有的犯罪嫌疑人因为对法律不了解并没有提出正当防卫的抗辩，此时控方也不需要对正当防卫问题进行证明，以一种"默示"的方式认定了正当防卫不存在，进而认定犯罪嫌疑人的行为构成犯罪。但客观上有可能是被害人实施不法侵害在先，犯罪嫌疑人的行为是对该不法侵害的正当防卫，理应不认定为犯罪。因为整个犯罪证明过程中均没有对正当防卫存在与否的审查认定过程，容易导致错案的发生。

因此，在我国现行司法体制下，由检察机关承担正当防卫不存在的证明责任更为合理，如果经审查后，在案证据不能排除合理怀疑地证实

---

① 高铭暄：《关于中国刑法学犯罪构成理论的思考》，载《法学》2010 年第 2 期。

② 参见黎宏：《我国犯罪构成体系不必重构》，载《法学研究》2006 年第 1 期。

正当防卫不存在，应得出全案证据尚未达到确实、充分程度的结论，作出证据不足不批捕、不起诉决定或者监督公安机关撤销案件。

三、正当防卫证据审查理念

检察人员在审查正当防卫相关证据时，应树立如下理念，更好地开展证据审查工作。

（一）同步审查证据的理念

在办理故意杀人等案件时，需在审查证实犯罪构成四要件证据的同时审查证实存在正当防卫的证据，避免在认定故意杀人等犯罪后再启动正当防卫证据审查工作。因为正当防卫本身即是对犯罪的否定，同步审查有利于尽早查清是否构成正当防卫，在构成正当防卫时及时终止诉讼程序，减少正当防卫人的诉累。坚持同步审查，也有利于引导侦查人员第一时间收集证实正当防卫的证据，避免因取证不及时导致的证据灭失。

（二）全面审查证据理念

在办理故意杀人等案件时，需全面审查证实现场时空环境、案件发生、发展、矛盾激化、犯罪嫌疑人身体状况和认知能力、事后表现等的证据，查清案件发生的前因后果，分清双方的是非曲直，避免就案办案仅围绕犯罪构成四要件审查证据。即使对于犯罪嫌疑人认罪认罚的案件，其没有提出正当防卫的抗辩，也应主动全面审查案件证据，准确认定犯罪嫌疑人是否属于正当防卫，确保对犯罪的认定于法有据、于理应当、于情相容，符合人民群众的公平正义观念。如在王某正当防卫案中，被害人李某某只是用拳头多次猛击王某头部，王某顺手拿起一把菜刀向李某某头部和肩部击打。表面上看，王某反击手段似乎超过了必要限度，但经进一步审查查明，王某头部曾做过开颅手术，属于特殊体质，在头部连续多次受到李某某击打的情况下，自感安全处于现实的、紧迫的和严重的危险中，随手抓起菜刀作为自卫工具以增强防卫能力，结合其他证据，认定其手段强度上没有明显超过必要限度。

（三）整体审查证据理念

对证实“正在发生的不法侵害”等正当防卫要件的证据，应坚持整体审查认定。如在认定不法侵害时，不能将被害人实施的侵害行为割裂为孤立的行为，而应从整体上判断是否始终处于持续状态，对犯罪嫌疑人的人身威胁是否始终处于持续状态，对犯罪嫌疑人造成的心理压力是否始终处于持续状态。如在“涞源反杀案”中，王磊身材高大，年轻力壮，所持凶器足以严重危及人身安全，王磊虽然被打倒在地，还两次试图起身，王新元、赵印芝当时不能确定王磊是否已被制伏，担心其再次实施不法侵害行为，又继续用菜刀、木棍击打王磊，与之前的防卫行为有紧密连续性，属于一体化的防卫行为，应整体评价为正当防卫。

（四）形式判断与实质判断相结合理念

认定正当防卫，需要审查犯罪嫌疑人的行为是否满足正当防卫的形式要件，满足形式要件的通常能够认定为正当防卫。但在形式判断的同时也需要进行实质判断，审查犯罪嫌疑人对矛盾纠纷的发生是否存在重大过错，面对特定的不法侵害人是否具有退让义务，是否符合正当防卫的立法精神等。如对于显著轻微的不法侵害，行为人在可以辨识的情况下，直接使用足以致人重伤或者死亡的方式进行制止的，不应认定为防卫行为。不法侵害系因行为人的重大过错引发，行为人在可以使用其他手段避免侵害的情况下，仍故意使用足以致人重伤或者死亡的方式还击的，不应认定为防卫行为。

四、正当防卫证据具体审查规则探析

对正当防卫相关证据的审查，首先应严格按照刑事诉讼法、“两高三部”《关于办理死刑案件审查判断证据若干问题的规定》等法律、司法解释的规定审查证据的证据资格，排除非法证据，补正瑕疵证据，确保证据的合法性。在此基础上，重点审查如下内容。

（一）监控录像等视听资料的审查

视听资料是以图像和声音形式证明案件真实情况的证据资料，因此具有“望之有形、听之有声、查之有据”的独特性能，在还原案发经过时具有独特的价值。但其也具有容易被伪造、增加、删改、编辑等特点，因此应重点审查如下内容：

1. 审查视听资料能否反映案件的前因后果及整个过程。实践中侦查人员有时仅截取制作证实犯罪嫌疑人实施“故意杀人行为”的视听资料，忽视在此之前的能证实被害人实施不法侵害的视听资料，不利于全面认定案件事实。应引导侦查人员尽可能多地调取制作能够反映案件起因、过程、事后表现等全过程的视听资料，完整呈现是否存在“正在发生的不法侵害”、防卫工具、手段等事实要素。

2. 审查分析案发现场的时空环境是否容易使得犯罪嫌疑人处于孤立无援的状态，如果社会一般人在案发时处在犯罪嫌疑人位置也容易因担心受到持续的不法侵害而陷入恐惧，进而认为被害人可能实施故意杀人等严重危及人身安全的暴力犯罪，犯罪嫌疑人实施防卫行为导致被害人死亡的，不应认定防卫过当。

3. 重视对案件过程中相关细节的审查，如犯罪嫌疑人反击行为的持续时间、打击部位、过程中被害人有无意图继续实施侵害的动作等。

（二）现场目击证人证言的审查

通常认为，目击证人因为目击了犯罪全过程，其证言更为直接，但其证言也具有较强的主观性，容易夹杂其猜测性、评论性、推断性的证言，影响证据的证明效果。

1. 审查证人作证时的年龄、认知水平、记忆能力和表达能力、生理上和精神上的状态，对证人提供的可能超出其作证能力的证言需慎重采信。同时审查证人与犯罪嫌疑人、被害人之间的关系，实践中与犯罪嫌疑人、被害人有密切关系的目击证人通常会自觉或者不自觉地从有利于己方的角度来描述案件事实，因此对证人提供的有利于己方的证言需慎重采信。

2. 在证人与犯罪嫌疑人、被害人互不认识的情况下，需要对其区分犯罪嫌疑人、被害人的依据等进行详细的描述，如根据看到的双方的年龄、体型、衣着等区分，必要的情况下还需要进行辨认，以确定先实施不法侵害的一方究竟是犯罪嫌疑人还是被害人。

3. 证人对现场不法侵害发生、发展的猜测性、评论性、推断性证言，对于准确认定不法侵害是否正在发生、不法侵害的危险程度是重要的参考依据。如证人看到被害人拿刀出来，推断被害人随时可能对犯罪嫌疑人实施侵害，该推断性证言并非必然不能采信，审查的重点在于其推断是否有充足的依据，是否符合一般生活经验。如果根据一般生活经验其推断能够成立，则可以予以采信。

（三）鉴定意见的审查

正当防卫案件中的鉴定意见通常包括对被害人死亡原因的鉴定意见以及对犯罪嫌疑人伤情的鉴定意见等。

1. 对被害人死亡鉴定意见，首先，审查被害人死亡原因，是否是犯罪嫌疑人的行为直接导致了其死亡，中间是否存在介入因素。如盛某某正当防卫案中，成某某被盛某某刺伤心脏，就医出院后未遵医嘱继续进行康复治疗，最终因“左胸部遭受锐器刺戳作用致心脏破裂，在愈合过程中继续出血，最终引起心包填塞而死亡”。因为成某某的死亡存在着其未遵医嘱继续进行康复治疗的介入因素，影响了对盛某某的行为是否超出防卫限度的认定。其次，审查被害人的创伤情况。犯罪嫌疑人不同的打击工具、方式、部位在被害人身上留下的创伤不同，反之创伤也能反映使用的工具、具体反击方式、反击部位等信息，一方面，可以用于印证犯罪嫌疑人供述和辩解，判断其供述和辩解的真实性；另一方面，可以用于间接证明犯罪嫌疑人是出于防卫意图还是出于泄愤报复等目的。

2. 对犯罪嫌疑人的伤情鉴定意见，重点审查是否与其辩解的遭受的不法侵害相印证。如在冉某某故意伤害申诉案中，最高法经审查认为，根据鉴定意见，其多处损伤均在表真皮层面，未达到深层肌肉及大的血管、神经，其与被害人的打斗较为激烈，若其身上所受的伤是被害人用刀刺所致，则受伤程度理应更为严重而非仅造成表皮损害，因此认定其申诉所称被害人先用匕首将其刺伤，其夺过匕首后在情急之下才用匕首刺中被害人的意见不能得到支持。

（四）犯罪嫌疑人供述和辩解的审查

并不能奢望每一起命案中都存在视听资料、目击证人等直接证据，部分案件发生在只有犯罪嫌疑人和被害人的密闭空间中，只有犯罪嫌疑人的供述和辩解能够直接证明案件事实，这种情况，如果犯罪嫌疑人辩解自己的行为构成正当防卫，则容易陷入证明困境。对此应重点审查如下内容：

1. 审查犯罪嫌疑人是否全面供述了事情的起因、其与被害人之间的关系、双方冲突升级的过程、面对不法侵害时的主观心态、防卫工具的来源、防卫的方式、事后表现等，以及犯罪嫌疑人供述、辩解的一致性和稳定性。对犯罪嫌疑人供述辩解中不合常情常理的地方，通过补充讯问、向其出示相关证据等方式，要求其作出合理解释。针对犯罪嫌疑人翻供的问题，一方面，针对其翻供的内容，重点审查有罪供述时的同步录音录像，核实其是否自愿、自然作出有罪供述；另一方面，要求其合理说明翻供理由。

2. 审查犯罪嫌疑人的供述、辩解与在案的其他证据之间能否相互印证，是否存在矛盾。坚持“重证据，重调查研究，不轻信口供”的基本原则，将对犯罪嫌疑人供述和辩解的审查置于整个证据系统之中，通过证据之间的相互印证，补强犯罪嫌疑人的供述与辩解。在犯罪嫌疑人供述与客观证据存在矛盾的情况下，需要进一步核实矛盾产生的原因，并可以要求犯罪嫌疑人予以解释。

3. 重视对经验法则的运用。对犯罪嫌疑人供述和辩解的审查认定，既需要通过证据相互之间的印证，也需要运用经验法则进行合理推定。如在周某某正当防卫不起诉案中，在夜晚四周无人的稻田里，许某某意图对打完农药的周某某实施强奸，周某某为自保用农药箱软管将许某某颈部缠绕以控制其行动。经过近两小时的对峙，许某某骗周某某放松软管后意图挣脱软管，周某某担心再次受侵害遂用力拽拉软管，导致许某某身体突然前倾趴在地上，周某某为防其装死继续用力拽拉软管数分钟后离开现场。次日清晨，周某某在村干部的陪同下到现场查看，发现许某某已死亡，遂自动投案。虽然此案发生于夜晚的野外田间，没有目击证人和监控录像等直接证据，证实存在强奸不法侵害的证据只有周某某的供述和辩解，但综合现场环境、防卫方式、事后表现等，依据经验法则，能够合理推定周某某的辩解真实，最终认定周某某的行为属于正当防卫。

数字化推进侦查监督与协作配合办公室建设路径研究*

张军英　陈　苹　潘建清　鲍建敏
张　祺　王晓伟　周奕澄　沈依一**

摘　要　侦查监督与协作配合办公室作为深化健全完善侦查监督与协作配合机制的重要平台，具有人员组成的复合性、层级设置的对应性和机构职能的多元性等特点。数字化推进办公室建设能够兼容办公室特点，推动发挥信息管理的枢纽作用、职能整合的协同作用和组织协调的平台作用。实践中，办公室建设正面对如何运用技术衔接执法办案管理中心、提升履职能力和实现履职标准化运行管理等疑难问题。两机关应当进一步凝聚共识，完善软硬件支持，夯实数据共享保障，建立常态共享工作机制，推动工作长效开展。

关键词　检侦关系　侦查监督　协作配合　办公室建设　数字化

* 本文为2022年上海市检察机关重点课题“侦查监督与协作配合办公室建设问题研究”（SH202203）的阶段性成果。

** 张军英，上海市人民检察院第三检察部主任，三级高级检察官；陈苹，上海市浦东新区人民检察院副检察长，三级高级检察官；潘建清，上海市浦东新区人民检察院检察委员会专职委员，三级高级检察官；鲍建敏，上海市浦东新区人民检察院第一检察部主任，四级高级检察官；张祺，上海市人民检察院第一检察部三级高级检察官；王晓伟，上海市浦东新区人民检察院第六检察部三级检察官；周奕澄，上海市人民检察院第一检察部四级检察官助理；沈依一，上海市浦东新区人民检察院第一检察部三级检察官助理。

2021 年 10 月，最高检、公安部联合印发《关于健全完善侦查监督与协作配合机制的意见》（以下简称《意见》），要求进一步健全完善侦查监督与协作配合机制，并就设立侦查监督与协作配合办公室（以下简称侦监协作办公室）作出专门规定。“侦查监督与协作配合办公室的设立和实践运行是贯彻落实《意见》的重要抓手，承载着一系列监督、配合、制约机制的组织协调、统筹推动、督促落实、确保正常运转的职能，是确保 14 项侦查监督与协作配合机制落地落实的一项基础性工作。在一定程度上，侦查监督与协作配合办公室建得好不好，直接关系《意见》能不能落地落实，相关监督、配合和制约机制在实践办案中能不能真正发挥应有的功能和作用。”① 在犯罪形式随着数字技术发展不断发生变化的当下，伴随着公安对应侦查技术的发展应用，应用数字化技术推进侦监协作办公室是构建更加成熟的检侦关系、应对未来发展趋势的必要举措，对于以检察工作现代化服务中国式现代化具有重要意义。

一、数字化推进侦监协作办公室建设的背景意义

（一）宏观层面：适应犯罪结构变化和犯罪治理需要的必由之路

近年来，我国刑事犯罪结构发生重大变化，在刑事案件总量长期高位运行的情况下，判处 3 年有期徒刑以下刑罚的轻罪案件人数占比从 1999 年的 54.4% 上升至 2023 年的 82.3% 。② 一方面，立法层面轻罪化、法定犯呈现出增加趋势；另一方面，在司法实践层，传统接触式犯罪向线上、非接触式犯罪转换，危险驾驶罪、帮助信息网络犯罪活动罪等特定类型轻罪名案件大量增加。检察机关、公安机关正共同面对大量轻罪案件的治理难题。同时，数字时代新类型案件频现，并呈现出犯罪链条拉长、空间扩展，涉众型案件增多，模式多变等特点，也提升了侦查监督与执法监督衔接的难度，执法司法监督管理相互影响、互相作用更加

① 华炫宁、郑志恒：《“深化新时代检察改革”系列报道丨侦查监督与协作配合机制：让监督更有力配合更有效》，载最高人民检察院网站，https：//www. spp. gov. cn/zdgz/202203/t20220304_546867. shtml。

② 参见《刑事检察工作白皮书（2023）》，载最高人民检察院网站，https：//www. spp. gov. cn/xwfbh/wsfbh/202403/t20240309_648173. shtml。

凸显。在“抓末端、治已病”的基础上，刑事司法要实现“抓前端、治未病”，健全并赋能侦查监督与协作机制已成为两机关的重要举措之一。

（二）中观层面：适应刑事诉讼模式调整和提升审前程序质效的内在要求

1997 年《刑事诉讼法》修改后，传统的侦查中心主义正式转向“以审判为中心”，“以审判为中心”的诉讼制度改革在着力推进庭审实质化建设的同时，积极推动对审前程序的制度重构，强调重塑侦检关系。① 在过去“以侦查为中心”的诉讼格局下，检察机关往往居于相对被动的地位，公诉职能受制于侦查职能，实践中构罪即捕、带病起诉等现象不同程度地存在。② 基于对侦查中心主义下侦检关系的反思，审判中心主义旨在确立检察机关在审前程序中主导地位，推动侦查服务公诉的职能复归，从而使检察机关真正成为影响审前程序的核心力量。③ 刑事诉讼模式的调整加重了审前程序诉讼功能和任务，要求检察机关切实发挥审前主导作用，也对刑事司法执法水平提出了更高要求。健全侦查监督与协作配合机制必须改变检侦衔接在诉讼中所表现出随机、零星、片段化的样态，通过健全机制实现要素齐全、覆盖完整、动态及时的监督与协作，以此迅速回应诉讼进程中配合瓶颈和监督难点，整体提升刑事司法质效。

（三）微观层面：适应新型检侦关系和凝聚执法司法共识的重要举措

从侦查环节看，我国公安机关的执法规范化已经进入更高层次，形成了执法办案管理中心建设等具有代表性的改革成果；从检察环节看，检察机关进行了“捕诉一体”改革，推动实现刑事实体法逻辑下的刑事检察业务布局。但在整体上看，为实现刑事案件办理的质效提升，进一步深化“繁简分流、轻重分离、快慢分道”的效果，公、检两家仍然面

① 参见陈卫东：《以审判为中心：解读、实现与展望》，载《当代法学》2016 年第 4 期。

② 参见陈卫东：《以审判为中心：当代中国刑事司法改革的基点》，载《法学家》2016 年第 4 期。

③ 参见陈卫东：《程序正义之路》（第二卷），法律出版社 2005 年版，第 60 页。

对着微观层面的改革压力，数字经济时代所产生的具体实务问题，如新类型案件研判、跨区域网络案件管辖、涉众犯罪案件被害人疏导、跨部门协同和数据共享等，均需要发挥侦监协作办公室的平台催化作用，进一步健全侦查监督与协作配合机制，加强检侦的制约与协作、监督与配合，只有通过不断深化双方对刑事司法改革的共识、解决分歧，才能充分释放改革的推动效果，将理念转化为行动和实践。

二、数字化的基底——侦监协作办公室的作用和差异

纵观各国检侦关系发展，并未形成主流恒定的发展模式。我国检察机关有着法律监督者的宪法定位，检察机关作为侦查主体的“检警一体化”方案不利于客观公正立场的秉持，显然不适合我国国情，而“检侦分离”或者“分工协作模式”存在制约不足的风险，易导致对警察滥权的质疑，影响司法的权威性，同样不符合新时代人民群众对执法司法的新要求。《意见》贴合我国“以审判为中心”的刑事诉讼制度改革要求，对检侦关系进行了进一步的明确，要求两机关协同构建以证据为中心的刑事指控体系。最高检印发《2023—2027 年检察改革工作规划》，也明确要求充分发挥检察机关审前把关、过滤作用，健全以证据为核心的刑事指控体系，如何进行侦查监督与协作配合机制的构建已成为具有我国特色的实践性问题。数字技术发展在带来治理层面疑难的同时，也为两机关工作质效提升带来新的引擎，能促进业务管理的现代化，有效推动执法司法标准的统一。应当注意的是，宪法明确规定了两机关“分工负责，互相配合，互相制约”的基本关系，在“分工负责”的基础上，数字技术的作用应全面考虑推动实现“互相配合”和“互相制约”并重格局的建立。

从沿革上看，侦监协作办公室与检察机关近几年着力推动的社区检察或者派驻检察室在模式和功能上存在承继、相似之处。早在 2010 年，上海检察机关即率先在街镇社区设立派驻社区检察室。① 其后，各地尝试

---

① 参见林中明：《上海：社区检察覆盖全市所有街镇社区》，载最高人民检察院网站，https://www.spp.gov.cn/zdgz/201511/t20151116_107590.shtml。

摸索试点派驻公安检察室，在实践中形成了倾向强化监督模式①和倾向强化协作模式②。但是，侦监协作办公室依托公安机关执法办案管理中心开展工作，其组成结构、职能涉及和运作模式与此前试点改革有相同，也存在更多区别：

一是人员组成的复合性。不同于派驻检察室在人员构成上以检察人员为主体，办公室由人民检察院指派常驻检察官、公安机关法制部门指定专门人员共同负责，常驻工作人员通常由专职检察官和公安法制办人员共同组成，这种人员结构的复合性使办公室未来的发展上会呈现出完全不同于派驻检察办公室运转样态，更加强调工作衔接。

二是层级设置的对应性。在过去派驻检察办公室试点中，基于公安派出所成为打击各类刑事犯罪的重要力量，检察机关以延伸法律监督触角为目标，采取了向派出所或者乡镇（社区）检力下沉的“点对点”派驻模式，工作上更关注围绕具体个案展开。侦监协作办公室则是采取了依托公安机关执法办案管理中心，在市县两级因地制宜设立的模式，且不同层级上存在不同职能侧重，但整体上采取了以层级对应的形式，更关注公检两家整体工作层面的对接。也因此，在工作模式上是否再采取“点对点”派驻模式，或直接将办公室职能深入到个案微观层面，对此，应当保持谨慎态度。

三是机构职能的多元性。较之于此前改革，检察机关设置在公安机关执法办案管理中心的派驻检察室多对公安机关采取“单向监督”，而侦监协作办公室则是融监督与协作职能于一体，定位于“双向协同”。从具体职能内容上看，办公室有组织协调、监督协作、督促落实、咨询指导等复合职能，呈现出机构职能多元性。有学者指出，侦监协作办公室不是专门的业务部门，其各项职能均属于协调督促型职能，具有一定弹性。③ 也因此，办公室机构职能的运行不能割裂考虑“侦查监督”和

---

① 参见李华伟、石晶：《派驻公安机关执法办案管理中心检察机制理论研究》，载《中国检察官》2020 年第 10 期。

② 参见范跃红、蔡俊杰、阮家骅：《浙江：将全面推开基层公安机关检察官办公室》，载《检察日报》2018 年 7 月 20 日。

③ 参见苗生明、李玉华、佘湘文等：《侦查监督与协作配合机制的准确理解与有效运行》，载《人民检察》2022 年第 15 期。

“协作配合”。

三、数字化推进侦监协作办公室的价值作用

检察机关推动以办公室为平台实现内外衔接，需要充分发挥技术的正向作用。实践中，侦监协作办公室运用技术手段主要着力推动发挥如下作用。

（一）信息管理的枢纽作用

侦监协作办公室依托公安机关执法办案管理中心，能成为业务信息管理的枢纽。首先，从侦查监督角度，办公室实质化运行促进了侦查监督从附带式监督、个别化监督向全面监督、专门监督转变，监督方式从被动监督向主动监督转变，监督手段从传统纸面监督向信息化监督转变。① 为了保证监督的及时性，办公室对于公安机关、检察机关的业务信息要能进行及时、全局性地掌握和研判。其次，从协作配合监督角度，检察机关是保护国家利益和社会公共利益的重要力量，公安机关是保护公众安全的重要壁垒，两机关应及时开展协作衔接，整体提升打击犯罪的效果。办公室居间其中，同时要保证掌握信息的全面和处理得及时。最后，从检侦关系的整体意义上，推动侦查监督与协作配合的各项机制落地，并非将监督制约和协作配合视为互相孤立概念，而是统一于新时代新型“大控方”格局之下，推动形成业务信息共享的共识和机制，健全完善数据共享运行和管理机制，真正破解数据共享壁垒，加强两机关在侦查活动中的衔接、承转。

（二）职能整合的协同作用

2018 年 9 月，开始推行“捕诉一体”办案机制和专业分类的内设机构改革，以刑法逻辑按照犯罪大类进行内设机构设置，实现了公检内设机构逻辑的一致性，能够针对警种分立、基层办案与检察专业分类展开检警集约化、持续性的监督与协作。在此良好基础上，办公室处于两机关“对接”的节点中，一方面能以规范、程序化的工作模式改变提前介

① 参见傅信平：《侦查监督与协作配合问题研究》，载《人民检察》2022 年第 19 期。

入、立案监督、侦查监督、检察建议等事项个案式、随机性问题，另一方面能对监督事项及时进行督促落实、反馈跟踪。整体而言，侦监协作办公室将强化促进公检双方业务整合、衔接和运转，有效突出检察机关审前程序的主导者、引导者作用，推动两机关职责明晰，对于规模化、涉众化的数字网络犯罪打击有着重要意义。

（三）组织协调的平台作用

检察机关和公安机关间机制的维持因刑事政策的变化呈现出动态变化的情况，办公室站在维持侦查监督与协作配合机制稳定运行的角度，其作用的发挥关键点之一就是对这种动态平衡进行及时进行传导、调整和维持，如贯彻宽严相济刑事政策，开展认罪认罚从宽制度、挂案清零等工作，政策所要求的执法司法理念和方法转向，均需要通过侦监协作办公室进行实质传导，推动冲突的规则、机制和考核调整。而由于微观层面业务态势的多变，特别是激增的新型案件，要求两机关对于犯罪形势进行深度把握，办公室应构建对公检衔接数据的评价分析工作机制，形成重点分析的常态关键指标，及时应对犯罪刑事推动专项领域数据分析研判。

四、数字化推进侦监协作办公室的实践疑难

从实践情况看，数字化推进侦监协作办公室是不约而同的选择。如浙江省检察机关依托浙江“政法一体化”办案平台建立专人查询、专人交换、专人保管和查阅登记机制，严格规范检察和公安人员获取、使用数据的权限，压实失职泄密责任，形成《关于侦监协作办公室实体化运作办法（试行）》细化规范信息共享、听取意见等十余项机制。各地检察机关、公安机关在建设办公室过程中，也多采取共享系统账号和登录查询的模式，通过系统数据筛选、抽样、分析等模式推动办公室工作。在数字赋能办公室做法中，有关探索都在不同程度上强调了安全管理、责任明晰等要求。但是，数字化推进侦监协作办公室还有许多问题需要厘清。

一是从办公室运行的基础上看，公安机关在多年实践的基础上，打造了数字化的执法办案管理中心，而侦监协作办公室正是依托这一中心

进行运行，办公室作为两机关衔接的重要平台和关键枢纽，比任何部门都强调数据信息聚合、移转的安全和及时，因此如何在软硬件上对接中心是办公室运转需要解决的重要内容。

二是从职责履行的有效性看，制约办公室运作的主要因素就是如何处理有限人力和海量业务的关系，这也是此前制约派驻检察室工作向前延伸的重要因素。大数据技术对海量数据挖掘和计算的能力，成为办公室职能发挥、发展的重要变量，而如何精准地运用技术手段，实现职能履行的发展和提升，也是亟须实践解决的问题。

三是从职能运行的标准化看，办公室人员组成的复合性和机构职能的多元性，如刑事立案监督、侦查活动监督、纠正违法和部分刑事案件的直接办理等业务职能，与业务通报指导、联席会议组织等行政组织职能，由于系属不同类型的工作，加之不同单位人员也有着不同的办理逻辑，在办公室的运作缺乏标准化运行规范、流程和指引的情况下，易导致工作的随意性，存在运转的“碎片化”风险，需要依托技术手段进行工作平台的打造，以实现对办公室职能履行的规范化。

五、数字化推进侦监协作办公室的建设路径探讨

侦监协作办公室无疑已经成为检察机关数字赋能的前沿阵地，数字技术应用是办公室工作高质量发展重要引擎，是破解以往改革困难问题的关键变量，应以完善支持、深化应用、推动共享推动数字赋能，充分发挥办公室的平台枢纽作用。

（一）强化沟通协同，完善软硬件支持

推动数字赋能，首先是要实现基础条件到位，在为侦监协作办公室提供必要办公场所的同时，两机关还应当为办公室提供必要的硬件设备和相应的技术支持保障，以办公室为节点为两机关的大数据协同建立基础。在软硬件对接上，一方面，检察机关应当加快推进侦监协作办公室接入检察工作网，为检察官当值期间履职办案、数据信息双向共享提供便利；另一方面，推动公安机关加强办公室对公安机关的数字化系统的衔接，结合发挥检察机关的侦查监督平台，推动硬件系统对接，实现公检办案系统的联通，为建立完善公检信息互通长效机制、推动数字赋能

打下基础。

（二）深化大数据运用，夯实共享保障

两机关应当充分运用大数据、区块链等新兴技术推进跨部门大数据协同办案。一是建立数据的常态巡查、分析机制，在明确数据共享范围、加强数据内外联动的基础上，办公室应定期组织研究撤案、不批准逮捕、不起诉、无罪、撤回起诉、免予刑事处罚等关键类型案件的成因，分析侦查取证、适用法律、刑事政策、诉讼程序等方面的常见问题，并将分析成果结合数据运用于推动清理挂案、督促继续侦查、监督意见回复落实等工作。二是持续推进数字应用研发。检察机关与公安机关应聚焦业务需求，以类案办理为抓手，研发符合场景应用需求的数据模型，推动侦监协作与刑事办案提质增效。三是持续扩大推动数字共享应用面。以上海市为例，近年来，上海检察机关先后举办了大数据法律监督模型评审活动和数字化刑事检察监督优秀案（事）例评审活动，旨在展现数字赋能检察监督成效的同时，挖掘可供复制、推广的监督模型，在全市层面鼓励各级检察院学习借鉴经验，推动更大范围的数据模型应用，培育典型案例，进一步提高案件办理质效。办公室可以进一步推进利用上海市大数据中心优势，通过数据对接实现更大范围的共享和碰撞，破解新类型犯罪模式打击处理难题，拓展加大非羁押措施保障、强化追赃挽损联动。

（三）建立常态共享机制，健全共享保障

运用技术手段对业务数据进行分析，已成为办公室推进工作的重要手段，也因此需要构建完善的数据安全管理制度机制。一是建立常态共享机制。办公室应依托数字信息技术，进一步强化、健全刑事办案业务信息、简报、通报的信息共享机制，在大数据分析的基础上，定期或不定期互相通报、交流各自部门的犯罪形势、刑事立案、强制措施适用、类案办理、侦查监督等方面的业务分析研判。二是建立共享保障机制。办公室应不断持续推进优化数据信息交换的方式和频次，建立数据等级标准，形成流畅、集约的数据分级管理制度，推动两机关不断深化数据协同共享。三是明确共享责任体系。办公室应当推动建立专人查询、专

人交换、专人保管、专门登记机制，并严格规范管理检察人员和公安民警获取、使用信息数据的权限和范围，细化规范信息查询程序，严格落实保密规定，明确数据安全责任，确保信息数据安全。

（四）推动侦监协作长效化，充分发挥平台组织作用

办公室可以数字手段进一步强化联席会议等检法协同平台的组织和作用发挥，以促进加强刑事政策传导，推动执法司法标准统一。一是围绕数据分析情况，定期或根据工作需要适时组织召开联席会议，共同分析研判执法办案中出现的新情况、新问题，加强对刑事案件特别是重大疑难案件和新型案件的证据收集、法律适用、刑事政策等问题研究，强化类案指导，必要时以会议纪要、指导意见等方式明确执法、司法标准。二是定期围绕侦查活动和侦查监督、批捕起诉工作中的问题组织开展专项的数据分析，挖掘问题案件进行质量评查、分析，制定调整、整改方案。三是根据数据反映的犯罪形势新变化、新情况，定期或专项组织业务专家分析研判阶段性刑事案件规律、特点，研究专项打击、防范对策和措施。

吉林省侦查监督与协作配合办公室实质化运行路径研究

黄国华　郭　策*

摘　要　从数据分析和调研情况来看，吉林省侦查监督与协作配合办公室在实质化运行过程中凸显出职能复合化、动态监督等特点，塑造出更加紧密的检警大控方格局，但实务中仍存在重配合轻监督的思维偏差、数据共享建设滞后、缺乏有效的绩效考核体系、配套机制长效化建设不充分等问题亟待解决。因此，检察机关应以《2023—2027年检察改革工作规划》为契机，坚持顶层设计与地方创新相结合，深化侦查监督与协作配合办公室建设，建立完善考核评价体系，推进大数据类案监督，统一司法执法标准，有力塑造理念共融、制度共筑、队伍共建、成果共享的新型检警工作格局，进一步优化和完善侦查监督与协作配合办公室实质化运行路径。

关键词　侦查监督与协作配合机制　检警关系　检察监督

为有效加强检警协作配合，强化法律监督作用，提升刑事案件办理质效，吉林省检察机关积极探索，坚持顶层设计与地方创新相结合，有力塑造了理念共融、制度共筑、队伍共建、成果共享的检警大控方新格局，形成了可复制、可推广的侦查监督与协作配合平台运行经验。

---

* 黄国华，吉林省四平市人民检察院党组书记、检察长，二级高级检察官；郭策，中国刑事警察学院硕士研究生，吉林省人民检察院二级检察官助理。

一、侦查监督与协作配合机制适用背景与运行情况

（一）适用背景

如何平衡检警之间协作配合与制约监督关系，一直是困扰司法实务界的难题，尤其是在检察机关“捕诉一体”改革推行后，原本由侦查监督部门独立负责的立案监督、侦查违法活动监督与公诉部门审判监督、诉讼职能融合，检察官既要办案又要监督，职责复合化趋势明显，部分检察官出现重办案、轻监督的思维认识偏差，再加上检察监督方式和程序规范不明，监督措施刚性不足，一定程度上出现了监督职能发挥不充分的问题。

为了提升法律监督质效，最高检、公安部联合发布了《关于健全完善侦查监督与协作配合机制的意见》（以下简称《意见》），该意见就检警之间的制约监督与协作配合提出了14项具体明确的任务要求。

（二）运行成效

为深化落实《意见》要求，吉林省率先探索侦查监督与协作配合办公室（以下简称侦监协作办）实质化运行模式，初步解决了“驻下来”和“用起来”的问题。如2022年初四平地区设立侦监协作办以来，四平市检察机关与公安机关协作配合更加紧密，侦查取证质量有所提升，引导侦查同比上升103.35%；整体监督数据呈现显著上升态势，立（撤）案监督同比上升90.91%、侦查违法活动监督同比上升737.84%。在转变监督理念，强化立案监督方面涌现出一批高质效案件，如吉林省伊通县人民检察院办理的李某平正当防卫案中，县市两级检察机关充分发挥侦监协作办的制度优势第一时间提前介入命案，在侦查机关以故意杀人罪对李某平刑事立案后，多次与公安机关会商研讨案情，邀请公安机关列席检察委员会，准确认定正当防卫，依法监督撤案。

（三）运行特点

按照吉林省人民检察院、吉林省公安厅印发的《关于加强侦查监督与协作配合提升办案质效的指导意见》，由分管领导协调公安机关共同建

立了检察官轮值派驻、重大疑难案件提前介入与会商、简案快办分流机制、不起诉案件行刑衔接等一系列配套机制，涵盖了14项职能，并以数字检察为契机开发大数据监督模型，定期通报侦监协作办运行情况。主要特点如下：

1. 重新塑造检警关系。一是推动检警协作更加密切，重大疑难案件会商与提前介入机制的运行效果普遍较好，检察机关的诉前法律意见可以有效地帮助公安机关评估涉案人员的羁押必要性，排除非法证据、补强瑕疵证据，有力地完善证据体系，准确认定案件事实，保障法律的正确实施，降低了办案风险，受到了公安机关办案人员的好评。二是监督制约更加有力。检察监督依托侦查监督与协作配合办公室进行数据共享、监督事项集中管理，从传统的事后审查、卷宗审查为主的监督方式转为事中动态监督方式，将监督关口从审查批捕、审查起诉阶段前移到立案、侦查阶段，不仅可以及时纠正侦查活动违法行为，促进公安机关执法规范化的提升，也保障了侦查取证的有效性，提升了案件证据整体质量。三是推动执法司法标准趋向统一，检察机关与公安机关依托侦监协作办，定期通报打击刑事犯罪工作的情况与类案办理经验，共同解决案件疑难问题；检察官则通过及时跟踪退回补充侦查的案件进展，向公安机关反馈补充侦查效果，并对因侦查人员未按照检察机关意见调取证据或存在其他侵害当事人合法权益行为导致案件诉讼程序无法顺利进行的，建议追究相关责任人；对存疑不诉案件定期进行质量评查，找出问题，破解难题，统一执法司法标准。

2. 侦监协作办职能复合化。根据《意见》要求，侦监协作办具有立案监督、侦查监督、行刑衔接、案件会商、提前介入等14项具体任务。一是人员专业性要求更高。派驻检察官有了更多的职业要求，既要提升案件事实认定、证据审查与监督调查核实的能力，也要准确把握侦查阶段案件特点，熟悉公安执法办案流程，让介入后提出的法律意见要符合侦查工作的客观规律性。二是任务配套措施建设更细更实。协同公安机关制定完善独立的绩效评价体系，在兼容检察机关与公安机关的考核评价体系的基础上，为平台复合化职能运行提供更加完善的机制保障，共同推动提升刑事案件侦查活动质效。

3. 监督关口前移。监督方式由书面审查转为办案中的动态监督。侦监协作办可以将提前介入、引导侦查、案件信息数据共享作为侦查、立案监督的着力点，实现了由个案监督到类案监督、由事后监督到办案中监督的转变，并定期向公安机关通报违规违法的普遍性问题，促进侦查权的规范化运行，才能实现高质效监督办案。

二、侦查监督与协作配合办公室运行的困境

经走访基层院调研发现，各地侦监协作办运行整体良好，但正逐渐显现一些问题，如重配合轻监督的思维偏差、数据共享建设滞后、侦查监督措施空心化、补充侦查质量与庭审标准存在差距、行刑衔接局部空转等。

（一）监督理念亟待更新，监督措施刚性不足

一是部分检察官存在一定的重配合轻监督的思维偏差。由于检察机关的提前介入与会商机制可以有效帮助公安机关完善证据体系，评估涉案人员羁押必要性，降低办案风险，受到了公安机关办案人员的欢迎，且检察机关出于追诉职能需要，对于诉前沟通也较为重视。与之相反，侦查监督却呈现弱化趋势。如按照公安机关内部反馈检察机关监督建议流程，法制部门在接收检察建议后指导办案部门整改，经审核后，由办案部门按期回复检察机关，并定期采取异地交叉的方式对办案部门执法情况考核，而部分检察官出于互相配合，将纠正违法意见或检察建议直接交于办案部门，未向法制部门送达，法制部门执法考核缺失，导致办案部门回复内容简单和不及时回复等情况，造成监督事项整改落实空心化。

二是缺乏监督事项统一归口的规划。检察机关对常见侦查违法违规行为的汇总分析与警示预防作用不足，不能有效地向公安机关传导问题，常常出现公安机关反馈超期、行刑衔接空转、监督后再犯等情况。

三是检察监督方式单一。部分地区检察机关开展两项监督的方式仍以卷宗审查为主，缺乏大数据监督的经验，导致案件线索来源少，调查核实难度高。

（二）数据共享建设滞后

目前，吉林省政法系统建立的办案协同系统仅用于电子化法律文书送达，缺乏刑事立案、撤案、挂案，刑拘后未报捕、未移送起诉等案件数据查询功能。因此，案件信息共享机制仍是建设重点，主要有几方面难题：一是由于侦查工作保密性要求，公安机关未经上级批准，不能向派驻检察人员发放警钟平台使用证书，导致仅能偶尔获得部分执法案件数据，缺乏常态化查询数据的能力。二是大数据法律监督模型尚处在探索阶段，由于数据来源存在制度壁垒、注册挂载数据资源较少、地方经费不足等客观因素，导致未能在全省广泛推开。

（三）补充侦查质量亟待提高

一是检察机关对证据审查发现的共性问题汇总分析不足，对公安机关侦查取证的质量问题的交流较少，常见犯罪的证据标准传导能力不足。二是部分案件办理时间较长，出现换人侦查问题，往往负责侦办案件的办案人员工作发生调动，后续接替的办案人不了解案情，对检察机关补充侦查意见难以准确把握。三是部分侦查人员以开具情况说明完成补充侦查取证工作。这种做法实质上是忽视了情况说明的用途，其仅适用于证据提取、审讯不规范等瑕疵证据补充说明情形，而不能替代关键证据调取。

（四）派驻人员队伍建设仍有欠缺

由于职能复合化的特点，对派驻人员专业性、履职主动性要求较高，疑难案件会商、类案的专项监督工作主要依靠部门负责人与经验丰富的检察官推进，工作任务集中在少数人身上，较为繁重。同时，派驻的工作人员数量较少，派驻人员不固定，部分人员存在指导取证、监督能力不足等问题。

三、侦查监督与协作配合办公室规范运行的路径展望

现阶段，吉林省侦监协作办工作实践成果与党的二十大报告中对检察监督现代化要求相比，与新时代党和人民的期许相比，监督理念还不

够完善，工具方法还不够多，工作能力和水平还有待加强，应重新厘清检察监督的定位，完善相关的绩效考评导向体系，加强派驻侦监协作办的队伍人员专业化建设，完善各项长效化配套机制，推动数据共享平台建设，切实发挥侦监协作办的高质效办案作用。

（一）厘清检警职能定位，更新监督理念

公安机关掌握着案件第一手资料，其工作质效决定了案件诉讼程序能否顺利进行，也决定了以审判为中心的刑事诉讼质效。因此，检察机关要打破“重配合、重公诉、轻监督”的检警关系顽疾，切实贯彻以审判为中心的改革要求，在分工负责的前提下，发挥好侦查监督平台作用，提升监督能力，会同公安机关推动常见侦查违法违规行为整改纠正，将事后监督变为事前警示预防，提升刑事案件侦查取证的规范化合法化，实现侦查监督工作的双赢多赢共赢。

（二）加强各项工作举措制度化，发挥考核评价体系激励作用

一是加强协作配合机制建设。通过重大疑难案件的介入与会商，确保侦查方向正确、收集证据及时全面，强化引导侦查，提升案件质量。二是积极完善繁简分流机制，完善公检法司办理醉驾等轻微刑事案件“一站式”简案速裁机制。三是统一执法司法理念。采用邀请侦查人员跟庭评议，对撤回起诉、判决无罪案件开展案件评查，对重点案件取证不规范、不全面等问题双向通报。四是将侦监协作办的轮值工作纳入员额检察官绩效考核中，并着重加大提前介入、检察监督的考核权重，以调动检察官履职的主动性和积极性。

（三）不断探索大数据赋能检察监督，提升类案监督能力

以信息共享拓宽监督线索渠道是侦查监督与协作配合机制的最大制度优势，侦监协作办也是检察机关发展大数据法律监督的重要平台。一是最高检制定的《2023—2027 年检察改革工作规划》中已经将深化数据共享建设作为重要的任务内容，要求在平台上接入工作网，并对各地探索大数据监督模型作出了更为系统的规划，形成了有力的政策支持。二是按照《意见》要求，侦监协作办要求派驻在公安机关执法办案管理中

心，该执法办案管理中心具有公安机关统一的案件信息管理权限，在硬件上具备了实现数据共享的条件。三是检察机关以数字检察建设为契机，主动联合公安机关建立互通互联的信息共享平台，强化跨部门大数据办案协同，有效解决信息不对称难题，探索更贴近实务的大数据监督模型，注重对类案特点的总结，监督已由个案监督转为类案监督。

（四）推动监督事项统一归口，增强法律监督刚性

检察机关提升法律监督效能，应从几方面加强工作，实现精准监督。一是对监督落实情况进行跟踪监督，若公安机关不同意检察纠正意见，应在规定时间内回复并陈述理由；若公安机关不在规定时间内回复且不执行纠正意见，应规定进一步的监督措施，保证监督目的实现。二是增强监督合力。将纠正违法通知和检察建议等监督手段的回复整改情况，定期向公安法制部门通报，对因侦查人员未按照检察机关意见调取证据或存在其他侵害当事人合法权益行为导致案件诉讼程序无法顺利进行的，建议严肃处理相关责任人。对违法情节严重，构成犯罪的，依法追究刑事责任。

（五）提升补充侦查质效

一是加强调查研究，对共性问题进行汇总分析，制定类案的证据指引，向公安机关传导常见犯罪的证据标准。二是纠正以开具情况说明完成补充侦查取证工作的情况，定期向公安机关法制部门通报补充侦查案件情况，促进补充侦查质效的提高。

（六）加强侦查监督人才培养

检察机关应将派驻队伍建设作为长期重点工作来抓，除了要各地建立相关的协作与制约配套机制外，还需要进一步加强派驻检察官的专业化培训工作，通过实战练兵与高层次的理论培训提高人员专业素质和实战技能，尤其是监督案件的调查核实能力。同时也要明确检察官权责，以责任倒逼监督主动性。

论性侵害未成年人案件被害人陈述的审查规则和审查难点

严楚欣　麦幸景*

摘　要　未成年被害人陈述的审查是办理性侵害未成年人案件的重点和难点，因缺乏明确审查指引导致司法实践中存在同案异判的现象。应当明确构建以未成年被害人陈述为中心的证据体系，构建运用合理印证证明规则进行综合审查、运用特殊经验法则进行合理推断的审查规则。同时针对陈述不够具体准确、前后陈述不一等常见审查难点提炼具体审查思路，对审查规则的运用作出具体指引。

关键词　性侵害未成年人　被害人陈述　审查规则　审查难点

性侵害未成年人案件兼具性侵害犯罪和被害人为未成年人的双重特点：其一，容易陷入犯罪嫌疑人供述和被害人陈述“一对一”的证明困境，往往呈现以被害人陈述为主的特殊证据构造；其二，未成年被害人身心发育尚不成熟，其陈述的准确性和完整性无可避免地存在瑕疵。对于未成年被害人陈述审查是办理该类案件的重点和难点，但缺乏明确审查指引导致司法实践中存在不少同案异判的现象。因此，明确性侵害未成年人案件被害人陈述的审查规则，尤其是针对审查难点形成具体审查

* 严楚欣，广东省佛山市高明区人民检察院第五检察部检察官助理；麦幸景，广东省佛山市高明区人民检察院第五检察部副主任，一级检察官。

指引，是亟待解决的重要问题。

一、性侵害未成年人案件被害人陈述的审查规则

办理性侵害未成年人案件应当以未成年被害人陈述为中心构建证据体系，以合理印证证明规则、特殊经验法则为核心构建审查规则，充分结合未成年人特点、逻辑规则及经验常识来准确把握“事实清楚，证据确实、充分”与“排除合理怀疑”证明标准在个案中的适用。①

（一）以未成年被害人陈述为中心构建证据体系

刑事证据体系的建立普遍以犯罪嫌疑人供述为核心，但性侵害未成年人案件的特点是缺乏客观证据，主要证据往往只有犯罪嫌疑人供述和被害人陈述，而犯罪嫌疑人又往往利用被害人的年龄劣势进行辩解。若以犯罪嫌疑人供述为中心构建案件事实，将很容易造成犯罪嫌疑人牵引侦查、难以构建证据链等问题。而被害人陈述具有直接性、具体性、不可替代性的特点，尤其是在“一对一”的证据情况下，被害人陈述成为了唯一能够以亲身经历直接反映案件全貌的重要证据，这是其他证据无法比拟的。因此，以未成年被害人陈述为中心构建证据体系，能够更好地实现依法从严惩处性侵害未成年人犯罪和落实对未成年人特殊、优先保护的目的。

（二）以合理印证证明规则、特殊经验法则为核心构建审查规则

1. 运用合理印证证明规则进行综合审查。办理性侵害未成年人案件时机械适用刑事印证证明规则会很容易陷入证明困境，应当适用相对宽松的合理印证证明规则，主要考察未成年人陈述是否符合年龄特点、认知水平，如《刑事审判参考》第988号案例“林某某猥亵儿童案”。

一是适当放宽印证程度要求，综合审查全案证据。办理此类案件需要对传统证明模式作出调整——从追求客观的、唯一的审查标准转向容

① 参见何挺：《性侵害未成年人案件特殊办理规则的重大推进》，载《检察日报》2023年5月26日。

许带有主观判断的、多维度的审查标准。[①] 一方面，审查陈述内容的可信性。包括能否说清楚时间、地点、人物、事件这些基本要素，内容是否非亲身经历不可知，言语是否符合其年龄特点，其他证据对被害人陈述的印证。另一方面，考察被害人的可信性。例如，陈述案情的状态是否正常，案发前后的情绪变化，是否及时报案，案发过程是否自然，是否存在陷害动机等。

二是适当降低证据采纳门槛，积极搜集补强证据。适当放宽印证程度要求对于事实认定存在一定的风险，因此需要充分运用辅助证据补强未成年被害人陈述的证明力。一方面，重视传闻证据和间接证据。如经被害人转述而获悉案情的第三人证言，可根据其与被害人陈述是否一致来考察陈述稳定程度。又如被害人在案发后表现出的情绪举动，如有抗拒侵害者、焦虑恐惧等案发前没有的反应则一定程度上能体现其遭受性侵的合理性。如加拿大判例法规定 17 岁性侵被害人在案发后向他人陈述被害经过时所出现的烦躁不安、精神抑郁可作为补强证据。[②] 另一方面，严格运用类似事实证据。美国《联邦证据规则》第 414 条规定儿童性侵扰案件可以采纳关于被告实施了任何其他儿童性侵扰的证据。[③] 但类似事实证据的运用需要有严格限制，如英国 1975 年判例 Boardman v. DPP 案提出类似事实证据需要达到"惊人的相似性"。[④] 在实践运用时应当注意：类似行为需达到一定数量且需与被指控行为具有较高程度相似性（包括时间、动机、手法、犯罪嫌疑人与被害人关系）。在廖某猥亵儿童案中，被害人与三名女同学均证实廖某在 2014 年 10—12 月在围棋室多次摸她们的胸部、屁股。四人均为廖某的学生，所述猥亵手段一致，时间较为集中，三个类似事实证据与被指控事实具有较强关联。在排除陷害可能

---

① 参见向燕：《性侵未成年人案件证明疑难问题研究——兼论我国刑事证明模式从印证到多元"求真"的制度转型》，载《法学家》2019 年第 4 期。

② 参见向燕：《性侵未成年人案件证明疑难问题研究——兼论我国刑事证明模式从印证到多元"求真"的制度转型》，载《法学家》2019 年第 4 期。

③ 参见何挺、李青：《性侵未成年人案件定罪中运用被告人品格证据之思考》，载《预防青少年犯罪研究》2020 年第 1 期。

④ 参见肖巍鹏：《性侵害案件中类似事实证据的运用》，载《中国检察官》2016 年第 12 期。

性后，可以运用三名女同学的证言补强被害人陈述。①

2. 运用特殊经验法则进行合理推断。办理此类案件最容易出现的问题就是将未成年人作为成年人对待，应当根据未成年人的身心特点，按照有别于成年人的标准去判断未成年人陈述是否合乎情理，如最高检第十一批指导性案例中的“齐某强奸、猥亵儿童案”。

一是要考虑到基于年龄阅历、身心发育的差异，未成年被害人会在性侵害案件中表现出不同于成年人的反应。譬如，被害人自愿跟随犯罪嫌疑人到其住处或偏僻处。未成年人对男女关系的风险认识较为缺乏，容易忽视一些预示性侵害发生的征兆，不一定能做出符合一般社会预期的反应。又如，被害人在被侵害时并未剧烈反抗。刑法通说认为，强奸罪的胁迫手段必须达到使妇女难以反抗的程度，如考官以评定考试不及格为由威胁考生与其发生性关系不能认定为胁迫手段。② 但如果是老师对未成年学生作出上述威胁，则很可能会达到难以反抗的程度。因为未成年人在与成年人的交往中处于弱势地位，轻微暴力或威胁也可能对其造成较大的压制。

二是要考虑到基于成长背景、性格特点的差异，不同未成年被害人会在性侵害案件中表现出不同反应。在笔者所办理的杜某猥亵儿童案中，犯罪嫌疑人对两名同龄女学生实施了相同的猥亵行为，被害人 A 主动详细地陈述案发经过，而被害人 B 则胆怯迟疑，甚至在二次询问中将被摸位置从阴道改为内裤边缘。后了解到案发后被害人 B 的母亲多次对其说被摸隐私部位很恶心。可见同龄被害人面对相似的性侵害行为也会因为家庭教育、个人性格等因素表现出不同反应。

二、性侵害未成年人案件被害人陈述的审查难点及审查思路

下面将进一步探讨上述审查规则的具体运用，针对实践中常见的审查难点提炼出具体审查思路。

---

① 参见肖巍鹏：《性侵害案件中类似事实证据的运用》，载《中国检察官》2016 年第 12 期。

② 参见张明楷：《刑法学》（下），法律出版社 2021 年版，第 1137 页。

（一）难点一：未成年被害人陈述出现模糊、错误之处

未成年人尤其是低龄幼儿、有智力缺陷或者精神发育迟缓的未成年人，生长发育的局限性导致其陈述容易出现模糊甚至错误之处。审查思路如下：

不必苛求未成年被害人陈述完整详细、准确无误。欠缺准确性、完整性是未成年被害人陈述的天然瑕疵，不能以审查成年人陈述的标准去严苛要求。如在包某强奸案中，被害人（案发时12周岁，患有中度精神发育迟滞）未能陈述具体案发时间及地点，法院认为被害人未满14周岁，其智力远低于年龄段的正常人，不能准确记忆犯罪时间及犯罪现场陈设符合客观规律。① 未成年人陈述中出现的一些与其年龄特质相符的错误反而能够强化陈述的真实性。在笔者所办理的梁某猥亵儿童案中，被害人（案发时4周岁）对于去梁某家多少次、被摸多少次等问题经常回答5次。侦查人员问为何是5次，被害人说其会数12345，其母亲表示被害人平时习惯说5次。这样明显错误的回答恰恰体现了幼儿自主讲述，因为其与陈述人的年龄特点、表达习惯相契合，而且按常理来说他人也不可能如此教唆。

未成年被害人陈述基本涵盖时间、地点、人物、事件四个要素，应当予以采信。在银某猥亵儿童案中，被害人（案发时2周岁）称在案发当日被幼儿园门口的叔叔用尖尖的东西弄。一审法院认为被害人无法确定案发具体时间，监控证实的作案时间不足以让二人到达被害人所述的案发地点，故认定银某构成犯罪的证据不足。二审法院认为被害人对于疼痛感、大体的案发时间和地点具有足够的认知能力，明确指出案发当日在幼儿园遭到保安银某侵犯，其陈述能够与证人证言等证据相吻合，认定银某有罪。可见，即使是低龄幼儿也能够对大致的时间段、相对特定的位置、侵害者是谁、做了什么有一定的认知，而这四个要素已经足以反映犯罪行为的基本全貌，应该予以采信。②

---

① 参见四川省达州市达州区人民法院刑事判决书，（2018）川1703刑初328号。

② 参见高明黎、杨毅：《有瑕疵的未成年被害人陈述可以作为定案依据》，载《人民司法（案例）》2016年第20期。

（二）难点二：未成年被害人前后陈述出现变化

在询问时间与案发时间相隔较久的案件中，实践中常见未成年被害人在数次询问或者在同一次询问中对于同一事实的陈述存在不同程度差异的现象，审查思路如下：

若变化之处不影响主要事实认定，则结合未成年人身心特点审查变化之处能否得到合理解释。一是性侵行为持续时间长、次数多，导致被害人对细节记忆不清。在王某猥亵儿童案中，被害人（案发时 11 周岁）在五次询问中对猥亵细节的陈述不完全一致，法院认为询问距案发时间较长，被害人无法精确回忆符合该年龄段儿童的特征。[①] 二是被害人在案发后记忆缺失，后期才恢复记忆。一般来说记忆会随着时间流逝而模糊，但性侵害案件存在一定的特殊性。被害人在刚遭受性侵后可能处于高度紧张状态，导致记忆有所减损。[②] 但被性侵经历往往会对其造成心理创伤，导致其反复回忆进而记起更多细节。这里指的是与性侵害关联较大的核心细节，譬如暴力或威胁手段、性器官接触插入等。而非核心细节未对被害人造成直接伤害，一般不会反复回忆。在笔者所办理的文某强奸案中，被害人（案发时 15 周岁）在案发两年后的二次陈述所描述的暴力情节明显比案发当日一次陈述的内容增多，被害人表示在案发后经常回忆被性侵经过，因而记起更多细节。

若变化之处影响主要事实认定，需结合全案证据审查变化之处能否得到其他证据的证实。在王某强奸案中，被害人（案发时 13 周岁）在首次询问时称其被迫与犯罪嫌疑人发生性关系，在二次询问时改称其自愿。其解释首次询问有母亲在场，不好意思承认自己自愿与他人发生性关系。而被害人的第二次陈述也得到了犯罪嫌疑人供述、微信聊天记录等证据的证实，故予以采信。[③] 在高某某强奸案中，被害人薛某（案发时 6 周

---

① 参见江苏省东海县人民法院刑事判决书，(2020) 苏 0722 刑初 149 号。

② 参见《实践难题与刑事证据法原理的碰撞——“性侵害未成年人案件证据运用和证明疑难问题研讨会”综述》，载最高人民检察院网站，https://www.spp.gov.cn/spp/llyj/202305/t20230518_614305.shtml。

③ 参见岳慧青主编：《性侵害未成年人案件证据的运用》，法律出版社 2018 年版，第 217—218 页。

岁)、高某（案发时8周岁）均陈述高某某对二人实施强奸，但高某后期又改称高某某只是用手摸其阴部，其并未看到薛某被高某某欺负。法院认为高某的两次陈述互相矛盾，二被害人各自的陈述缺乏印证证据，不能形成证据锁链。①

（三）难点三：未成年被害人虚假陈述

实践中主要包括以下两种情况：未成年人主动诬陷他人或者未成年人家属唆使未成年人诬陷他人。审查思路如下：

审查未成年被害人的陈述内容、情绪表现是否自然、合理。一是未成年人的圆谎能力相对欠缺，难以独立应对详细询问。在张某强奸案中，被害人（案发时8周岁）每次陈述的内容都如出一辙，被问及更多细节时就无法回答，后发现被害人母亲教被害人说谎诬告张某。② 二是未成年人往往难以演绎出遭受侵害的情绪反应。如江苏无锡3岁女童疑被猥亵事件，被害人母亲称被害人被蛋糕店店主猥亵，但警方邀请的儿童心理学专家认为女孩到蛋糕店指认和被询问时状态稳定，未表现出任何抵触抗拒情绪，不符合儿童遭受性侵害后的应激反应。③

审查未成年被害人的陈述是否非亲身经历难以描述。一是包含超出其年龄认知的性知识能够增强陈述可信性。在肖某强奸案中，被害人（案发时10周岁）陈述“他腰下面有一条长长的恶心的东西，上面还套着白色的气球一样的东西”。法院认为结合被害人的认知能力，其所陈述的强奸工具与方法等内容不亲身经历难以描述。④ 二是包含犯罪嫌疑人隐私信息的描述能够增强陈述可信性。譬如生殖器官特征、内衣裤样式等高度隐私的信息往往不为外人所知，只有亲密接触者才有可能获悉。

（四）难点四：报案不及时

报案不及时的现象在性侵害未成年人犯罪中十分突出，这导致其容

---

① 参见四川省仪陇县人民法院刑事判决书，（2017）川1324刑初13号。

② 参见岳慧青主编：《性侵害未成年人案件证据的运用》，法律出版社2018年版，第70页。

③ 参见《警方通报》，载微信公众号“平安无锡”，2023年7月11日。

④ 参见福建省连江县人民法院刑事判决书，（2019）闽0122刑初151号。

易遭受诬告陷害的质疑，也导致被害人因时隔太久而无法提供详细的指证。审查思路如下：

审查是否存在阻碍及时报案的合理因素。一是不能报警，如被害人将性侵害误认为亲昵恋爱行为，未能意识到自己遭受侵害；二是不敢报警，如被害人屈从于侵害者的威胁或者害怕名誉受损而选择隐忍；三是不想报警，如被害人因与侵害者存在监护、教养等特殊关系而选择原谅。在笔者所办理的伍某猥亵儿童案中，伍某在数年间多次猥亵其女儿（案发时6周岁）。被害人家属表示被害人并未意识到受侵害，家属看到其内裤有异常才发现猥亵事件，但因顾虑被害人与其患病母亲需伍某照顾而没有报警，后因伍某屡次再犯才选择报警，法院认定其解释合理。

审查案发过程是否自然。主要考察犯罪行为是如何被发现的、发现后的处置行为、被害人的行为反应等。在一起父亲性侵女儿案件中，被害人（案发时不满14周岁）在遭受性侵害后外出许久才回家，其表示觉得家很恶心。被害人回家后哭，但面对妈妈询问并未如实相告，其表示怕说了引起家庭矛盾。被害人因说不出口而欲编辑短信告知妈妈，但一直犹豫并未发送，后被妈妈无意中发现短信并报警。被害人在案发后表现出逃避案发现场，因顾虑家庭而选择沉默，其心理变化符合常理，而妈妈发现后也立刻报警，案发过程自然。①

（五）难点五：诱导式询问

未成年被害人陈述往往缺乏主动性、全面性，需要侦查人员适当引导。这种适当引导与法律所禁止的诱导式询问之间的界限不易把握，很可能会影响陈述的可信度。审查思路如下：

对于存在诱导式询问的未成年被害人陈述不应全部否定。一是虽然诱导式询问使陈述面临被“污染”的风险，但其并不必然导致未成年人虚假作答，也不必然会影响其他回答的可信性，若一概排除未免过于草率。二是虽然诱导式询问是被禁止的，但也要看到在个案中有着不得不用的现实无奈，譬如被害人因为年龄较小或发育迟缓而难以讲述、因为

---

① 参见向燕：《综合型证明模式：性侵未成年人案件的证明逻辑》，载《中国刑事法杂志》2021年第5期。

害怕或羞耻而不敢讲述，若一直采用开放式发问往往难以打破沉默局面。

对于存在诱导式询问的未成年被害人陈述应结合被害人的陈述状态、陈述内容进行细化分析。一是通过同步录音录像观察被害人的情绪、神态、动作，判断其是否处于正常表达的状态，必要时还可以通过家访直接感受被害人的状态。二是结合询问笔录和同步录音录像审查被害人的陈述内容，综合分析其是否得到其他证据印证。笔者在所办理的黄某强奸案中对被害人陈述进行分阶段分析：在询问初期阶段，被害人（案发时7周岁，智力水平较差）基本能够自主陈述，用动作指示黄某触摸自己的下体。后来出现少量诱导式询问，如“伯伯有无脱裤子”“有无用尿尿的地方弄痛你”，被害人均说“有”，被害人弟弟证实看到上述情况。笔者通过家访发现被害人可以通过言语和动作正确回答问题，询问初期的回答状态与其日常状态一致。结合此阶段的整体陈述状态，笔者认为被害人受诱导的可能性较低。在询问中、后期阶段，被害人多次表示要睡觉，侦查人员使用大量诱导式询问，如“伯伯屙尿的地方是不是像棍子”“你有无流血”，被害人基本上都是肯定回答或者复述部分问题内容如“流血”。被害人精神不集中、敷衍作答，与日常状态明显不同，且陈述内容未能得到其他证据的印证。据此，笔者对被害人初期陈述予以采信，对中、后期的陈述不予采信。

论知识产权刑事案件办理现状及行刑共治的实现路径

陈雨禾*

摘　要　当前在知识产权刑事案件办理中出现“三多三少”现象，即行政处罚多，刑事处罚少；适用缓刑多，适用实刑少；社区矫正多，附禁止令少。针对知识产权犯罪本身特性，“行刑共治”是全链条保护知识产权的必然选择，应统一案件办理标准及相关规则，建设信息共享一体流转平台，探索知识产权刑事案件归集化数字定量办理模式。

关键词　知识产权　以罚代刑　以缓代实　以矫代禁　行刑共治

保护知识产权就是保护创新。习近平总书记指出，“知识产权保护是一个系统工程，覆盖领域广、涉及方面多，要综合运用法律、行政、经济、技术、社会治理等多种手段，从审查授权、行政执法、司法保护、仲裁调解、行业自律、公民诚信等环节完善保护体系，加强协同配合，构建大保护工作格局”①。由于知识产权保护的客体明显不同于其他物权或者财产，具有无形性，世界各国普遍实行“行政执法＋行政准司法＋司法裁判”的综合保护手段，我国知识产权保护也采用这种“双轨制”

＊　陈雨禾，浙江省余姚市人民检察院第一检察部副主任，一级检察官。

①　习近平：《全面加强知识产权保护工作　激发创新活力推动构建新发展格局》，载《求是》2021年第3期。

模式。因此，“行刑共治”也成为了知识产权犯罪全链条打击的内在选择，是优化知识产权领域检察履职的必然选择。

一、知识产权刑事制裁中的三大现象

近年来，根据最高检部署安排，各地检察院组建知识产权检察办公室，集中统一履行知识产权刑事、民事、行政检察职能。在综合履行职能中发现，侵犯知识产权刑事案件办理出现“行政处罚多，刑事处罚少；适用缓刑多，适用实刑少；社区矫正多，附禁止令少”的情况。

（一）“以罚代刑”时有发生

根据《中国知识产权保护状况》白皮书相关数据，无论是类型化的商标案件，还是一般化的知识产权案件，行政执法机关对于涉嫌犯罪案件移送司法机关的比例存在偏低的状况。① 同时，实践中发现市场监督局在查处部分违法行为中存在“涉案金额已达追诉标准却未依法移送公安机关，以行政处罚代替刑事处罚”的问题，这部分反映出知识产权司法保护衔接机制尚存漏洞。

（二）“以缓代实”情况突出

通过中国裁判文书网查询，选取的案件②中有被告人适用缓刑的③分别占总案件数量的63.3%、75.2%，从人数看，适用缓刑的被告人数占总判决人数的67.7%、64.6%，其中被判处拘役及3年以下有期徒刑的被告人适用缓刑的比率达77.2%、75.9%。由此可见，当前在知识产权刑事案件中，缓刑适用率较高。以罪名为区分，所有侵犯知识产权罪名下，被告人被宣告缓刑人数占总判决人数的比例均在半数以上。其中，适用缓刑比例

① 参见于冲、郁舜：《知识产权案件“行刑衔接”机制的构建思路——以〈中国知识产权保护状况〉白皮书的统计数据为分析样本》，载《知识产权》2016年第1期。

② 对2021年和2020年浙江省知识产权刑事案件展开检索，查询到2021年判决书90件，涉知识产权犯罪的被告人数164人，查询到2020年判决书383件，涉案被告人数734人。

③ 包括对全部被告人都适用缓刑的案件和仅对部分被告人适用缓刑的案件。

最高的非法制造、销售非法制造的注册商标标识罪甚至达到了八成①。

（三）“以矫代禁”趋势明显

与缓刑适用率高形成对比的是，缓刑配套制度如禁止令等适用率偏低。通过中国裁判文书网搜索，近年来浙江省知识产权刑事案件适用禁止令的案件数量均在低位，以数据相对较大的2020年为例，适用禁止令和从业禁止的案件分别仅为21件和2件，占全部案件数量的5.5%和0.5%，适用缓刑的案件禁止令适用率为7.6%。从禁止令和从业禁止所涉行业看，禁止从事食品饮料相关行业的共17件，占全部案件的73.9%，其中11件为禁止酒类产品的经营活动，占全部案件的47.8%。

二、当前知识产权执法司法保护存在的不足

我国知识产权保护采用的“双轨制”保护模式为我国创新发展战略提供了必要支撑，但由于知识产权执法司法保护衔接机制尚存在沟通不畅、标准未明确等问题，也导致了上述“以罚代刑”“以缓代实”“以矫代禁”等现象的产生。

（一）标准不明确、程序不规范导致“以罚代刑”

1. 案件定性标准不统一。知识产权刑事案件的办理涉及多个部门，各主体在对法律适用的理解可能存在差异，加之部分规定较为繁杂，认定标准和工作程序存在差异，案件定性标准不统一。如商业秘密中仅损失金额的计算标准即有多种，不同的标准会导致最终金额有较大差异，甚至影响构罪与否；又如关于“其他严重情节的情形”的兜底性规定，仅仅依靠初步调查取证，很难裁量和把握是否达到犯罪程度，为避免不同部门对案件定性产生分歧影响效率，执法部门有时倾向于自我消化，以行政手段终结。

2. 案件移送程序不规范。根据我国相关法律规定，原则上行政机关在移送案件时已经作出行政处罚决定的，应当一并抄送处罚决定书，而

---

① 对2020年浙江省知识产权刑事案件展开检索，非法制造、销售非法制造的注册商标标识罪缓刑比例高达81.19%。

尚未作出处罚决定的，应等待公安机关及人民检察院作出否定评价后再进行行政处罚，以防止“一事双罚”的情况出现。[①] 但在实践过程中，仍有相关部门在案件移送的同时对原告作出了行政处罚，导致行政处罚和刑事司法判决并存，被告人因程序问题受到双份处罚。

3. 信息共享渠道不畅通。我国目前尚未建立行之有效的知识产权案件信息共享机制。各部门之间的信息共享渠道不畅通，检察机关往往难以第一时间知悉知识产权刑事案件的相关信息，行政机关也无法及时跟踪移送案件的查办信息。虽然部分地区存在知识产权信息共享平台，但仍无法实现统一管理，且信息录入存在不完整、不及时的情况。

（二）缓刑适用条件原则化导致“以缓代实”

1. “犯罪情节”“悔罪表现”等缺乏具体评价标准。《刑法》第 72 条对于缓刑的适用的条件仅作原则性规定，即行为人同时符合“犯罪情节较轻”“有悔罪表现”“没有再犯罪的危险”及“宣告缓刑对所居住社区没有重大不良影响”情节时，承办人在裁量的过程中可考虑对其适用缓刑，但上述四种实质条件具体如何把握，并未有明确规定，导致实践中标准难统一。

2. 从宽情节认定不规范。在知识产权犯罪中，自由刑设置往往是 3 年以下，重的为 3 年到 10 年有期徒刑。因此，知识产权犯罪存在适用缓刑的“先天条件”，只要有相应的从宽情节，理论上均能够符合“拘役、三年以下有期徒刑”这一前置要件。若司法人员不当适用从宽情节，将宣告刑限制在 3 年以下，缓刑易被泛化。同时，从宽情节认定不规范也会导致行为相近的犯罪嫌疑人“同案不同判”。如相似的知识产权刑事案件，部分侦查人员电话通知行为人，部分侦查人员上门抓获，最终导致

---

① 《中共中央办公厅、国务院办公厅转发国务院法制办等部门关于加强行政执法与刑事司法衔接工作的意见》第 1 条第 3 款指出：“行政执法机关向公安机关移送涉嫌犯罪案件，应当移交案件的全部材料，同时将案件移送书及有关材料目录抄送人民检察院。行政执法机关在移送案件时已经作出行政处罚决定的，应当将行政处罚决定书一并抄送公安机关、人民检察院；未作出行政处罚决定的，原则上应当在公安机关决定不予立案或者撤销案件、人民检察院作出不起诉决定、人民法院作出无罪判决或者免于刑事处罚后，再决定是否给予行政处罚。”

行为基本相近的行为人，因为自首的认定不同量刑差异较大。

3. 不同规范导致的评价缺位。知识产权行政执法与刑事司法“受罚主体”范畴不一致，且在行政领域我国对单位违法基本采取以单罚为原则、以双罚为例外的单一模式，① 使得部分具有行政前科的犯罪嫌疑人假借单位名义逃避对其人身危险性的负面评价，存在一定的“灰色地带”。例如，某人曾假借某公司名义侵犯知识产权被行政处罚，后又另一假借公司名义继续实行犯罪，但由于行政执法领域对单位犯罪一般不进行实质判断，行为人因此利用“单位”进行“替换”，人身危险性未被正确评估。

（三）禁止令规定不完善导致“以矫代禁”

1. 禁止令法律规定不明确。2011 年《刑法修正案（八）》增设了禁止令制度②，但我国刑法并未在分则条款中作出相关禁止令的规定。著作权法、专利法、商标法等相关知识产权的法律法规亦没有相应禁止令规定，相关规定③虽进一步规范禁止令如何适用，但仅仅规范“利用从事特定生产经营活动实施犯罪的，禁止从事相关生产经营活动”，未对禁止令期限及范围等事项予以规定。

2. 禁止令适用尺度难把握。与缓刑制度引导行为人回归社会不同，禁止令在一定程度上影响、限制行为人正常生活及各项法定权利的行使，若无法准确适用，可能影响行为人回归社会。禁止令的适用需要把握行为人犯罪原因、性质、手段、犯罪后的悔罪表现、个人一贯表现等情况，充分考虑与犯罪分子所犯罪行的关联程度等多个要素，同时也需兼顾可行性与适当性，才能发挥出真正效果。也正是由于适用尺度难以把握，在缺乏充分实践、没有具体司法解释和指导案例支持的情况下，禁止令适用率低。

---

① 参见喻少如：《论单位违法责任的处罚模式及〈行政处罚法〉的完善》，载《南京社会科学》2017 年第 4 期。

② 即规定法院对于被判处管制和宣告缓刑的犯罪分子，可以同时禁止其在执行期间或者缓刑考验期限内从事特定活动，进入特定区域、场所，接触特定的人。

③ 指最高人民法院、最高人民检察院、公安部、司法部《关于对判处管制、宣告缓刑的犯罪分子适用禁止令有关问题的规定（试行）》。

3. 禁止令执行监督力度不足。现有基层社区矫正机构工作任务较重，而禁止令的执行对基层社区矫正机构提出更高的要求。由于行业种类多，实践中尚未探索出一套具有普遍适用性的禁止令监管方案，部分被告人在缓刑考验期隐藏在企业或他人背后，继续从事禁止令所禁止的行为。由于各部门之间尚未打通信息壁垒，检察机关也无法有效监督禁止令执行情况，并采取有效应对措施，即使发现有禁止令执行不到位的情况，也较少跟进监督行为人是否承担相应责任。

三、知识产权犯罪“行刑共治”的实现路径

针对知识产权犯罪本身特点，“行刑共治”是知识产权保护的关键，是破解上述三大问题的关键。办理知识产权刑事案件需在法秩序一体化的视野中展开。

（一）统一案件办理标准及相关规则

1. 明确案件移送标准。行政处罚和刑事处罚本质上是递进法律关系，正是因为行政处罚不能单独合理评价行政相对人的违法行为及其行政管理秩序的侵害程度，才有发动刑罚权的必要。明确案件性质临界点，需要对行政刑事法律法规中关于知识产权法律保护的涵盖对象及范围进一步梳理，进行体系化、阶梯化理解，对于“情节严重”等模棱两可的行为评价进一步量化，并通过规范确立、案例注释、数字量化等多管齐下的方式对案件临界点进一步明确。

2. 进一步明确程序处理规则。明确“刑事优先”原则：一是若达到构罪标准，应督促行政执法机关及时向公安机关移送；二是已达构罪标准却仍处以行政处罚后移送公安机关的，应认定程序违法，并撤销原行政处罚；三是因尚未达到犯罪标准予以行政处罚，后达到构罪标准的仍应移送公安机关，对已受行政处罚的非法经营额不予扣除，但在判处罚金时将原罚款予以折抵；四是对于经检察机关认定相对不起诉，或因证据不足金额未到构罪标准的，按行刑反向衔接机制建议对其行政处罚。

3. 进一步明确、细化缓刑及禁止令规定。2019 年上海市高级人民法院出台的《关于常见知识产权犯罪的量刑指引》对缓刑的限制条件作出了进一步的细化规定，在现有规则的基础上，增加了 4 种一般不适用缓

刑的规定①。可在全国范围内规范量刑指引，进一步明确量刑及缓刑适用标准，并借鉴上述指引细化禁止令的适用情形，同时规范对此类案件自首、退赃、谅解等从宽情节的认定，进一步细化减轻、从轻幅度。

（二）建设信息共享一体流转平台

1. 实现执法司法数据的全面共享。实现数据共享、消除信息壁垒是大数据赋能知识产权全链条保护的第一步。一是程序信息全面共享。在现有执法信息共享机制下，应对知识产权民事纠纷、行政执法、刑事司法信息②进行归集和共享，设置不同的权限进行查看。二是办案信息部分深度共享。实现全面、实时、深度的大数据协同，实时同屏共享，部分共享时间可提前到行政执法阶段。三是对已有信息进行类型化治理，统一数据格式，根据特点归类，如根据商标权、著作权、专利权、商业秘密等设置不同主题库，或设置不同的大数据专项监督数据库，如“罚金异常库”等，根据已提炼的模型实时进行数据碰撞，及时将异常数据推送至相关部门，实现协作配合与法律监督的融合。

2. 搭建全案流转衔接数字化平台。在数据共享的基础上，进一步实现一体流转。一是在监督行政执法上，在行政处罚数据进行审查时，如发现存在“应移不移”的，应责令其说明不移送理由，并通过数据共享、案件整合，设定一定的移送边界，对超过移送边界的案件在线上发出自动预警。二是在行刑衔接上，在市场监管局、公安机关、检察院、法院之间搭建全案流转数字化平台，确保移送案件件件有反馈，实现流转闭环，并对全过程执法司法活动进行监督。三是在线索融合上，对于同一个案子中反映出的民事、行政、刑事监督线索由知识产权办公室进行统

---

① 8种情形具体为：1. 因侵犯知识产权被刑事处罚或者行政处罚后，再次侵犯知识产权构成犯罪的；2. 拒不交出违法所得的；3. 不具有悔罪表现的；4. 共同犯罪中情节严重的主犯；5. 犯罪金额特别巨大或者社会影响特别大的；6. 犯罪对象系食品、药品、母婴幼儿专用品以及其他危害人身安全产品的（但经鉴定假冒产品与正品质量相当的除外）；7. 被数罪并罚的；8. 其他不宜适用缓刑的情形。

② 如已有行政处罚（包括个人及单位）信息、单位信息、行政执法活动记录、案件移送情况、刑事案件处理情况、判决情况、刑罚执行情况、禁止令及从业禁止情况、被告人后续从事工作及担任法人情况。

一审查，通过审查、调查、侦查等方式持续跟进，线上移送有关部门，并对反馈的信息进行处理。

3. 多维度多举措助力行刑共治。建立一体化多维度的行刑共治体系：一是在线退赔并促使双方达成和解。在执法司法全阶段，均应将退赃退赔、获得谅解等作为评估“悔罪表现”的重要因素，可结合移动应用，为双方搭建赔偿谅解平台，在各环节推动双方达成和解。二是落实民事赔偿责任优先原则。相关法律均明确了这一原则①，鉴于数字化平台同时拥有民事纠纷、行政执法、刑事司法信息，可在线落实该原则，保障民事被侵权人利益，并对此进行法律监督。

（三）探索归集化数字定量办理模式

1. 实现知识产权案件的归集化办理。在上述规则统一、信息共享、程序一体的基础上，将知识产权案件在“三检合一”的基础上实现归集化管理。一是文书证据上，各部门承办人可根据权限查看各阶段证据，既减少烦琐的、重复的复印、上传、调取证据的工作，又可进一步了解相关案件全貌、行为人经营企业违法犯罪情况。二是量化规则上，根据行为人参与时间、涉案金额、获利金额、团队分工等要素设定犯罪情节赋分环节，根据职业、年龄、家庭情况、有无行政处罚记录、企业经营情况、法定情节等要素设定人身危险性赋分环节，规范评估逮捕、起诉必要性，细化缓刑适用标准。三是刑罚执行内容上，通过“三检合一”的数据共同确定执行内容，对执行内容进行个性化研判，“一案一策”，进一步细化社区矫正、禁止令的内容，以场景化的教育惩治培育被告人的法律意识，规范被告人社区矫正期间的经营履职行为。

---

① 刑法不仅明确民事赔偿责任优先，而且将优先适用的范围进一步扩大到罚金。其第36条第2款规定：“承担民事赔偿责任的犯罪分子，同时被判处罚金，其财产不足以全部支付的，或者被判处没收财产的，应当先承担对被害人的民事赔偿责任。”第60条规定：“没收财产以前犯罪分子所负的正当债务，需要以没收财产偿还的，经债权人请求，应当偿还。”《民法典》第187条规定：“民事主体因同一行为应当承担民事责任、行政责任和刑事责任的，承担行政责任或者刑事责任不影响承担民事责任；民事主体的财产不足以支付的，优先用于承担民事责任。”

2. 进一步量化“人身危险性”。通过归集、赋分，量化司法适用中的“相当性”“比例性”，为合理处断提供有利参考。一是准确认定“犯罪情节”。进行数字量化时可对影响被告人的人身危险性评价的事实进行评分，以普遍性因子①作为基准，以个性化因子②为调整，将最终分值作为是否适用缓刑的有利参考。二是细化认定“悔罪表现”。“悔罪表现”同样可分为普遍性和个性化因子，前者如自首、坦白、退赃、部分退赃、谅解等，后者是个案中所体现的其他反映行为人接受处罚的自愿程度、减小行为社会危害性的努力。根据综合评分形成“应当适用”“可以适用”“不宜适用”“禁止适用”的参考区间。三是实质化理解“没有再犯罪的危险”。“有无再犯危险性”是一种基于事实的可能性预测，通过大数据赋能可使这种“可能性”的判断更为精准。鉴于法秩序的统一性，应综合已经掌握的行政处罚、民事诉讼信息等来判断行为人有无再犯可能性③。同时，根据“非羁码”等数据所显示的情况综合评定“对所居住社区有无重大不良影响”。

3. 加强对强制措施及刑罚执行的电子监控。通过大数据赋能，提高对强制措施及刑罚执行的监督效率。一是加强审前强制措施管控。当前知识产权案件审前非羁押率较高，通过数字监控既可以有效监管行为人行踪轨迹，又能及时发送程序通知，保障刑事诉讼高效进行。二是完善羁押必要性审查。在司法实践中，被宣告缓刑与审前非羁押率有着较大关联，许多本来可以适用缓刑的案件，就是因为羁押时间已经接近或者超过将要判处的刑期，判处缓刑失去实际意义，因此被判处实刑。④ 根据数字监控量化，对人身危险性发生变化的犯罪嫌疑人及时监督变更强制措施。三是保障社区矫正及禁止令等的执行效果。通过畅通公安机关综

---

① 如假冒注册商标、侵犯商业秘密中具有普遍特性的侵权手段、侵权次数（包括经营的不同企业）、持续时间、团队分工等基本犯罪情节。

② 如侵犯商业秘密中主体身份系“内鬼”，假冒注册商标行为中的“非核心帮助行为”等。

③ “两高”《关于办理侵犯知识产权刑事案件具体应用法律若干问题的解释（三）》第8条列举的一般不适用缓刑的情节中就包括“主要以侵犯知识产权为业的”“因侵犯知识产权被行政处罚后再次侵犯知识产权构成犯罪的”。

④ 参见刘延和：《缓刑适用实证研究》，载《中国刑事法杂志》2007年第3期。

合查询平台、工商企业信息系统、市场监督管理局行政处罚查询平台等信息共享通道，实时掌握犯罪分子在缓刑考验期内社区矫正及遵守禁止令的情况，严格履行法定监督职责，对于相关部门执行不到位的、行为人违反禁止令后果承担等问题持续跟进监督。

民事检察

新时代"枫桥经验"视域下民事检察和解的价值、反思与优化

王　虹　杨　町　李　林*

摘　要　民事检察和解作为新时代"枫桥经验"的检察实践，在强化精准监督、高效定分止争、推进社会治理等方面有其独到价值，但其作为尚在探索中的一项民事检察工作机制，也面临着制度设计模糊、效力救济不足、办案人员素能不高等多重制约性因素，导致实践中存在不少认识不清、理解不明、适用混乱问题。对此，有必要在明确民事检察和解的适用条件、案件类型、适用程序的基础上，探索民事检察和解的履职质效提升路径，为社会治理现代化贡献检察方案。

关键词　新时代"枫桥经验"　民事检察和解　源头治理

民事检察和解既是对新时代"枫桥经验"的创新发展，也是对检察履职"从政治上看"的有力体现，更是对"以人民为中心"的发展思想的生动诠释。① 进入新时代，检察机关以坚持党的领导、坚持群众路线、坚持"三治"融合、坚持多元解纷、坚持强基导向作为践行新时代"枫桥经验"的五个向度，深度探索民事检察和解在检察之治中的局部"最

---

* 王虹，云南省昆明市人民检察院第六检察部主任，四级高级检察官；杨町，云南省昆明市人民检察院第六检察部五级检察官助理；李林，云南省昆明市人民检察院第六检察部二级检察官。

① 参见冯小光、戴哲宇：《加强民事检察理论研究 推动新时代民事检察工作高质量发展——2022 年民事检察研究综述》，载《人民检察》2023 年第 1 期。

优解”与在中国之治中的全局“最优解”，形成了精准监督与社会治理同频共振的检察新“枫”景。笔者以新时代“枫桥经验”视域下民事检察和解的价值分析、制度反思与路径优化为切入点，为检察机关做好民事检察和解工作，提升社会治理法治化水平贡献力量。

一、新时代“枫桥经验”视域下民事检察和解的价值分析

随着民法典时代的到来，人民群众“依典护权”的意识逐渐提升，带来民事检察监督案件存量与增量此消彼长、矛盾纠纷化解压力剧增等突出问题。民事检察和解作为兼具公权力救济与私权利救济属性的一项特殊制度，通过在监督环节设置利益干预和救济机制，不仅能够降低当事人的诉讼成本，节约司法资源，而且能够有效化解社会矛盾，实现案结事了人和,[①] 与新时代“枫桥经验”依靠多元主体参与、源头化解矛盾的价值目标相契合。

（一）本体性价值：构建社会治理型民事检察新模式

随着国家法治建设的持续深入，人民群众的法治需求日益增加。对于在我国民事司法体系中处于“神经末梢”位置的民事检察而言，不仅面临案数增多现状，更面临当事人讼累叠加化、矛盾纠纷尖锐化、信访压力显著化三大突出问题，这意味着民事检察权的功能定位不能只限于“提升法律监督品质，维护社会公平正义”，更要坚持和发展新时代“枫桥经验”，加强矛盾纠纷的源头预防、前端化解、关口把控，从根本上减少案件增量，助推社会和谐稳定。有鉴于此，以民事检察和解制度为标志的社会治理型民事检察制度应运而生，在国家干预与意思自治、公权监督与私权保护中实现了平衡。一方面，民事检察和解充分遵循我国民事诉讼法确定的平等原则、处分原则，以尊重裁判生效为基础，保障了当事人的实体处分权与程序选择权，同时检察机关秉承中立性、谦抑性原则，在当事人具有和解意愿的前提下发挥引导作用，并不实质性介入当事人的权利义务分配，从而避免对当事人的处分权造成不当干预。另

---

① 参见冯小光、滕艳军：《民法典实施背景下民事检察实现高质量发展的路径》，载《中国检察官》2021 年第 1 期。

一方面，民事检察和解以追求公权力有效利用为目的，既能在引导、主持和解中彰显司法公信与法律权威，亦可发挥民事检察和解的便宜性、经济性特点，最大限度节约当事人的诉讼成本，实现高效性、源头性定分止争的社会治理功能。

（二）工具性价值：打造民事检察多元化监督新格局

民事检察和解制度作为民事检察权能向社会治理演化过程中所构建的一种创新机制，虽处于民事检察履职的末端，却在多元化纠纷解决机制大格局中发挥着前端保障作用。从法社会学上看，纠纷解决机制是供给，解决纠纷是需求，以抗诉为代表的民事检察刚性监督方式是解决民事纠纷常见的主要供给产品，同时也存在着以民事检察和解为代表的替代性纠纷解决机制，在解纷需求保持稳定的情况下，可以通过增加民事检察和解等替代性产品的供给，从而降低当事人对民事检察刚性监督的需求。民事检察和解作为一种替代性纠纷解决方式，兼具调解的公权力参与性与和解的当事人意思自治性，能够妥善平衡当事人利益诉求、快速修复社会关系、最大限度节约诉讼成本、减轻当事人讼累，实现公正、高效定分止争，同时也创设了一种除“结果改变型”“结果维持型”监督方式以外的监督机制，以新时代“枫桥经验”检察版打造民事检察多元化监督新格局，鼓励、支持、引导当事人合理运用民事检察监督手段实质化解矛盾纠纷，实现监督质效双赢。

（三）目的性价值：彰显民事检察“四个治理”新效能

面对民事案件折射出的诸多全局性、复杂性问题，检察机关不能将监督效能局限于对个案的纠偏、纠错、纠违上，而要善于将监督点位前移，在挖掘案件成因的同时，将新时代“枫桥经验”理论元素融入民事检察和解制度构建，实现“四个治理”① 新效能。首先，民事检察和解强调多元主体的广泛参与，既充分尊重了当事人的诉讼主体地位，也发挥了检察机关、人民法院、人民监督员等在非诉讼纠纷解决机制中的重

---

① 《中共中央关于全面深化改革若干重大问题的决定》对创新社会治理方式作出全面部署，提出“四个治理”原则，即坚持系统治理、依法治理、综合治理、源头治理。

要作用，达成群众自治、司法治理、社会调节的良性互动与协同共赢，实现系统治理。其次，检察机关将自治、德治、法治“三治”融合，善用调查核实权全面审查案件、厘清案件事实、把握争议焦点，实现依法治理，同时运用公开听证搭建沟通平台、强化释法说理，积极引导当事人在平等自愿协商中达成和解协议并诚信履行，促进当事人养成法治观念和规则意识，实现综合治理。此外，检察机关坚持人民至上理念，在依法办案保护群众诉权的同时，推动更多法治力量向引导和疏导端用力，努力把矛盾纠纷化解在检察环节，促进案结事了人和，实现源头治理。

二、新时代“枫桥经验”视域下民事检察和解存在的问题检视

（一）制度设计存在模糊性

构建制度化、法治化的社会规范体系是新时代“枫桥经验”的发展基础，也是民事检察和解得以良性运行的根本保障。在制度设计方面，我国现行法律并未对民事检察和解制度作出明确规定，而最高检《人民检察院民事诉讼监督规则》（以下简称《监督规则》）第 51 条也仅作出了原则性规定，从而引发了实践中对民事检察和解的地位、适用范围、程序设置等方面的理念分歧与运行混乱。从民事检察和解的地位上看，民事检察和解作为民事检察监督权的衍生与拓展，不可避免地面临与当事人私权处分的交织、与人民法院生效裁判的“碰撞”，在法律规定阙如、监督规则未详尽规定的情况下，民事检察和解在运行中仍面临与民事检察监督权的界分不清、与当事人意思自治的平衡不足、与法院既判力的关系有待厘清等问题。从适用范围上看，实践中对民事检察和解的禁止性规定已初步形成一定共识，如虚假诉讼案件和损害国家利益、公共利益或者第三人合法权益的案件不得适用和解，以及最高法《关于适用〈中华人民共和国民事诉讼法〉的解释》第 143 条规定的不得调解的案件亦不适用和解，但法律法规对可以适用民事检察和解的案件类型、适用条件等仍有待明晰。从程序设置上看，检察机关何时启动和解、是否应当以听证为前置程序、是否应当制作和解笔录等具体制度设计尚未完成。

（二）和解协议效力缺乏刚性

新时代“枫桥经验”把法律规范和道德规范结合起来，既增强法治的道德底蕴，又用法律的权威来增强基层群众培育和践行道德规则的自觉性。[①] 尽管民事检察和解融合了自治、法治、德治等新时代“枫桥经验”的治理要素，但其效力保障多依赖于当事人对和解协议的诚信、自愿履行，制度刚性显有不足。同时，民事检察和解虽然具有终止检察机关对民事裁判结果监督案件继续进行审查的效力，但并不能否定终审裁判的既判力，亦不具有直接的强制执行力。较之于经人民法院司法确认的人民调解协议及人民法院作出的民事调解书，民事检察和解协议并不具有可诉性，实践中常出现当事人达成和解协议后拒绝履行、迟延履行或仅部分履行的情形，此时当事人既不能针对和解协议提起诉讼，也无法就和解协议申请强制执行，仅能请求人民法院执行原生效裁判，造成民事检察和解“程序空转”。

（三）对民事检察和解的认识和适用不足

进入检察监督阶段，当事人之间的矛盾纠纷呈叠加化、尖锐化特征，检察机关需要通过优化监督方式，妥善处理好诉讼监督与矛盾纠纷实质性化解的关系，这就意味着办案人员除了要练好案件审查、文书制作等“基本功”外，提高释法说理、和解息诉方面的认识和能力也至关重要。受民事检察监督案件“倒三角”结构的影响，民事检察条线运用新时代“枫桥经验”指导民事检察和解的意识和能力均有不足。具言之，基层检察院在做好群众工作、实现多元解纷等方面本存在相对优势，但由于生效裁判类案源不足，缺乏对民事检察和解的系统实践、规范办理及深入探索，未能充分发挥基层检察院的办案优势。而州市级以上检察院虽有较为丰富的生效裁判类案源，但在矛盾纠纷就地化解能力、群众工作能力等方面相对不足，且引导当事人达成和解在与当事人的沟通协调上所倾注的时间成本往往较大，在案数增多现状的影响下，民事检察办案人

---

① 参见胡铭、仇塍迪：《新时代“枫桥经验”的法治基因与治理创新》，载《学习论坛》2022 年第 6 期。

员为平衡办案质效，更可能将办案精力投入到裁判结果是否失当的审查处理中，对民事检察和解的适用则略显不足。

三、新时代“枫桥经验”视域下民事检察和解工作的路径优化

（一）适用条件的明晰化规定

在深刻把握民法典和民事诉讼法立法精神的背景下，结合《监督规则》的有关内容，宜将民事检察和解的适用条件作如下规定：

1. 当事人不服人民法院民事生效裁判，向检察机关申请监督，同意在检察监督阶段达成和解。民事生效裁判监督的案件来源存在依申请和依职权两大类型，鉴于《监督规则》第37条规定的依职权启动监督案件存在损害当事人合法权益、损害国家利益或者社会公共利益、妨害司法秩序和司法公正等情形，检察机关对此类案件不得适用和解，故民事检察和解的适用范围原则上宜限定于当事人申请监督案件。

2. 检察机关对案件开展审查、调查核实等必要工作后，认为不存在和解的除外情形，可以引导当事人进行和解。检察机关在和解中承担的是中立的引导者角色，起到释法说理、沟通协调、进程控制等作用，既要有浸润人心的司法温度、以和止争的柔性力度，也要秉持司法机关的客观公正立场。当事人存在和解意愿，并不能免除检察机关对案件的实质性审查工作，对于依申请案件，检察机关经审查后认为存在虚假诉讼等违法情形，同样不得适用和解。

3. 当事人达成和解协议必须遵循自愿、合法、诚实信用原则。检察机关应当尊重和保障当事人对民事权利的处分权及对纠纷解决机制的选择权，当事人均有和解的真实意愿是启动民事检察和解的必要条件。同时，和解协议的内容不得违反法律规定，不得损害国家利益、社会公共利益和他人合法权益。此外，当事人达成和解协议后应当按照协议内容全面、诚实地履行，切实发挥民事检察和解“以和止争”的制度价值。

（二）适用案件的类型化梳理

检察机关可通过出台办案指引，对民事检察和解适用的案件类型作

如下梳理：

1. 从案由入手，首选在社会关系上具有司法修复可能性的案件，如婚姻家庭纠纷、相邻关系纠纷、民间借贷纠纷、劳动争议纠纷等，这类纠纷的当事人往往存在较为紧密的关系联结，具有一定的互信基础，有利于检察机关践行新时代“枫桥经验”，在矛盾化解中融通情、理、法，通过和解重塑和谐、友善的社会关系。

2. 从生效裁判结果入手，优选生效裁判存有瑕疵，但在监督法定性、必要性上有所欠缺的案件。检察机关审查民事生效裁判监督案件可能存在三种情况：一是生效裁判认定事实清楚，适用法律正确；二是生效裁判确有瑕疵，但对当事人权益影响不大，或不符合监督条件；三是生效裁判在认定事实、适用法律方面确有错误，符合我国《民事诉讼法》第219条规定的监督情形。对于第一类案件，由于生效裁判结果并无不当，检察机关应当以尊重人民法院生效裁判、维护司法权威和司法公信力为原则，做好申请人的释法说理、息诉服判工作，在申请人生活确有困难导致难以履行生效法律文书确定的义务、案件涉及群体利益等情况下，也可考虑引导当事人达成和解。对于第三类案件，检察机关应当以司法公正为价值追求，通过精准履行法律监督职责，维护当事人合法权益，不能以和解代替法律监督。[①] 而对于第二类案件，检察机关可通过引导和解，畅通当事人利益协调和权益保障渠道，有效平衡国家干预与意思自治，实现以和止争功能。

3. 从“三个效果”入手，精选具有“办理一案、治理一片”效果的案件。检察机关应当在个案中强化和解的必要性、可行性评估，挖掘和解办案对维护社会和谐稳定、维护司法公平正义、维护当事人合法权益的综合治理效能，避免“逢案必促和”的机械性办案思维。

（三）适用程序的规范化进路

1. 达成和解协议前的告知释明。根据《监督规则》第27条第6项的规定，当事人达成和解协议后，人民检察院已经审查终结作出决定而当

① 参见周国勇、高永秀、黄瑶：《民事检察和解的效力补强路径》，载《中国检察官》2022年第12期。

事人再次申请监督的，人民检察院不予受理。检察机关应当针对以下重点事项向当事人进行告知，帮助当事人厘清权利义务，作出理性选择：一是民事检察和解与申请监督权利的排他性。为了保障申请人正确合理行使权利，维护检察机关法律监督的权威性，申请人需要在和解协议中申明放弃申请监督权利。二是达成和解协议后产生的法律效果，即人民检察院作出具有终局性的终结审查决定。

2. 和解商谈中的必经程序设置。一是适用公开听证，为当事人搭建畅议诉求、理性沟通、减少对立、平等协商的平台，并可根据案件情况邀请听证员参与听证活动，发挥听证员专业所长，针对性化解矛盾纠纷，为达成和解奠定基础。二是制作和解笔录，载明当事人对达成和解的意愿、提出的和解方案、就争议部分进行现场磋商的情况、待商定内容及答复期限等。三是强化和解协议的规范性审查，重点关注当事人是否在和解协议中约定履行期限及履行方式、申请人是否声明放弃申请监督权利等要素，保障和解协议的合法性及可操作性。

3. 达成和解协议后的效力保障。为拓宽一方当事人不履行和解协议时的救济途径，建议在法律层面赋予民事检察和解与执行和解的同等效力，即参照最高法《关于执行和解若干问题的规定》第 9 条“被执行人一方不履行执行和解协议的，申请执行人可以申请恢复执行原生效法律文书，也可以就履行执行和解协议向执行法院提起诉讼”之规定，赋予民事检察和解协议以可诉性。与此同时，在现行法律法规未赋予民事检察和解协议以可诉性之前，应当在制度设计上予以如下完善：一是和解协议应当以即时履行为原则，分期履行为例外。对于分期履行的和解协议，检察机关应当及时做好跟进、督促履行工作，在和解协议完全履行后方可作出终结审查决定，避免“结案事未了”。二是鉴于检察监督案件多已进入人民法院执行程序，对于以和解方式结案的案件，检察机关应当强化检执对接，告知当事人及时向人民法院提交民事检察和解协议，便于人民法院依法终止执行程序。

（四）适用进程的多元化参与

监督办案一体化模式下，提升民事检察和解办案质效不仅有赖于办案人员对法治思维、法治方式和检察智慧的运用，更要树牢“一盘棋”

思想，不断强化和解办案的实力和合力。

1. 促进纵向一体化衔接更加紧密。将州市级检察院的生效裁判案源优势、案件审查优势与基层检察院的群众工作经验、依靠人民就地化解矛盾的能力互为补益，在交办案件、提请抗诉案件中凝聚上下一体共促和解的整体合力。

2. 推动横向一体化贯通更加顺畅。以“民事检察 +”模式主动融入社会矛盾纠纷大调解工作格局，凝聚和解息诉工作合力，如对于劳动人事争议案件，利用与市人社局、市总工会等五家单位共建的“市劳动人事争议专业性多元调处指导中心”，在共促和解中强化一站式矛盾纠纷化解体系建设；对于农村地区相邻关系纠纷案件，可在引导和解的过程中发挥乡贤治理的“德治”优势和村规民约的“自治”规范，以基层社会治理的内生力助推源头治理。

（五）适用场域的多维化拓展

随着“一带一路”建设的不断深入，以云南为代表的边疆民族地区既存在城乡治理的差异性、矛盾类型的多样性等基本特点，也面临涉外民商事监督案件日益增多的治理新需求。对此，应当着力打造线下线上联动的涉外民商事监督案件“一站式”和解平台，助推涉外民商事纠纷多元化解工作提质增效。通过借鉴浙江“以外调外”涉外解纷工作法，组建具备法律专业知识、通晓中外语言、拥有丰富调解经验的外商调解员库，解决“沟通难”问题。通过设立民事检察和解工作室，吸纳法院调解、人民调解、律师调解等专业力量参与和解过程，提高和解成功率。通过完善智慧检务平台的研发和运用，实现网上听证、和解协议的交互查看、在线签署等便捷功能。

以云南省昆明市官渡区人民检察院设立的磨憨检察室为例，在办理涉外民商事监督案件中，该院可积极推动新时代“枫桥经验”的检察版改革与本土化改造，打造具有边疆民族特色的源头治理新格局。一要加强以磨憨口岸为代表的边境门户地区行政机关、司法机关、基层调解组织的沟通协调，形成跨区域“一盘棋”大治理格局，争取矛盾纠纷源头把控、前端化解的工作支持。二要强化专业人才储备，注重吸纳具有专业外语能力的法律工作者、从事涉外民商事法律工作的律师、专家学者等充实听证员库，为办理涉外民事检察和解案件适用公开听证程序提供“智库”支持。三要融入新时代“枫桥经验”中的智治元素，构建“互联网+”民事检察和解机制，以涉外民事检察和解案件为切口，探索“云听证”“云和解”新模式，为不能到场的当事人架起沟通“云平台”，满足人民群众多元化的解纷需求。

民事支持起诉体系的完善进路

邱　燕　陆　静　李奕轩*

摘　要　支持起诉系民事检察领域保护弱势群体权益的重要路径，但司法实践中，对于申请支持起诉条件、可介入的法律程序、检察机关法律地位等问题仍处于探索阶段。从支持起诉主体、法律监督机关及国家治理体系重要组成部分的定位出发，对绝对弱势群体与相对弱势群体两类不同对象，检察机关应依法综合运用协助收集证据、检察建议、出席庭审等各项措施，为弱势群体行使诉权消除障碍。

关键词　支持起诉　弱势群体　法律监督　民事检察

近年来，检察机关在支持起诉工作方面进行了一系列有益探索，进一步激活了该条款。与此同时，随着办案规模的不断扩大、纠纷类型更加多样化，对于检察机关作为支持起诉主体的必要性、与其他法定主体的关系、支持起诉对象应符合的条件、公权力介入对当事人诉讼地位平等原则的影响、检察权在诉讼中的权力边界等问题，不仅理论界意见不一，各地检察机关在实践探索中也有不同理解。在最高检已经出台《民事检察部门支持起诉工作指引》（以下简称《指引》）的背景下，本文结合既有实践经验，对如何完善检察机关支持起诉职能运行，更好增进民生福祉展开探讨。

* 邱燕，上海市徐汇区人民检察院党组成员、副检察长，二级高级检察官；陆静，上海市徐汇区人民检察院第五检察部主任，四级高级检察官，法学博士；李奕轩，上海市徐汇区人民检察院第五检察部检察官助理。

一、检察机关支持起诉的正当性

《民事诉讼法》第 15 条规定："机关、社会团体、企业事业单位对损害国家、集体或者个人民事权益的行为，可以支持受损害的单位或者个人向人民法院起诉。"由于缺乏明确的细化规则，且与我国市场经济背景下民事诉讼制度的当事人主义和处分原则存在不协调之处，① 在曾经的民事诉讼实践中，该制度发挥作用的案件难得一见。

虽然随着我国社会主义法治国家建设深入推进，各机关团体开始探索在实践中维护国家、社会和个人合法权益的新路径——工会法、消费者权益保护法、妇女权益保障法授予了工会、消费者协会、妇女组织等组织对当事人诉讼活动予以支持的职责或权力，相关组织也在积极探索履职，但在许多情况下，由于支持起诉并未作为一项相关组织必须作为的义务，同时部分组织受专业能力、时间精力等因素所限，实践中支持起诉工作的落实还存在一定困境。

与此相对，面对进城务工人员被拖欠劳动报酬、老年人子女不履行赡养义务、残疾人人身权利受侵害、妇女遭受家暴等弱势主体需要通过司法途径保护自身合法权益的情况，检察机关探索支持起诉工作，有其必要性和合法性。一方面，人民检察院作为国家的法律监督机关，具有落实法律、维护社会公平正义的履职积极性和责任感，具有专业能力更强的办案团队，并享有法律赋予的调查核实、检察建议等各项职权，在推进双方纠纷更妥善化解、切实保障弱势群体合法权益方面，具有突出优势。另一方面，在《民事诉讼法》第 15 条就检察机关支持起诉职能作出原则性规定的基础上，《人民检察院组织法》第 2 条第 2 款规定："人民检察院通过行使检察权，追诉犯罪，维护国家安全和社会秩序，维护个人和组织的合法权益，维护国家利益和社会公共利益，保障法律正确实施，维护社会公平正义，维护国家法制统一、尊严和权威，保障中国特色社会主义建设的顺利进行。"该条从广义角度理解，人民检察院作为法律监督机关，以维护社会公平正义为目标，有权探索维护国家、社会

① 参见蒋集跃、梁玉超：《存在未必合理——支持起诉原则的反思》，载《政治与法律》2004 年第 5 期。

和个人的合法权益的新方式。在《未成年人保护法》第106条也已率先授予了检察机关支持起诉的法定职权的情况下，检察机关开展支持起诉工作，具有合法性和正当性。

二、民事支持起诉的对象

当前法律规定，国家、集体或者个人利益受损的，都可以成为支持起诉对象，该规定过于宽泛，如果不予限制，既不符合民事诉讼程序中当事人应当自主维权的基本制度设计，也不符合司法经济原则。从各国民事诉讼改革的共同发展方向上看，均主张为贫困群体、消费者、环保主义者谋求合法的权利，且更加关注权利的实效性以及权利人行使权利的具体路径。《指引》第9条采用“列举主要类型+兜底条款”的形式，明确了部分具有代表性的情形，同时保持了必要的开放性。因此，如何理解“确有支持起诉必要的其他情形”的涵摄范围，成为办案人员需要审慎把握的问题。

结合近年来检察机关在涉大学生、妇女、消费者、农协等新主体类型的案件中的探索实践，以及支持起诉制度的功能价值，本文将民事支持起诉的对象范围明确聚焦于弱势群体，即因为诉讼行为能力存在差距和不对等性进而造成不能充分应对诉讼、无法实现合法权益而需要国家予以帮助的主体，包括绝对意义的弱势群体和相对意义的弱势群体。

（一）绝对意义的弱势群体

实践中，老年人、受侵害的妇女、未成年人、经济贫困者、下岗失业者、农民工、残疾人、精神病人等群体，在能力、经济等方面天然存在不足。以农民工追索劳动报酬为例，有学者调研发现，对法律知识和复杂的诉讼程序的不了解、对时间金钱成本的顾虑、对丢失工作的畏惧、对司法体制的不信任等因素很大程度上阻碍农民工群体维护自己的合法权益；在劳动纠纷案例中，由于对诉讼时效、证据收集、意思表示等知识的不了解，许多劳动者只能得到败诉的判决。此外，由于农民工的流动性极强，大多以临时工的身份参与劳动，难以得到工会帮助。① 可见在相关案件中，弱势人群存在的客观阻碍主要体现为：一是据以起诉的诉权有瑕疵，既包括实现请求权的要件不足，也包括请求法院作出有利于自己判决的条件不足，以及年龄、健康等方面的限制，这是一种固有型的弱势，往往导致起诉不能。② 二是诉权以外的其他因素存在弱势地位，如诉讼资源占有少，包括经济、专业技术和组织关系上的劣势，这属于演化型的弱势，导致当事人往往因畏惧心理而不敢起诉。无论哪一种类型，均使其难以独立完成诉讼，存在由其他主体予以支持和帮助的天然需要。

检察机关支持起诉前，应当在以下三个方面进行把关：一是确有实际损害，且该损害主要限于民事领域，如上升到刑事领域，则已逾越民事检察支持起诉的范围。同时民事权利涵盖物权、债权、知识产权、人身权，均有可能遭受损害，因此不能将损害局限在侵权损害或违约损害，这样会限缩支持起诉的范围。二是被支持者独立实现诉求存在困难。如未成年人和精神病人系由于民事行为能力欠缺而无法行使诉权，正在服刑人员系人身自由受到限制而使诉讼能力欠缺，还有大量的弱势群体虽然行为能力、诉讼能力均未受限，但也因为取证难、起诉难、胜诉难、执行难等问题，而无法真正实现其诉求。在这种情况下，检察机关为其提供物质帮助或法律帮助，有利于纠纷的顺利解决，取得良好的法律效果、社会效果。三是双方确实存在诉讼能力的差异。支持起诉制度的功能即在于弥补双方诉讼能力上的不平等，因此在具体个案中，如果双方诉讼能力均有缺陷，不存在明显的差异，则检察机关不应介入，以免造成新的失衡。

（二）相对意义的弱势群体

除了上述典型群体之外，相对意义上的弱势群体是否不再需要关注呢？我们注意到，在民事诉讼语境下，与在一般意义上的社会救助语境

---

① 参见曹国华、陶伯进：《农民工劳资纠纷司法救济的困境与破解——检察机关支持起诉的视角》，载《河北法学》2012 年第 6 期。

② 参见吴英姿：《诉权理论重构》，载《南京大学法律评论》2001 年第 1 期。

下是存在差异的。比如对于消费者的保护，就是出于维护社会秩序和公共利益目的，予以特别规定，这表明在民事诉讼中弱势群体的保护范围具有一定的弹性，也为支持起诉范围的扩张提供了空间。近年来，在支持起诉实践中，有一类涉及小微企业的案件引起了检察机关的注意。小微企业作为我国经济的组成部分，在创造了大量的就业机会、让经济活力充分涌流的同时，其抵御风险的能力偏弱，需要予以关注。一方面，在疫情等特殊时期，小微企业陷入经营困难，不仅在产业中弱势地位更加凸显，而且其往往关涉经营者以及职工等多个家庭的生产生活，一旦企业关闭，相关群体必然将因收入困难而成为生活困难的"绝对"弱势群体。基于这样的考量，相关政策一直关注对小微企业的扶危纾困，在税收、租金等方面给予相应的政策倾斜。另一方面，即使是非特殊时期，与具有一定规模的大企业、企业集团相比，小微企业的收集证据、获取法律服务、商业谈判等能力也处于明显的相对弱势地位。

本文认为，应当有限地提前介入，通过助力小微企业以诉讼形式实现债权，保证经济社会秩序的良好运行。在实践中，部分检察机关已经开始积极探索小微企业的支持起诉程序，并取得了一定成果。由于小微企业并不属于传统意义上的弱势群体，因此开展此项工作，应当作为一项例外，适用更加严格的条件，一方面，要加强对小微企业资格的审核，从严把握小微企业的标准；另一方面，小微企业应当是因不可抗力、意外事件、相对方恶意等特殊因素陷入困境。

三、民事检察支持起诉制度的规范化构建

在支持起诉的民事案件中，检察机关既是"支持起诉者"，又是"法律监督者"。有观点提出，检察机关的特殊身份会导致民事诉讼中原被告之间在诉讼结构上不平衡；还有观点认为，监督机关参与民事诉讼与独立审判原则相冲突。前述担忧具有一定合理性，但本文认为，通过恰当的制度设计，为检察权划定权力边界，能够在保障民事诉讼对抗式结构和裁判机关中立性地位不受影响的同时，确保民事裁判的公正性和当事人合法权益得到有效维护。

（一）案件受理阶段

为充分发挥支持起诉制度价值，检察机关应畅通案件线索来源渠道，及时回应人民群众诉求。

1. 当事人申请。当事人依申请向检察机关提起支持起诉的请求，便于检察机关对案件作初步的审查。申请可以由当事人本人或者当事人授权的代理人提出，如上述提到的民事行为能力或诉讼能力受到限制的人员，可以由其法定代理人或者委托代理人代其向检察机关提出支持起诉的申请。当事人的申请应当向有管辖权法院的同级检察院提出，原则上需通过书面形式提出，且一并提交各种证据材料。如果书面形式提交申请书确有困难的，可以口头提出申请，由检察人员记录在案。申请应当在案件诉讼时效届满前提出，如在时效届满后提出的，检察机关应当在审查案件是否具有时效中止、中断等合法事由后，决定是否应予以支持。

2. 内外部联动配合。一是通过内部配合，如刑事检察部门在办理涉及人身伤害等类型的案件时，发现有当事人民事诉求部分可能需要支持起诉的，及时告知民事检察部门，确保不遗漏线索。二是加强外部联系沟通，建立与民政、妇联、交警、社会公益组织和律师事务所的实时沟通与信息共享长效机制，以便于这些组织机构发现相关案件线索时能及时通报检察机关；保持与党委、政府、人大、政协等机关以及信访等相关部门联动，积极与劳动监察大队、劳动仲裁委员会等部门协调，争取上级部门的支持，畅通案源渠道。

3. 建立支持起诉与法律援助衔接机制。一方面，检察机关在初步审理案件时审核案件的相关情况，若符合法律援助的情形，则可向当事人说明情况，由法援中心指定律师为当事人提供免费法律服务，减轻当事人的经济压力。另一方面，寻求法律援助的当事人亦可根据相关律师的建议寻求检察机关的帮助，提出支持起诉的请求，拓宽检察机关的案件来源，提升司法效率。

（二）审查办理阶段

1. 案件初步审查。实务中，为了节约司法成本，排除不必要支持的情形，检察机关应当对支持对象的资格进行审查，决定是否有必要帮助申请人启动诉讼程序或者补足其诉讼能力。当事人提出请求支持起诉申请及书面材料后，由检察机关负责受理案件的部门进行形式审查，并将符合形式要件的申请书移送给民事检察部门，由该部门根据具体案件的情况，对当事人诉请合法性、支持起诉必要性等问题进行实质审查。

另外，从谦抑性考虑，检察机关支持起诉一般以其他机关、社会团体、企业事业单位无法履职为前置条件，检察机关同样有先行督促相关主体履职的义务。因此，如果出现相关主体不依法履职的情形，检察机关可通过制发社会治理检察建议的方式予以督促，这样既彰显了检察权介入审判权的审慎态度，还有助于矛盾纠纷的高效化解、形成各类主体共同参与社会治理的合力。

2. 协助收集证据。当事人民事诉讼地位的不平等，很大程度上表现为举证能力的差异，在当事人存在调查取证困难、案件主要事实无法查清的情况下，检察机关如果仅提供精神鼓励或物质帮助，支持起诉达不到最佳效果。协助当事人收集证据，一方面，可以切实弥补弱势群体取证能力上的缺陷，这是检察机关相较于律师或者其他支持起诉的单位、团体在支持手段、能力和效果上的优势所在；另一方面，此种行为可视为后期法律监督工作的“前置”，避免当事人事后再申请监督而徒增讼累、导致司法资源的浪费。因此，对于对案件的事实认定有重大影响且当事人因客观原因难以收集的证据，检察机关应当有权协助收集。如果只是一般或微弱影响的证据，则应由当事人自行收集，不过检察机关仍然可以为当事人提供引导。人民检察院协助收集证据时可以采取的措施，参考《人民检察院民事诉讼监督规则》规定，应包括：向当事人或者案外人调查核实有关情况；查询、调取、复制相关证据材料；咨询专业人员、部门或行业协会的意见；委托鉴定、评估、审计，以及勘验物证、现场等。

3. 出具支持起诉意见。民事检察部门审查认为案件符合支持起诉的情形的，应当及时告知当事人支持起诉的决定和相关的法律依据，并及时制作支持起诉意见书，其中应包括支持起诉的程序、时限、采用何种方式支持起诉以及所需要的材料等内容；经审查不符合支持起诉的情形，决定不予支持起诉的案件，应当制作不予支持起诉决定书。鉴于检察机关的“支持”和“辅助”角色，支持起诉意见书应当属于检察机关就案件事实和法律认定问题向法院提出的“主张”，因此应当在作出后7日内送达同级人民法院立案部门，并将副本发送申请人。同时，应当允许双方当事人就支持起诉意见充分表达自主意见，保障双方辩论和对抗。另外，支持起诉意见书作为检察院履行广义的法律监督职责的结果，法庭在评议案件时应当予以充分考虑，检察院有权要求法院予以审查，并就裁判结果予以书面回复。如果裁判结果与支持起诉意见不一致的，应当在回函中说明不采纳的事实和法律依据。

4. 出庭支持起诉。对于支持起诉的检察机关是否可以派员同被支持起诉人一同出席庭审，理论界存在不同观点：支持的观点认为，支持起诉要求检察机关运用检察权进行调查取证及提供法律帮助，并通过参与法庭调查以及辩论，增强原告方力量；反对观点则认为，实质性参与庭审将会破坏检察机关的谦抑性，导致当事人间诉讼地位的不平衡，支持起诉的阶段应当限于起诉前程序。① 实践中，检察机关一般不参加支持起诉的庭审活动，如有确需参加庭审的情形，应当与法院建立会商机制。如对于具有重大社会意义或者法律治理意义的案件，检察人员可以出庭宣读支持起诉意见书；检察机关协助收集证据的，检察人员出庭时可以对证据予以出示和说明；法院组织调解的，检察机关也可以视情派员参与。

5. 跟进支持上诉。“支持起诉制度”从字义理解，应当仅限于一审程序，但在支持起诉实践中，部分案件存在相对方因不服判决进而提起上诉的情形，此时当事人的合法权益仍无法得到生效判决的确认，如果此时检察机关终止支持，当事人受能力所限，二审程序中无法充分行使权利，可能陷入不利局面。对此，本文认为，应当从法律规定的目的出发予以理解。支持起诉制度的诞生，就是希望通过国家和社会干预以维护社会公平正义。起诉只是民事诉讼流程的开端，如果拘泥于字面表达，而无视民事诉讼全流程的复杂性和对当事人权益实现的实质性影响，并不合理；特别是如果严格遵循条文文义，即使是参与出庭审理，也不符合法律规定之要求，如此一来，则意味着其他机关、社会团体、企业事

① 参见周立勤：《论支持起诉时检察机关诉讼地位的选择——从民事公益诉讼切入》，载《南海法学》2020年第4期。

业单位同样无法提供应有的支持，也与我国既有的富有生命力的实践相悖，支持起诉制度将形同虚设。因此，检察机关可以有限参与二审程序，即考虑到由于基本的事实和法律认定已经在一审完成，且一审原告在二审中作为被上诉人的负担并不沉重，检察机关更应当保持克制，优先考虑通过给予法律指导、精神鼓励、协调法律援助等方式提供基本、必要的帮助，尽量避免直接参与到二审程序的庭审活动中。如果检察机关确需继续实质性参与，与民事诉讼法中级别管辖的规定相对应，原立案检察机关应将案件移送给相应的上级检察机关办理，二审案件的监督工作亦应层报上级机关的上一级检察机关进行处理。

6. 矛盾纠纷化解。由于弱势群体保护往往涉及劳动纠纷、家事纠纷等具有特殊性的案件，检察机关可以基于天然的威慑力和中立性优势，结合收集到的对案件认定具有重要影响的关键性新证据，配合释法说理，促进相对方认识到自身的不利情况，鼓励相对方主动履行法律义务、道德义务、社会责任，协调双方当事人达成和解，维护家庭、社会和谐稳定，实现案件事了人和。如双方有和解意愿却在利益分配或者诉求实现等方面存在分歧时，还可通过公开听证制度来打消疑虑、促进达成共识，进一步提升案件办理的透明度和公信力。如果检察机关在支持起诉过程中发现当事人符合司法救助的条件，可以协调开展司法救助工作，充分发挥司法救助暖心稳心作用。

（三）延伸履职阶段

1. 履行法律监督职责。为保障法院中立性地位和民事裁判的公正性，检察机关的监督职责需要有所限制。判决并不是案件的彻底了结，当事人的利益诉求仍需要对判决的切实履行才能得到真正实现，社会公平正义才能得到真正维护。在执行阶段，支持起诉的检察机关，可以依据《民事诉讼法》第 246 条的规定照常对法院的执行行为进行监督，因为在此情况下监督对象系执行行为，不存在执行监督行为导致执行依据被撤销或变更的问题，故不具有进行回避的必要性。对于生效裁判和审判人员的违法行为，则应探索建立回避制度，依托上下级联动工作机制，由支持起诉的检察机关将需要进行审判监督的线索移交上级检察机关，由上级检察机关自行或指定其他同级下级检察机关行使检察监督职能，通过上下级联动加强诉讼监督。另外，对于办理案件中发现的社会治理漏洞的，可以向相关主体依法发出改进工作、完善治理的检察建议，推动社会治理。

2. 建立和加强弱势群体的档案管理。检察机关可以联合其他相关部门，建立专门的弱势群体档案，并进行日常维护和管理。既可以拓宽检察机关支持起诉的案件来源，又能便利检察机关跟踪被支持起诉案件的后续发展状况，通过一系列的配套措施来推动支持起诉制度的发展和日臻完善。

检察机关民事支持起诉制度的体系化构建

赵煜亮　丰建平*

摘　要　实践中，民事检察支持起诉制度存在功能性、制度性和结构性困境。构建检察机关民事支持起诉制度，应当从立法背景、保障诉权平等、推进社会治理等角度界定其性质定位，实践运行中应遵循人民性、谦抑性、协同性的司法理念。在现行立法框架下，应当从主观和客观两个方面明确支持起诉条件，在传统弱势群体基础上适度扩大支持起诉范围，从案件受理、审查、支持起诉等环节规范支持起诉制度运行。

关键词　检察机关　支持起诉　性质定位　司法理念　制度重塑

2021年4月，最高检印发《"十四五"时期检察工作发展规划》，在"做强民事检察"部分提出，完善支持起诉制度，规范支持起诉的范围、条件和程序。2023年8月，最高检印发《2023—2027年检察改革工作规划》，在"完善民事诉讼监督机制"部分提出，探索检察机关支持起诉制度。作为人民检察制度的重要组成部分，检察机关民事支持起诉制度迎来前所未有的发展机遇，对此应作为一项重要的理论命题和实践课题

* 赵煜亮，山东省青岛市人民检察院人事处处长，第一批全国检察机关民事检察理论研究人才，山东省首批检察调研骨干人才；丰建平，山东省胶州市人民检察院检察业务管理部主任，全国检察宣传先进个人，山东省首批检察调研骨干人才。

进行探索研究。

一、检察机关民事支持起诉制度运行的现状考察

支持起诉制度肇始于民事诉讼法，检察机关开展民事支持起诉工作，在维护特定民事群体权益方面发挥了积极作用，有利于促进社会公平正义。

（一）民事支持起诉制度的法律渊源

1982 年《民事诉讼法（试行）》第 13 条规定："机关、团体、企业事业单位对损害国家、集体或者个人民事权益的行为，可以支持受损害的单位或者个人向人民法院起诉。"1991 年《民事诉讼法》将上述法律条文调整为第 15 条，内容没有变化。此后 2007、2012、2017、2021、2023 年修改民事诉讼法时均未作出调整。一般认为，《民事诉讼法》第 15 条是检察机关支持起诉制度的法律渊源。目前，最高检对民事支持起诉工作没有单独制定司法解释。最高检于 2021 年 12 月印发了第三十一批指导性案例，该批 5 件指导性案例均涉民事支持起诉主题，系首次发布民事检察支持起诉指导性案例。2022 年 3 月，最高检发布《民事检察部门支持起诉工作指引》，从遵循原则、案件来源、案件受理、处理决定等方面进一步规范和完善了检察机关民事支持起诉制度，为检察办案提供了基本遵循。

（二）民事支持起诉工作的开展情况

据统计，2019 年全国检察机关共受理民事支持起诉案件 18510 件，支持起诉 15419 件；2020 年全国检察机关共受理民事支持起诉案件 32546 件，支持起诉 24355 件；① 2021 年全国检察机关共办理支持起诉案件 4.4 万件；② 2022 年全国检察机关共办理支持起诉案件 8.9 万件；③

① 参见《最高检"晒"三年数据 通过民事支持起诉维护特殊群体权益》，载最高人民检察院网站，https：//www. spp. gov. cn/zdgz/202112/t20211223_539550. shtml。

② 参见《2021 年全国检察机关主要办案数据》，载《检察日报》2022 年 3 月 9 日。

③ 参见《2022 年全国检察机关主要办案数据》，载《检察日报》2023 年 3 月 8 日。

2023 年全国检察机关共办理支持起诉案件 7.7 万件。① 2024 年 1 月，最高检应勇检察长在全国检察长会议上专门提出，要从确保人民群众依法有效行使诉权的高度，进一步做实做优做好对弱势群体的支持工作。各地检察机关通过开展“检察助力讨薪”等专项行动，对权益受损但因经济困难或法律知识欠缺，无力起诉的农民工、智力残疾人、老年人等特殊群体，加大支持起诉力度，让他们依法享有诉权、有效行使诉权，实现了检察办案“三个效果”有机统一。上海、江苏、山东、安徽等地检察机关发布民事支持起诉典型案例，进一步扩大了检察机关民事支持起诉工作影响力。

（三）民事支持起诉制度存在的突出问题

1. 从应然角度看，存在理论研究储备不足的功能性困境。民事诉讼法在总则编确立了民事支持起诉的基本原则，但在分则编没有具体规定。因此，法学理论界对检察机关开展民事支持起诉存有一定分歧，鲜有人研究。据笔者从知网、北大法宝等数据库搜索，涉及民事支持起诉的论文仅有 20 余篇，普遍没有深入研究其性质定位、价值功能、运行程序等内容。

2. 从制度角度看，存在缺乏明确顶层设计的制度性困境。作为检察机关民事支持起诉适用依据的民事诉讼法未作出具体规定，最高检《人民检察院民事诉讼监督规则》对于民事检察支持起诉的范围、程序、介入民事诉讼的程度等也未作出规定。因此，民事检察支持起诉明显存在立法供给上的不足。民事诉讼法关于支持起诉的规定虽为制度完善预留了空间，但也为司法实践适用博弈和分歧提供了可能。

3. 从实然角度看，存在工作开展不平衡不充分的结构性困境。现阶段检察机关具有民事支持起诉职能的业务部门职能重合，还未真正形成工作合力，所监督领域也相对集中，办案数量和办案质效参差不齐。司法实践中，各地检察机关对民事支持起诉工作重视程度不同、工作理念存在偏差等，导致该项工作局面难以打开，甚至出现部分法院不配合现象。如在收到支持起诉意见后不予回复，不通知检察机关开庭，不将检

---

① 参见《2023 年全国检察机关主要办案数据》，载《检察日报》2024 年 3 月 11 日。

察机关支持起诉内容写入裁判文书，不向检察机关送达裁判文书等。[①]

二、检察机关民事支持起诉制度的性质定位

对于一项法律制度而言，明确其性质定位，有利于审视该项制度存在的必要性合理性，进而根据司法实践需求形成系统化体系化的制度设计。对于检察机关民事支持起诉制度而言，首要解决的问题是其性质定位。

（一）从立法背景角度出发，是在民事诉讼职权主义和当事人主义之间作出的一种价值权衡和制度安排

有学者通过研究，认为目前民事诉讼法中的支持起诉制度，删除了民事诉讼法草案中有关“为他人民事权益提起诉讼的人”的全部规定，并且还将“提起诉讼”改为“支持起诉”，即1982年《民事诉讼法（试行）》第13条后续修法时改为第15条但具体内容没有改变。[②] 民事支持起诉制度的安排，也可从我国民事诉讼法立法模式演化中得以印证。检察机关民事支持起诉制度源于民事诉讼法确立的民事支持起诉制度，从一定程度上讲，民事支持起诉是在民事诉讼职权主义和当事人主义之间作出的一种价值权衡和制度安排。

（二）从保障诉权平等的角度出发，具有国家公权力有限介入民事私益诉讼的特点

关于民事支持起诉的原则，有论者认为包括自愿、诉权平等、处分、有限介入四项原则，也有论者提出适当性原则，支持法院依法独立行使审判权原则等。[③] 司法实践中，存在个别民事主体尤其是弱势群体面临民事权益受侵害时，具有起诉维权意愿，但因诉讼能力偏弱不能或不敢提起诉讼的情形。在此情况下，检察机关根据《民事诉讼法》第15条规

---

① 参见陆瑞芳：《民事支持起诉的实践与完善》，载《中国检察官》2022年第3期。

② 参见陈刚：《支持起诉原则的法理及实践意义再认识》，载《法学研究》2015年第5期。

③ 参见冯小光、戴哲宇：《加强民事检察理论研究　推动新时代民事检察工作高质量发展——2022年民事检察研究综述》，载《人民检察》2023年第1期。

定，在遵循当事人处分原则等前提下，支持相关民事主体向人民法院提起民事诉讼维护自身权益。可以说，检察机关行使民事支持起诉权，并非以法律监督者名义出现以维护国家利益或社会公共利益，而是行使检察公权力有限介入民事私益诉讼，以保障诉权平等的方式，维护特定民事主体的私人利益。

（三）从推进社会治理角度出发，具有积极参与和助推社会治理的特色

党的二十大报告提出，完善社会治理体系。健全共建共治共享的社会治理制度，提升社会治理效能。检察机关作为社会治理的一支重要力量，不仅要依法办案，还要将检察职能向社会治理领域延伸。特定民事群体尤其是弱势群体的维权问题，不仅是一个法治问题，更是一个社会治理问题，因此应把民事支持起诉制度纳入国家治理体系。在此，检察机关可以提出支持起诉检察建议，督促、协调相关行政机关、社会团体等一体履职，在相关民事领域搭建起多元预防调处化解矛盾体系，以诉前和解等方式化解社会矛盾纠纷。同时，通过制发对策精准的检察建议，督促相关行政机关依法履职，以“我管”促“都管”，推动实现社会治理。从这个角度讲，民事支持起诉的制度设计，不仅符合国家权力分工的基本配置要求，也有利于节约司法资源和优化司法职权配置，从而助力国家治理体系和治理能力现代化。

三、检察机关民事支持起诉应遵循的司法理念

现代司法理念是司法客观规律和司法主观意识的结合体，对于司法办案具有重要的指导和引领功能。新时代背景下，应重新审视检察机关民事支持起诉工作遵循的司法理念问题。

（一）遵循人民性理念

人民性是习近平法治思想的核心要义之一，是坚持以人民为中心的新发展思想在法治领域的具体体现。《中共中央关于加强新时代检察机关法律监督工作的意见》明确提出，进一步加强民事检察工作，畅通司法救济渠道，依法保护公民、法人和其他组织的合法权益。遵循人民性理

念，一方面，要强化权利救济思维。民事检察工作要遵循权利监督与权利救济相结合的思维，着眼于支持特定民事主体提起民事诉讼维护自身权益，解决人民群众急难愁盼的问题，充分体现司法为民宗旨。另一方面，要注重参与社会治理。坚持“在办案中监督、在监督中办案”，对通过办案发现的背后社会深层次问题，依法提出社会治理检察建议，推进相关部门依法履职解决问题，真正把以人民为中心的发展思想落实到位。

（二）遵循谦抑性理念

谦抑性本是刑法学术语，但谦抑性不是刑法所独有的原则，在民法、民事诉讼法领域都可以适用。就民事检察支持起诉而言，所谓谦抑性理念，是指检察机关要审慎把握考量支持起诉的对象、范围、方式和程序，平衡诉讼结构，正确估量正面产出，努力以较小成本取得较好效果。首先，启动方式要适当。要守好检察权边界，在特定民事主体权益受到损害且有起诉意愿时予以支持起诉，不得迫使当事人起诉，且不可代为行使起诉权。其次，起诉的范围要有所限制。要维护法律权威而不失严格标准，目前根据人民群众需求，集中在损害进城务工人员、老年人、残疾人、妇女儿童民事权益等领域，将来根据司法实践需求可予以拓展。要正确考量支持起诉方式与目的的相适应性，防止因检察机关过多介入民事私益诉讼导致诉讼结构失衡等情况的发生。最后，起诉的对象要有所限制。虽然《民事诉讼法》第 15 条对支持起诉的对象没有限制，但在民事诉讼法确立的当事人处分原则前提下，结合民事支持起诉目的在于维护特定群体尤其是弱势群体权益。因此，检察机关民事支持起诉的对象要有所限制，后续予以拓展。

（三）遵循协同性理念

协同性是现代民事司法的重要特征，其弱化了诉讼的对抗性，增加了诉讼的合作性，充分发挥诉权和审判权的积极性，有利于克服绝对的职权主义或绝对的当事人主义所伴随的偏颇、极端和弊端，使诉讼产生最大化效果。① 对于民事支持起诉制度而言，遵循协同性理念，可从三方面入手：一是在制度协同方面，要注重处理好民事支持起诉与法律援助、司法救助等制度的关系。如检察机关在支持起诉时，对符合条件的支持起诉对象建议纳入法律援助范畴，发挥调查核实优势，引导法律援助律师代理特定民事主体的起诉，全面收集证据材料并提起诉讼，实现无缝对接，达到优势互补、协同推进，从而最大限度维护弱势群体合法权益。二是在内部协同方面，要推进民事支持起诉与控告申诉、刑事、行政检察等工作协作配合，建立健全特定群体案件办理一体化工作机制，在线索移送、调查取证、司法救助、跨部门检察官联席会议等方面加强协作，综合运用多种检察职能，实现上下联动、内部协同、合力推进，共同提高办案质效。三是在外部协同方面，开展民事支持起诉工作，要加强与法院、公安、司法行政部门以及工会、共青团、妇联、残联等群团组织的工作衔接，建立多元化争议纠纷解决和协同处置机制，形成齐抓共管的外部联动模式，为特定群体起诉和维护自身权益提供有力帮助，共同推动解决社会治理难点和民生热点问题。

四、检察机关民事支持起诉制度的重塑设计

制度设计是否科学，决定了制度的生命长度。在对民事检察支持起诉进行顶层制度设计时，要结合《民事诉讼法》第 15 条的立法本意，遵循民事诉讼规律，融入民事诉讼规范体系之中，成为民事司法活动整体框架的有机组成部分。

（一）明确民事支持起诉中的法律地位

在民事诉讼中，检察机关可以提出抗诉或检察建议，在抗诉引起的案件再审中，人民法院专门对检察机关设置了“抗诉机关”的席位。检察机关在履行民事支持起诉职能中，尤其是出席法庭宣读民事支持起诉意见时，需要明确检察机关的法律地位，否则会引起法理上的质疑。从《民事诉讼法》第 15 条的本意出发，检察机关不是民事案件的诉讼参加

---

① 参见汤维建：《民事检察监督具有十个基本特征》，载《检察日报》2021 年 11 月 26 日。

人，不享有诉讼参加人的权利义务，且检察机关在民事支持起诉中的法律地位与公益诉讼中公益诉讼起诉人的法律地位明显不同，故有人在此把检察机关定位为支持起诉人或者有独立身份的诉讼参与人，这明显与法理和立法本意不符。因此，结合上文中关于检察机关在支持起诉中性质定位的阐释，参照检察机关在民事抗诉中的抗诉机关的定位，应把检察机关定性为支持起诉机关。

（二）完善民事支持起诉的条件和范围

1. 明确支持起诉条件。开展民事支持起诉的条件，决定了案件来源的入口问题。结合《民事诉讼法》第 15 条的立法本意和检察机关的性质定位，民事支持起诉的条件可从主客观两个方面进行考察，从而为司法实践提供规范和保障。主观方面可细化为三个并列情形：一是根本没有能力起诉维护自身权利的情形，如智力残疾人遭遇损害赔偿等；二是有能力起诉但诉讼能力偏弱的情形，如进城务工人员讨薪等；三是有能力起诉但不敢起诉的情形，如受家庭暴力的妇女起诉离婚等。在考察主观条件时，要注意尊重特定民事主体的意愿和处分权，不能滥用检察权干预和侵害当事人民事起诉的处分权。客观条件是指特定民事主体的民事权益受到侵害，相关行政机关、社会团体、自治组织等履职后仍未实现最低维权目标。司法实践中存在特定民事主体向法院起诉后仍申请支持起诉的问题，在此要注意检察机关的履职问题，仅仅是帮助起诉还是要参与诉讼全过程。在此，可以延伸至起诉之后，即对已起诉的案件仍可以以支持起诉名义协助调取复制相关证据、派员参与纠纷调解等。同时，要注重相关行政机关、社会团体、自治组织等履职后仍未实现最低维权目标这一客观条件。

2. 适度拓展支持起诉范围。根据近年来的司法实践，开展民事支持起诉的对象主要针对传统弱势群体，如农民工、老年人、残疾人等。对于弱势群体主要是从诉讼能力方面而言的，经济困难的民事主体可以引导进行法律援助而不宜纳入弱势群体范畴。但在司法实践中，符合特定条件的民事主体如大学生、见义勇为者有时在维护自身权益时因诉讼能力不足等问题也成为民事诉讼上的“弱势群体”，检察机关在相关行政机关、社会团体、自治组织等维权最低目标没有达成后，也可以支持他们依法起诉维护自身合法权益。为适应经济社会发展的现实需要，建议把民事检察支持起诉对象界定为诉讼能力偏弱的特定民事主体，其范畴应大于现普遍认定的弱势群体。

（三）规范民事支持起诉的运行程序

1. 案件受理环节，主要从当事人申请支持起诉和检察机关依职权支持起诉等方面进行设计。具体而言：（1）当事人申请民事支持起诉符合下列条件的，检察机关应当受理：属于民事支持起诉案件对象和范围；申请人提交申请支持起诉书、身份证明、相应法律文书等相关材料；存在涉及特定民事主体的民事权益受到损害的初步证据材料。（2）检察机关在履职中发现有下列情形之一的，应当依职权启动支持起诉程序：损害国家利益或者社会公共利益的；上级检察机关及人大等交办、转办的；具有重大社会影响等确有必要进行支持起诉的。

2. 案件审查环节，主要从前置程序、调查核实、必要时听证、作出相应处理决定等方面进行设计。（1）前置程序。即受理申请后，检察机关经过审查，认为具有法定职责的行政机关、社会团体、自治组织等可以通过履职维护特定民事主体合法权益时，可依据相关规定，以社会治理类检察建议的方式，督促相关行政机关、社会团体、自治组织依法履职，及时有效维护特定民事主体合法权益。（2）适度调查核实。检察机关可以围绕当事人的诉讼请求，通过提供法律咨询、加强释法说理、申请法律援助等方式，引导特定民事主体收集证据；无法自行收集证据的，检察机关可以依法协助收集符合起诉条件、确定当事人具体诉讼请求的相应证据。（3）必要时组织听证。在存在化解矛盾可能等情形时，检察机关可以就支持起诉案件组织公开听证，引导双方当事人自行和解，化解矛盾纠纷，为减轻当事人诉累的同时，依法及时维护特定民事主体合法权益。（4）作出相应处理决定。经过审查，认为应当支持起诉的，提出支持起诉意见书；认为不存在损害特定民事主体民事权益应当承担民事责任的情形、被告的行为与特定民事主体民事权益受到损害之间不存在因果联系、法律规定被告不应承担民事责任等情形时，应当决定不支持起诉；认为存在民事权益受损害的情形已经消除或者受损害民事主体的民事权益已经获得有效救济、双方当事人达成和解协议且撤回支持起诉申请、当事人撤回民事起诉等情形时，应当予以终结审查。

3. 案件支持起诉环节，检察机关可视情况参加庭审，联合组织调解。民事支持起诉的目的在于支持特殊群体行使诉权维护自身权利，检察机关出具支持起诉意见书就已达到目的，故原则上检察人员不再出席法庭。但案件存在调解可能等情形时，商人民法院出席法庭，并全程参加庭审。检察人员出席法庭时，不参与法庭调查、法庭辩论环节的其他庭审活动；发现庭审活动违法的，可在庭审结束之后以人民检察院名义提出检察建议。另，为最大限度维护特定民事主体合法权益，在民事判决、裁定、调解书生效后，若被告未依法履行相应义务，检察机关应延伸工作职能，引导特定民事主体依法申请法院强制执行。并灵活采取电话回访、实地回访、联合回访等形式，跟踪了解生效民事裁判执行情况，及时化解新矛盾、新问题。

检察机关民事支持起诉制度完全契合党中央提出的以人民为中心的发展思想，有利于助推国家治理体系和治理能力现代化，服务保障法治中国建设。相信检察机关民事支持起诉制度将在我国法治土壤上蓬勃发展，为中国式现代化贡献检察智慧、方案和力量。

支持起诉多元解纷机制构建研究

朱铁军　马茗妍*

摘　要　新时代检察机关以支持起诉参与社会治理，是践行以人民为中心的发展思想，贯彻落实民法典，服务保障民生、保护特殊群体合法权益的重要内容。司法实践中，民事支持起诉工作存在诸如立法规范缺乏、机制待优化等亟需解决的问题和困境。应将民事支持起诉与矛盾纠纷多元化解相结合，从诉前到诉后全流程做好多元解纷，推动社会治理，做优做实人民至上，以发挥此项机制的最大效能，彰显中国特色社会主义司法的制度优势。

关键词　支持起诉　矛盾纠纷多元化解　社会治理

党的二十大报告指出，“深入贯彻以人民为中心的发展思想，在……弱有所扶上持续用力”“在社会基层坚持与发展新时代‘枫桥经验’”。支持起诉是我国民事诉讼法的特有制度之一，检察机关以民事支持起诉向特殊群体提供法律保护，促进矛盾纠纷多元化解，参与社会治理，是“枫桥经验”在检察环节的有力体现。在法律规范的概括性、程序性规则阙如的情形下，民事支持起诉实践运行状况如何、检察机关在民事支持起诉制度中的角色和定位如何把握、支持起诉多元解纷机制有何现实价值、如何构建等问题，需要认真梳理、加以回答，也直接关系到支持起

* 朱铁军，上海市普陀区人民检察院副检察长，三级高级检察官；马茗妍，上海市普陀区人民检察院第五检察部检察官助理。

诉制度价值的充分发挥、有力彰显。

一、民事支持起诉多元解纷机制建构的现实价值

（一）维护公平正义与保护弱势群体的内在要求

公平正义是法治的灵魂，法律的目的就是追求公平和正义，法的公正性要求对弱势群体公平对待。平等原则在民法典基本原则中处于首要地位。在司法实践中，弱势群体启动民事诉讼获取救济常常存在多种障碍。如因文化水平不高缺乏基本的法律知识而不知如何维权，或因年老、残疾等生理因素导致调查取证困难，诉讼存在障碍，或因双方社会资源占有不均，诉讼能力严重失衡等，这些都是导致无法行使诉权维护自身合法权益的原因。检察机关作为国家的法律监督机关，基于维护公共利益和社会公平正义的目的，通过行使支持起诉职能介入民事诉讼活动，补强弱势群体的诉讼能力，促进诉讼双方诉讼能力实质平等，实现对诉权平等保障以化解社会矛盾，有利于促进弱势群体接近司法、寻求法律救济，真正实现法律的公平正义。

（二）推动参与社会治理、践行新时代“枫桥经验”的重要体现

随着我国经济社会的快速发展，社会矛盾纠纷呈现上升趋势，面对主体诉求多样、司法系统案件量过多和司法资源有限的困境，检察支持起诉不但可以保障私法平等自愿的价值观不被破坏，还能达到社会治理之深层目的，最大限度促使受损的社会关系尽快得以恢复，以此调节社会秩序，使其恢复至正常轨道。同时融入矛盾纠纷多元化解机制，将矛盾纠纷化解在初始阶段，检察机关通过和解等方式对当事人之间的权责分配主动介入、积极引导，坚持标本兼治，推动更多力量向引导和疏导段用力，促进矛盾纠纷源头性、实质性化解，是新时代“枫桥经验”在检察环节的有力体现。

（三）拓展监督渠道推动民事检察工作高质量发展的现实需求

“四大检察”融合发展，是检察机关新时期肩负的职责使命。随着司法体制改革的深化，民事检察权逐渐丰富完善，民事检察工作高质量发

展要求民事检察部门要坚持以人民为中心，创新发展民事检察工作，在加强对公权力监督工作的同时，树立公权力监督与私权利救济协同发力的思维，保障弱势群体合法权益。检察机关以支持起诉为抓手，既帮助弱势群体消除行使诉权的障碍，寻求司法途径获得救济，充分发挥民事诉讼的功能和价值，进一步推动民事检察工作向好向深发展；又可通过解决当事人矛盾纠纷个案发现背后存在的社会治理问题，如社会公益受损、行政机关监管缺位等，① 通过与其他职能部门有效对接，有力拓展检察监督履职纾解群众急难愁盼，推动检察机关在社会治理能力中充分发挥职能作用。

二、民事支持起诉中化解矛盾纠纷的现实困境

（一）立法层面：法律规定有待完善

民事支持起诉与矛盾纠纷多元化解机制融合缺乏完备的制度支撑和顶层设计。民事诉讼法仅对支持起诉作出原则性规定，军人地位和权益保障法虽将检察机关列为支持起诉主体，但范围仅限于军人、军人家属和烈士、因公牺牲军人、病故军人遗属的合法权益受到侵害的情形，且上述法律规定缺乏明确、操作性强的适用规则。目前亦无相应的司法解释，导致检察机关支持起诉依据不充分。尽管最高人民检察院出台的相关规定明确了人民检察院在办理支持起诉案件中应当积极运用多元化解纠纷机制，但该规定也过于原则化，缺乏具体规定。立法的缺失使得民事支持起诉多元解纷工作在实践中缺乏指引，容易出现不规范、不统一的情形，虽然检察机关注重诉前参与矛盾化解，但由于缺乏检察机关介入矛盾化解的情形尺度与具体程序等规范性要求，导致难以充分发挥该制度的预期价值。

（二）实践层面：处理结果缺乏法律强制力

根据《人民检察院民事诉讼监督规则》第 51 条的规定，人民检察院在办理民事诉讼监督案件过程中，当事人有和解意愿的，可以引导当事人自行和解。检察和解是检察环节推进矛盾多元化解的重要载体，也是

① 参见王立德、张兆玉：《民事支持起诉和解机制探析》，载《中国检察官》2022 年第 13 期。

检察机关履行法律监督职责开展支持起诉工作的重要方式之一。对于支持起诉案件，在提出支持起诉意见前，检察机关可以选择引导当事人达成和解协议；向法院提出支持起诉意见后，也可以配合法院进行前段调解和诉讼调解。然而，不同于法院的调解书具有强制执行效力，由于没有明确的法律规定，检察机关主持调解下当事人达成的和解协议并无具有强制执行力的法律依据，造成和解协议的落实缺乏有力保障。若一方当事人事后拖延履行和解协议确定的义务，会给检察机关增加后续工作，浪费了司法资源，还可能引发新的矛盾纠纷，难以充分发挥检察和解定分止争的作用。

（三）操作层面：工作方式有待优化

从检察机关内部衔接来看，支持起诉是一项整体工作，需要“检察一体化”的办案方式作为支撑。其一，上下级检察机关之间、检察机关部门之间工作联动还需要进一步强化。比如，从案件线索的挖掘上，需要发挥控申、刑事、民行检察部门的职能，而目前这些部门在线索发现和移送上尚未形成有效的沟通衔接机制；再比如，上级检察机关发现支持起诉的线索后，考虑到办案力量可直接把线索交下级检察机关办理，但实践中如何优化和细化上下级工作联动机制尚需要进一步研究。其二，支持起诉案件开展矛盾纠纷多元化解工作对检察人员的工作方式方法有一定的要求。一方面，承办检察官需要帮助当事人明确争议焦点和主要诉求，促进当事人之间的有效沟通，通过多种方式组织和解，掌控和解进程，缓解当事人的对抗情绪。另一方面，要全程做好释法说理工作，将法、理、情相结合，多角度、多方式对事实认定、法律适用等进行释明，对不同程序可能导致的法律后果进行阐明，引导当事人形成理性的利益预期。同时，实现矛盾纠纷的实质性化解，往往需要协调有关单位配合履职。这就要求检察人员办案经验的累积和大量时间精力的投入，在缺乏指引的情况下，对检察人员的矛盾化解能力提出了较大挑战。

三、民事支持起诉多元解纷机制的完善建议

（一）理念引领：践行新时代“枫桥经验”，以支持起诉促矛盾化解

检察机关把民事支持起诉工作融入社会治理，以民事支持起诉、多

元化解矛盾为主要抓手，保障弱势群体的合法权益，加强矛盾纠纷源头预防和治理，建立"促成和解 + 支持起诉"同步进行办案模式。坚持和发展新时代"枫桥经验"，将矛盾纠纷多元化解机制贯穿于民事支持起诉工作始终，[①] 对当事人有和解意愿且适宜调解的案件，或积极引导当事人达成和解协议，或积极配合法院开展诉讼调解工作，促进矛盾化解，减少当事人诉累。对不予支持的案件，做好释法说理工作，引导当事人息诉，努力将矛盾纠纷化解在基层。具体应贯彻以下原则：其一，尊重当事人处分权原则。民事支持起诉需要以尊重当事人的意思自治为前提。检察机关必须在法治轨道内实施支持起诉工作，不得违背立法的基本原则，应当遵循自愿原则，引导当事人化解矛盾纠纷，保护各方当事人的合法权益。其二，全过程参与原则。多元化解纠纷机制应当贯穿支持起诉始终。检察机关不仅要在诉前注重推动当事人达成和解，也要在案件审判或者裁判监督等环节积极参与矛盾调处化解，最大限度修复社会关系。其三，比例性和必要性原则。检察机关在支持起诉中属于"帮助者"或者"辅助者"的地位，以"确有必要""有限介入"为限度，检察机关一般不得介入当事人矛盾化解中的私益分配，做到既不缺位、也不越位。

（二）模式设计：明确细化支持起诉矛盾化解工作流程

通过明晰民事支持起诉案件多元解纷工作流程，"督促履职 + 敦促执行 + 司法救助"，诉前、诉中、诉后全流程全链条做好矛盾化解工作。

1. 诉前：督促相关职能部门先行履职。多元化纠纷解决机制强调解决民事纠纷方式的多样性。检察机关支持起诉不能大包大揽，而要明确案件线索的筛查程序，对于当事人的申请完全无法律与实践支撑，或者当事人恶意利用支持起诉制度满足自身不合理的利益等情形的，检察机关不应纳入支持诉讼程序，并对不支持的理由予以充分释法说理。对于符合支持起诉条件的案件，在提出支持起诉意见前，应当先协调、督促有关部门履职，经有关行政机关、社会组织等依法履职后，当事人最低维权目标仍未实现的，检察机关再行支持起诉。检察机关在督促履

---

① 参见朱光美：《赡养纠纷支持起诉实务探析》，载《中国检察官》2022 年第 6 期。

职、促进矛盾解决的同时，应当坚持源头治理和系统治理，就发现的问题向有关单位制发综合治理检察建议，助推社会治理效能与体系的完善。

2. 诉中：充分开展检察和解工作。检察机关在支持起诉过程中要注重纠纷解决手段的多样性，充分运用检察调查核实权、发挥检察专业化优势，做好证据支持、材料准备、法律咨询等工作，全面了解当事人的案件情况和相关诉求，有针对性开展审查工作。相比于以诉讼方式解决纠纷的强制性与严格的规范性，采取社会救济的方式解决民事纠纷更能体现当事人的意愿，且具有更大的灵活性。① 对涉及家庭邻里纠纷的支持起诉案件，以化解矛盾、修复关系为价值追求，以当事人自愿为前提，主动介入调解，深挖矛盾根源、消弥对抗情绪、提供可行方案，有效解决民事纠纷。同时，充分发挥听证在化解矛盾纠纷方面的价值作用，搭建听证平台、邀请多方参与、畅通沟通渠道，推动民事纠纷实质化解。检察机关向法院提出支持起诉意见后，对当事人有和解意愿且适宜调解的涉民事支持起诉案件，引导当事人先行选择前置调解，共同推进调解工作。前置调解不成进入诉讼程序的，检察机关应当视情况与法院联合开展诉前调解、诉中调解，主动引导当事人进行和解、调解，促进矛盾纠纷化解，减少当事人诉累。

3. 诉后：进一步巩固检察办案效果。检察机关在案件办结后，灵活采取电话回访、实地走访、联合回访等形式，跟踪了解生效裁判执行、特殊群体权益保护落实等情况，及时化解新矛盾、解决新问题。对以和解方式结案的支持起诉案件，积极追踪问效，确保和解协议实际履行。案件进入执行程序的，被执行人等负有执行义务的人拒不履行法院生效判决、裁定的，协同法院采取措施敦促相关主体主动履行法律义务，保障弱势群体当事人的合法权益及时实现。当事人符合司法救助条件的，及时将线索移送检察机关内部职能部门，依法启动救助程序进行救助，保障当事人合法利益的及时填补。

---

① 参见江伟、肖建国：《民事诉讼法》，中国人民大学出版社 2018 年版，第 8 页。

（三）机制优化：完善多元化解矛盾纠纷与民事支持起诉的协作机制

矛盾纠纷多元化解与特殊群体权益保护是一项系统工作，需要各方协同推进。检察机关要充分发挥民事支持起诉、检调对接等职能，主动加强与人民法院、妇联等单位的沟通协调，建立协作机制，进一步促进和规范多元化解矛盾纠纷工作。

1. 加强与人民法院工作衔接。以各司其职、相互配合为原则，协同加强机制衔接，“信息共享 + 研判会商 + 绿色通道”多维度汇聚办案合力。一方面，健全完善信息共享、研判会商、专人联络，一体推进依法履职；另一方面，检察机关可与法院开通特殊群体支持起诉“绿色通道”，在快速立案、委托鉴定、费用减免等方面提供司法支持，全方位提升人民群众的司法获得感。

2. 与仲裁委、街道、妇联、消保委等协作联动。检察机关应当将关口前移，从线索移送、案件受理环节就加强矛盾化解工作。加强与仲裁委、街道、妇联、消保委等组织的沟通协调，建立线索移送机制，全面排摸、精准掌握区域内特殊群体合法权益受到侵害的情形，及时受理符合条件的支持起诉案件，并加强与相关组织的协作配合，积极引导当事人合理表达诉求，从接收线索、受理案件到办理全程做好释法说理工作，充分听取双方当事人意见，明确各方主要诉求和利益平衡点，制定相应的和解方案，积极促成和解，妥善化解矛盾纠纷。

3. 发挥检察一体化机制优势完善内部配套。从检察机关自身工作机制上看，应当以检察一体化履职为支撑，构建完善横向纵向协同机制，凝聚法律监督更大合力。在内部协作中，检察机关应当充分发挥刑事检察部门、民事检察部门、控告申诉检察部门等多部门的整体效能，注重内部合力的互动平衡。如在支持起诉过程中优化案件线索移送与反馈机制，开设专门办案模块，强化线索进展全程跟进；民事检察部门可以联合控告申诉检察部门，建立支持起诉 + 司法协助的办案模式，对家庭生活、经济确有困难的当事人开展司法救助，为矛盾纠纷的实质性化解奠定基础。在上下协作中，检察机关在支持起诉过程中应加强案件请示和指导，总结提炼典型案件，形成上下工作合力，基层院针对新类型、具有较大社会影响、复杂敏感的案件加强请示汇报，强化上级院对案件的指导。探索必要时上级院对重大案件提级办理，组成专门办案组，妥善处理相关案件，提升民事支持起诉工作质效，促进矛盾纠纷多元化解，更好保障特殊群体合法权益，让人民群众切实感受到公平正义就在身边。

性侵害案件未成年被害人精神损害赔偿支持起诉工作实证研究

张 立 姜 涛*

摘 要 2021年发布的最高人民法院《关于适用〈中华人民共和国刑事诉讼法〉的解释》对刑事附带民事诉讼受理精神损害赔偿的可能性进行了肯定，为遭受性侵犯罪的未成年被害人通过附民途径获得精神损害赔偿预留了制度空间。以Z省检察机关支持起诉现状为样本分析后发现实践中存在司法适用不积极、司法裁判不统一等困境，探索通过完善诉讼程序和证据规则、强化检察机关诉讼支持、探索搭建部门协作机制等方式，激活制度的功能优势，提升司法机关适用的积极性，织密对未成年被害人的司法保护网。

关键词 性侵未成年人 精神损害赔偿 支持起诉 诉讼规则体系

据最高人民检察院相关文献①披露，2023年起诉侵害未成年人犯罪67103人，其中强奸罪24332人、猥亵儿童罪11013人，占比52.7%，性侵案件案发仍在高位运行。在未成年人保护“两法”实施不断深入的当下，以更刚性有力的措施打击犯罪，遏制性侵害未成年人犯罪高发势

---

* 张立，浙江省江山市人民检察院党组成员、副检察长，四级高级检察官；姜涛，浙江省江山市人民检察院第二检察部五级检察官助理。

① 《未成年人检察工作白皮书（2023）》，载最高人民检察院网站，https：//www.spp.gov.cn/xwfbh/wsfbh/202405/t20240531_655854.shtml。

头，加大未成年被害人合法权益保护，对于检察机关而言是不容回避的职责。虽然最高人民法院《关于确定民事侵权精神损害赔偿责任若干问题的解释》第1条明确因人身权益或者具有人身意义的特定物受到侵害的，自然人或者其近亲属可向人民法院提起诉讼请求精神损害赔偿，但最高人民法院《关于适用〈中华人民共和国刑事诉讼法〉的解释》明确，对于被害人提起民事诉讼要求赔偿精神损失的，一般不予受理，从而导致未成年人司法保护需求与司法实践存在冲突。实务中，部分关于性侵未成年人犯罪案件中被害人的精神损害赔偿得到了支持，取得了较好的社会效果，为完善未成年人保护体系机制提供了有益的探索经验。为准确把握性侵害犯罪对未成年人的身心危害，厘清检察机关支持精神损害赔偿的可行路径，进一步构建一体化保护机制，本文以Z省2021年至2023年2200余份未成年人性侵①案件刑事生效判决为样本进行实证调研，归纳了实务中部分检察机关支持未成年人性侵案件精神损害赔偿情况的司法样态特点，发现存在未成年被害人精神损害赔偿案件少、各地执法司法依据不统一等方面的问题，并就此提出细化完善精神损害赔偿诉讼程序规则和证据规则、强化检察机关诉讼支持、探索搭建部门协作机制等建议，以期缓解未成年人司法保护需求与司法实践中的冲突。

一、样态分析：性侵害案件未成年被害人精神损害赔偿支持起诉工作的实践探索

近年来，Z省检察机关坚持问题导向，针对被害人在案发后出现身体损害或精神异常等重点案件，探索开展性侵害案件未成年被害人精神损害赔偿支持起诉工作。相较于受案总量而言，检察机关支持未成年被害人诉请精神损害赔偿的案件数虽然不多，但通过加强与审判机关的沟通协调，敦促犯罪人认罪认罚和当事人化解矛盾，有效弥补了工作空白，为加强未成年被害人司法保护与救助积累了经验，为该项工作的司法样态实证研究提供了可靠的案例和数据支撑。

---

① 本文所指的未成年人性侵犯罪是指针对未成年人实施的强奸罪，强制猥亵、侮辱妇女罪，猥亵儿童罪，组织卖淫罪，强迫卖淫罪，引诱、容留、介绍卖淫罪，引诱幼女卖淫罪，负有照护职责人员性侵罪等8个罪名。

据不完全统计，2021—2022 年 6 月，Z 省检察机关共支持起诉相关已结案件 26 件，占性侵害未成年人案件总数的 0.7%。其中，法院判决结案的 10 件，占 38.5%；调解（含和解后撤诉）结案的 15 件，占 57.7%；经判决或调解被害人获得精神损害赔偿的 23 件，占 88.5%；不予赔偿的 3 件，占 11.5%。从案件罪名、诉讼模式、结案方式等角度分析，发现该类案件有如下特点：

一是案件罪名集中，主要是强奸、强制猥亵和猥亵儿童三类。其中，强奸案件 14 件，猥亵（含强制猥亵和猥亵儿童）案件 12 件，分别占 54%、46%。26 名未成年被害人中，14 周岁以下的 16 人，占 61.5%；14—16 周岁的 7 人、16—18 周岁以下的 3 人，分别占 27% 和 11.5%。以上三种案件类型反映出各地检察机关在支持起诉时，案件罪名方面比较关注行为性质相对严重的强奸罪，案件对象方面比较关注精神健康更易受损的幼童。

二是诉讼模式以单独提起民事诉讼为主，刑事附带民事诉讼较为少见。提起刑事附带民事诉讼的有 5 起，单独提起民事损害赔偿诉讼有 21 起，分别占 19.2% 和 80.8%。其中，性侵害行为系犯罪、受到刑事处罚的 25 起，属违反治安管理条例、受行政处罚的 1 起。反映出实务中虽然未成年人性侵犯罪案件通常都是涉刑案件，当事人仍更倾向于选择单独提起民事损害赔偿，而非与公诉机关联系更紧密的刑事附带民事诉讼。相对高效的刑事附带民事诉讼因期限要求、当事人自身的考虑等多重因素导致并未在实务中得到主流使用。

三是结案方式以调解结案或和解撤诉为主，法院判决案件相对较少。其中，法院判决结案的有 10 件，调解结案 13 件，原告撤诉的 3 件。判决结案案件中，支持精神损害赔偿的 8 件，不予支持的 2 件，支持赔偿率达 80%；调解结案的 13 起案件中，虽然赔偿标准不一、金额有限，但被害人的诉求均不同程度得到了落实；撤诉案件中，当事人和解并赔偿后撤诉的 2 件，未和解未赔偿撤诉的 1 件，获赔率也达到 66%。说明民法典实施后和未成年人保护法修订后，司法机关对未成年人保护意识和力度明显增强，在未成年人这个特殊领域，传统刑事诉讼中对被害人提起精神损害赔偿“一般不理、原则不赔”的做法呈逐步消解趋势。

二、司法困局：性侵害案件未成年被害人精神损害赔偿支持起诉工作的难题审视

最高人民检察院发布的《未成年人检察工作白皮书（2022）》，提及了检察机关对于因犯罪侵害遭受严重精神创伤的未成年被害人，支持其提起精神损害赔偿诉讼的探索做法。从新闻报道看，多地检察机关在性侵未成年案件中开展了包括证据支持、出庭支持等支持起诉的相关工作，在惩治性侵犯罪的同时帮助被害人获得了法院对于精神损失赔偿金的判决，为受理和审判性侵未成年人犯罪精神损害赔偿提供了有益经验。但从整体上说，此类诉讼模式尚处于探索阶段，面临着较多难题亟待破解。

（一）例外范围不明确导致司法适用不积极

2021 年至 2022 上半年，Z 省检察机关共受理审查起诉性侵未成年人案件 3760 件 4130 人，占侵害未成年人案件 90%，检察机关共支持起诉已结案件 26 件，占性侵害未成年人案件总数的 0.7%，附带精神损害赔偿相比后续单独提出精神损害赔偿请求并实际获得法院判决支持的案件比例更少。司法解释虽然提供了基层司法机关探索的空间，但由于规定模糊、配套制度不完善等因素的限制，法院受到最高人民法院《关于适用〈中华人民共和国刑事诉讼法〉的解释》修改之前“不予受理”精神损害赔偿的规定及实践惯性的影响，仍有可能会将“一般不予受理”解释为“以不予受理为原则，以受理为例外”，加之例外情形不明确，对强奸、强制猥亵等性侵未成年人犯罪是否一概属于例外情形存在认识分歧，导致司法实践中实际适用该条款的机率较低，实践中仍有相当一部分法院在性侵幼女犯罪附带民事判决中以“关于附带民事原告人请求判处被告人赔偿精神抚慰金的问题，于法无据”为由判决不予支持或直接不予受理，反映了司法惯性认识仍相当顽固。

（二）法律适用不明确导致司法裁判不统一

第一，精神损害后果评价认定难。基于精神损害的无形、抽象等先天特性，同时由于心理问题的复杂性和未成年人身心发展的特殊性，犯罪行为对未成年被害人的精神损害并不必然在案发后即时显现，导致被

害人及其法定代理人不懂或不会及时主张维权。Z 省 2200 余份性侵害未成年人案件生效裁判中明确载明被害人有身体损伤或精神损害的仅 126 件，说明多数性侵害犯罪对未成年人身心的潜在、隐性损害尚难有效发现。

第二，严重精神损害标准不明确。民法典将承担精神损害赔偿责任限定在侵害行为造成严重精神损害的场合。而严重性是一个高度模糊的概念，尽管具有限制法官自由裁量权的意思，但严重性究竟是被害人的主观感受还是客观认知，尚无统一的定论。

第三，赔偿数额与范围的不明确。尚未有相关立法对附带民事诉讼中精神损害赔偿的范围与数额等标准作出明确规定。在调研统计的 23 起被害人获得精神损害赔偿的案件中，获赔数额最高的为 5 万元人民币，最低的为 3000 元人民币，赔偿数在 1 万—3 万元间的 16 件，占 70%。23 起获赔案件中，判决书或调解书载明为精神损害抚慰金的 10 件，占 43.5%，以医疗费、营养费、交通费、误工费等物质损害赔偿加精神损害抚慰金“打包”方式赔偿的有 13 件，占 56.5%。从裁判理由看，确认性侵害行为造成被害人精神损害后果有 8 起，均为判决结案案件，多数案件尤其是调解案件对精神损害后果或未表述或作了模糊处理。精神损害赔偿金额相对偏低，且多数采取了物质损害加精神损害“打包”赔偿方式，更多体现为法院自由裁量的结果。这会导致精神损害数额认定可能存在“同案不同判”的现象，赔偿数额的认定过高可能会造成赔偿延迟和司法空判，影响司法公信力和权威，数额过低则无法弥补被害人的受损权益，不利于实现司法公平与维护司法权威。

第四，量刑情节适用差异较大。如调研统计的 74 起因性侵造成被害人怀孕、流产或产子的案件中，法院在判决主文部分予以评价并作为量刑从重情节予以体现的仅 32 起，占 43%，另 42 起案件仅在事实查明、被害人陈述或证人证言部分提及被害人有怀孕、流产等情形；被害人感染性病的案件中，仅 1 起案件判决时作为从重情节予以评价。上述情况说明，在审理性侵害未成年人案件中，各地法院对相关酌定从重处罚情节的认识把握不统一，导致法律适用差异性较大，一定程度上影响了犯罪惩治力度，也影响了对未成年被害人的保护救助。

第五，因果关系举证认证难。在上述检察机关支持起诉的案件中，对于导致被害人精神异常的案件，仅6起案件判决中对精神损害后果与性侵害行为之间的关系作了论证，作出肯定性评价并作为量刑情节考虑的仅3起。一定程度说明，司法实践中，对精神损害赔偿后果、程度的评价认定，以及精神损害后果与犯罪行为之间的因果关系等举证、论证，仍是重点难点。

三、完善进路：性侵害案件未成年被害人精神损害赔偿诉讼规则优化

通过对Z省近年来相关生效裁判的实证研究，进一步揭露了加紧加快未成年被害人司法保护机制探索的重要性紧迫性。虽然司法解释的修订已为性侵未成年人案件造成的精神损害赔偿的受理提供了探索的空间，但目前的司法制度体系仍相对笼统粗疏，对于案件受理、损害赔偿范围与标准、诉讼程序流程和诉讼证据的举证与认定等配套诉讼规则体系仍亟待进一步细化完善。

（一）完善精神损害赔偿诉讼程序规则

1. 明确附带民事诉讼中关于精神损害赔偿的受案依据。一是进一步强化受理刚性。精神损害后果是否存在、严重与否，是办理性侵害案件被害人诉请精神损害赔偿的重点，也是被害人主张维权的基础。如前述，司法解释对刑事附带民事精神损害赔偿的“一般不予受理”的表述显示该类诉讼的受理仍不具有通常性，例外性的规定加之长期的司法惯性会导致法官适用该条款的积极性降低。为充分激活新规效能，明确精神损害赔偿后果、程度的评价认定，增强此类案件的受理刚性，减少裁量的余地，建议司法解释通过列举等方式进一步明确细化性侵未成年人犯罪中精神损害赔偿的受理范围，也可通过制定“两高”的权威指导性案例等形式予以明确。二是明确“严重精神损害”中“严重”的标准。对于“严重”的认定，因侵害类型不同而有差异，难以有一个统一的界定。从对Z省支持起诉案件被害人身心损伤情形的实证研究看，未成年被害人具有下列情形的，一般应当予以支持：因遭受性侵导致肢体残缺、毁容、无法生育等永久性伤害；因遭受性侵导致自杀、自残等自我伤害情形；因遭受性侵导致怀孕、流产等损害后果；因遭受性侵导致阴道炎、阴道

破损、盆腔积液等损害后果；因遭受性侵罹患抑郁症、焦虑症、应激障碍等精神疾病或出现暴躁易怒、孤僻自闭、抗拒异性等长期性的严重心理疾病；因遭受性侵而受到周围舆论影响，被迫辍学、转学或者搬离原居住地；遭受负有监护、收养、看护、教育、医疗等特殊职责人员性侵。

2. 完善精神损害赔偿数额的评估和认定标准。性侵行为引起的精神损害区别于躯体疾病的表现方式，呈现出非躯体性、隐蔽性、持久性、个体差异大等特征，认证技术要求高、标准统一难，难以通过量化方式计算为直接物质损失，这也正是传统刑事诉讼排斥以附带民事诉讼方式审理被害人精神损害赔偿的顾虑所在。当前，我国关于精神损害赔偿的司法解释对于赔偿数额标准仅有概括性规定，相较于人身损害赔偿，精神损害赔偿更有赖于“估堆”式的自由裁量，亟需完善相关的司法适用规则。首先，应引入精神损害程度评估机制，作为判决的重要参考。结合我国国情，可委托专业医疗机构开展精神损害评估，委托具备司法精神学、儿童精神医学诊疗、心理评估等资质的医生成立专家组，共同研讨出具评估报告，对被害人的精神损害状况进行医学、心理学等方面的评估，影响被害人正常生活与学习、需要心理健康干预才能恢复的应予赔偿。一是通过常规诊疗确定损害程度。对被害人开展心理测评及神经系统检查等相关工作，重点检查其有无心理障碍、神经症、创伤后应激障碍以及抑郁发作等精神障碍，诊断有无精神性疾病，以确定被害人精神损害程度。二是深度研判评估因果关系。在前述检查结果的情况下，结合面诊问询、家庭调查、审查涉案材料等手段，了解被害人案发前后性格特点、行为表现等情况，以评估违法犯罪行为与被害人精神损害之间的因果关系。三是数据建模量化损害程度。结合临床医学诊治经验，从心理治疗时间、住院频次、用药需求等方面量化评估被害人精神损害的后续治疗费用区间，从而量化被害人的精神损害程度。其次，在具体确定精神损害赔偿的数额时，应当综合考虑被害人损害等级及恢复难度、精神损害就诊及康复治疗的费用、被害人的经济条件等要素最终确定。既要避免赔偿数额过高造成空判，也要尽量达到弥补被害人损害和抚慰精神痛苦的目的，以实现司法公平的目的。最后，即便被害方自愿，法院审理性侵精神损害赔偿的民事诉讼一般也不宜组织双方调解，而应根据在案证据和法律规定予以确定。与普通的刑事附带民事诉讼案件不同，在性侵未成年人案件中，在双方经济实力过于悬殊特别是被告人一方处于强势地位的情形下，如果任由双方自主协商赔偿数额，可能会造成被害方为获得经济补偿而违心接受和解的局面，难免会对未成年被害人的心理安抚及修复不利，也可能会引发社会公众对于“以钱赎刑”的疑虑。

（二）完善精神损害赔偿诉讼证据规则

证据规则是指在证据的收集固定、采信认定和综合运用时遵循的一系列准则。在精神损害赔偿附带民事诉讼中的证据规则问题主要是举证责任和证明及采信标准。首先，明确证明对象和顺序。刑事附带民事诉讼或单独提起的民事诉讼均不同程度依托于刑事诉讼案件的审判进程。通常而言，原告可以依据刑民交叉案件证据互认规则，直接采用刑事案件证据认定民事侵权事实是否发生。但未成年被害人一方仍需就损害结果即精神损害的发生及损害程度、性侵犯罪与精神损害的因果关系等提出证据如医学鉴定报告、专家证言、就诊单据等以支持其诉讼请求。其次，区分适用证明和采信标准。附带或单独提起的民事诉讼虽然依托于刑事诉讼，但是无论从性质、目的和法律关系看都具有相对独立性，具有民事诉讼的属性特质，应当根据民事诉讼中不同的待证事实采用不同的证明和采信标准。具体而言，对于性侵犯罪事实的发生即侵权人、受害人和侵害事实，应当根据刑事犯罪的事实证据采用确实、充分且排除合理怀疑的严格证明标准；对于被害方提出的证实严重精神损害后果及其与侵害行为因果关系的证据，应当采用高度盖然性标准，如通过专业评估报告、就诊记录及相关证言等，足以证实该事实具备高度可能时，即应认定事实成立；对于请求具体赔偿数额的证据，如实际就诊和康复费用、后续发生的合理费用和精神抚慰金等事实，则可以采用优势证据标准，即被害方所举证据已达到较大可能性时，可以采信相关事实。最后，强化对精神损害评估报告和被害人陈述的证据审查。一是强化对精神损害评估报告的司法审查。精神损害评估报告作为一种类似鉴定意见或专家证言的证据，需要经过证据能力、真实可靠性和证明力强弱等实质性审查，既要高度重视专业意见，也要防止未经实质性司法审查就径直将评估报告作为证据使用。二是强化对被害人陈述的审查。办理性侵未成年犯罪案件时，应将被害人陈述置于司法审查的证据核心。审理精神损害赔偿民事案件亦然，应重点审查被害人陈述的完整性、印证性、合理性，并以被害人陈述为证据核心构建证据链条，进而认定侵权事实。

（三）探索涉未精神损害赔偿部门协作机制

首先，探索搭建涉未精神损害赔偿检医协作平台。一是探索建立涉案未成年人隐私保护制度。明确评估须征得被害人及其法定代理人同意方能进行；评估人员须签订保密承诺书，对涉案未成年人的隐私问题进行严格保密，非办案需要不得向不知情人员透露涉案未成年人的身份和诊疗情况；评估完成后检察机关应及时将诊断结果告知未成年被害人及其法定代理人。二是探索构建数字化信息交互平台。各地检察院可以依托智能移动办公应用等平台发起评估申请，提交身份信息、临床病史、涉案材料等，上级院审批后移送申请至当地医院，医院指定符合鉴定资质条件的主治医生开展评估工作，评估完成后应出具书面或线上报告，并通过个案服务“一人一卡”制度做好台账。三是探索建立检医会商机制。检察机关应每案反馈评估报告的诉讼应用结果，会同当地医院共同修正评估报告作为证据使用的真实性、科学性和客观性；针对在具体评估诊疗过程中发现的问题，检医可以共同开展未成年人被害人的心理疏导、康复工作。

其次，试点先行积极完善司法协作机制。司法机关可选择部分地区积极开展性侵未成年人案件精神损害赔偿试点工作，鼓励先行先试，为开展针对性研究、解决问题分歧提供样本思路。在案件侦查、审查起诉过程中，公安局、检察院发现未成年被害人有严重精神损害情形的，应及时收集证据，并告知被害人及其法定代理人注意保存证据材料；未成年被害人因遭受性侵造成严重精神损害，而向法院提起民事诉讼要求赔偿的，法院应优先立案受理；公安局、检察院、法院应建立工作联席会议机制，保持信息互通，研究解决各类问题；未成年被害人因侵害事件发生导致生活困难，公安局、检察院、法院可根据实际情况开展救助帮扶工作。

最后，探索搭建部门联动一站式救助平台。检察机关可以依托“一站式办案救助”工作站开展涉未专业互助。检察机关针对办案中发现的涉及心理救助的“疑难杂症”，应当通过“远程会诊”的方式向当地医院咨询专业诊疗意见；当地医院诊疗中发现的涉未侵害线索，应当及时移交检察机关，并落实对未成年人的临时保护，检察机关还应会同民政、教育等职能部门落实家庭教育指导、就学就业、基础心理咨询等其他救助措施。

论知识产权案件被害人民事赔偿权的实现

张广超　郑振华*

摘　要　当前，知识产权侵权行为频发，刑事案件逐年递增，严重损害权利人合法权益和国家创新秩序。本文旨在厘清知识产权案件被害人民事赔偿实现的程序路径的类型、运行情况，以及不同程序路径中被害人民事赔偿权认定数额与实现程度，并就其中存在的问题提出完善建议，以期提升我国知识产权保护水平。

关键词　知识产权犯罪　刑民交叉　被害人民事赔偿权

随着知识产权制度的发展和经济产业环境的变革，加强与完善知识产权保护体系日益成为我国司法系统的工作重点。为协调解决知识产权案件出现的民事责任与刑事责任冲突的情况，早在2016年最高人民法院已经开始着力推进“三审合一”审判改革工作，希望通过“合并审理法院、合并审判组织、合并审判程序”方式，保护我国知识产权制度。

知识产权案件作为典型的刑民交叉案件，其审理模式一直有先刑后民、刑民并行、先民后刑三种观点。其中先刑后民模式得以确立并被广为遵守，存在民事程序中止审理并刑事程序结束方可继续审理的情况，但这部分内容属于刑民交叉案件审理模式的研究内容，与被害人民事赔

* 张广超，重庆市渝北区人民检察院检察二部主任，四级高级检察官；郑振华，重庆市渝北区人民检察院检察二部五级检察官助理。

偿权实现情况关联性不足，所以本文将重点研究知识产权案件刑事程序启动后，被害人可以通过哪些程序路径实现民事赔偿权、具体的实现过程与实践困境，并提出相应的程序路径优化建议。

一、知识产权案件被害人民事赔偿权的功能及实现路径

（一）知识产权案件被害人民事赔偿权的功能

知识产权犯罪的实质是对权利人合法权益的侵犯，在侵犯权利人合法权益的过程中，不可避免地对社会经济秩序造成损害。知识产权案件中被害人的损失包括市场份额缩减导致的直接损失，以及知识产权社会评价贬损引起的间接损失，被害人参与刑事诉讼最渴望得到合理赔偿。[①]被害人民事赔偿权具有救济、惩罚、预防等重要功能，将被害人民事赔偿权落到实处，既能维护知识产权市场的秩序，亦能挽回被害人损失，激发我国创新市场的整体活力。

首先，被害人因侵权行为而受到损失，民事赔偿责任可以促使被害人最大程度上恢复至侵权行为发生前的状态。[②] 民法典和知识产权单行法中，有较多彰显损害赔偿责任救济功能的规定。其次，知识产权损害赔偿责任的预防功能侧重于一般预防，使有违法可能性的人更加审慎地判断未来行为风险。[③] 最后，关于知识产权民事赔偿责任的惩罚功能是否应予认可的问题，理论界争议较多。笔者认为，知识产权损害赔偿责任的惩罚功能并非希望报复侵权人，而是发挥独特的教育作用，更好地保护被害人的合法权利，起到行为导向作用。[④]

（二）知识产权案件被害人民事赔偿权的实现路径

知识产权案件作为典型的刑民交叉案件，被害人民事赔偿权实现的

① 参见丁娟、张佳婧：《论知识产权犯罪的刑事和解》，载《山西高等学校社会科学学报》2011 年第 3 期。

② 参见张新宝：《侵权责任立法：功能定位、利益平衡与制度构建》，载《中国人民大学学报》2009 年第 3 期。

③ 参见［德］U. 马格努斯：《侵权法的统一：损害与损害赔偿》，谢鸿飞译，法律出版社 2009 年版，第 144 页。

④ 参见杨立新：《侵权法论》，人民法院出版社 2013 年版，第 163 页。

程序路径仍以刑事程序为核心和主导。根据我国目前司法解释的规定，实践中知识产权案件被害人民事赔偿权有如下三种实现路径：

1. 独立民事诉讼。知识产权案件作为典型刑民交叉案件，被害人通过独立民事诉讼实现民事赔偿权是先刑后民理念对司法实务深远影响的集中体现，包含两种情形：第一种情形是在刑事诉讼程序中，若被害人未提起刑事附带民事诉讼，则可以在程序结束后另行提起民事诉讼。第二种情形是民事程序已经开展，因刑事程序启动而中止，待刑事程序结束后恢复审理。该种情形主要涉及的内容与本文所研究的刑事程序启动后被害人民事赔偿权的实现路径关联性不足，不在本文研究范围之内，故在后文中不予过多讨论。

2. 刑事附带民事诉讼。随着司法理念的转变，司法实践已从全面禁止知识产权被害人提起刑事附带民事诉讼，转变为部分地区高院在相关文件中明确知识产权案件被害人提起刑事附带民事诉讼的适用空间。例如，浙江省高级人民法院于2021年提出，未来知识产权保护工作的重要面向是“引导权利人依法提起刑事附带民事诉讼”①。

3. 刑事程序中的赔偿、谅解。刑事程序中的赔偿、谅解是独立的酌定量刑情节，同时赔偿是被害人出具谅解意见的最主要动因，司法实践中二者常常结合适用，并与认罪认罚从宽制度、刑事和解制度相关联。

二、知识产权案件被害人民事赔偿权实现的程序困境

（一）被害人程序性权利未获充分保障

1. 被害人知情权未充分落实。目前我国刑事诉讼法尚未明确规定被害人享有知情权，最高检虽然出台司法解释作出一定努力，但实践中知识产权案件被害人知情权保障仍是亟待解决的问题。

2. 被害人程序选择权受限。首先在被害人知晓犯罪事实后，受制于先刑后民的审理模式，被害人无法选择先于刑事程序进入民事程序或者民事程序与刑事程序相并行。其次，在进入刑事程序后，一般案件被害人可以选择提起刑事附带民事诉讼或者刑事程序结束后另行提起民事诉

① 浙江省高级人民法院《关于全面加强知识产权司法保护工作的实施意见》。

讼，但实践中大部分地区否定知识产权案件符合刑事附带民事诉讼的范围，被害人只能等待刑事程序结束，选择独立民事诉讼。最后，被害人如果希望通过谅解方式实现民事赔偿权，因认罪认罚制度未将赔偿被害人作为硬性要求，使得被害人难以通过该途径稳定实现民事赔偿权。

（二）被害人民事赔偿权赔偿数额受限

造成我国知识产权案件被害人民事赔偿权数额认定较低的原因有以下两个方面。

1. 被害人民事赔偿权范围狭窄：（1）附带民事诉讼不支持精神损害赔偿。知识产权的诞生离不开权利人（被害人）的经济投入和心血，代表着被害人个人智慧的结晶，也是被害人社会评价的重要构成。[①] 在知识产权民事侵权案件中，已有大量案例支持著作权人提起的精神损害赔偿请求，但知识产权刑事案件中，侵权人实施了更为恶劣的侵权行为，权利人（被害人）受到的经济损失与精神痛苦相应增加，被害人尚不能在刑事程序中就精神损害获得赔偿。（2）知识产权惩罚性赔偿与刑事犯罪关系不明。目前司法实践中，知识产权犯罪构成要件包含“犯罪故意”与“情节严重”，民法典对知识产权惩罚性赔偿要件主要规定为“故意”与“情节严重”，二者之间的内容存在交叉，但关系却未能明确，仅存在少量独立民事诉讼案例支持了被害人的惩罚性赔偿诉求，间接限制被害人民事赔偿的数额认定。

2. 民事赔偿标准与犯罪数额标准不协调。知识产权案件民事赔偿标准为“被害人实际损失→侵权人实际获利→法院综合酌定赔偿”，知识产权犯罪的犯罪数额标准主要为侵权人“非法经营数额或违法所得数额”。其中，非法经营数额是指已销售侵权价值与尚未销售（制造、存储、运输）侵权产品价值之和，价值的计算方式为产品数量乘以价格，此时选择的价格依次为“实际销售价格→标价→市场中间价”。违法所得数额是指非法经营数额核算扣减成本后侵权人获利数额，与民事赔偿标准相耦合。

---

① 参见戴飞：《侵犯知识产权刑事案件权利人权益保障研究》，载《中国检察官》2020 年第 9 期。

民事赔偿标准和犯罪数额标准存在事实重合，使得被害人通过不同程序路径实现民事赔偿权的过程中，一定程度上可以借助刑事程序收集的证据和审查认定的事实，减轻举证压力，辅助实现民事赔偿权。同时，实践中也有不足。首先，刑事程序认定的犯罪数额不能直接用于划定民事赔偿数额。无论是“非法经营数额”还是“违法所得数额”，都只是考虑侵权人一方的因素，证据主要是账本上显示的销售数额、查扣在案的货值数额等，而确定民事责任数额除了根据侵权人获利外，还可以计算被侵权人方的损失或给他人的许可使用费，并根据知名度、市场份额等因素综合考虑。此外，刑事与民事的证明标准截然不同。故在司法实践中被告人实际经营数额往往高于刑事判决书认定的犯罪数额，在民事赔偿数额认定过程中重新予以认定、调高，是完全正常的。

（三）被害人民事赔偿权履行困境

知识产权案件民事程序中，财产保全可以限制当事人处分财产或争议标的，便于最终判决的执行。① 然而保全制度却未能在知识产权案件中发挥应有之用，间接导致了被害人民事赔偿权的实现困境。第一，诉中财产保全措施作用有限。既有的查封、扣押制度虽与诉中保全作用基本一致，但却未能发挥应有之用。一方面，侦查机关即便对犯罪嫌疑人的某些物品进行查封扣押，其工作重点仍在于相关犯罪证据的收集与固定，并未就被害人权益保护所需要的财产投入较多的精力；进入审判阶段，法院有权采取以上措施，但整个程序已经历经侦查、审查起诉两个阶段，即便采取保全措施亦无法达到最初的效果，犯罪嫌疑人及其家属已有充足的时间与空间转移其财产。另一方面，刑事诉讼法将侦查机关查封、扣押的范围限定为“与证明犯罪有关”，在约束国家机关权力的同时，也使得查封、扣押制度对后续民事程序的积极影响大打折扣。第二，诉前财产保全措施作用有限。实践中，被害人申请诉前保全存在客观的制度障碍。一方面，刑事程序尚在侦查阶段，无法提起附带民事诉讼。另一方面，目前司法实践对刑民交叉案件坚持先刑后民模式，对于已经进入刑事程序的知识产权案件，被害人提起民事诉讼后，法院通常会裁定驳

---

① 参见江伟：《民事诉讼法》，中国人民大学出版社2004年版，第498页。

回起诉。可见，即便诉前保全获得批准，亦会因制度缺陷而被迫失效，保全解除后侵权人转移财产的可能性较大，影响后续民事赔偿权的实现。

三、知识产权案件被害人民事赔偿权实现的程序路径完善建议

（一）拓展刑事附带民事诉讼和刑事和解的适用范围

第一，明确知识产权案件被害人可提起刑事附带民事诉讼。我国刑法和刑事诉讼法对于刑事附带民事诉讼的范围只限定为“犯罪行为导致被害人遭受经济损失（物质损失）”，而相关司法解释[①]则进一步限缩了范围，要求物质损失来源于被害人人身权利被侵犯或者财物被毁坏。

对“财物”和“毁坏”的理解，随着三审合一审判改革实行，各地法院对于知识产权案件能否适用刑事附带民事诉讼展开新的讨论与研究，适用刑事附带民事诉讼解决被害人赔偿权问题逐渐成为新的趋势与实务方向。以浙江省、江苏省为例，自2020年底开始，两地省高院明确发文，将引导商业秘密案件被害人提起刑事附带民事诉讼，一并解决民事赔偿问题。实践中也出现了多起典型的案例，例如浙江省余姚市检察机关办理的某锯链公司商标侵权案，被害人提出希望弥补损失并担心侵权人缴纳罚金后无力支付民事赔偿，承办检察官积极与法院协商沟通，引导被害人提起刑事附带民事诉讼，并且持续跟进赔偿款的支付进度。

笔者认为，关于知识产权犯罪能否依据现行法律规范纳入刑事附带民事诉讼的范围之内，核心的问题是结合立法目的，厘清最高人民法院《关于适用〈中华人民共和国刑事诉讼法〉的解释》（以下简称《刑诉法解释》）相关规定中“人身权利”“财物”“毁坏”“物质损失”四个概念的内涵与外延。

首先，从人身权利角度出发，知识产权不同于一般的财产权，其具有高度的人身属性。其次，从知识产权是否是财物的角度来看，目前学界主流观点均认可知识产权属于无体物，知识产权虽然是无体物但显然符合“财产”概念的内涵，给予了司法部门在实践中将知识产权犯罪纳

① 最高人民法院《关于适用〈中华人民共和国刑事诉讼法〉的解释》第175条规定：“被害人因人身权利受到犯罪侵犯或者财物被犯罪分子毁坏而遭受物质损失的，有权在刑事诉讼过程中提起附带民事诉讼……”

入刑事附带民事诉讼受理范围的适用空间。最后，关于物质损失如何理解的问题。在刑法体系中，主流观点认为，毁坏行为不仅包括在客观上直接破坏物的结构、形状，还包括通过其他手段使物的价值贬损。以著作权为例，侵权人未经许可，擅自复制并发行了1000本小说，该行为并不会直接影响著作权人的权能，各项权能依旧圆满，但是会潜在地降低作品的评价、降低授权作品在某一特定区域内的销售量，从而造成权利实际贬损，这同样是一种毁坏行为。

第二，引入刑事和解制度。知识产权案件引入刑事和解制度时，需谨严划定其具体适用范围，对于行为性质恶劣或犯罪数额巨大、危害社会公共利益的案件，谨慎适用刑事和解制度。具体而言，犯罪嫌疑人可能被判处3年以上有期徒刑的案件、侵犯商标权和专利权类案件、涉及国家秘密和经济贸易安全的案件，限制适用刑事和解制度。此外，司法机关应主动核验侵权人与被害人达成的和解协议是否出于双方真实意愿、是否违反法律强制性规定等，确保双方磋商的事实基础真实有效且未偏离司法机关审查认定的事实。

（二）适度扩张被害人民事赔偿权的范围

独立民事诉讼在实体上适用民事法律无须多言，附带民事诉讼虽然在程序上具有对刑事诉讼的依附性，但其本质仍是民事诉讼，在实体的认定方面应与其他民事诉讼保持一致。①

除了精神损害赔偿之外，应当明确独立民事诉讼和刑事附带民事诉讼中惩罚性赔偿的适用空间。从法理层面讲，知识产权案件被害人提起民事诉讼或刑事附带民事诉讼的，适用惩罚性赔偿并不违反“一事不两罚”原则。从法律条文层面看，民法典和最高人民法院《关于审理侵害知识产权民事案件适用惩罚性赔偿的解释》规定了知识产权惩罚性赔偿的制度要件，即其主观要件为“故意”，客观要件为“情节严重”。符合这两个要件的，权利人可请求适用惩罚性赔偿。知识产权犯罪作为一种故意犯罪，一旦认定犯罪成立，行为人的侵权故意自不待言。此外，我

---

① 参见邵世星、刘选：《刑事附带民事诉讼疑难问题研究》，中国检察出版社2002年版，第142页。

国刑法中的犯罪定义既包括定性因素，也包括定量因素，只有危害行为达到一定量的要求的，才被评价为犯罪。以侵犯著作权罪为例，侵权行为导致“违法所得数额较大”或“有其他严重情节的”，才构成侵犯著作权罪。由此可见，在我国，成立知识产权犯罪本身即意味着侵权行为“情节严重”，主观上有侵权“故意”，客观上达到了“情节严重”的程度，符合惩罚性赔偿的适用要件。

（三）构建被害人民事赔偿权的履行保障制度

第一，完善独立民事诉讼和被害人谅解情形中财产保全制度。设立普通程序的刑事诉讼财产保全制度应当有相对完整的一套程序，达到该制度能够平稳运行的效果。具体而言：其一，该制度的申请权由检察机关拥有，被害人可以积极向司法机关提供财产线索，如果被害人有初步证据证明犯罪嫌疑人、被告人及其近亲属有转移财产，可能会导致未来刑事判决中的责令退赔和国家财产刑难以执行的话，可以及时通过侦查机关向检察机关报告。其二，决定权由法院行使，这一方面维护了司法权的完整性，另一方面有利于被害人权利的保护。[①] 其三，执行权亦应归于法院，法院在民事执行中的网络查控等手段，可以运用到刑事诉讼财产保全措施中去。同时，法院执行已经成为社会的共识，法院有着相当完善的执行机构如执行局等，适用条件主要是兼具证据条件、对象条件、刑罚条件和可能性条件。

第二，完善刑事附带民事诉讼保全制度。2012 年《刑事诉讼法》修订时增设了关于在附带民事诉讼中采取保全措施的规定[②]，这是该制度的重大完善，也被 2018 年的修正案延续，且在 2021 年修订《刑诉法解释》时就保全制度又有进一步的规定。笔者认为，被害人和检察机关可以在刑事诉讼的各个阶段享有财产保全的申请权；财产保全的决定权统归于法院，财产保全措施的具体执行可以由侦查机关在一定程度上协同参与。

---

① 参见汤维建、张自合：《刑民交叉案件中的财产保全》，载《法律适用》2009 年第 2 期。

② 2012 年《刑事诉讼法》第 100 条规定：“人民法院在必要的时候，可以采取保全措施，查封、扣押或者冻结被告人的财产。附带民事诉讼原告人或者人民检察院可以申请人民法院采取保全措施。人民法院采取保全措施，适用民事诉讼法的有关规定。”

行政检察

行政违法行为监督的案件范畴

崔红丽*

摘　要　行政违法行为监督与行政公益诉讼的界限目前仍不明晰，导致案件办理程序的混乱。为解决两者之间办案界限不明的问题，检察机关办理相关案件，应以行政非诉执行监督作为行政违法行为监督的主要方向，监督行政机关作出的行政行为是否违法或是否存在怠于履职的违法情形，同时应以程序监督为主、实体监督为辅，实体监督以无效行政行为为监督方向，以期全面捋顺行政违法行为监督与行政公益诉讼监督的界限，为司法实践提供参考。

关键词　行政违法行为监督　行政公益诉讼　案件范畴

行政违法行为监督从属于行政检察，是检察监督的新方向。2014 年《中共中央关于全面推进依法治国若干重大问题的决定》、2021 年《中共中央关于加强新时代检察机关法律监督工作的意见》为检察机关开展新时代检察监督开展提供了基本遵循，但行政违法行为监督的案件范畴以及与行政公益诉讼的界限不清的问题一直存在，导致案件办理程序的混乱，亟待研究和解决。

一、界定：已有概念的延伸

《中共中央关于加强新时代检察机关法律监督工作的意见》明确了行

* 崔红丽，天津市西青区人民检察院第五检察部一级检察官。

政违法行为监督的定义，即“在履行法律监督职责中发现行政机关违法行使职权或者不行使职权的，可以依照法律规定制发检察建议等督促其纠正”。

1. 何为“履行法律监督职责中发现”？首先，“履行法律监督职责中发现”关注的是监督线索的获取方式，即检察机关只能立足于履职过程发现线索，不能脱离检察职能对行政执法活动进行事前检察或者事中监督。[①] 其次，应当依职权监督，不包括依申请监督。由于行政行为作出的对象是行政相对人，行政相对人认为行政行为违法，应当通过行政诉讼的方式予以救济，检察机关可以通过行政诉讼监督的方式予以监督，直接向检察机关申请行政违法行为监督与诉讼法设置的救济程序相违背。最后，行政违法行为监督不仅限于依托诉讼程序被动发现，依职权主动排查发现也应当成为案件线索发现的方式。行政违法行为监督承载着检察机关与行政机关共同推进社会治理体系和治理能力现代化的重任，如范围过窄，恐无法发挥其应有的作用，但是需要遵循一定原则和规定，不能无限制地开展监督。

2. “行政机关违法行使职权或者不行使职权”是否包含对行政行为的实质性审查？对这一问题，理论界认识不一。有观点认为，“只有聚焦于行政运作全过程的检察监督才能真正维护人民权益”[②]；有观点认为，“对正在运行的行政行为实施程序控制具有十分重要的意义。行政行为的运行有了明确的法定程序后，检察机关所要跟踪、监督的就是这一法定程序是否得到遵守”[③] 等。对行政违法行为监督要遵循检察监督谦抑性的基本原则。首先，行政机关作为行使行政权的国家机关，履行着各个方面的管理职责，更具专业性。其次，对行政权的监督也有内部监督和上级监督，监督也需要遵守次序，只有行政机关的内部监督和上级监督无效时，才应当进行行政检察监督。最后，对行政行为进行实质性审查

---

① 参见梁春程：《行政违法行为法律监督的历史、困境和出路》，载《法学研究》2018 年第 3 期。

② 参见秦前红、张演峰：《习近平法治思想指引下的行政检察探索与发展》，载《人民检察》2021 年第 8 期。

③ 参见王学成、曾翀：《我国检察权制约行政权的制度构建》，载《行政法学研究》2007 年第 4 期。

与行政相对人的权利救济顺序相悖。法律法规对行政相对人设置了权利救济的诉讼程序，行政相对人如果对行政行为不服，可复议、起诉、上诉、再审、提出检察监督。行政相对人未行使程序救济权利，则视为其放弃权利行使。因此，行政违法行为监督应当主要监督行政行为是否存在程序违法情形，保障行政机关在程序合法的轨道上作出行政行为，而不能代替当事人行使权利，对行政行为进行实质性审查。当然，行政行为无效的情况除外。

3. 行政违法行为监督同行政诉讼监督、民事诉讼监督等其他监督相同，其监督本质上属于程序性权力。行政违法行为监督是程序性权力而非实体性权力。[①] 检察机关开展行政违法行为监督的方式是通过检察建议等程序性权力，要求行政机关对违法行政行为进行审查并予以纠正，是纠正违法的一种监督方式。

二、区辨：现有制度的选择

行政违法行为监督与行政公益诉讼存在很多的相似，且案件存在交叉，导致行政检察和公益诉讼检察的互相制衡和内耗。

（一）“公益”不是区别行政违法行为监督与行政公益诉讼的标识

在行政违法行为监督中，行政机关行使职权是代表国家行使行政管理权的职能，在这一过程中会有行政相对人出现，但同时也与公益息息相关。例如，在安全生产案件中，某企业忽视安全生产隐患，为了经济利益继续生产经营，此时不仅涉及社会整体的“公益”，也涉及企业的“私益”。又如，在违规建设房屋占用河道案件中，既涉及河道安全的“公益”，也涉及私搭乱建违章建筑的企业或个人的“私益”。因此，在行政机关进行行政管理过程中，一定是公益和私益相互交织的，不能以案件是否涉及“公益”来确定案件性质。

① 参见汪国华、王磊：《行政违法行为的检察监督》，载《财经法学》2022 年第 2 期。

（二）“行政决定”是行政违法行为监督与行政公益诉讼的主要标识

行政违法行为监督应当以“诉讼”为基础，行政公益诉讼应当以“诉讼”为结果。行政违法行为监督最本质的特征就是诉讼中发现，不仅包括在办理行政诉讼监督案件中被动发现案件线索，还包括履职发现的行政非诉执行监督案件。第一种行政诉讼监督案件属于传统监督的范畴，该类案件不会与行政公益诉讼案件产生交叉，争议较小。针对第二种行政非诉执行监督案件，检察机关监督行政机关的主要方向是没有强制执行权的行政机关超期向人民法院申请强制执行或不向人民法院申请强制执行，行政机关未履行催告程序或催告期未届满即向人民法院申请强制执行，“裁执分离”案件中行政主体未在指定期限或者合理期限内组织实施或者实施手段违法等情形。因此在行政非诉案件中，行政机关也存在诸多不主动履职或违法履职的情形，容易出现行政违法行为监督与行政公益诉讼的交叉和界限不清。由于司法资源的有限性，同时也为有效提升司法的权威性，同一案件不能既作为行政违法行为监督案件办理，又作为行政公益诉讼案件办理，两者必为择其一的关系。

行政机关作出行政处罚等行政决定是前提。如行政机关面对行政相对人的违法行为已经作出了行政处罚等行政决定，那么案件首先是行政非诉执行案件，如行政机关超期未依法向人民法院申请强制执行或者未履行催告程序，检察机关可以就该违法行为向行政机关提出检察建议。反之，如果行政机关没有作出行政处罚等行政决定，只是对行政相对人的违法行为视而不见或者无法作出处理，那么检察机关可以作为行政公益诉讼案件立案，督促行政机关依法履职。例如，贵州首例环境行政公益诉讼案即某县 7 家石材企业污染环境案。该县境内 7 家石材企业未按建设项目环保“三同时”要求配套建设环境保护设施就进行生产，并将废水直接排入清水江造成污染。县生态环境局作出了限期改正通知书和责令改正违法行为决定书，但相关企业未整改。从现有的视角来审视这一案件，就会发现该案也可以作为行政违法行为监督案件予以立案、监督。该县生态环境局已经向案涉企业下达责令改正违法行为决定书，案涉企业既不复议也不起诉，行政机关可向法院申请行政非诉执行。生态环境局存在怠于巡查、怠于申请行政非诉执行的情形，可以根据《人民检察院行政非诉执行监督工作指引（试行）》的相关规定，以行政违法行为监督案件来进行办理。

三、拓展：未来发展的方向

（一）以行政非诉执行监督作为行政违法行为监督的方向

由于行政行为所涉及的社会管理范畴广，行政检察人员既不“专业”，也无“资源”，很难兼顾到社会管理的各个层面，因此监督必须要有抓手、有重点。笔者认为，以行政非诉执行监督作为监督方向的理由有两点：

一是监督行政机关的具体行政行为符合检察权的基本性质。检察权是检察制度的核心问题，在行政、公益诉讼检察工作发展之初，关于检察权的定位和性质又引发广泛的讨论，经过新一轮的研讨，最终理论界和司法界达成了一致观点，即检察权的性质应定位于法律监督权。监督行政机关必须是监督行政机关已经作出具体行政行为是否存在违法情形，这也符合检察监督置后和事后监督的基本原则。目前各地实践中所出现的通过大数据发现相关企业或个人存在违法行为，应当予以行政处罚等，随即直接向行政机关制发检察建议，要求行政机关予以处罚的做法，笔者认为并不可取。在此种情况下，检察机关如发现有相关违法行为的，可以通过检察提示函这种方式，提示行政机关违法行为的存在，为行政机关受理调查案件提供线索。且行政机关也设有内部监督机制和上级监督机制，检察机关不宜过早参与。

二是行政非诉执行监督有具体的办案规范，能够帮助基层检察人员更好地开展工作。2021 年 11 月 3 日，最高检发布了《人民检察院行政非诉执行监督工作指引（试行）》，该指引有多个条文规定了行政违法行为监督的内容，深刻体现了行政违法行为监督的范畴。该指引第 26、30 条奠定了行政非诉执行中行政违法检察监督的基本方向。

（二）行政违法行为监督的是行政机关作出的行政行为违法或作出行政行为后怠于履职的违法情形

已经作出行政处罚的案件，若行政相对人既不复议也不诉讼，可以直接进入执行程序，检察机关通过行政违法行为监督督促行政机关依法履职，保护国家和公共利益。如以行政公益诉讼起诉行政机关，法院再次作出判决，属实浪费司法资源。

一是从监督条件来看，行政违法行为监督是以行政机关作出行政决定为条件。行政机关作出行政决定后，案件在行政行为相对人不复议不起诉时，就可以进入到行政非诉执行监督范畴，检察机关就可以开展行政违法行为监督工作，监督行政机关是否在案件执行程序存在违法情形。这是行政违法行为监督与行政公益诉讼相互区别的主要标志。之所以将该类案件纳入到行政违法行为监督范畴而非行政公益诉讼范畴，根据上文的论述，因行政行为相对人对行政行为既不复议亦不诉讼就视为其认可行政决定，在行政行为相对人不履行义务时，案件可以直接进入到执行程序，如行政机关不积极履行职责导致公益损害的，可以通过检察建议督促其履行职责从而通过行政机关的履职来保护国家利益和社会公共利益。如果通过行政公益诉讼督促行政机关履职，反而浪费了司法资源。当然，如果案件只有通过行政公益诉讼的办案方式才能更好保护和修复生态环境，则可以作为例外情形予以对待。

二是从行政执法案件办理的节点来看，行政机关的办案程序是线索发现、调查案情、作出行政决定、诉讼或是进入行政非诉执行程序，监督节点是从作出行政决定之日超过60日起，到案件最终被执行完毕时止。监督程序包括催告程序（作出行政决定作出后，行政机关应当催告行政相对人履行相关义务的程序）、申请程序（在30日内向人民法院申请行政非诉执行的程序）、执行程序（主要指“裁执分离”后行政机关的执行程序）。监督违法情形主要包括行政机关未履行催告程序、未在法定期限内向法院申请非诉执行、未及时进行强制执行等怠于履职的情形，以及催告程序和执行行为违法等情形。作出行政决定之前的案件办理程序，如在作出行政决定之前行政机关存在不积极履职损害国家利益和社会公共利益的，检察机关可以通过办理公益诉讼案件的方式，督促行政机关积极履职，并可以通过诉讼的方式确认行政机关不积极履职的行为违法。在作出行政决定之后行政相对人对行政决定复议或起诉的，检察机关应当通过行政诉讼监督的方式予以监督。例如，最高检发布的某糠醛有限公司环境违法行政非诉执行检察监督案。山东某糠醛有限公司违法向大气排放污染物，县生态环境局依法对某糠醛公司的环境违法行为作出行政处罚：罚款 20 万元；依法安装大气污染物自动检测设备，并与环保部门监控设备联网。因某糠醛公司在法定期限内既未履行，亦未申请复议和起诉，某县生态环境局向县法院申请强制执行。县法院立案后，以某糠醛公司否认收到县生态环境分局的行政处罚文书为由，裁定不予强制执行。县检察院经调查，县生态环境分局执法中未完整留存该公司未安装大气污染物自动检测设备的影像等证据材料，也未留存法律文书已送达的证据。从这个行政非诉执行程序来看，行政机关已经对案涉相关单位作出了行政处罚，应当作为行政违法行为监督案件予以立案、办理。

（三）行政违法行为监督要以行政行为程序违法监督为主，行政行为实质性审查为辅

行政行为作为行政机关发挥行政管理职能的手段和方式，在促进经济健康有利发展、维持社会稳定和高效运转等方面有着重要作用，监督要在国家和公共利益保护、经济及社会稳定、行政相对人利益保护中间寻求平衡点。因此，行政违法行为监督的范围确定就要遵循一定的原则和规范，即行政违法行为监督要以程序违法监督为主、以对行政行为实质内容的监督为辅，并要区分行政行为是无效还是可撤销。

1. 对于行政行为存在程序违法的情形，检察机关在满足案件属于行政非诉案件的情形下，可以开展行政违法检察监督。参考行政诉讼法及司法解释关于确认行政行为违法的情形，程序违法包括以下几种情形：一是行政行为程序轻微违法，对行政相对人权利不产生实质影响的；二是行政行为应撤销，但撤销会给国家利益、社会公共利益造成重大损害的；三是行政行为违法，但不具有可撤销的内容；四是行政机关不履行或拖延履行法定职责，且履行没有意义的。

2. 对于行政行为违法已经触及行政行为是否有效的情形，检察机关需要分情况开展监督，避免监督与行政行为相对人的权利救济程序相冲突。对此，笔者认为，可以引入行政诉讼中行政行为无效和行政行为可撤销的概念，对能够监督的违法情形作一判断。如果行政行为无效，由于无效行政行为是自始无效、当然无效，是不以行政相对人的意志为转

移的无效，检察机关可以建议行政机关宣告行政行为无效，从根本上否定行政行为。根据《行政诉讼法》第75条、最高人民法院《关于适用〈中华人民共和国行政诉讼法〉的解释》第99条，行政行为无效的情形包括行政行为实施主体不具有行政主体资格，减损权利或者增加义务的行政行为没有法律规范的依据，行政行为的内容客观不可能实施等重大且明显违法的情形。当行政行为出现上述重大且明显违法的情形时，检察机关应当采取强有力的监督措施，体现出检察监督的刚性。如果行政行为存在可撤销的情形，由于可撤销行政行为除行政机关自行撤销或重作行政行为以外，需要行政相对人起诉，由法院来作出是否予以撤销的判决，因此行政非诉执行往往是行政相对人超期不起诉的情况下，行政机关直接向法院申请强制执行，在此情形下行政相对人视为放弃对行政行为可撤销的起诉，检察机关应当尊重行政相对人对权利的放弃，不能对行政行为的实质内容进行监督。《行政诉讼法》第70条规定了行政行为存在主要证据不足、适用法律法规错误、违反法定程序、超越职权、滥用职权、明显不当六种违法情形的，是可撤销行政行为。检察机关发现行政机关存在上述情形的，不能向行政机关作出撤销行政行为的检察建议。但检察机关仍然可以监督行政机关的程序违法行为，提出相关检察建议。在上文的某糠醛有限公司环境违法行政非诉执行检察监督案中，排除了行政行为无效的情形，检察机关可以针对行政行为的程序瑕疵提出检察建议，并且在实际工作中，县检察院也是向县生态环境局制发了检察建议，建议其规范执法程序，公平公正开展环境保护行政执法。

另外《人民检察院行政非诉执行监督工作指引（试行）》第16条规定了检察机关能够监督行政机关的实质性违法行为，但没有对相关情况深入分类分析，因此笔者认为不能一概而论划定为行政违法行为监督的范畴。第16条规定七项具体的行政违法情形，从所列举的条文来看，既包括行政主体存在超越职权、滥用职权等情形，也包括行政行为作出的法律和事实依据不足、程序违法等情形，从上文的分析，行政违法行为监督应当主要进行程序性审查，主要原因是如果进入实质性审查会与行政相对人行使权利发生程序冲突，该条文既包含了程序违法审查也包含实体审查，与本文论点相悖。笔者认为，应当优化这一条文，建议区分行政行为是无效行政行为还是可撤销行政行为，从国家法治建设一体化推进的角度，捋顺、规范行政程序、检察程序和诉讼程序的关系，从而实现行政机关、检察机关、人民法院既能够各司其职，又能够在各司其职的基础上共同推进国家治理体系和治理能力现代化。

“在履行法律监督职责中发现”对行政违法行为检察监督边界的限定*

高　刚　赵世勋　管雪绒**

摘　要　行政违法行为监督的权力边界应当是该项工作在开展过程中需解决的首要问题。有必要对《中共中央关于加强新时代检察机关法律监督工作的意见》中“在履行法律监督职责中发现”的政策限定作完整准确理解。检察机关应恪守法律监督机关的宪法定位，审慎确定行权范围，避免陷入“一般监督”的窠臼；在现有法定职权内切实履职，处理好依职权监督和依申请监督的关系；同时要与其他有权监督等共同构建完善的监督体系，从而确保行政违法行为监督始终运行在合理规范的轨道上。

关键词　行政违法行为检察监督　法律监督职责　发现　权力边界

一、行政违法行为检察监督的沿革与审视

人民检察院的职能曾经历多次重大变革，其发展变化历史也是新中

---

*　本文为最高人民检察院2023年度“十大行政检察理论研究课题”之一的阶段性成果。

**　高刚，北京市昌平区人民检察院第五检察部主任，四级高级检察官；赵世勋，北京市昌平区人民检察院第五检察部副主任，三级检察官；管雪绒，北京市昌平区人民检察院第五检察部检察官助理。

国法治进程的一个缩影。从新中国成立之初，我国就在立法上赋予检察机关对行政机关履职行为的监督权力。依据 1954 年《宪法》第 81 条第 1 款①及 1954 年《人民检察院组织法》第 3、4 条②，检察机关对于国家机关和工作人员遵守法律情况实施监督。这更倾向于是一种"一般监督"。但受各种因素影响，该种一般性的行政违法行为监督在实践中基本没有实施。③"文化大革命"中检察机关被迫撤销，1975 年《宪法》第 25 条第 2 款直接规定"检察机关的职权由各级公安机关行使"。1978 年 3 月，第五届全国人大第一次会议表决通过修订后的《宪法》，恢复设置人民检察院。这次宪法修订保留了 1954 年《宪法》第 81 条第 1 款的规定。之后的 1982 年《宪法》即现行《宪法》第 134 条确定了检察机关法律监督机关的定位。1979 年通过的《人民检察院组织法》及 1983 年和 1986 年修订后的该法，均在第 5 条（法条表述皆相同）④ 规定检察机关的职权，

---

① 1954 年《宪法》第 81 条第 1 款规定："最高人民检察院对于国务院所属各部门、地方各级国家机关、国家机关工作人员和公民是否遵守法律，行使检察权。地方各级人民检察院和专门人民检察院，依照法律规定的范围行使检察权。"

② 1954 年《人民检察院组织法》第 3 条规定："最高人民检察院对于国务院所属各部门、地方各级国家机关、国家机关工作人员和公民是否遵守法律，行使检察权。"第 4 条规定："地方各级人民检察院，依照本法第二章规定的程序行使下列职权：（一）对于地方国家机关的决议、命令和措施是否合法，国家机关工作人员和公民是否遵守法律，实行监督；（二）对于刑事案件进行侦查，提起公诉，支持公诉；（三）对于侦查机关的侦查活动是否合法，实行监督；（四）对于人民法院的审判活动是否合法，实行监督；（五）对于刑事案件判决的执行和劳动改造机关的活动是否合法，实行监督；（六）对于有关国家和人民利益的重要民事案件有权提起诉讼或者参加诉讼。"

③ 参见江国华、王磊：《行政违法行为的检察监督》，载《财经法学》2022 年第 2 期。

④ 1979 年、1983 年和 1986 年《人民检察院组织法》第 5 条规定："各级人民检察院行使下列职权：（一）对于叛国案、分裂国家案以及严重破坏国家的政策、法律、法令、政令统一实施的重大犯罪案件，行使检察权。（二）对于直接受理的刑事案件，进行侦查。（三）对于公安机关侦查的案件，进行审查，决定是否逮捕、起诉或者免予起诉；对于公安机关的侦查活动是否合法，实行监督。（四）对于刑事案件提起公诉，支持公诉；对于人民法院的审判活动是否合法，实行监督。（五）对于刑事案件判决、裁定的执行和监狱、看守所、劳动改造机关的活动是否合法，实行监督。"

2018 年《人民检察院组织法》在第 20 条①规定检察机关的职权，并未再直接提及行政违法行为监督。

党的十八届四中全会通过的《中共中央关于全面推进依法治国若干重大问题的决定》，要求“检察机关在履行职责中发现行政机关违法行使职权或者不行使职权的行为，应该督促其纠正”。随着反贪反渎职能的转隶，检察机关经历了一次重要的转型发展过程。2021 年 6 月发布的《中共中央关于加强新时代检察机关法律监督工作的意见》（以下简称《意见》）重申开展行政违法行为监督的要求。

“中共中央专门就加强检察机关法律监督工作印发《意见》，这在党的历史上是第一次。”② 作为当前检察机关开展行政违法行为监督的核心政策依据，《意见》中“在履行法律监督职责中发现”这一重要论述对监督工作的权力边界作了政策性限定。应当对此作深入分析，以完整准确理解并贯彻落实《意见》要求，保证行政违法行为监督运行在合理规范的轨道上，而不至于发生权力越位，更好完善检察机关法律监督的实践内涵。

二、“在履行法律监督职责中发现”的理解

“在履行法律监督职责中发现”，重点应当是“法律监督职责”，这是检察机关的宪法定位。“法定职责必须为”“法无授权不可为”，不可怠于履职，也不能越位。“发现”一词也具有较为丰富的内涵，对行政违法行为监督履职提出了要求。

（一）“法律监督职责”对行政违法行为监督的限定性意义

《意见》在开篇即明确指出：“人民检察院是国家的法律监督机关，

---

① 2018 年《人民检察院组织法》第 20 条规定：“人民检察院行使下列职权：（一）依照法律规定对有关刑事案件行使侦查权；（二）对刑事案件进行审查，批准或者决定是否逮捕犯罪嫌疑人；（三）对刑事案件进行审查，决定是否提起公诉，对决定提起公诉的案件支持公诉；（四）依照法律规定提起公益诉讼；（五）对诉讼活动实行法律监督；（六）对判决、裁定等生效法律文书的执行工作实行法律监督；（七）对监狱、看守所的执法活动实行法律监督；（八）法律规定的其他职权。”

② 检察日报社论：《把握党和人民新要求 担起法律监督新使命》，载《检察日报》2021 年 8 月 3 日。

是保障国家法律统一正确实施的司法机关，是保护国家利益和社会公共利益的重要力量，是国家监督体系的重要组成部分，在推进全面依法治国、建设社会主义法治国家中发挥着重要作用。”这是对检察机关的精准定位，点明了检察机关的复合属性，更重要的是指出了检察机关在国家监督体系中的定位。

对检察机关法律监督职责的履职范围，一直以来存在一定的争议。虽然“法律监督”一词在论述检察机关的职能定位时频繁出现，“检察机关”和“法律监督机关”基本已经形成同义词，但关于其具体含义，即使相关研究已经较为丰富，也尚未形成定论或者较为统一的意见。不过，法律监督不是“一般性监督”，这一点已经达成了比较高的共识。事实上，在现行监督体系中，法律监督很难也没有必要发展成为一般监督。监察体制改革后，检察机关“两反”职能剥离，法律监督范畴面临着新的调整。从某种程度上讲，职务犯罪侦查权的调整，更有利于检察机关权力聚焦于“法律监督”这一中心。①

依据《监察法》第1条，监察委员会“对所有行使公权力的公职人员”进行监督。结合《监察法》第11条的规定，监察委员会的监督权力更多是“对人监督”。习近平总书记在《关于〈中共中央关于全面推进依法治国若干重大问题的决定〉的说明》中指出：“全会决定提出，检察机关在履行职责中发现行政机关违法行使职权或者不行使职权的行为，应该督促其纠正。作出这项规定，目的就是要使检察机关对在执法办案中发现的行政机关及其工作人员的违法行为及时提出建议并督促其纠正。”② 比较理想的状态可能是，监察委员会更多聚焦于对公职人员的“人”的监督，检察机关的行政违法行为监督更多关注于“事”的监督。

行政违法行为监督线索来源首先是“在履行法律监督职责中发现”的，与监察委员会监督一般不会构成冲突。二者均应当是国家监督体系

---

① 参见伊士国：《强化对监察委员会检察监督的理论审思与实践进路》，载《政法论丛》2023年第4期。

② 《习近平：关于〈中共中央关于全面推进依法治国若干重大问题的决定〉的说明》，载中国政府网，https：//www. gov. cn/xinwen/2014－10/28/content_2771717_4. htm。

的重要组成部分。“检察机关最根本的职责应是对法律的一种强势监督”①，其对行政违法行为的监督，应当是法律监督履职的必然选择。最高检已经印发《关于人民检察院在履行行政诉讼监督职责中开展行政违法行为监督工作的意见》，明确在履行行政诉讼监督中开展该项工作，并提出“推进刑事检察、民事检察、行政检察、公益诉讼检察深度融合发展”“强化系统观念，协同参与政府开展的行政执法监督、案件评查等活动”。② 这为各地探索拓展行政违法行为监督范围留出了空间。

（二）“发现”一词对履职的要求

《现代汉语词典》（第 7 版）对“发现”一词的解释：一是经过研究、探索等，看到或找到前人没有看到或找到的事物或规律；二是发觉。《意见》“在履行法律监督职责中发现”中的“发现”自然应当取第一个义项。具体到行政违法行为监督，“发现”一词对履职应当有以下三方面的要求。

1. 增强履职主动性。检察机关肩负着中央《意见》所指出的“保障国家法律统一正确实施”和“保护国家利益和社会公共利益”的职责，这也是行政违法行为监督的价值追求。“发现”一词的含义中带有很强的主动性，这就要求检察机关在开展行政违法行为监督的过程中主动发现监督线索。行政机关违法行使职权或者不行使职权的线索，需要检察机关通过调查核实手段去收集证据材料，而这也正是检察机关“司法机关”和“法律监督机关”双重属性的体现。需要注意的是，这种“主动”必须恪守“依法”的前提，要避免超越法定职责。

2. 以依职权发现为主，以依申请监督为补充。现实中，公民相对于行政机关居于弱势地位，如果能借助检察机关纠正行政机关的违法行为，应当会比较有利于快速高效维护公民权益。但行政违法行为检察监督的总体目标应当是维护法秩序的统一，推动规范执法；监督纠正的行政行

① 樊崇义：《健全法律监督体系 推进“四大检察”深入发展》，载《人民检察》2019 年第 19—20 期合刊。

② 参见《最高检印发〈关于人民检察院在履行行政诉讼监督职责中开展行政违法行为监督工作的意见〉 积极稳妥开展行政违法行为监督》，载最高人民检察院网站，https://www.spp.gov.cn/zdgz/202405/t20240514_654078.shtml。

为并不一定对公民的个人权益造成影响，对行政相对人权益的保障，是行政违法行为监督的重要价值，但并不是首要目的。行政复议、行政诉讼等经过长期的发展，已经形成较为完善的制度框架。因此，需要处理好和公民权利救济手段之间的关系：如果当事人申请行政复议、行政诉讼的渠道依然畅通，检察机关应首先依法引导和支持其通过该类途径维护其合法权益，避免对已经成熟的违法行政行为救济体系造成冲击。

3. 加强调查核实工作。依据《人民检察院组织法》第 21 条第 1 款，检察机关可以进行调查核实，有关单位应当予以配合。调查核实是检察机关行使法律监督职权的前提和保障。行政违法行为检察监督对于彰显行政检察的制度优势，完善检察机关在国家监督体系中的地位有着特殊而重要的意义。调查核实权的充分运用是这项工作能否真正体现出价值的关键所在。"法律赋予检察机关调查核实权的初衷，是解决法律监督精准的问题。"① 只有对发现的线索作详细的调查核实，才能够确保监督有的放矢。从另一方面讲，行政违法行为监督的发展，也有利于增强调查核实的刚性。

三、行政违法行为检察监督与其他有权监督之界分

在我国监督体系的构成中，人大监督、纪检监察监督等，都可以形成对违法行政行为的监督。行政违法行为检察监督，需要协调好同各类监督的关系，共同推动依法行政水平的提升。

（一）与人大监督的区分

人大作为我国的权力机关，其监督体现的是国家意志，代表着绝对的权威性。其对行政机关更多是从宏观层面上进行监督，如听取审议工作报告、审查计划和预算执行、监督法律法规实施、审查规范性文件等，一般不通过关注个案来监督纠正行政违法行为。检察机关对行政违法行为的监督，立足法律监督职责，进行的应当是日常性的、聚焦于具体行政违法行为、以案件化办理为载体的监督。

---

① 张杰：《检察机关法律监督刚性视域下的调查核实权》，载《政法论坛》2023 年第 3 期。

（二）与纪检监察监督的协作

前文已经论述，纪检监察通过对“人”监督来规范公权力的行使。因此，检察机关在开展行政违法行为监督的过程中，若发现有关公职人员涉嫌职务违法或者职务犯罪的，应当按规定将线索移送纪检监察机关处理，加强有效衔接和协作配合，协力增强监督实效。对于拒不接受行政违法行为监督的，检察机关也可以建议监察机关处理。这在《意见》中也有具体政策依据。①

（三）与行政复议、行政诉讼等权利救济途径的界限

若行政违法行为检察监督与行政复议、行政诉讼等权利救济手段界限不明，会产生重复监督或过度干预导致处理结果冲突的可能。检察机关在当事人丧失救济权申请监督，或对行政复议、诉讼的结果认为有误时，可以视案件具体情况对其中存在的行政违法行为进行监督。这也要求做好行政违法行为检察监督与行政复议、行政诉讼的衔接工作。检察机关可以会同行政复议机关、人民法院等建立立案、结案通报机制或者实现与行政复议机关、法院办案系统的对接，② 以便及时掌握行政违法行为的相关情况，并就重大敏感案件及时进行会商。

四、行政违法行为检察监督的履职空间

在法治国家任何一个机关都不可能拥有完整的一般监督权，且实践中检察机关不可能也没有足够的力量在目前的情况下做到一般监督。③ 对行政违法行为检察监督边界进行界定时，应当关注到若监督的范围限定

---

① 《意见》指出：“对于无正当理由拒绝协助调查和接受监督的单位和个人，检察机关可以建议监察机关或者该单位的上级主管机关依法依规处理。检察机关在法律监督中发现党员涉嫌违犯党纪或者公职人员涉嫌职务违法、职务犯罪的线索，应当按照规定移送纪检监察机关或者有关党组织、任免机关和单位依规依纪依法处理。”

② 参见顾顺生：《厘清界限 积极稳妥履行好行政违法行为监督职责》，载最高人民检察院网站，https：//www. spp. gov. cn//llyj/202302/t20230222_603363. shtml。

③ 参见蒋锦华、陆祖伟：《行政违法行为检察监督的边界在哪里》，载《检察日报》2020 年 9 月 3 日。

过小，则监督效果难以保证；若监督范围过大，则可能干扰行政机关的行权，还可能会产生检察监督权能滥用的问题。故检察机关开展行政违法行为监督工作，必须科学审慎从"在履行法律监督职责中发现"出发，结合实践探索权力边界。为落实"在履行法律监督职责中发现"的要求，可以考虑从以下几个方面着手明晰行政违法行为检察监督的边界。

（一）监督行刑反向衔接中发现的行政违法行为

"考虑到近年来我国轻微刑事案件尤其是其中的行政犯大幅上升，行政与司法之间的联系互动更加紧密，一体谋划、统筹推进'两法衔接'和行政违法行为检察监督，对于从全局上系统破解公法责任分置产生的问题，形成参与社会治理的合力，推进法治中国建设具有重要意义。"① 行刑反向衔接工作中存在广阔的行政违法行为监督的履职空间。如对一刑事案件进行相对不起诉后，检察机关可以依据《刑法》第 37 条，根据案件情况建议行政机关施以行政处罚，这既符合法理的要求，也符合社会大众的预期和期待。若符合作出行政处罚的情形但行政机关没有作出，就有开展行政违法行为检察监督的必要。实际上，从刑事案件办理到行政处罚这一过程相关的监督，都可以属于反向衔接。如对于具备执业医师资格应当判处刑罚的犯罪嫌疑人，应当依据《医师法》第 17 条第 1 款规定，建议责任单位对其职业资格予以处理。

（二）监督在履行法定职权过程中发现的行政违法行为

《人民检察院组织法》第 20、21 条所规定的内容，是检察机关法律监督职权的基础，必须要做到充分行权。放眼"四大检察"格局，行政检察部门要做好做实诉讼监督这一"重中之重"，② 穿透式审查办理诉讼监督案件中发现的违法行为。立足检察机关在办理刑事案件中的职能优势，充分挖掘违法行为监督线索。如对非法吸收公共存款罪、集资诈骗

---

① 张相军：《统筹推进行刑双向衔接与行政违法行为监督》，载《人民检察》2023 年第 11 期。

② 应勇检察长在大检察官研讨班开班式上的讲话中强调，行政检察重在强化履职，把行政诉讼监督作为重中之重，积极探索行政违法行为监督，依法规范推进行政争议实质性化解，推动构建检察监督与行政执法衔接制度，实现有力监督。

罪等经济类犯罪中涉及的问题企业进行深入排查，发现可能符合《公司法》第262条等的情形，建议市场监管部门作吊销处理；又如帮助信息网络犯罪活动案件中，犯罪嫌疑人可能存在大量注册“空壳公司”用于从事犯罪活动的情况，可以依据《公司法》第260条建议责任单位清理。还可以从民事检察部门办理的虚假诉讼案件中，对可能存在的行政违法行为进行研判，发现金融监管、房屋管理、工商登记等行政违法线索。①

（三）审慎稳妥拓展行政违法行为监督范围

1. 监督损害两益的行政违法行为。作为公共利益的代表，检察机关对影响国家利益、社会公共利益的行政行为进行监督具有现实紧迫性，行政违法行为监督应当重点关注。这就必然会涉及与公益诉讼检察的界限问题，两者确实可能存在重合与包含关系。从某种程度上讲，公益诉讼尤其是行政公益诉讼，也是行政违法行为监督的一个组成部分。二者的区分主要是检察机关内部职能的划分。行政公益诉讼的监督对象是未有效履责的行政机关，其监督领域具有法定性，即生态环境和资源保护、食品药品安全、国有财产保护、国有土地使用权出让等，并仍在拓展当中。公益诉讼还应当具有“可诉性”。对于确实有损公益、属于法定领域，且具有可诉性的线索，应当交由公益诉讼部门办理。行政违法行为监督对象是行政违法行为，不存在行政行为具体领域或者类别的限制。

2. 关注监督力度存在不足或监督存在缺位的行政违法行为。人身自由权是公民最重要的权利之一。行政违法行为监督可以继续探索对涉及公民人身自由权益的行政行为进行监督。治安管理处罚法将行政拘留这一权力交由公安机关行使，并广泛应用这一处罚。相较于警告、罚款等行政处罚种类，行政拘留以短期剥夺行政相对人的人身自由为处罚内容，可以说是行政处罚领域中最为严厉的处罚。依据《公安机关办理行政案件程序规定》，行政拘留行为的作出、审核和执行均由公安机关完成，缺乏足够的外部监督。检察机关可探索对行政拘留行为开展行政违法行为监督，从而保障警察权的规范运行。近期多地检察机关开展“成品油”

---

① 参见邱燕、陆静、王剑冰：《检察职能融合发展下的行政违法行为监督》，载《上海法学研究》2023年第7卷。

专项监督，运用大数据手段，确定油品运输及销售领域存在的偷逃漏税情况及安全生产违法犯罪行为，建议责任部门及时履职，填补监管力量不足而形成的监督盲区。该种探索可以为行政违法行为检察监督拓展范围提供有益参考。

行政检察视域下行政违法行为监督的实践考察和优化路径

郭培英*

摘　要　检察机关开展行政违法行为监督是推进国家治理体系和治理能力现代化的重要举措。因立法未明确具体规定、规范及机制缺失等原因，检察机关内外部认识不一，工作取得成效的同时也存在缺位、越位、失范、方式单一、质效不佳等情况。针对以上问题，应立足法律监督属性，严守检察权的边界，准确把握监督范围，注重非诉讼监督手段的特殊性，探索多元监督方式，建立党委领导、人大监督和政府支持下的协同监督履职模式，稳妥有效推进改革。

关键词　行政检察　行政违法行为监督　范围　方式　保障

党的二十大报告提出，高质量发展是全面建设社会主义现代化国家的首要任务。必须更好发挥法治固根本、稳预期、利长远的保障作用，在法治轨道上全面建设社会主义现代化国家。法治政府建设是全面依法治国的重点任务和主体工程，坚持法治国家、法治政府、法治社会一体

* 郭培英，中国政法大学刑法学博士研究生，内蒙古自治区人民检察院检察委员会专职委员，二级高级检察官。

建设。并强调要加强检察机关法律监督工作。① 追求现代化的核心是人的解放、人权的实现和人的福祉。② 针对目前我国法治政府建设中存在的问题，检察机关除在公益诉讼领域有所作为外，行政检察视域下如何优化对行政违法行为的监督是目前迫切需要解决的理论和实践难题。

一、实践考察：行政违法行为监督的现状

梳理行政违法行为监督内容的发展变化和实践情况是新时势下提出优化措施的重要前提。

（一）发展历程及分析

2014 年《中共中央关于全面推进依法治国若干重大问题的决定》（以下简称《依法治国决定》）规定，检察机关履行职责中发现行政机关违法行使职权或者不行使职权的行为，应该督促其纠正。2015 年中共中央、国务院印发的《法治政府建设实施纲要（2015—2020 年）》强调行政机关应当配合。2017 年党的十九大提出检察监督作为一种司法监督，是党和国家监督体系的重要组成部分，对制约和监督行政权力具有独特的优势和作用。2018 年《人民检察院组织法》修订草案中删除了行政违法行为监督的内容。2021 年《中共中央关于加强新时代检察机关法律监督工作的意见》（以下简称《意见》）中重申检察机关要对行政违法进行监督。最高检多次强调要依法稳妥探索行政违法行为监督。

对比 2014 年和 2021 年的规定，共同点在于：一是均要求线索必须在履职中发现；二是处置方式均是“督促纠正”，而非“通知纠正”，有追求监督结果到位、结果问效的含义。变化有三点：一是结果处置有所区别，由“应当督促纠正”变为“可以督促纠正”。二是增加了结果处置的前提条件，即依照法律规定督促纠正。此处的法律，是指狭义的法律，即仅指由全国人民代表大会以及全国人民代表大会常务委员会制定

---

① 参见习近平：《高举中国特色社会主义伟大旗帜 为全面建设社会主义现代化国家而团结奋斗——在中国共产党第二十次全国代表大会上的报告》，载中国政府网，https：//www. gov. cn/gongbao/content/2022/content_5722378. htm。

② 参见应松年：《加快法治建设 促进国家治理体系和治理能力现代化》，载《中国法学》2014 年第 6 期。

的法律，还是指广义的法律，包括国务院制定的行政法规、地方国家权力机关制定的地方性法规、民族自治地方的人民代表大会制定的自治条例和单行条例等，未有进一步规定。三是明确了处置方式。2014 年《依法治国决定》仅规定了督促其纠正，通过什么方式督促行政机关纠正并未规定，而 2018 年《意见》中明确为检察建议等方式，但未明确“等”之内的方式类型。

变化的原因有：一是体现了慎重和依法监督的原则。一律规定为“应当督促纠正”可能会违反权力运行原理，侵犯当事人的处分权和行政裁量权。增加“依照法律规定督促纠正”的规定，强调权力要依法规范行使，体现了检察监督的严肃性。二是更加符合改革实际。现阶段关于履职中发现包括的具体情形，监督的对象有哪些行为类型、需要达到什么违法程度等问题仍在摸索中，保障机制尚不健全，一律写为应当督促并达到纠正的效果，条件不成熟。三是一定程度上体现了检察裁量权。按照“功能适当性”原则，检察机关可以根据具体违法情形综合衡量有无监督必要，并选择恰当的方式，以期达到最佳效果。

（二）开展情况及效果

行政违法行为监督被很多实务界人士称为行政检察的“蓝海”“富矿”“新增长点”，各地积极稳妥开展，办理了一批典型案件，解决了群众急难愁盼的问题，推进了社会治理。如最高检发布的第四十二批指导性案例中检例第 168 号：2016 年，某县公安局在补录罪犯信息时审核不严格、操作不规范，误将志某的身份信息录入到“全国违法犯罪人员信息资源库”。志某因此失去工作，社会活动受限，其多次请求县公安局解决未果，于 2018 年 1 月提起行政诉讼。检察机关受理案件后，除对行政裁判结果案件提出抗诉外，还针对此类身份信息录入错误的情况进一步调查，并于 2021 年 5 月向市公安局发出检察建议，建议公安机关集中整治公民信息录入工作中存在的突出问题，建立健全公民身份信息录入工作机制，从根本上堵住管理漏洞。市公安局遂开展专项，排查后对错误录入全部纠错，并对相关责任人员追责处理。总体上讲，通过开展行政违法行为监督，督促纠正了一大批行政违法行为，将矛盾消除在萌芽状态，“抓前端、治未病”，推动问题一揽子解决，有效预防行政争议发生。

一些地方党委、人大相继出台加强新时代检察机关法律监督工作的决议，规定行政违法行为监督。2019 年 9 月 27 日，山东省人大常委会率先要求强化对行政权力的制约和监督，探索建立相关工作机制，对履行职责中发现的行政机关违法行使职权或者不行使职权行为，依法督促纠正。2022 年 5 月 7 日，浙江省人大常委会发布《关于进一步加强新时代检察机关法律监督工作的决定》，推动法律监督与“大综合一体化”行政执法改革衔接，探索开展行政违法行为监督。同年 12 月 1 日，天津市人大常委会印发决定，要求积极推动行政违法行为监督。

（三）实施中的问题及原因

1. 立法未明确授权，内外部存在分歧。《立法法》第 11 条明确规定涉及人民检察院的职权事项，需要有法律明确授权。《人民检察院组织法》第 20 条列举了提起公益诉讼、对诉讼活动实行法律监督和法律规定的其他职权。《检察官法》第 7 条规定检察官的职责中包括公益诉讼，对刑事、民事、行政诉讼活动的监督，法律规定的其他职责等。而行政违法行为监督不属于诉讼监督，是否系检察机关的法定职权关键在于其他法律是否有明确规定。笔者认为，虽然《治安管理处罚法》第 114 条第 2 款、《人民警察法》第 42 条、第 46 条第 1 款均规定了检察机关对公安机关及人民警察的违法行政行为或者不严格执法行为进行监督，但从内容体系解释的角度来看尚不能成为直接、明确的依据。除公益诉讼外，关于行政违法行为监督缺少明确系统的法律规定，导致实践中存在双方重视程度不一、理解不一、步调不一的情形。

2. 实践操作中界限不清，权力缺位、失范和方式单一。有的检察人员对权力运行及监督体系了解不深，没有准确界定检察权与行政权的边界，脱离履职随意对行政违法行为开展监督或与行政机关搞联合执法，莽撞冒进。如：个别基层院联合公安局开展旅店登记外国人信息是否完备等专项检查；有的理念陈旧，将检察权等同于审判权等司法权，认为在公益诉讼之外开展行政违法行为监督违反司法被动性，将改革事项等同于其他工作，被动观望或行动迟缓；有的对检察建议“等内”的其他方式研究不够，只知道用检察建议这一种方式；有的只关注个案，没有将个案监督提升为类案监督、行业治理的意识；有的不注意沟通方式方法，工作没有取得行政机关的理解和支持。

3. 内外部管理保障等机制不健全，监督效果需深化。行政检察部门发现案源受限，其他部门人员没有树立“互相联系、彼此支持、共同促进”的意识，存在应移送未移送线索的情况。虽然《人民检察院内部移送法律监督线索工作规定》及《人民检察院案件管理部门开展法律监督线索管理工作实施细则》有所规定，但对应移送线索未移送的，缺少必要的监管和处理。上级院领导作用发挥不充分，内部司法管理和考核未能充分体现有效的激励和引导。行政执法与刑事司法正反向衔接虽有规定，但有些条款比较原则，缺少操作层面的保障。监督保障规定不系统，有的单位对监督意见不理解、不重视。行政机关不落实监督意见，不善于从重大事项、案件专项报告等角度借助党委、人大的力量，从推动制度变革的方面来预防问题产生。

二、前提审视：行政违法行为监督的制度价值

实践中出现的问题反映出行政违法行为监督将监督触角从诉讼领域延伸至诉讼外引发的理论争议和认识模糊，重新审视其存在的必要性和合理性，将对界定履职的范围与方式有所裨益。

（一）法治监督体系中的重要力量

行政权具有扩张性、侵犯性、任意性的基因，因行政执法产生的矛盾是影响社会安定发展的因素，“行政违法行为构成刑事犯罪的毕竟是少数，更多的是乱作为、不作为。如果对这类违法行为置之不理、任其发展，一方面不可能根本扭转一些地方和部门的行政乱象，另一方面可能使一些苗头性问题演变为刑事犯罪”①。如学者苏力所说，法律并不是宏大的、冰川似的移动，而是一件件具体纠纷的解决，一个个具体请求的满足，一次次具体的悲欢离合。有些案件中，群众对行政违法行为多次申诉，但效果不佳。在前述最高检指导性案例中，公民信息 2016 年被错误录入，因此失业、社会活动受限，多次找公安局解决未果，2018 年经诉讼、检察机关抗诉后尘埃落定。

① 习近平：《论坚持全面依法治国》，中央文献出版社 2020 年版，第 100 页。

我国现有法治监督体系是坚持党内监督为主导，推动人大监督、民主监督、行政监督、司法监督、审计监督、财会监督、统计监督、群众监督、舆论监督贯通起来。① 监察监督有力，但其主要是对人的监督，有些行政违法行为不在其监督范围内。群众监督、舆论监督受专业性、调查手段等所限，很多行政机关违法行为也不在审计、财会、统计监督的范畴内。与人大监督相比，检察监督系常态性监督，通过案件化办理能够将监督事项纳入规范化轨道。与其他监督手段相比，检察机关可以依托履职，发现行政机关执法问题，并成为问题的解决者和问题原因的消除者，“检察机关是行政执法外部监督中的正式监督机关，将检察职能拓展至行政执法监督的可行性，更具适当性”②。

（二）检察权职能的应然延伸

检察机关是国家的法律监督机关，是保障法律正确实施、维护国家法制统一、尊严和权威的重要力量。随着时代变迁和政治法律社会服务的现实需要，需要优化检察职能，增强检察权的适应性。关于检察机关的定位，长期以来存在“一元论”和“二元论”之争。《意见》强调人民检察院是国家的法律监督机关、是保障国家法律统一正确实施的司法机关，是保护国家利益和社会公共利益的重要力量，是国家监督体系的重要组成部分。“对行政违法行为进行监督，是公权力对公权力的监督，与通过行政诉讼监督促进行政机关依法行使职权，共同构成了在诉讼外和诉讼内监督行政权的‘双轮驱动’。”③ 行政检察兼具司法权与法律监督属性，办案与监督是检察权的一体两面。

（三）推进国家治理体系和治理能力现代化的需要

我国处于发展的重要战略机遇期、社会矛盾凸显期，社会管理领域

① 参见中共中央宣传部、中央全面依法治国委员会办公室：《习近平法治思想学习纲要》，人民出版社、学习出版社2021年版，第86页。

② 秦前红、陈家勋：《论行政执法外部监督中正式监督机关的确立》，载《行政法学研究》2022年第1期。

③ 杨春雷：《深入贯彻党中央全面深化行政检察监督新要求　探索推进行政违法行为监督》，载《人民检察》2021年第21—22期合刊。

存在不少突出问题亟待解决，面对百年未有之大变局和经济社会高质量发展的新要求，法治政府建设中的风险挑战、矛盾、问题更加错综复杂。类案、行业社会治理需要大量的调查、沟通、协调、磋商等，检察机关作为专门的法律监督机关，其专业性决定了在参与社会治理方面的优势。

三、路径优化：积极稳妥推进行政违法行为监督

行政检察部门开展行政违法行为监督，是检察机关全面推进法治政府建设的具体实践，推进中应通过以下措施保障监督效果。

（一）立足职能定位，把握监督范围

1. 恪守检察权边界。检察权与行政权属于同一层级的国家权力，对行政违法活动的检察监督是有限监督。检察机关要严守边界，避免给改革推进带来不良影响。不能脱离履职而直接监督，也不能超越职责而随意获取线索。应秉持补充谦抑原则，不阻碍行政权的主动运行、不限制行政机关工作人员主观能动性的发挥。对符合申请复议、诉讼条件的案件，引导通过行政复议、行政诉讼等方式实现权利救济。在其他各种外部监督和内部监督方式不能或难以发挥预防、制止和纠正行政违法行为的情况下开展此项工作。行政违法行为监督系新职能、改革事项，履职中要加强论证、专家咨询、请示报告和对下指导。

2. 坚持履职中发现的前提。有学者提出应坚持“穿透式”监督，通过对行政审判和执行的监督，间接实现对原行政行为合法性的监督。① 同时认为“行政违法行为监督不仅是基于诉讼监督的‘穿透式’监督，还存在大量其他履职过程中发现后予以监督的情形”②。履职中发现主要是指通过对行政审判和执行的监督间接实现对行政行为合法性的监督，即“穿透式”监督，但不限于此。履职是指检察机关履行全部法律监督职责，也包括履行刑事检察、民事检察、公益诉讼检察等职责中发现的行政违法活动线索。线索来源有：检察机关在办理行政诉讼监督案件或非

① 参见王勇：《新时代行政检察的探索与展望》，载《人民检察》2022 年第 15 期。

② 王勇、高鹏志：《行政违法行为监督的法治化分析》，载《中国检察官》2023 年第 1 期。

诉执行监督案件中发现；刑事检察、民事检察、公益诉讼检察或其他部门移送线索；人大、政协等机关转交；矛盾纠纷化解发现；检察机关在与行政机关建立和运用信息共享、案件移送等机制中发现等。

3. 合理界定监督的行政行为范围。行政行为包括制定规范和广义的行政执法。广义行政执法包括狭义行政执法（行政强制措施、行政处罚、行政许可、行政指导、行政检查、行政征收等）和行政司法行为（行政复议、行政调解等）。行政违法行为监督的对象仅为行政机关违法行使职权或者不行使职权的行为。行政行为点多面广，涉及社会方方面面，法律性、专业性、政策性强。检察人员专业优势不明显，存在力量欠缺和能力、经验不足等问题，行政违法行为监督应在有限范围内进行，在符合权力运行规律和现实需要的同时，也要视自身的能力、条件、基础等情况，根据改革情况、社会效果、社会认可度等统筹谋划、循序渐进。监督中注意尊重行政机关的自由裁量权，受专业性、亲历性等影响，对于行政合理度的监督要慎之又慎。

（二）开拓思路，积极探索多元监督方式

1. 注重非诉讼监督手段的特殊性。作为诉讼外的监督，其与诉讼监督手段应有所差异，具有一定的柔性。不能简单套用诉讼内监督的方式，即拘泥于制发纠正违法通知书或仅使用检察建议一种方式。应充分考虑诉讼外监督的特殊性，积极探索适用其他监督方式。不一味强调监督意见做成刚性，要提高、增强监督意见的有效性，体现监督方式的间接性、引导性、协商性、非命令性、协同性，最大限度发挥行政机关的能动性。

2. 单设行政违法行为检察建议类型。根据《人民检察院检察建议工作规定》第5、9条的规定，检察建议包括再审检察建议、纠正违法检察建议、公益诉讼检察建议、社会治理检察建议、其他检察建议五类。纠正违法检察建议是指诉讼活动中需要以检察建议形式纠正违法的情形。行政违法行为监督是诉讼外监督，不属于纠正违法检察建议，也不属于明确列出的其他情形。目前实践中在社会治理检察建议项下设置了行政违法行为检察建议。但社会治理检察建议与行政违法行为检察建议不是包含与被包含的关系，可考虑在检察办案系统中单设此类型的检察建议。对于涉及行业、系统治理，制度不健全，一定时期某类违法多发、频发

需要行业整改等使用社会治理检察建议。

3. 探索检察建议以外的其他有效监督方式。《意见》规定，检察机关在履行法律监督职责中，发现行政机关违法行使职权或者不行使职权的，可以依照法律规定制发检察建议等督促其纠正。检察机关应立足行政违法监督的特殊性，坚持监督与支持并重，从“双赢多赢共赢”的结果出发，工作中多联系沟通，在充分了解行政执法的事实和相关规定、行政执法实践的前提下，选择适当的监督方式。可以灵活采用工作提醒、个案磋商、工作协商、联席会议、共同出台规范性文件和会议纪要等方式，实现监督目的。适时可采取年度分析、专题报告、白皮书等方式向行政机关通报情况。发现违反党纪或公职人员涉嫌违法犯罪线索的，依法移送纪检监察机关依规处理。

（三）建立党委领导、人大监督和政府支持下的协同监督履职模式

1. 争取党委领导、人大监督和政府支持。坚持重大问题、重大方案、重大政策报党委政法委请示报告制度，推动落实党委政法委统筹协调重大事项制度。对党委关注、群众反映强烈的突出问题，通过季度、年度或者专题分析，及时报告。构建数据汇聚共享和开放开发机制，增加监督效果。如江苏省连云港市海州区委常委会审议通过的《关于推进行政违法行为检察监督着力优化法治营商环境工作的实施办法》规定，行政执法机关向检察机关提供、开放执法数据、信息端口，各地可借鉴并推广。

2. 完善内部机制管理和指导。充分发挥“四大检察”各业务部门的耦合效应。加强检察长、部门负责人对一体融合履职的监督管理。强化线索移送、监督意见的跟踪问效考核，修改审查报告制作要求，没有线索移送的应当明确说明。根据最高检《关于推进行刑双向衔接和行政违法行为监督　构建检察监督与行政执法衔接制度的意见》，统筹推进行刑双向衔接和行政违法行为监督。完善配套制度，在统一业务应用系统中建立行刑衔接和行政违法行为监督模块，完善相应办案流程和统计工作。加快实施数字检察战略，指导推动分领域、分类别研发法律监督模型，提高类案监督能力。

3. 建立沟通顺畅、协同发力的外部环境。建立检察机关调查核实、意见落实的保障机制。通过与行政执法机关联合调研、共同编发典型案例等方式，统一认识，形成工作合力。协调建立行政机关对检察机关建议的反馈机制，完善建议不采纳报上一级检察机关，由上一级检察机关通报同级行政单位的工作机制。将行政违法行为监督的采纳情况纳入党政考核，积极争取纪检监察部门支持，对于有关单位不回复或不及时整改落实的，视情况建议监察机关依法依规处理。建立健全司法机关、行政机关各司其职、相互配合、相互制约的体制机制，强化沟通协调、协作配合、信息共享。运用现代信息技术实现人民检察院与行政执法机关之间司法、执法信息互联互通。

检察机关开展行政争议实质性化解的机制探索

徐智平　曹　杰　马宇飞*

摘　要　新时期法律监督主体框架下，行政检察是以行政诉讼监督这一口径切入展开，开展行政争议实质性化解不能仅局限在行政检察范围内，而应顺应“四大检察”融合发展之路。通过构建在微观层面由个案监督到类案监督、中观层面由参与治理到纠纷预防、宏观层面由系统治理到多元融合的工作模式，以“案结事了政和”为目标，建立从形式到实质上的化解判定标准和方法，从而高质效开展行政争议实质性化解工作。

关键词　行政争议化解　四大检察　有效性标准　立法建议

1989年，行政诉讼法颁布后，行政法学进入全新的发展阶段，随着行政复议法、国家赔偿法、行政处罚法等监督和控制行政权法律的陆续出台，管理论①解释日渐衰落。经济持续高速增长，社会利益主体呈现多元化，社会主体间利益对抗造成社会矛盾增多，行政争议日趋复杂化。

---

* 徐智平，江苏省徐州市鼓楼区人民检察院党组书记、检察长，三级高级检察官；曹杰，江苏省徐州市鼓楼区人民检察院党组成员、专职委员，一级检察官；马宇飞，江苏省徐州市鼓楼区人民检察院第六检察部副主任，一级检察官。

① 管理论是新中国成立初期行政法学的基本观点，主张行政法调整行政主体与行政相对人的关系，其重点是规范行政相对人的行为，保障行政管理的顺利进行，以建立和维护有利于提高管理效率、实现任务的法的秩序。

一、行政争议事实基础及问题切入

一般而言，行政争议由行政权的行使引发，行使过程中不仅会与行政相对人发生关系，还会与其他社会主体产生关联，本文所述是与行政相对人之间受行政法调整狭义范畴内的行政争议，故将其定义为行政主体在行使公权力过程中与相对人（公民、法人和其他组织）之间发生的，依据公法可以解决的争议。①

（一）行政争议事实基础及评价体系

可以说，行政权的行使是引发行政争议的基础，行政机关在作出行为时，即会出现两方面的问题，一种可以概括为对行政行为本身的评价体系，另一种则是对行政相对人产生的影响体系。

1. 行政行为评价体系。行政行为本身的评价体系中，正当行为乃合法行政行为，不当行为则包括行政机关作出行政行为时存在不履行法定职责、违反法定职责、认定事实不清、主要证据不足、适用法律错误等情形。参照笔者梳理的近两年本地区一审行政诉讼中行政机关败诉案件情况，因未履行法定职责或未依法履行法定职责而败诉的案件，占败诉案件总数近40%，主要集中在行政机关不履行补偿、赔偿职责以及政府信息公开案件中；因违反法定程序而被判决败诉的案件占比近35%，主要集中在城建拆迁和违建拆除类别中；因行政行为认定事实不清、主要证据不足而被判决败诉的案件占比近10%，主要集中在行政机关未能全面收集证据、未查清主要事实、未尽到审慎审查义务等。

2. 行政行为对行政相对人产生的影响体系。行政行为对行政相对人产生的影响体系表现为对其合法权益是否存在侵犯及价值影响状况。行政权行使过程中会对行政相对人的合法权益产生或多或少的影响，该评价体系引发的既有合法行政行为积极方面的影响，亦有不当行为消极方面的影响，甚至造成行政相对人权益的侵害。换言之，行政机关的正当行为与不当行为均会影响行政相对人的权益。

---

① 参见杨书翔：《论行政争议——兼论行政争议与民事争议之区分》，载《西南政法大学学报》2004年第1期。

（二）行政行为问题引入

行政行为及其对相对人产生的影响是行政争议的事实基础，并作为问题引入从而引申出不同类别视角下的行政争议化解方式。同时，由于行政行为的多样，一个复杂的行政行为经常体现为一系列行政行为组成的一个行政过程，如在作出最终行政处分前会有一些预备性、程序性和阶段性的行政行为，或某些可以被拆分的行政行为，如包括征地批复、发布征地公告、进行征地补偿登记、签订补偿协议或者作出补偿决定、责令交出土地等的征地行为，行政相对人认为各个阶段或各行为之间对其权益有侵害，则与行政主体产生争议纠纷，而同一根源下的争议纠纷还会形成不连贯性或阶段性的矛盾分解，围绕基础纠纷产生衍生纠纷。①

二、不同视角下的行政争议化解方式

如果说行政权的行使是行政争议产生的事实基础，那么行政争议则是构成行政复议、诉讼、申诉的事实基础。争议事实性问题引入后，对化解方式进行当事人、法院、检察机关三种类别视角化的分析与对比，有助于构建实质性和表层性的区分标准，以取得行政争议实质性化解的更优解。

（一）当事人视角下可寻求的化解方式

行政相对人鲜少会对被侵害的自身权益漠视不理或消极处理，一般主动采取行政申诉、行政信访、行政复议、行政诉讼等方式维护权益。行政申诉与行政信访虽在受理、裁决等程序方面更为灵活、宽泛，但各地的申诉、信访程序没有统一明确的规范性文件来调整，受案范围、处理时限上也是由处理机关自由掌握。行政复议的受理机关也为行政机关，但无论是受案范围、管辖、审查期限等，与行政诉讼一样受法律严格明

① 如笔者办理的郝某某申请行政检察监督案，行政机关对被征收房屋面积认定错误继而导致补偿金额认定错误，郝某某针对行政机关的拆迁行为提起四个诉讼，分别为：撤销征收决定之诉、撤销征收补偿决定之诉、撤销面积认定之诉、确认强拆违法并赔偿之诉。

确的法定程序调整。行政诉讼受理机关为人民法院，不过其与行政复议一样，裁判处理和复议结果存在单一性，有时确认行政行为违法并不能直接引出赔偿程序，二相分离的操作被控制不当反而不利于矛盾化解。尤其当行政相对人采取矛盾分解式策略，衍生纠纷并不会有助于基础纠纷的解决。

（二）法院视角下可寻求的化解方式

法院一般采用诉前调解和诉中调解两种化解争议方式，调解是相对弱化而非否定合法性审查作为的方式，行政诉讼法中规定，除行政赔偿、补偿以及行政机关行使法律、法规规定的自由裁量权的案件外，人民法院审理行政案件不适用调解，显然诉前调解的范围和程序比诉中调解要广泛得多，因此法院依托诉前调解和诉中调解化解争议纠纷时侧重略有不同。诉前调解包括两种情形：一种具有法院审理性质，即立案庭法官调解或与人民陪审员、调解员共同调解；另一种不具有法院审理性质，即在人民调解工作室进行调解。①

（三）检察机关视角下的化解方式

全面深化行政检察监督是新时代检察机关履行法律职责的要求，修订后的《人民检察院行政诉讼监督规则》（以下简称《监督规则》）对实质性化解行政争议的原则、方式等内容予以增加，进一步明确行政诉讼监督案件“一案三查”的办案思路，为规范化解矛盾纠纷、实质解决行政争议奠定基础。现阶段单一的监督纠错模式已难以适应多元化纠纷解决需要，检察机关可以充分发挥接近群众、熟悉情况的优势，克服再审的局限性和司法裁判的僵硬，引导当事人从诉讼对抗走向非诉协商，实现定分止争、化解矛盾。与监督阶段相比，检察机关在复议阶段与审判阶段并非处于主导地位，因此须由行政机关、人民法院邀请介入，一则

① 近两年，笔者所在地区一审行政法院与市辖11个县（区）市政府共同组建行政争议协同化解工作站，实现协同化解工作全域覆盖。法院通过诉前移送工作站协调案件，实现实质性化解争议纠纷，经工作站调度指导，原告在诉讼中主动撤诉的案件占结案总数的36%。

通过发挥调查核实优势，弥补非实质性审理时对行政争议处理带来的影响，二则通过调查核实和专业判断优势，弥补行政复议书面审查的不足。

三、对行政争议实质性化解的探索

以各类别视角化的方式对比其可选择的方式，不难看出，法院、检察机关作为法治体系中的实践代表，不能抛弃法律的形式主义特征，但行政相对人却可以更有具象化的实质内容。法院借助诉前调解与检察机关借助检察听证、司法救助、检察建议等手段是形式规范对实质性维度的适当嵌入，而检察机关的做法更具有灵活性与多元性，亦是对实质性化解行政争议的有益探索。

（一）"穿透+融合式"实践探索的理解

近两年，笔者所在地区一审行政诉讼办结案件中，经"协调"原告主动撤诉案件占结案总数近40%，检察机关通过"穿透+融合式"的监督探索新路径。"穿透"即为不仅将精准、智慧、双赢多赢共赢等理念要求贯穿案件受理、办理、争议化解等各环节，还聚焦开展"诉前协同化解"，对内部、原始、深层次问题进行逐层剖析，将行政诉讼监督权进行延展。"融合"即为行政诉讼监督沿袭行政审判"合法性审查"思路的一个转向，在尊重行政权、审判权边界的前提下，立足检察职能，按照符合法律、公益、平等保护原则的要求，在行政检察中建立多方位沟通协作、源头办案等柔性参与行政矛盾纠纷化解的融合发展之路。

（二）"穿透式"监督理念在行政争议化解工作中的运用

《监督规则》中将精准监督、"穿透式"监督、智慧监督、双赢多赢共赢等理念要求贯穿其中，而"穿透式"监督无疑是对内部、原始、深层次问题进行逐层剖析的行政诉讼监督本权的延展。如办理的监督某区住房和城乡建设局、某街道办事处违法强拆一案，有5起行政强拆行为已相继被人民法院生效裁判确认违法后，行政机关却仍未赔偿，行政相对人继而提起行政赔偿之诉，行政机关面临败诉风险。检察机关以社会治理检察建议的方式进行监督，通过建议行政机关改进工作、完善治理，促成行政机关主动向4名行政相对人作出赔偿决定、与1名行政相对人达成和解协议，法院据此分别裁判驳回原告起诉、准予原告撤诉。通过发挥行政检察“一手托两家”的作用，“穿透式”监督一方面撷取个案，从具体案件出发化解行政争议；另一方面汇聚类案，成为检察机关参与社会治理的内生动力。

（三）“融合”发展理念在行政争议化解工作中的运用

现代法治越来越强调“主体间性”和“沟通理性”，在检察机关“四大检察”格局中，作为行政诉讼监督沿袭行政审判“合法性审查”思路的一个转向，在尊重行政权、审判权边界的前提下，立足检察职能，按照符合法律、公益、平等保护原则的要求，在行政检察中建立多方位沟通协作、源头办案等柔性参与行政矛盾纠纷化解的融合发展之路，已成为新时代法治构建的重要一环。如前移矛盾化解端口，发挥检察机关“第四方”作用，与区司法局形成化解、协作、救助、监督立体化多维度的工作体系，既维护行政相对人的合法权益，又“抓前端、治未病”，推动社会治理。同时，积极发挥调查核实权，深度挖掘“潜在之诉”，对客观事实存在但违法性尚未经确认的个案，建议行政机关主动审视，积极与行政相对人沟通和解，避免行政败诉风险和引发涉众型行政诉讼或信访维权。

四、新时代“四大检察”“全领域 + 全过程”行政争议化解机制

实践中产生行政纠纷的风险点往往交叉互涉，如刑事领域方面公安机关违法行使职权造成行政相对人被错误抓捕并承担刑事责任，民事领域方面因行政机关违法或错误行使职权造成相邻权人产生纠纷，行政领域方面行政机关违法行使职权或者不行使职权的法律监督等均可能存在，因此需要创新推动检察机关在微观、中观、宏观三个层面，建立融合贯穿“四大检察”的“全领域 + 全过程”新型工作模式。

（一）微观层面：个案监督 + 类案监督

个案监督中，对于双方有化解意向的，检察机关可以参与化解过程；对于未能达成和解且申诉方不撤回监督申请的，可通过抗诉或检察建议

的方式促进争议解决；若行政生效裁判、审判程序、执行活动并无不当，当事人的诉求合法合理却因“程序空转”等问题未予审判的，可采取“依职权监督”促调行政争议；对于因行政行为不合理侵害相对人合法权益的，应监督行政机关依法予以实体纠正。此外，针对当事人权益受损情形采取不同调处策略，对于生活确有困难、造成心理负担压力，行政争议耗时久远未得到实质处理的，可通过司法救助或心理疏导给予适当帮助，召开检察听证广泛听取各方意见确保依法正确处理案件，或借鉴替代争议解决方式 ADR,① 借助第三方力量提升整个化解过程的社会纵深度。同时，对一定时期内案件性质相同、情节相似的行政纠纷开展分析比对，加强类案问题的发现、梳理、研判、处理、落实、总结，建立三级院一体化类案监督、类案监督研究团队、类案监督考核指标、检察机关与法院类案指导衔接等机制。

（二）中观层面：参与治理 + 提前预防

综观行政争议产生的事实基础，不难发现行政机关在执法及解纷过程中仍然存在一些深层次、普遍性、倾向性的问题，精细治理、人性化执法意识、服务理念、运用法治思维、法治方法、分类施策解纷能力均有待进一步提升。如执法过程中未能关注细节、规范程序、统一尺度，表现为取证单薄、调查过简、定论武断、文书粗劣；对当事人提出的政府信息公开等履职申请，未能充分履职、及时答复；应诉答辩时敷衍塞责，未能围绕原告起诉合法性、行政行为合法性、诉讼请求能否成立等关键争议点有效回应；对于行政相对人不同权益受损采取“一刀切”的处理方式，导致陷入处理事但不解决事的尴尬境地。检察机关不仅是国家法律监督权的实施者，还是社会治理的重要参与者,② 可以运用检察建议分别从填补执法漏洞、纠正违法行为、参与社会治理、维护公共利益四个角度，通过改进工作类监督、违法性监督、社会治理类监督、行政

---

① 参见范愉主编：《ADR 原理与实务》，厦门大学出版社 2002 年版，第 54 页。ADR 起源于美国，现已引申为对世界各国普遍存在的、民事诉讼制度以外的非诉讼纠纷解决程序或机制的总称。

② 参见赵辉：《试论新时代行政检察权能》，载《行政法研究》2019 年第 12 期。

公益诉讼监督促进行政机关执法水平及解决争议纠纷能力的加强，发挥行政检察在化解社会矛盾，促进行政机关规范执法、健全制度、防范重大社会风险方面的作用。

（三）宏观层面：系统治理+多元融合

系统治理一个重要方面就是社会多元主体参与，构建全民共建共享的治理格局。检察机关可通过召开听证会、座谈会等方式听取意见，化解行政争议。在此过程中，一方面，征求公众对相应治理领域的建议，不断提升行政过程中民主参与度、治理方式的针对性以及执法行为的可接受性；另一方面，促使行政机关将民法典的理念和要求融入行政执法过程，将民法典所确认的权利作为公权力行使的边界。有时行政机关在实施重大执法活动时缺乏风险防控意识，尤其实施城建等重点领域重点项目前忽视法律论证把关、未能超前研判，造成项目启动后引发较多争议疲于应诉，检察机关可以开展前端把关与排查帮助行政机关提升执法水平，及时发现群众举报、投诉、报警、申请信息公开等环节背后潜在的行政争议。坚持和发展新时代“枫桥经验”，利用检察机关法律监督的优势，整合行政机关、法官、律师等多方力量，积极采取法律、社会、道德等多维途径及时就地化解行政争议，下沉至街道社区了解社情民意或进驻法院诉前调解程序中的协同化解工作站，调配整合协调纠纷。

五、行政争议实质性化解的有效性标准及立法建议

（一）有效性标准

《行政诉讼法》第1条提出行政争议化解作为其立法目的之一，但纵观该法却并未指明化解阶段和实质性化解标准及方法，实务上也充斥着程序空转的“陪跑”悖论。《人民检察院开展行政争议实质性化解工作指引（试行）》（以下简称《工作指引》）中明确标明五种化解标准，可以概括为监督采纳、达成和解、撤回申请三类，但适用条件是在“人民检察院办理行政检察监督案件”中，明显受到限缩。无论是理论还是实务中，并没有给出评判行政争议化解的有效性标准和判定方法，而对“实质性”的理解亦掺杂非理性的因素，因此应当从理性监督、感性融

合、客观评价、主观能动的角度出发，构建以社会系统论为基础，以行政管理体系为架构，以“四大检察”“全领域＋全过程”覆盖式新型工作机制为指引，以“案结事了政和”为核心的行政争议化解有效性的可行标准。

1. 形式标准要素。形式标准，可以具化为化解方案、法律文书、文件制度。这一标准的提出实际上是对《工作指引》中五种化解标准引用的延伸，即检察机关提出抗诉或者检察建议后被法院或行政机关采纳、各方当事人达成和解、申请人提出撤回监督申请或作出息诉承诺、检察机关与行政机关形成工作机制文件、行政机关自身完善规章制度填补管理漏洞等情形。

2. 实质标准要素。实质标准，其运用的主体应当是以检察机关为主导并协同多方力量，构建跟踪核查、制度落实、问责惩戒为指标的标准模型。实质标准是核心标准和根本目的，满足形式标准要素后需要进一步对是否实质上解决争议进行跟踪核查。另外，还需要在社会管理体系的架构下，按照职权划分、层级设置对行政管理机构、管理人员、管理制度、管理权限进行深度挖掘，加大问责惩戒力度。

3. 具体判定方法。评估、审查行政争议实质性化解的有效性，基本方法就是按照从形式到实质，先从化解方案、法律文书、文件制度指标评估审查相关案件材料，再从实质角度评估审查跟踪核查、制度落实、问责惩戒指标。常规方法侧重于形式标准的指标判定，也是跟踪核查的常用方法之一，主要通过材料审查方式展开；飞行检查是跟踪检查的一种形式，通常由上级检察机关或本级检察机关的案管部门开展，即事先不通知办案检察机关、承办部门或行政机关、行政相对人而实施的一种具有临时性质的检查措施，通常采取约谈走访形式开展，以提升案件核查评判客观性、跟进化解方案落实与后续进展、加强对规范性文件和制度性问题的监督、纠察问责填补漏洞。

（二）相关立法修缮建议

根据上述提出的“四大检察”“全领域＋全过程”覆盖模式、判定有效性化解行政争议的标准和方法，对行政诉讼法以及相关司法解释、检察机关办案规则等修缮提出如下建议。

1. 完善行政诉讼法相关内容。在《行政诉讼法》第 11 条“人民检察院有权对行政诉讼实行法律监督”的基础上增加第 2 款内容，如：“人民检察院在履行职责中发现行政争议化解可能性的，应当开展化解工作。”

2. 增加相关司法解释。增加行政诉讼法司法解释相关条款，如：“人民检察院在履行法律监督职责中，对行政复议、申诉、裁判结果监督、审判程序、裁判执行、非诉执行等环节发现的有行政争议化解可能性的案件，应当开展化解工作，促进案结事了政和。”

3. 检察机关办案规则的修改与完善。《监督规则》或《工作指引》内增加相应条款，明确“四大检察”协同化解行政争议。如将行政争议实质性化解的概念扩充为“是指人民检察院办理刑事、民事、行政、公益诉讼检察监督案件……”，并增加对行政争议化解判定的有效性标准及方法。

公益诉讼检察

行政公益诉讼起诉前程序司法化的理论辨析与制度构建

徐　贝*

摘　要　行政公益诉讼起诉前程序具备司法程序的本质属性、司法活动的基本特征、相对独立的司法价值。基于起诉前程序的非终局性特点，应当采取适度司法化，在坚持客观公正、权力制约理念的基础上，明确合法性监督原则，将违法程度和履职空间作为酌定要件，将磋商作为制发检察建议的程序要件，建立完善起诉前程序回避、异议提出、复议复核、程序公开等制度，推动优化起诉前程序的法律效率，构建完善符合司法化趋势的行政公益诉讼起诉前程序制度。

关键词　行政公益诉讼　起诉前程序　司法化

司法化是相对于行政化而言的。检察机关提起行政公益诉讼制度建立以来，起诉前程序在制度实践中发挥着重要作用。但程序单向性、封闭式、行政化运行特点较为突出，制约着起诉前程序功能的有效发挥。[①] 有必要对行政公益诉讼起诉前程序进行必要的司法化改造，最大限度激发起诉前程序的内在动力和制度功能。

---

* 徐贝，重庆市人民检察院检察十部二级检察官助理。

① 参见赵德金、张源：《行政公益诉讼诉前程序司法化改良》，载《社科纵横》2021 年第 5 期。

一、行政公益诉讼起诉前程序司法化的立论基础

行政公益诉讼起诉前程序司法化是指在起诉前程序办案中充分借鉴和吸收司法程序和标准，公开、公平、公正作出决定，提升起诉前程序权威性和公信力的过程。① 其立论基础，可从本质的规定性、特征的符合性、价值的彰显性等维度加以构建。

（一）起诉前程序具备司法程序的本质属性

司法程序是指司法机关的办案程序，包括起诉前、起诉、审判和执行等不同程序内容。其中，起诉前程序是指诉权主体提起诉讼之前，由司法机关实施的特殊案件办理程序，包括民事诉前调解程序、刑事侦查和审查起诉程序、公益诉讼起诉前程序等。行政公益诉讼起诉前程序实施主体、方式均体现出司法程序属性。一是主体为司法机关。检察机关作为我国重要司法机关，是行政公益诉讼起诉前程序唯一的启动和实施主体，行使对行政违法行为和不作为的法律监督权，被视为司法监督行政的有力举措。二是形式为司法办案。行政公益诉讼立案是开展起诉前程序的前提，检察机关在调查核实、制发检察建议、跟进调查等一整套流程中推进案件办理，反映出司法权行使、司法案件办理的本质。起诉前程序可以视为行政公益诉讼司法体系中的“非诉程序”。三是内容为司法审查和判断。司法的本质为法的适用，是司法机关对案件事实和证据的审查和判断。行政公益诉讼起诉前程序，实为检察机关在个案中运用法律等对行政机关履行法定职责的合法性、及时性问题开展审查，并依据审查结果作出起诉前程序处置决定。

（二）起诉前程序具备司法活动的基本特征

与行政机关公共事务管理和执法活动相比，司法活动呈现出三个显著的特征：一是绝对的中立性。与行政权行使具有明显的倾向性不同，司法权是对法律执行和遵守中产生的各类法律适用纠纷进行终局性裁判，

① 参见朱全宝：《诉前程序司法化：法理、功能与路径》，载《人民检察》2021 年第 7 期。

必须保持绝对中立。行政公益诉讼起诉前程序办案，要求检察机关秉持客观公正立场，以事实为依据、以法律为准绳，全面调查案件事实、收集证据，依法行使职权，独立作出决定，体现出司法追求公平正义的核心价值取向。二是原则上的公开性。司法权直接关涉公民基本权利保障，必须在阳光下运行。① 在起诉前程序办案中，检察机关注重引导公众参与，建立宣告送达、案件公开听证、专家论证等制度，体现出程序的公开性和透明性。三是严格的规范性。司法尤其强调办案的程序性和规范性，案件的启动程序、证明标准、认定规则以及案件当事人程序性权利、权利救济措施等均应当明确具体。《人民检察院公益诉讼办案规则》（以下简称《规则》）已初步构建起起诉前程序办案规则体系，立案条件、调查核实、调查后的处置方式等均有了明确的规定，未经立案、调查核实等程序不得制发检察建议，体现出严格的制度性和规范性。

（三）起诉前程序具有相对独立的司法价值

程序设计是否具有独立的司法价值，关键看能否在司法模式的轨道下解决法律适用的争议纠纷问题，是否有利于优化司法权配置、完善司法制度。行政公益诉讼起诉前程序的司法价值体现在以下三个方面：一是权力制衡价值。在中国特色社会主义检察制度体系下，检察权具有监督行政权与审判权行使的价值。通过起诉前程序的设置，赋予检察机关对依法行政的监督权，赋予人民法院对行政纠纷的最终裁判权，赋予行政机关自我纠错的自主权，从而清晰地界定三者的权力内容。二是司法秩序价值。起诉前程序体现为司法权对行政权的监督，诉讼程序则反映出司法权与行政权的对抗。起诉前程序并不必然以诉讼程序为终点，具备有别于诉讼的管辖规则、办案程序、办案标准、结案方式，是检察权监督行政权的独立运作方式，对于维护行政法律秩序具有特殊价值。三是司法效益价值。优化制度设计需平衡不同的法律价值目标，追求司法耗费与司法收益的最大比。起诉前程序的设置体现的是对公平与效益价值的平衡，以柔性的建议方式和刚性的诉讼保障，在检察机关和行政机

---

① 参见马方飞：《优化制度设计完善行政公益诉讼诉前程序》，载《检察日报》2019年7月7日。

关之间建立起良好的沟通渠道，有利于降低司法办案成本，实现行政公益诉讼案件的合理分流。

二、行政公益诉讼起诉前程序司法化的实践意义

行政公益诉讼起诉前程序同时具备办案和监督的属性，加强其司法特征既是处理好二者关系的内在要求，也是突破行政公益诉讼实践困境、实现行政公益诉讼制度价值的现实需要。[①]

（一）宏观层面：有利于加强检察机关法律监督

行政公益诉讼制度的确立，旨在以司法程序的构建加强对依法行政的监督。在国家权力结构中，检察权（法律监督权）是司法权与监督权体系的融会贯通，[②] 司法权是监督权的基础和监督刚性的保障。其一，司法权在办案中运行的特点决定了起诉前检察监督是具体的监督而非抽象的监督。与人大监督、民主监督及舆论监督等不同，检察机关的法律监督权紧紧依托办案实施，在办案中监督，在监督中办案。起诉前程序的案件化推进，形成对行政违法和行政不作为问题的个别的、具体的监督，更具针对性和指向性。其二，司法的权威性决定了起诉前检察监督是强制监督而非任意监督。司法权具有高度的集中性、法定的权威性、程序的强制性。《行政诉讼法》第 25 条第 4 款中“应当向行政机关提出检察建议”的立法用语表明，以检察建议方式监督依法行政是检察机关必为之法定职责，是具有强制性的监督。其三，司法的法律保障性决定了起诉前检察监督是具有特殊法律效力的监督。与其他类型检察建议用于配合、补充诉讼活动的从属性不同，检察建议以提起诉讼为保障，检察机关对行政机关立案、调查、制发检察建议等均非普通的工作协商或提示，每个环节的处置均具备一定的法律后果和司法约束力。

---

① 参见刘家璞、王浩：《行政公益诉讼诉前程序如何适度司法化》，载《检察日报》2022 年 1 月 13 日。

② 参见苗生明：《新时代检察权的定位、特征与发展趋向》，载《中国法学》2019 年第 6 期。

（二）中观层面：有利于完善行政公益诉讼制度

完善公益诉讼制度，重在完善行政公益诉讼制度，推动起诉前程序司法化是关键。其一，起诉前程序司法化有助于构建完善起诉前程序制度体系。以司法化为引领，吸收借鉴传统司法制度和诉讼制度的合理元素，构建具有司法特征的起诉前程序制度，能够推动从立案到结案闭环式办案流程和规则的细化完善。其二，起诉前程序司法化有助于实现起诉前程序与诉讼程序有序衔接。作为非典型性的司法程序，行政公益诉讼起诉前程序与诉讼程序之间存在天然隔阂，体现在管辖衔接、证据衔接、诉请与建议衔接、起诉人与监督者之间的关系等多个方面。推动起诉前程序司法化，强化其司法属性、淡化其行政属性，能够更好实现两种程序的衔接，保障诉讼程序的顺利推进。其三，起诉前程序司法化有助于发挥起诉前程序制度功能。引入司法多方参与、司法平等协商、当事人权利保障等机制，从而改变起诉前程序的单向性结构和封闭化色彩，构建监督与协同高度统一、公平与效率有机结合的制度模式，能够最大程度地推动诉前阶段实现诉讼意图的效果。

（三）微观层面：有利于高质效办好每一个案件

办案是检察机关实施法律监督的基本方式，是彰显监督效能的重要途径。[①]“高质效办好每一个案件”是新时代检察办案的基本价值追求。行政公益诉讼办案的高质效不仅体现为诉讼案件质量，也体现为诉前监督的精准性，不仅要求实体公正，也强调程序正当。起诉前程序的司法化有利于提升行政公益诉讼办案质效。其一，司法化是实现精准监督的重要依托。借鉴司法程序中的对抗性、公开性等因素，以严格的法定程序规则约束检察监督权的运行，借助行政机关抗辩和第三方监督倒逼检察机关依法、规范办案，是实现精准监督、确保实体公正的应有之义。其二，司法化是实现程序公正的客观要求。起诉前程序缺少庭审举证、辩论等环节，被监督者的参与程度和抗辩机会较为有限，知情权保障不

① 参见检察日报社评：《强化法律监督要以办案为中心》，载《检察日报》2018年5月21日。

足，影响被监督者对检察机关法律监督的接受度、认可度。依法保障被监督者表达意见和提出异议的权利，有利于实现程序公正。其三，司法化是提升办案公信力的必要途径。司法权威源于社会公信。封闭式的办案模式容易引起社会公众对办案的质疑、误解，赋予社会公众知情权、参与权和监督权，既是实现实体正义和程序正义的必然要求，也有利于提升司法公正在人民群众心中的可感度。

三、行政公益诉讼起诉前程序司法化的理念塑构

基于检察权运行的程序性和非终局性特点，起诉前程序的司法化改造不能照搬诉讼程序制度，应当有所取舍、保持适度。在此基础上，应当重点把握以下几点：

（一）坚持客观公正的基本立场

客观公正的基本要义是以事实为依据、以法律为准绳、以证据为核心，不因为行政机关抵触、敷衍、塞责而有所偏颇，不受其他案外因素的影响。具体而言，在起诉前程序办案中，检察机关制发检察建议应当坚持案件事实清楚，证据确实、充分的证明标准，只有达到足以提起行政公益诉讼的事实和证据标准，才能依法制发检察建议。检察建议载明的事实都应当有证据支撑，且应当在检察建议书中列举并作必要充分的阐述，检察建议书中未列举的证据不得作为后续行政公益诉讼中证明建议制发前存在案件事实的证据。调查核实应当坚持全面调查收集行政机关违法履职或者不作为、公共利益受损的证据，除仅由行政机关自身掌握的证据外，不得推定行政行为违法，将诉讼的举证责任转嫁给行政机关。检察机关开展起诉前磋商的，行政机关在磋商环节对于案件事实的“自认”不得作为制发检察建议的依据。检察机关审查案件，应当注重听取公益保护所涉及第三人对案件处理的意见，谨慎对待利害关系人证言的证明力；对于专业领域公共利益是否受损的判断认定，应当有专业、客观、科学的鉴定评估，不得作主观臆断。

（二）坚持权力制约的法治理念

在司法诉讼中，对抗性是基本特征。赋予当事人广泛的异议权和抗

辩权，由双方通过举证、质证等程序分别主张各自观点和诉求，有利于保障当事人合法权益，防止司法权滥用、维护司法公正。[①] 行政公益诉讼起诉前程序仅涉检察机关、行政机关两方诉讼主体，未形成完整的“控辩审”三方结构，不能如传统诉讼案件般由人民法院进行居中裁判。实际上，检察机关在起诉前程序办案中处于绝对的优势地位，主导着案件的走向，从案件立案到调查核实、从开展磋商到制发检察建议、从跟进监督到提起诉讼均呈现出显著的单一性结构特征，起诉前程序的启动、调查核实后的处置等都由检察机关自行决定，形成检察机关相对强势、行政机关相对弱势的局面。[②] 在此程序结构中，被监督行政机关作为案件当事人，起诉前程序权利难以有效保障，与司法活动的对抗性要求不匹配、不协调。对此，起诉前程序的构造应当进一步引入权力制约理念，依法引导多方参与，既要扩大被监督者的诉前权利，也要保障社会公众对司法办案的监督权。

（三）坚持可诉性的本质要求

起诉前程序作为非诉讼程序，无论如何司法化，都不具备司法的终局性。要实现对行政违法行为（不作为）的纠正和对公共利益的保护，还须以诉讼的形式、以法院裁判为依托，实现终局性裁判。实践中，不少案件不具有可诉性，有的案件行政机关不具备履职空间，有的案件属于治理类漏洞、缺乏行政违法性，有的案件事实不清、证据不足，导致检察机关针对行政机关未按照检察建议整改落实的情况，也无法提起行政公益诉讼，起诉前程序案件只能“不了了之”，对检察监督的权威和刚性造成损害。作为具有中国特色的司法制度创新，在以起诉前程序督促依法履职作为常态的同时，也必须坚持以司法诉讼的形式作为行政公益诉讼的最终走向和刚性保障。要求具备可诉性，是公益诉讼检察建议区别于其他类型检察建议的本质特征，也是公益诉讼起诉前程序向诉讼程

---

① 参见刘家璞、王浩：《行政公益诉讼诉前程序如何适度司法化》，载《检察日报》2022 年 1 月 13 日。

② 参见王春业：《论行政公益诉讼诉前程序的改革——以适度司法化为导向》，载《当代法学》2020 年第 1 期。

序转化的必要条件。检察建议的制发必须坚持案件达到可诉性的标准，确保起诉前程序与诉讼程序能够有效、畅通衔接，以诉的确认体现司法价值引领。

四、行政公益诉讼起诉前程序司法化的制度构建

推动行政公益诉讼起诉前程序司法化，理念塑造是基础，制度构建是关键。应当把握行政公益诉讼的特殊司法规律，构建完善符合司法活动一般特征、迎合司法化趋势的起诉前程序制度，以制度化保障和推动司法化。①

（一）明确起诉前程序办案标准

起诉前程序制度不完善首先在于办案标准不明确。《规则》虽然对行政公益诉讼立案和制发检察建议的条件作出了规定，但还不够细化。在将“行政机关不依法履职＋公益受损”作为起诉前程序启动的基础条件外，还应当进一步细化完善。一是明确合法性监督原则。行政诉讼以审查行政行为的合法性为主。同理，检察机关在行政公益诉讼起诉前程序办案中，应当以监督合法行政为重点、监督合理行政为补充。对于公益保护领域不具有明显违法性的行政不当行为、不合理行为，检察机关介入监督应当慎重。二是明确将违法程度和履职空间作为酌定要件。对于行政机关违法情节轻微并对其负有的法定职责予以认可的案件，检察机关可以不制发检察建议，通过磋商等柔性方式及时推动履职整改，以更快实现纠正违法和保护公益之目的。对于行政机关已穷尽行政监管措施仍无法推动问题解决的情况，应当视为行政机关已经依法履职，原则上不启动起诉前监督程序。三是明确将开展磋商作为制发检察建议的程序要件。实践证明，磋商制度在推动行政公益诉讼案件繁简分流方面发挥着重要作用，有必要将其作为行政公益诉讼起诉前程序的前置步骤，明确未经磋商，不得制发检察建议。

---

① 参见余敏、宋国强：《行政公益诉讼诉前程序的司法化》，载《人民检察》2020年第9期。

（二）健全起诉前程序办案规则

当前，《规则》对被监督行政机关程序权利缺乏规定，亟待构建完善。一是建立起诉前程序回避制度。目前，《规则》未规定起诉前程序中行政机关享有的回避申请权，实践中办案人员遇到与案件处理有利害关系等应当回避的事由，如何处理不明。有必要在起诉前程序中增设回避制度，明确回避情形、对象、事由、申请和决定程序等。二是保障行政机关的异议权。检察建议应当告知被建议行政机关对建议内容提出异议的权利，并明确提出异议的规定期限和具体方式，提出异议应当以书面形式进行，检察机关收到异议文书后应当及时审查，必要时可以当面听取意见，并作出决定。三是探索建立检察建议复议复核制度。参照刑事诉讼中侦查机关对检察机关决定不捕不诉案件的复议复核规定，明确由本级复议、上一级复核。① 检察机关针对复议申请，应另行指派检察官办理，经审查认为不符合制发检察建议条件或认定的事实存在错漏的，应当变更或者撤回；认为复议理由不成立的，应当维持原建议并说明理由，被监督单位可以进而申请复核。

（三）优化起诉前程序法律效力

除了检察建议未得到整改落实的可诉性外，关于起诉前程序的法律效力问题，法律、司法解释均未作出规定，检察机关开展调查核实、磋商的属性及检察建议的程序效力不明确，影响起诉前程序与诉讼程序的衔接。应当优化起诉前程序法律效力，赋予其必要的约束力。一是明确磋商的性质。磋商并非法定办案程序，通常被视为行政公益诉讼的调查核实手段之一。从磋商制度的运行实践看，磋商也体现出较强的司法协商性质。案件开展磋商推动行政机关履职后不再制发检察建议，不等同于磋商具有与检察建议等同的法律效力。需要指出，磋商意见书实际为司法协议，未得到落实的情形下不产生案件的可诉性，不得以磋商意见书替代检察建议书。二是强化调查核实的司法调查属性。检察办案中的

---

① 参见杨淑雅、岳启杰、刘淼：《行政公益诉讼诉前程序司法化研究》，载《中国检察官》2020 年第 13 期。

调查核实权本质上属于司法调查权。除刑事案件的调查外，司法调查不具备对人、对物的强制措施，有必要强化司法调查保障，明确有关单位和个人拒不配合、暴力阻碍或以其他方式干扰公益诉讼调查取证的法律责任，① 赋予检察机关对破坏司法办案秩序的行为予以司法处罚的权力。三是赋予检察建议司法既定力。检察建议回复期内行政机关未就案件事实提出异议的，审判环节可以推定其认可，检察机关无须举证证明，除非存在相反证据。检察机关认定行政机关在起诉前阶段整改到位予以结案后，不得以同一事实径直提起诉讼。对于整改周期较长的案件，可以探索以司法确认形式赋予检察建议强制执行力。

（四）完善起诉前程序公开制度

实践中，检察机关办理行政公益诉讼案件，已较多通过宣告送达、公开听证、志愿者参与等方式推动案件公开化办理，但仍存在制度化、规范化不足的问题，应当健全办案公开制度，以公开促精准，以精准促公正。一是完善检察建议宣告式送达和文书公开制度。应当明确，除涉及国家秘密等特殊情形外，提出检察建议原则上应采用宣告模式，邀请第三方代表见证，由检察官当场宣读并开展释法说理，同时向社会公开建议文书。二是完善起诉前程序公开听证制度。听证制度具有公开性、对抗性特征，起诉前程序引入听证制度有助于检察机关准确把握案件关键问题，提升办案的精准性。② 完善听证程序，应当明确由办案人员之外的其他检察人员主持听证，由办案人员与行政机关参加听证人员就案件事实和证据进行举证质证和现场辩论，听证结果作为决定是否制发检察建议、提起诉讼的依据。三是完善检察公益诉讼志愿者参与办案制度。明确志愿者参与范围和流程，丰富志愿者参与渠道和方式，强化志愿者参与办案保障，规范引导志愿者参加案件调查、对案件处理提出意见。对于志愿者提供线索的案件，检察机关原则上应当邀请其参与办案，及时向其反馈办案进展。

---

① 参见谢惠、程竹松：《行政公益诉讼诉前程序刚性问题与解决路径》，载《知与行》2022 年第 1 期。

② 参见王春业、强珺婕：《行政公益诉讼诉前程序司法化制度设计》，载《人民检察》2021 年第 7 期。

论行政公益诉讼中行政机关“不依法履行职责”的认定

——基于183份裁判文书的实证分析

龙婧婧*

摘　要　行政公益诉讼中行政机关“不依法履行职责”的认定是检察机关提起诉讼的根本依据，也是法院审理的争议焦点。司法实践中，检察机关、行政机关和法院三方主体对“不依法履行职责”的理解不同，认定存在差异。究其原因在于，行政机关履职的范围不明确、履职期限设定不合理、对行政机关的抗辩理由重视不够和三方主体对“不依法履行职责”认定标准不同。对此，完善行政公益诉讼中行政机关“不依法履行职责”的认定路径，应明确界定行政机关依法履行的职责，设定弹性的履职期限，重视行政机关抗辩事由，采用复合性实质判断标准。

关键词　行政机关　行政公益诉讼　不依法履职

《行政诉讼法》第25条第4款规定，人民检察院在履行职责中发现生态环境和资源保护、食品药品安全、国有财产保护、国有土地使用权出让等领域负有监督管理职责的行政机关违法行使职权或不作为，致使国家利益或者社会公共利益受到侵害的，应当向行政机关提出检察建议，

* 龙婧婧，中共湖南省委党校副教授。

督促其依法履行职责。行政机关不依法履行职责的，人民检察院依法向人民法院提起诉讼。这一规定既标志着行政公益诉讼的正式确立，又明确了检察机关提起行政公益诉讼应以“行政机关不依法履行职责”为依据，还表明法院裁判焦点为行政机关是否依法履职。本文在裁判文书网上以“行政公益诉讼”“依法履行职责”为关键词，以2017年至2023年12月为期间，排除指定管辖、移送管辖等不涉及实体问题的裁判文书，共收集实际有效裁判文书183份。本文将以上述183份裁判文书为样本，归纳分析检察机关、行政机关、人民法院对“不依法履行职责”的认定现状，以及造成此现实情况的原因，并在此基础上探究明确“不依法履行职责”的建议路径。

一、行政公益诉讼中行政机关“不依法履行职责”认定的现实情况

（一）检察机关对行政机关“不依法履行职责”的认定

从183份行政公益诉讼案件裁判文书，可以归纳出检察机关因认定行政机关“不依法履行职责”而提起行政公益诉讼的主要情形，其中部分案件存在两种或两种以上情形。

一是检察机关认为行政机关的履职方式不符合法律规定。在选取的183份裁判文书中有70份都是基于此理由。如“荆门市东宝区人民检察院诉荆门市民防办公室未履行追缴人民防空工程易地建设费法定职责一案”① 中，检察机关认为，尽管市民防办对检察建议给予了回复，但并未采取有效措施履行法定职责，属于“不依法履职”，对其提起行政公益诉讼。

二是检察机关认为行政机关对检察建议的回复不符合法律规定。如珲春市人民检察院向珲春林业局发出检察建议书②，建议依法及时履行法定监管职责，并要求收到检察建议书后1个月内将办理结果书面回复。截至诉讼前，珲春林业局始终没有作出任何回复，因此该检察院对其提起行政公益诉讼。

---

① 参见湖北省荆门市掇刀区人民法院行政判决书，（2019）鄂0804行初87号。

② 参见吉林省延吉市人民法院行政判决书，（2018）吉2401行初12号。

三是检察机关认为行政机关履职效果不符合法律规定。此种情形占比最大，在选取的183份中有155份都是基于此原因。如“鄂州市鄂城区人民检察院（以下简称区检察院）诉鄂州市自然资源和规划局不履行土地监管法定职责行政公益诉讼一案”① 中，行政机关尽管对检察建议进行了复函，对行政相对人作出了行政处罚，但并未采取有效措施落实行政处罚决定书，公共利益未得到有效恢复。因此，区检察院向法院提起行政公益诉讼。

综上可知，检察机关一般从形式和实质两方面对行政主体的行政行为予以评价，而从实质上对行政机关的履职效果作评价是检察机关提起行政公益诉讼的主要标准，体现了检察机关判断行政主体“不依法履行职责”的“结果主义”标准。

（二）行政机关对于“不依法履行职责”的抗辩事由

梳理183份行政公益诉讼裁判文书，可以归纳出行政机关在行政公益诉讼中的抗辩事由主要包括行政机关认为已经履行职责、不具有管辖权、违法行为已被追究刑事责任、自身内部因素、履职期限过短等类型，且大部分行政机关都不仅仅提出一项抗辩理由。

一是行政机关提出“已依法履行职责”抗辩理由的案件有69件，法院对此基本未予支持。这表明行政机关对“不依法履职”的认识和检察机关、法院具有较大分歧。

二是行政机关提出“非被告管辖”抗辩理由的案件有44件。在“黄石市西塞山区人民检察院诉黄石市水利和湖泊局不依法履职行政公益诉讼案”② 中，被告辩称市政府有权对涉案违法行为的管辖作出统筹安排，且已明确由西塞山区人民政府及其职能部门进行执法，被告水利和湖泊局应对区域内的水行政工作履行指导、监督职能，而非直接执法。但法院在判决中未支持其抗辩理由，认为在相关部门未予明确之前，管辖权并存，被告实际上对违法行为具有管辖权。

三是行政机关提出“自身内部因素”抗辩理由的案件有39件。这集

---

① 参见湖北省鄂州市鄂城区人民法院行政判决书，（2020）鄂07行终24号。

② 参见湖北省黄石市西塞山区人民法院行政判决书，（2019）鄂0203行初37号。

中表现为被告认为自身没有强制执行权，无法行使行政强制执行措施或实施该行为并无法律依据。

四是行政机关提出“违法行为已被追究刑事责任”抗辩理由的案件有16件，获得法院支持的仅有2件。在“广水市人民检察院诉广水市林业局不履行林业监督管理法定职责行政公益诉讼案”① 中，被诉行政机关认为行政相对人夏某某的违法行为涉嫌犯罪，执法部门已依法将该案移送广水市森林公安局处理，行政相对人夏某某已被判处非监禁刑。但该抗辩理由并未得到法院支持。法院判决认为，负有监督管理职责的行政机关不得因行政相对人已构成犯罪而将自己应当履行的法定职责推诿于他人或不作为。当相关行政机关怠于履行自己的法定职责时，检察机关履行行政监督职责，保护社会公共利益，对其提起行政公益诉讼是适当的。

五是行政机关提出“履职期限太短”抗辩理由的案件有35件。由于实践的复杂性，行政公益诉讼案中的被诉行政机关往往需要进行一系列专业的行政过程，尤其是涉及生态和环境资源领域的案件，要想在检察建议制发之后2个月内作出行政行为而改变公共利益受侵害的状态难度较大。②

综上可知，行政机关提出的抗辩理由总体呈现“行为主义”倾向，即行政机关判断“不依法履职”时更多关注于行政机关的行政行为本身，而并未考虑行政行为作出后行政相对人的违法行为是否已经停止以及受损害的公共利益是否已经恢复。③

（三）法院对于行政机关“不依法履行职责”的认定

从上述法院对行政机关抗辩理由的态度可见，法院认定行政机关“不依法履职”体现出“结果主义”倾向。在这183份裁判文书中，法院认为“国家利益或者社会公共利益受损害状态未彻底消除，公共利益

① 参见湖北省广水市人民法院行政判决书，(2020）鄂1381行初13号。

② 参见郑朋树：《我国检察机关提起行政公益诉讼的试点分析与相关制度完善》，载《行政与法》2018年第8期。

③ 参见刘超：《环境行政公益诉讼诉前程序省思》，载《法学》2018年第1期。

没有达到完全恢复的状态”，判定行政机关构成“不依法履行职责”的有126份。当然，从案件庭审过程来看，法院也会对被诉行政机关履职行为、履职程序和对社会公共利益的损害等进行综合审查，也会对行政机关积极履行职责的行为予以肯定，但更注重行政机关的履职效果，如果并未消除损害影响，仍然会对行政机关作出否定性评价。①

二、行政公益诉讼中对行政机关“不依法履行职责”认定不同的原因

（一）行政机关应履行职责范围不明确

要判断行政机关是否“不依法履行职责”，首先需要明确行政机关负有哪些职责，而行政机关的职责都来源于“法”。② 因此，可以从“法”的范围、具体职责范围两个层面去分析。

1. 行政机关应负职责的“法”的范围不明确。当前相关法律并未对行政主体的职责义务来源作出明确规定，这就导致部分行政主体认为自己已经“依法履行职责”或者直接认为其并没有该项职责。实践中，不同主体对于“法”可能会做出不同理解，有些认为“法”只包含法律、行政法规和地方性法规，有些认为还包含规章以及规范性文件、地方的行政公益诉讼判例。并且，法律、法规、规章和规范性文件在效力等级上存在差异，有些主体在实践中仅仅会适用当地的地方性法规而忽视上位法，这也导致了三方主体对于行政机关履职与否的判断差异。③

2. 基层行政机关的职权分配复杂、界定不清。我国基层行政执法行为的职权分配较为复杂，有时基层行政机关对于履行的责任把握并不精准，法院也无法判断行政机关所负的具体职责，主要表现为：一是对于行政机关在授权或委托时“依法履行职责”的界定并不清晰，争议较大；二是对于多部门行政职权交叉时各自的责任厘定不清晰，有时行政机关

---

① 参见刘艺：《检察公益诉讼的司法实践与理论探索》，载《国家检察官学院学报》2017年第2期。

② 参见沈开举、邢昕：《检察机关提起行政公益诉讼诉前程序实证研究》，载《行政法学研究》2017年第5期。

③ 参见代杰、徐建宇：《行政公益诉讼中行政机关不依法履行职责抗辩事由研究——基于159份判决书的实证分析》，载《江西理工大学学报》2020年第4期。

会互相推诿，规避责任；三是对先行行政行为是否有后续监管义务存在争议。行政机关往往认为其只要积极履行行政处罚或仅仅对行政相对人下达责任书，就算依法履行职责，不应对其作出否定性评价，而检察机关和法院对此持相反意见。

（二）履职期限设定不合理

最高人民法院、最高人民检察院《关于检察公益诉讼案件适用法律若干问题的解释》第 21 条第 2 款规定，行政机关应当在收到检察建议书之日起 2 个月内依法履行职责。对于这 2 个月的履职期限认识不同使得判断“不依法履行职责”出现差异，主要表现为：一是这 2 个月的履职期限到底是行政主体回复检察机关的检察建议书的期限，抑或是行政主体依法履行职责的期限，还是需要在 2 个月内达到恢复公共利益的实质性结果，各方主体都有不同的看法，甚至同为审判机关的不同法院都会对此有不同的理解。这使得诉讼实践中裁判基准不一，不利于行政机关在合理期限内行使职权，也不利于实现维护公共利益和监督行政机关，还会对判决公正性和权威性带来挑战。二是这 2 个月的履职期限对于公共利益的恢复不尽合理。实践的复杂性要求行政机关审慎行使职权。行政机关在尽责调查之后，对于专业性问题还可能需要请专业鉴定、专家评估、公开听证、研究讨论等，而这一复杂过程必然要花费大量时间。[①] 在 2 个月的履职期限内，个别案件可以得到有效解决，但仍有很多较为复杂的案件需要花费更多时间进行处理，社会公共利益也可能不会在较短时间内得到恢复。

（三）对行政机关履职不能的客观抗辩理由重视不够

有时检察院、法院在评价行政机关履职效果时未充分考虑公共利益恢复的现实情况，未对行政机关履职不能的客观抗辩理由予以足够重视。如“遵义市红花岗区人民检察院诉遵义市红花岗区自然资源局怠于履行

---

① 参见张旭勇：《行政公益诉讼中“不依法履行职责”的认定》，载《浙江社会科学》2020 年第 1 期。

地质环境保护和土地复垦监督管理职责行政公益诉讼案”①，检察院发出检察建议后，红花岗区自然资源局分别两次书面回复，并责令采矿权人限期开展矿山治理恢复工作。但经检察机关回访发现，该矿区矿山地质环境治理恢复和土地复垦工作推进缓慢，国家和社会公共利益持续受到侵害，于是对行政机关提起诉讼。被诉行政机关辩称，被诉机关高度重视历史遗留矿山恢复工作，多次督促企业履行义务，开展工作会议，联合区生态环境分局联合镇政府及其他相关部门定期检查督促现场施工进度、进行集体约谈，已经依法履行了相关职责。但由于受雨水较多等影响，复垦复绿工程施工较为缓慢。截至进入诉讼程序时，案涉矿山已按复垦复绿方案完成了覆土、植草、种树等，相应复垦复绿已完工验收。然而法院并未支持其抗辩事由。

（四）三方主体对于“不依法履行职责”认定标准不同

在行政公益诉讼中，检察院、法院主要以“结果主义”标准，行政机关却往往倾向于“行为主义”标准。然而，无论是“行为主义”标准还是“结果主义”标准都无法对实践中所有复杂的事实进行判断。若使用“结果主义”标准，对于行政机关因客观事实无法履职的情形，则会对行政机关过于严苛，也不利于行政公益诉讼制度的发挥；② 而“行为主义”标准不需要考虑公共利益是否得到恢复，不需要消除公共利益受损的影响，在实践中往往难以达到恢复公益的结果，还会导致行政机关怠于履行职责。

三、完善行政公益诉讼中行政机关“不依法履行职责”的认定路径

（一）明确界定行政机关应依法履行的职责

1. 对行政机关应负职责的“法”的范围应作扩大性理解。根据《检

① 参见贵州省遵义市红花岗区人民法院行政判决书，（2021）黔0304行初3号。

② 参见最高人民检察院第八检察厅编：《行政公益诉讼典型案例实务指引（食品药品安全、国有财产保护、国有土地使用权出让等领域）》，中国检察出版社2019年版，第127页。

察机关行政公益诉讼案件办案指南（试行）》中对食品、药品、生态环境等重要领域负有法定监管职责的行政机关职权范围、权限和法律依据作出的重要指引，以及《人民检察院公益诉讼办案规则》第72条规定，对确定行政机关职责的“法”不能仅片面理解，认为只包含法律、行政法规和地方性法规，而应作适当扩大理解，[①] 还包括规章、有关行政机关“三定”方案、权力清单和责任清单的规范性文件，必要时还可以参照一些行业标准或指引、行政公益诉讼判例。但由于法律、法规、规章和规范性文件在效力等级上存在差异，在具体适用时，检察院、法院在审查行政机关是否“不依法履职”时，应当将法律、行政法规、地方性法规作为行政主体是否具有法定职责的根本依据；对于规章中的具体规定，可以参照适用；对于不具有强制效力的一般规范性文件，法院可以选择性参考。

2. 将行政机关监督执行行政处罚决定纳入法定职责范围。对违法行为的相对人作出行政处罚，是行政主体依法行使职权的一种普遍形式。[②] 若行政处罚决定未得到贯彻落实，致使公共利益仍然处于受损状态，就意味这行政主体的职责履行仍不到位，属于“不依法履行职责”范畴，检察机关将对此提起诉讼，行政机关面临败诉风险。因此，行政机关“依法履行职责”不仅仅包括行政机关对于行政相对人实施的违法行为作出行政处罚，还应当包括对于行政处罚决定的有效执行。

（二）设定弹性的履职期限

根据最高人民法院、最高人民检察院《关于检察公益诉讼案件适用法律若干问题的解释》第24条规定，在行政公益诉讼案件审理过程中，被告纠正违法行为或者依法履行职责而使人民检察院的诉讼请求全部实现，人民检察院撤回起诉的，人民法院应当裁定准许。对于行政机关在起诉前或者诉讼程序中依法履行职责，使公共利益受损状态得到恢复，

---

① 参见陈德敏、谢忠洲：《论行政公益诉讼中“不履行法定职责”之认定》，载《湖南师范大学社会科学学报》2020年第1期。

② 参见卢彦汝：《行政公益诉讼中“依法履行职责”的认定标准》，载《人民检察》2020年第16期。

可以作撤诉处理，对行政机关的履职行为予以认可。这也表明检察机关和审判机关认定行政机关履行职责的期限为“起诉前”或“法庭辩论结束前”。因此，为更好地适应公益诉讼工作需要，对完善履职期限可以作如下建议：一是在今后修订行政公益诉讼相关法律制度或出台司法解释时，对2个月的履职期限明确为行政机关回复检察建议的期限。二是对行政机关履行职责的期限加以弹性规定。比如可以参照刑事诉讼法中“审理期限”延长的相关规定，在“情节严重”时，可报请检察机关批准，延长履职期限1个月，若“情节重大复杂严重”的，经上级检察机关批准，可延长履职期限至6个月。三是建立专门的磋商制度。检察机关可以就行政机关的履职期限、履职内容等问题与行政主体进行协商，解决案件分流，减少程序运行成本，节约司法资源。在诉讼中实行磋商，检察院、行政机关、法院可以对履职期限进行讨论，能使检察院和法院对一些行政专业性事项有更深层次的了解。在诉讼磋商中，应以作为中立角色的法院为主导，当行政机关面临较为复杂的案件需要评估依法履职的期限，或因法定事由超过法定期限，或因公共利益难以在短期内恢复时，行政机关可以向法院申请三方磋商陈述其延期理由。但是，行政机关明显的消极不作为不在此范围之列，行政机关明显可以在期限范围内履行职责，则可以不进行磋商，由法院直接裁决。

（三）重视行政机关客观不能的抗辩事由

行政公益诉讼中行政机关依法享有陈述申辩的权利，对此，法院、检察院应当充分尊重行政机关的专业特性，充分重视行政机关的抗辩理由。具体来说：一是对具有法定管理措施的行政机关而言，其不依法履职的抗辩必须是法定事由，不得自己随意加设，逃避履行自身职责。二是对在法律法规、规范性文件中没有具体规定其管理措施，只是笼统规定“管理”职责的行政机关而言，其不依法履职的抗辩理由，法院、检察院应综合考量行政机关的行政行为、客观事实、相关政策、公私利益等因素，适时支持。① 当然，这并不是指行政机关可以完全不履行职责，

① 参见陈梦雪、王晓京：《如何准确认定“不依法履行职责”》，载《检察日报》2021年12月30日。

在其具有法定管理职责时，仍要履行管理责任，如报告义务或是申请法院强制执行等。换句话说，在行政公益诉讼中，检察院和法院发现行政机关已经穷尽一切手段都无法恢复公共利益时，法院不能因其客观不能而直接作出否定性评价。

（四）采用复合性实质判断标准

复合型标准是指有机结合“结果主义”和“行为主义”标准，根据行政机关的法定职责，综合考察行政机关履职行为的积极性、是否穷尽所有手段、履职行为所付出的资金和人力资源，以及国家利益或者社会公共利益恢复的情况，来判断行政机关是否构成“不依法履行职责”。[①]只有以此标准才能统一三方主体的不同认识，真正有效保护国家和社会公共利益。在具体实质性审查中，可以借鉴以下程序：一是引入专家辅助人对行政机关是否依法履职作出专业性评估。专家辅助人通过对行政机关依法履职情况进行专业性调查，对其提出履职建议，量化公共利益恢复情况，对其需要的履职期限加以评估，从而为检察院和法院判断行政机关是否“不依法履行职责”提供较为专业的参考意见。二是引入听证制度。通过举行听证会，听取公众对行政机关履行职责行为的意见，掌握公共利益是否得以恢复和保护的第一手资料，便于全面判断行政机关的履职情况。

① 参见龙婧婧、张娟：《行政公益诉讼诉前程序的现实困境与完善路径》，载《江苏警官学院学报》2021 年第 5 期。

妇女权益保护检察公益诉讼的制度完善研究

沈琳梅　马艺欣*

摘　要　妇女权益保护检察领域公益诉讼具有明确的规范依据、理论逻辑和实践基础，2022 年修订的妇女权益保障法为该领域公益诉讼受案范围的拓展提供合法性。为充分发挥公益诉讼制度的治理效能和独特价值，检察机关应当树立社会性别平等理念，加强对妇女权益保护公益诉讼案件受案范围类型化和实质性分析，构建妇女权益保障预先保护模式，优化多元共治的妇女权益保障体系。

关键词　妇女权益保障　公益诉讼　受案范围　性别平等　多元共治

党的二十大报告在民生保障方面提出了妇女儿童事业和家庭建设上一系列创造性新部署和新要求。2023 年 1 月 1 日起施行的《妇女权益保障法》第 77 条直接赋予了检察机关开展妇女权益领域专门公益诉讼的权力，与宪法、劳动法、就业促进法、《女职工劳动保护特别规定》、反家庭暴力法、母婴保健法等法律法规共同织密了我国妇女权益保护的法治之网，国务院印发的《中华人民共和国国民经济和社会发展第十四个五年规划和 2035 年远景目标纲要》《国家人权行动计划（2021—2025 年）》

* 沈琳梅，上海市青浦区人民检察院第六检察部主任，四级高级检察官；马艺欣，上海市青浦区人民检察院第六检察部检察官助理。

《中国妇女发展纲要（2021—2030年）》等政策文件充分对接国际法上妇女权益保护的当代潮流，也是对我国加入的《消除对妇女一切形式歧视公约》等国际规则的创新转化与特色实践，而最高检联合全国妇联出台的相关典型案例、合作机制、工作提示等指导性文件，以及上海市新出台的《上海市妇女权益保障条例》等地方性立法对全方位保障妇女权益，制定跨部门、管长远的相关机制，推动妇女权益保障法落地落实进行积极探索。由此可见，妇女权益保障公益诉讼制度作为我国妇女群体保护的新路径、公益诉讼"等"外探索的新领域，具有明确的法律依据和坚实的政策支撑。该制度虽然在发端阶段，但实践层面可以从案件类型角度对该领域的检察公益诉讼做类型化分析，同时加强顶层程序设计、明晰妇女权益保护检察公益诉讼的管辖边界、启动程序、监督方式，推动妇女权益保护检察公益诉讼的有序扩展和协同发展。

一、妇女权益保护检察公益诉讼的理论探析

《妇女权益保障法》第77条对于公益诉讼在妇女权益保障领域的适用情形采取了"列举+兜底"的立法技术，要对侵害农村妇女土地权益、就业歧视、性骚扰、贬损妇女人格权这四类法定类型的正当性进行研究，同时要对兜底条款认定"社会公共利益受损""严重侵害妇女权益"予以同类解释，从而回答影响妇女权益保护公益诉讼受案范围的三个核心问题：如何判定妇女权益是否符合公共利益、侵犯妇女权益案件是否均可启动公益诉讼，以及如何处理妇女权益保护公益诉讼与一般公益诉讼制度之间的关系。

（一）妇女权益保护公共利益的判定标准

在合理界定公共利益的概念和法律适用范围上，理论上存在三个层次：最为核心的会影响全体社会成员的国家利益、不特定或者多数人的利益，以及基于社会均衡和可持续发展等原因，需要特别保护界别的利益。妇女权益保障就属于对特定群体的专门保护。[①] 问题在于对家庭暴力

---

① 参见张牧遥：《检察机关支持公益诉讼制度新论——以新公共管理理论为视角》，载《内蒙古社会科学（汉文版）》2015年第5期。

等涉家事妇女权益保障案件，由于家庭内部身份限定所造成的个体困境，无法被“公益”概念中集体、社会、不特定多数要素所直接统摄，“严重侵害妇女权益”私益向公益上升转化的正当性基础还需要深入论证。①

从形式解释的路径看，家庭暴力等严重侵害妇女权益的行为已经成为一种社会公害，无论是运用公益诉讼的手段，保护特定妇女权益惩治家庭暴力，还是保障集体性妇女权益，救济被强行收回土地的离婚或者丧偶妇女，都会在社会上产生典型意义和行为规范效应，对于妇女、儿童、老人等弱势群体的保护本身就体现了“公益性”。从实质解释论看，实践中，公益私益互相遮蔽，造成公益私益的界分难以捉摸，出于国家干预理念下人权保障的考虑，为了避免妇女限定在家庭这一社会最小单元，丧失社会上、行政上有效维权渠道，导致“公地悲剧”难以获得司法救济的情况，实现公益私益保护的周延，应该抛弃简单的对立思维，树立公益私益是对立统一的观念。比如基于还原理论，社会公共利益最终也能够还原为特定类型、特定群体的利益，使用利益衡量的方法，对事实上“公益”的概念予以价值判断，通过国家和私人的紧密合作，达到公共利益价值保护的最大化。

（二）妇女权益保护公益诉讼的启动条件

妇女权益领域公益诉讼案件的启动应当建立在对妇女权益保障法的立法目的、效果等因素的综合考量上，并与公益诉讼的功能、价值及结构相融洽。一方面，由于妇女权益公益保护具有范围广泛、问题复杂等特点，必须建立起多样性和整体和谐的保护体系。妇女权益保障法的修订展现出积极立法观的一面，其既是一部人权保障法，也是一部集实体法规范、程序法规范、民事法规范、行政法规范、刑事法规范于一体的社会法、特别法，明确规定“保障妇女的合法权益，促进男女平等和妇女全面发展”立法目的，在制度运行中确立了反对一切性别歧视原则，政府主导多机构合作原则，妇女权益特殊保护原则，惩戒与教育、保护与修复双结合等基本原则，在救济措施上增设了妇联协助救助制度、约

① 参见王韵洁、张薰尹：《未成年人公益诉讼检察的权力边界——兼论未检综合保护格局的构建》，载《预防青少年犯罪研究》2022 年第 2 期。

谈制度和公益诉讼制度。通过打造社会治理共同体，为妇女提供了全方位保障网络。另一方面，公益诉讼作为最终的、常态化的救济方式，直接推动妇女权益保障法进入诉讼程序，提升法律的可诉性。以诉讼目的为划分标准，诉讼模式可以划分为“保护个人主观公权利”的主观模式和“维护客观法秩序”的客观模式，妇女权益保护领域的公益诉讼制度基于“行政主导、公众参与、为民司法”的多向结构，其正当性和合法性充分借鉴了自由主义的正当程序理论、社群主义中的保护共同体价值理论、商谈主义中的对话理论等合理因素，旨在救济和维护妇女权益并促进妇女权益保障法的统一施行和司法公正，具有主观诉讼和客观诉讼双重面向。对此，妇女权益保护领域公益诉讼嵌入到现有的公益诉讼制度时，不应当完全套用一般的诉讼规则，应凸显出保护公共利益和监督行政机关依法行政两项诉讼目的，根据民事、行政公益诉讼不同的情形，分析是否具有可诉性，使得公益诉讼制度成为公民、社会、国家之间在保护妇女权益问题上有效的沟通联络和社会整合的机制。①

（三）妇女权益保护公益诉讼的鲜明特色

这直接关乎妇女权益保护公益诉讼和其他公益诉讼的界分，以及妇女权益保护公益诉讼作为独立的业务类型存在的价值基础。首先，从制度基础上看，妇女权益保护检察公益诉讼是建立在中国特色社会主义妇女发展道路上的创新实践，是在国家治理层面充分发挥检察机关公益诉讼代表者和法律监督者在人权保障和民生工程上的比较优势，充分体现了人民主权理论、社会性别平等理论与国家积极作为理论，有效提升妇女问题的治理水平。其次，从受侵害的法益和对象看，妇女权益保护公益诉讼保护了妇女在公共领域和私人领域都能够享受同男性平等的权利和机会。最后，从制度效能看，体现出公私利益平衡、推进实质平等、保护妇女弱势群体、引导和规范性别秩序、公益诉讼制度新领域创新引领五个层面上的作用，比较符合我国文化传统和社情民意，有利于构建

---

① 参见范奇：《双向诉讼抑或单向诉讼？——行政协议诉讼的模式选择》，载《交大法学》2024 年第 3 期。

平等和谐的家庭及社会关系。①

二、妇女权益保护检察公益诉讼的实践考察

（一）妇女权益保护检察公益诉讼受案范围的类型化分析

通过对 2022 年 11 月最高检和全国妇联联合发布的典型案例以及地方检察机关的实践探索的类型化分析，可以发现，目前的案件范围聚焦在妇女劳动和社会保障权益、人身和人格权益保障、生命健康权益保障、农村妇女土地权益等财产权益保障这四个领域，基本涵盖了妇女平等权、发展权、人格权三大基本权益类型，检察机关不断深化细化《妇女权益保障法》第 77 条公益诉讼法定情形，并且出现了两起适用兜底条款涉家庭暴力妇女生命健康权益保障公益诉讼的典型案例，主要履职方向是督促完善反家暴强制报告制度和社会支持制度等配套制度。② 同时出现了关于妇女权益保护公益诉讼受案范围融合的趋势，在制度创新过程中，检察机关在坚持服务大局、服务人民的基本原则的基础上，注意把握普遍性与特殊性、变与不变的辩证关系，实践中尝试将网络治理、残疾人等特殊群体权益保护等公益诉讼探索的重点领域予以联合保护，比如上海市松江区人民检察院通过行政公益诉讼促进多元主体保障残疾妇女平等就业权，上海市徐汇区人民检察院通过检察建议加强对医疗美容行业合法诊疗和建立性骚扰管理制度的监管，同时保障护航妇女健康美丽和消费者合法权益。

但是目前的受理案件的范围相对比较狭窄。一是缺乏对于妇女政治权利、文化教育权益、婚姻家庭权益等其他方向专门公益诉讼的探索。二是一些隐蔽性和专业性强的新领域案件上仍存在短板，比如家暴、歧视等行为囿于发生场所隐蔽、证据固定困难、发生原因复杂，导致公益

---

① 参见王业平：《中国共产党百年妇女权益法律制度演进研究》，西南政法大学 2022 年博士学位论文。

② 参见《最高人民检察院、中华全国妇女联合会关于印发〈妇女权益保障检察公益诉讼典型案例〉的通知》，载最高人民检察院网站，https：//www. spp. gov. cn/xwfbh/dxal/202211/t20221125_593721. shtml。

诉讼程序启动困难。[①] 还有在利用黑灰产业链等手段侵犯妇女个人信息及隐私、侮辱诽谤妇女网络暴力行为、网络性骚扰或隔空猥亵妇女、针对妇女群体信息网络诈骗等领域，未能有效打开局面。三是对于现有领域公益诉讼受案范围界限存在争议。比如，对于检察公益诉讼保护女性平等就业案件中，理论上对于检察建议以及公益诉讼的监督范围是否包含抽象行政行为存有争议，除了招录机关不同意当事人报考公务员属于具体行政行为以外，对于招录机关招考公告是形式平等的抽象行政行为还是针对特定时间、特定人群的具体行政行为存在疑问。[②]

（二）妇女权益保护检察公益诉讼启动条件的具体化分析

当前对于妇女权益保护检察公益诉讼启动的一般条件理解和具体情形的适用还需进一步明确和规范。首先，需要解释“社会公共利益受损”，明确公益和私益之间的利益顺位，建立完善的公益私益诉讼衔接规则，比如反家暴公益诉讼实践中，当事人因为“家丑不可外扬”“耻讼”心理，以及维护家庭稳定或者子女健康成长等原因缺乏自愿意愿时，检察机关没有贸然直接介入妇女私益诉讼，而是通过针对公安机关监管缺失、人民法院裁定的人身安全保护令执行不力等情形，督促公安、法院、司法、妇联、民政、教育等单位积极制发家庭暴力告诫书、履行强制报告义务，强化人身保护令执行，畅通妇女群体救济途径。

其次，需要理解“侵害妇女平等就业权益之平等权受损”“防治性骚扰措施合理性程度”“通过大众传播媒介及其他方式贬损妇女人格情形中手段及结果的涵射范围”等具体要件。[③] 并且要与民法典、刑法、劳动法、反家庭暴力法等法律法规在内的一整套保障男女平等和妇女权益的法律制度体系相适配，并且主动适应最高法《关于适用〈中华人民共和国民法典〉婚姻家庭编的解释（一）》的变化、人格权编中的反性骚扰

---

① 参见刘艺：《妇女权益保障领域公益诉讼机制的理论基础与实现路径》，载《重庆大学学报（社会科学版）》2022 年第 2 期。

② 参见刘潇潇：《检察公益诉讼保护女性平等就业权案》，载《中国检察官》2022 年第 5 期。

③ 参见刘艺：《规范为要 前景可期：妇女权益保障公益诉讼》，载《中国妇女报》2023 年 3 月 21 日。

制度的建立，以及《刑法修正案（九）》中对收买被拐卖的妇女、儿童罪，废嫖宿幼女罪变强奸罪等重要罪名的修改这一系列重大立法变化。实践中，在运用法益衡量原理，实质性判断公益诉讼启动的必要性时，要处理好妇女权益保护公益诉讼与其他诉讼的关系，注意利益保护目标的一致性，实现利益保护合力的最大化，避免形式上复数的救济路径导致当事人因同一事件的重复救济和重复责难，① 以及形式上注重平等而忽略了社会婚姻家庭中的性别分工的事实造成实质上不公正的不利后果。比如，在涉家事公益案件中，要处理好妇女权益与其他特殊群体权益的关系，构建联动维护妇女、儿童、老人、残疾人等群体合法利益的保护网；在反性别就业歧视案件中，要注意判别“年龄歧视”“性别歧视”存在的场域。②

（三）妇女权益保护检察公益诉讼运行机制的有效性分析

首先，通过考察妇女权益保障公益诉讼诉前、诉中、诉后多种治理手段的运用，可以发现，在起诉前程序中，妇女权益保障检察公益诉讼线索来源大部分为检察机关在办理相关的刑事及民事案件中发现，充分体现了一体化工作机制对于凝聚公益诉讼合力、促进公益诉讼检察提质增效的功能发挥。其次，从治理问题看，典型案例中一是涉及家庭暴力救济渠道僵化失灵的公益受损案件；二是涉及反家暴强制报告制度等反家暴治理机制碎片化，制度难以顺畅衔接，出现“九龙治水”“多头管理”的困境；三是涉及侵犯残疾妇女平等就业权，辖区内企业残疾人招聘制度漏洞；四是涉及侵犯孕产妇生育信息、低俗广告贬低损害妇女人格等新领域新业态侵犯妇女权益案件；五是涉及农村妇女土地承包经营权保护这一类特殊群体的权益难以得到有效保障的情形。充分体现了检察机关在公益诉讼中督促、协同功能定位。③ 最后，在起诉前程序的具体运行机制上，妇女权益保障检察公益诉讼绝大多数通过圆桌会议、磋商、

---

① 参见李世刚：《民事救济规范竞争关系的协调》，载《中国法学》2023 年第 2 期。

② 参见王凤涛：《年龄与职业门槛——雇用年龄限制的正当性》，载《社会科学论坛》2011 年第 12 期。

③ 参见胡卫列、杨建顺、练育强：《解密检察公益诉讼发挥治理效能之钥》，载《人民检察》2022 年第 7 期。

制发检察建议、社会治理类检察建议方式督促相关单位依法整治。

在诉中程序中，对于理论界中所呼吁的构建反性骚扰、反家暴等妇女权益保护领域公益诉讼的特殊的证据规则和独特的司法程序，在证据认定、证明标准、调查取证等作出有利于受害人的规定，目前在法律适用方面，最高法《关于办理人身安全保护令案件适用法律若干问题的规定》明确了人身安全保护令案件的程序独立性，系统规定了人身保护令的申请、形式、管辖、条件、种类、措施、期限、送达、执行等内容。妇女权益保障法修订明确赋予了检察机关在妇女权益保障公益诉讼中的适格原告主体资格，同时规定了妇联等社会组织在协助救助的法律保障地位。在调查核实权运用方面，检察机关使用调查核实权的积极主动性不断增强，操作手段更加规范，公益受损事实认定更加精准，认定调查核实对象怠于履职的结论更加权威。在机制建设方面，检察机关正在积极探索立法执法司法衔接机制，推动地方立法先试先行，促进妇女保障体系落到实处。实践中，各地检察机关与妇联组织通过建立线索移送、案件信息共享、联合调查等机制，加强涉案妇女权益的综合司法保护，积极构建反家庭暴力法中强制帮助、强制报告、告诫、人身保护令等制度相衔接的法律救济渠道。

在诉后程序中，妇女权益保障公益诉讼涉及类似于未成年人司法程序后续的社会支持体系，通过公开听证、联席会议、检察建议等方式，常态化“回头看”，做好公益诉讼“后半篇文章”。同时，检察机关会从对具体妇女权益公益侵害的整治转到对公益侵害危险的整治，督促当事人构建常态化监督评估机制，修补制度漏洞，推动立法等长效机制的完善，实现全过程、跟进式监督。

三、妇女权益保护检察公益诉讼的完善建议

妇女权益保护检察公益诉讼是一个系统性问题，对妇女群体权益的重视和维护程度能够充分展现国家的人权保障力度与文明建设水平。检察机关要优化妇女权益保护检察公益诉讼的制度配置，充分发挥特定领域公益诉讼的示范效应、协同效应、溢出效应，始终坚持双赢多赢共赢的多元主体协同治理路径，不断推进建立健全妇女权益综合保护机制。

（一）基于社会性别平等理念，细化落实相关法律

从制度逻辑上，群体性利益受损不当然对应立法层面加强对特定群体公益诉讼保障。引入社会性别平等理论视角能够说明两性在参与国家政治、经济和文化生活中，应平等承担义务、行使权利，平等面对机遇和困难，平等共享社会发展成果，不应为生理不同受到歧视，从而可以解释提高妇女的社会地位、缩小公共政策中的性别差距、推进男女平等基本国策的价值取向。行为只要根源于男女不平等或构成对妇女基于性别的歧视，就可能成为公益诉讼的追诉对象。① 因此，检察机关作为法律监督机关，要细化落实妇女权益保障法等相关法律规定，确保法律正确统一实施。在宏观上，从公共利益高度出发，总体构建妇女权益保障领域公益诉讼制度框架，凸显社会性别平等保护制度价值和主要形式；微观层面，通过公益诉讼倡导性别平等意识，定期发布典型案例以案释法，促进在全社会形成保护妇女权益的共识，预防并震慑侵犯妇女公共利益事件的发生，着力破除妇女生育权、平等就业权、婚姻继承权等方面的制度漏洞和隐形壁垒。

（二）依据妇女权益主体特殊性，明确诉讼启动条件

对妇女的社会性别歧视都有损害妇女群体公共利益的潜在可能。检察机关可以从人身性、群体性和示范性三方面判断公益诉讼中诉的成熟度，在个人权益受损的基础上综合考量妇女群体保障性和危害社会后果。在兜底条款的具体适用规则上，要注意审视与妇女权益保障法价值取向是否一致，防止造成错误实施。要重点关注涉案主体保障妇女的合法权益公共责任是否有效履行，着重审查行政机关是否履行监督职责，为妇女依法行使权利提供必要条件；提起行政公益诉讼对象是否明确，防止造成无人实施；检察建议提出的措施手段是否有效，与其他法律的彼此衔接是否密切，防止造成无效实施；保护的利益需求是否符合妇女群体需求，防止造成无感实施；规定与中国传统文化习惯是否适应，防止造

---

① 参见戴瑞君：《我国社会权益关于诉讼刍议》，载《内蒙古社会科学》2022 年第 9 期。

成走样实施等。

（三）构建妇女权益多元保护体系，提升办案质效

对妇女权益保障领域的救济在私法渠道和公法渠道存在共通之处，也都面临着一些制度运行的梗阻，在机制构建上或诉讼策略上，不能完全割裂妇女权益保障公益诉讼和私益诉讼，而应当构建两诉融合的利益保护体系，优化妇女权益保障检察公益诉讼流程。可以从四个方面着力：一是加强联动机制建设。与妇联、工会及其他社会组织、相关政府部门、村居委会等单位建立公益诉讼协作机制，也可以强化与家庭暴力强制报告责任主体的衔接配合，从而扩大公益诉讼“朋友圈”，实现维护妇女公益的“最大公约数”。二是积极引入社会多元力量。比如上海市青浦区人民检察院在全国首创未成年人检察公益诉讼观察员制度，将线索移送主体从组织拓展到个人，形成由点及面的全方位线索移送机制，未来可以探索适用在妇女权益保护领域，鼓励人大代表、政协委员、人民监督员、“益心为公”志愿者、妇女儿童志愿者提供案件线索。三是完善妇女权益保障处置机制，检察机关可以参考未成年人公益诉讼积累的丰富经验，建立具有特色的妇女权益保障司法程序和后续的社会体系支持，进一步规范检察机关办案流程，通过设立妇女权益维权办公室，与医院和公安建立一站式取证工作室，严厉打击侵害妇女权益类案件，加强公益诉讼和支持起诉制度衔接，对生活困难妇女群体依法开展司法救助，建立妇女权益保障领域案件受害人心理疏导机制，多措并举提升维护妇女权益能力。四是积极对接纠纷矛盾多元化解机制，由于公共利益属于规范性构成要件要素，损害价值判断需要参考社会一般人的经验视角，妇女权益保障也是人民群众切身感受到的领域，因此将检察听证制度嵌入妇女权益保障领域公益诉讼全流程，在起诉前调查、起诉前磋商、提起诉讼、跟进监督中适用，具有容许性和发展潜力。

水土保持领域公益诉讼监督模型构建与优化

张　勇　徐春阳*

摘　要　水土保持有利于提升生态系统质量和稳定性，开展水土保持领域公益诉讼工作对生态保护有着重要意义。针对工作中存在的线索发现难、调查取证难等问题，可借助数字检察，建立水土保持领域公益诉讼法律监督模型，确定监督点后采集数据进行碰撞分析，实现对水土保持工作的预防监督、算法监督、全程监督，有效保护国家利益和社会公共利益。

关键词　法律监督模型　水土保持　公益诉讼

一、水土保持领域公益诉讼法律监督模型的价值

水土流失不仅会导致生态恶化、环境污染，同时也成为制约经济社会发展的重要因素。开展水土保持工作，就是对自然因素和人为活动造成水土流失所采取的预防和治理措施，保护、改良、合理利用水土资源，建立良好的生态环境。

水土保持工作是生态文明的必然要求，有利于提升生态系统质量和稳定性，中共中央办公厅、国务院办公厅印发《关于加强新时代水土保持工作的意见》，明确水土保持工作的重要性，其中特别强调要加强水土

* 张勇，江苏省高邮市人民检察院党组书记、检察长，三级高级检察官；徐春阳，江苏省高邮市人民检察院第六检察部副主任，二级检察官。

保持行政执法与检察公益诉讼协作，充分发挥司法保障监督作用。在水土保持工作中，存在着自然人、法人等在水土保持方面的违法活动以及行政机关未全面、充分履行职责导致区域内生态环境和资源受到侵害等行为，损害国家和社会公共利益。

检察机关开展水土保持公益诉讼工作，首先面临的问题就是线索发现难、调查取证难、办案力量不足。社会公众举报作为公益诉讼传统的线索发现路径，在水土保持工作方面发挥的作用有限. 水土保持工作具有一定的专业性，相关情况由行政机关及建设单位掌握，普通民众接触了解较少，难以提供具体明确的线索。在行政机关线索移送方面，水土保持涉及的机关众多，覆盖面广，行政执法需要协作配合，如何能持续、全面地移送线索，都存在着问题。水土保持公益诉讼在调查取证方面，涉及建设地点、规模变化，在专门存放地以外的区域倾倒砂石等问题，这些问题隐蔽性强，部分案件发生区域地理环境恶劣. 单纯依靠传统的走访调查等方式难以核实案件全貌，技术方面也难以全部实现对公益诉讼取证的支持，需要依靠专业和先进的技术如遥测遥感等配合调查取证。

对于水土保持公益诉讼案件办理面临的问题，破解的重要法门便是借助数字检察，大数据的应用为解决问题带来现实可能。从办理的个案中发现规律和共性问题，总结归纳特征要素，依托机器从多元的海量数据中挖掘类案监督线索。笔者所在的高邮市人民检察院立足于办案实践，构建水土保持领域公益诉讼法律监督模型，开展大数据的比对、碰撞，实现线索的自动推送和分析研判，融合行政机关的技术手段开展调查取证，辅助一线办案干警高质效办理水土保持公益诉讼案件，将有限的人力资源集中在案件的关键点和重要环节上面，依托该监督模型发现多起水土保持领域公益诉讼案件线索并成功办理，在法律监督模型应用后2个月内推动未批先建建设项目整改8项，全部完成水土保持方案审批许可，收缴水土保持补偿费3.82万元。

二、水土保持领域公益诉讼法律监督模型的构建思路

（一）水土保持领域公益诉讼法律监督模型的监督重点

水土保持领域公益诉讼法律监督模型的顶层设计是对大数据监督模

型的总体部署，按照“个案办理—类案监督—系统治理”的法律监督运行机制，[①] 最核心的内容便是在个案办理中发现的可能存在的类型化问题，对案件进行分析研判，归纳共同特征和要素点，形成可以编译成算法的监督规则。法律监督模型需要找准“小切口”“突破口”，高邮市人民检察院在前期水土保持公益诉讼的工作中，主要发现两种类型的监督点，一是生产建设项目水土保持方案应编制而未编制；二是生产建设项目未依法缴纳水土保持补偿费。在确定监督点后，再进一步提炼成监督规则。监督规则 1：已开工建设项目→未编制水土保持方案/水土保持方案未经批准→违法；监督规则 2：水土保持规划确定的区域建设项目→未缴纳水土保持补偿费→违法。

这两类监督点在水土保持工作中有着重要意义。水土保持法规定，应当依法编制水土保持方案的生产建设项目，未编制或者未经批准，不得开工建设。编制水土保持方案能够为工程建设中水土保持防治管理提供科学依据，有效实施相应的水土防治措施，可以将工程建设期的水土流失及危害程度尽可能地降到最低。而水土保持补偿费属于生态补偿机制，在生产建设活动中，造成水土保持功能降低给社会补偿的一种费用，用途是水土流失预防以及治理。

（二）水土保持领域公益诉讼法律监督模型的数据采集

数据是数字检察的基础，是研发监督模型的前提，没有高质量的数据，法律监督模型就无法真正解决公益诉讼线索发现难等问题。水土保持工作涉及行政机关众多，企业注册登记信息、建设工程审批信息、水土保持审批信息等数据信息庞大，如何对这些数据有效地进行选取和处理关乎法律监督模型的实际应用效果。因此，要根据确定的监督规则，开展数据选取、采集工作。监督规则 1 中，开工建设项目信息来自规划部门，企业注册登记信息来自市场监管部门或者来自于天眼查等 App，水土保持方案来自于水利部门。另外，水利部门还有遥测遥感的数据，获取此类数据有助于进一步掌握建设项目的信息。监督规则 2 中，水土

① 参见何南宁：《开发大数据潜力 为检察工作赋能》，载《检察日报》2022 年 7 月 13 日。

保持规划确定的区域信息来自于水利部门，水土保持补偿费缴纳信息来自于税务部门。

在明确数据采集的类型后，需要根据数据类型确定数据采集方式。基于行政机关的信息化水平差异以及数据开放存在层级差异，可综合采用公开数据抓取、数据库对接、拷贝等方式进行数据采集。获取相关的数据后，各行政机关的数据制式不统一，会有文字、图表、图片等不同文件类型，每一份数据文件也会包含大量的数据内容，需要根据法律监督模型的需求对数据进行智能化的清洗，形成统一的数据格式和属性标签。在完成数据的初步处理之后，形成数据库存储数据，运用数据库存储与模型分析研判平台进行分离，可以实现模型分析研判平台的多重利用，为法律监督模型的推广和使用提供技术支撑，其他使用者只要有自己的数据库，就可以与模型分析研判平台对接，法律监督模型就能运转。

（三）水土保持领域公益诉讼法律监督模型的应用

在对数据进行采集、清洗之后，数据由数据库传入模型分析研判平台。根据监督规则 1，研判平台抓取企业注册信息、工程建设信息、水土保持行政审批信息、遥感遥测等数据进行分析比对，对已开工建设项目，未有水土保持行政审批信息的，系统推送生产建设项目应当编制水土保持方案而未编制的案件线索。根据监督规则 2，研判平台抓取企业注册信息、工程建设信息、水土保持补偿费等数据进行分析比对，对已开工建设项目，未抓取到水土保持补偿费缴纳信息的，推送建设项目未依法缴纳水土保持补偿费案件线索。一线检察官在接收线索后，根据模型确定的问题有针对性地开展调查核实，能够高质效办理公益诉讼案件。

公益诉讼工作要正确处理好监督与被监督的关系，把平衡点放在问题解决上，帮助行政机关改进工作，做到“双赢多赢共赢”。高邮市人民检察院在水土保持领域公益诉讼法律监督模型的研发过程中得到了行政机关的支持和认同，原因是该模型经简单改造可成为水利部门水土保持工作的数据指挥平台。水利部门开展水土保持工作中，难以及时、有效地掌握分布于各行政部门的信息，对工程建设项目难以做到全流程跟踪。在水土保持领域公益诉讼法律监督模型的基础上，运用 GIS（地理信息系统）技术，将建设项目图层叠加到地图，并结合采集的数据，能够直观、全局地掌握工程建设项目的信息，推动开展水土保持工作，有效防治水土流失，促进生态保护和绿色发展。

三、水土保持领域公益诉讼法律监督模型的运行特征

（一）从事后监督到预防监督

传统的检察公益诉讼工作监督模式具有事后监督的特征，案件办理时国家或者社会公共利益已经受到了侵害，在水土保持工作中体现在已经发生水土流失的损害后果。但是公益诉讼制度设计的初衷就是预防为主，公益诉讼的预防功能应当成为治理效能的硬核，应当及时有效发现并纠正可能造成公益侵害危险的行政违法行为。① 运用大数据法律监督模型，能够实现对水土保持工作的全流程监督，实现对未来事件的预测，对实时行为的监测，对发现可能产生损害后果的风险点提出预警，实现从事后监督到预防监督的转变，从源头解决公益损害问题，保护国家和社会公众利益。

（二）从经验监督到算法监督

传统的检察公益诉讼开展监督工作主要依靠办案者的主观办案经验，即经验式监督，经验式监督存在很大的偶然性，也会带来监督效率低下、监督虚化等问题。法律监督模型是以监督规则和算法为核心的监督模式，算法监督模式能够改变传统的经验式监督，由机器替代人工对海量数据进行审查，根据核心的监督规则，克服传统人工经验审查带来的尺度不一问题。② 机器能够替代人工进行大范围、高效率的审查，而且监督规则作为办案经验的总结，具有共性的监督标准，更能凝聚案件的监督焦点，对案件的关键问题进行检视，促进检察监督的实质化，提升案件的监督质效。

---

① 参见肖荣、郭琦：《预防性公益诉讼：从“治已病”到“治未病”》，载《检察日报》2022 年 4 月 14 日。

② 参见王燃：《大数据司法监督机制研究》，载《湖南科技大学学报（社会科学版）》2021 年第 3 期。

（三）从环节监督到全程监督

传统的检察公益诉讼工作主要对某个环节的工作开展监督，不能实现对整个环节的全流程关注，呈现一定的零散化特征，在收到被监督单位的回复之后，监督工作即办理结束。受制于办案人员时间、人手等问题，对案件后续的整改情况开展“回头看”跟踪较少。法律监督模型具有“全数据”的特征，可实现对案件的持续跟踪监督，在开展监督工作之后，可以持续利用法律监督模型开展“回头看”工作，由机器不间断地发现问题风险点，实质化掌握监督整改情况，以确认国家和社会公共利益是否得到持续有效保护。

四、水土保持领域公益诉讼法律监督模型的优化

（一）数据收集方面的优化

法律监督模型的发展需要在深度挖掘好、利用好数据的基础上，进一步完善数据的采集、保存机制。数字检察改革的基础是数据赋能，底线是数据安全，要警惕数据在收集、使用过程中的泄露、滥用、盗用等风险。以水土保持领域公益诉讼法律监督模型为例，涉及水利、市场监管、税务等多个部门的数据，而模型研发受制于检察机关本身数字技术力量的缺乏，在模型建设过程中大多将数据存储于第三方机构，在数据的收集、使用过程会有因疏漏或者工作人员品质问题而导致的数据安全风险。在模型的发展过程中，需要确立数据安全保护的措施。要建立检察机关内部的数据安全监管机制，将数据的使用和监管予以分离，使用过程中，以必要原则明确不同人员的数据获取权限，监管方面可赋予检察机关检务督察部门数据安全监管职能，对数据安全开展积极、主动的全程监管。在数据保护方面，遵守数据分类分级安全保护制度要求，从行政机关采集数据时，充分了解相应数据的安全保护要求，在法律监督模型的研发、使用过程中制定合规的数据安全保护体系。

（二）技术算法方面的优化

法律监督的核心是监督规则，更加专业的表述是算法。现阶段监督

规则的产生主要还是依靠对主观工作经验的提炼总结，并进行算法化编译，算法的产生不够自动化、智能化。人工智能技术在不断发展，ChatGPT 等新事物出现，如何利用新技术来促进法律监督模型的发展是值得探索的主题。利用技术手段对收集的海量数据进行清洗提取，再由机器对清洗后的价值数据学习归纳后生成算法模型。人工与机器相结合，先进行人工标注、人工编制监督规则概要，再交由机器去学习。随着自然语言处理、机器学习能力的不断发展提升，让监督算法不是对工作经验的简单翻译，逐渐推进监督算法产生的智能化、自动化。法律监督模型是从算法到办案的转化，核心是算法，而“算法偏差”是无法回避的一个问题，随着依托法律监督模型开展案件办理成果的增多，要让模型对推送出的结果进行二次学习，经过不断的学习提高对数据的识别度，实现精准推送公益诉讼线索。

（三）制度建设方面的优化

持续、稳定地获取数据是法律监督模型发展的关键。目前数字检察所要获取的大数据范围尚未明确，某些数据的共享缺乏直接的法律依据，实践中各部门也未能完全达成共识。对此，应当通过上层的制度建设，检察机关可在取得同级党委和政法委支持的条件下，逐级逐层加强建立数据共通共享的稳定机制，将以往零散的“数据调取”方式调整为整体的“数据流通”方式，畅通数据共享通道。同时，可建立健全执法司法领域跨部门信息共享机制，加快深入推进执法司法信息数据的分类采集、汇集、使用，打破执法司法部门的数据壁垒，促进执法司法数据的高效运用。①

（四）人才培养方面的优化

在现有技术手段尚未能实现根据数据资源自动建模的情况下，还需要人工建模、分析，最终实现由数据到线索、由线索到案件的高质转化。培养一支既懂检察业务又懂数字化改革的数字检察人才，能够实现检察数据的高效应用。要积极转变检察人员的传统理念，深刻认识到数字检

---

① 参见贾宇：《论数字检察》，载《中国法学》2023 年第 1 期。

察是检察工作的变革，通过理论学习、技能实训等方式增强内部检察人员数字化运用的责任感和紧迫感，调整检察人员知识结构、提升能力水平。同时，注重数字检察“外脑”支持体系建设，在内部方面，可以依托“检答网”等平台，为数字检察建设实现全国范围内优秀人才、优秀经验的共享，提供相关问题的专业意见。另外，可以借助特邀检察官助理制度，合理地引进外脑力量，借助专业人员的优势，弥补检察机关技术人才不足的短板，切实从算力、算法、存储、网络等维度加强技术人才支撑，推动数据的高效应用。

长江流域生态环境司法治理协作机制研究

许一鸣　张晓华　杨　祎*

摘　要　长江流域生态保护和高质量发展是重大国家战略，司法机关作为流域生态保护的重要力量，在促进流域治理中发挥了积极作用，但由于各地生态环境司法保护标准存在差异、协作主体参与缺失、协作力度和深度不够、受限地方保护主义等原因，导致跨区域流域生态环境司法治理效果不佳。需要进一步完善流域司法协作的制度依据，构建长江“全流域 + 区域间”司法协作格局，增强司法协作的系统性、整体性，推进司法协作实质化，真正实现全流域、全方位治理。

关键词　流域治理　司法协作　生态环境司法

生态环境是关系党的使命宗旨的重大政治问题，也是关系民生的重大社会问题。2018 年 4 月 26 日，习近平总书记在武汉主持召开深入推动长江经济带发展座谈会时提出，“正确把握生态环境保护和经济发展的关系，探索协同推进生态优先和绿色发展新路子”“要坚持在发展中保护、在保护中发展，不能把生态环境保护和经济发展割裂开来，更不能对立

* 许一鸣，湖北省人民检察院武汉铁路运输分院党组书记、检察长，二级高级检察官，法学博士；张晓华，湖北省宜昌市人民检察院党组副书记、副检察长，三级高级检察官；杨祎，湖北省宜昌市人民检察院法律政策研究室主任，一级检察官。

起来”。[①] 2021 年 3 月，我国第一部流域立法长江保护法正式施行，为长江流域的统筹保护奠定了法治基础。司法机关在长江流域治理中肩负着重大政治责任、法治责任，基于流域治理的系统性、整体性，如何更好发挥司法协作优势，实现司法治理效果的最大化，是当前亟待研究解决的重大课题。本文立足于流域司法治理现状，结合宜昌司法保护实践，探索流域司法治理协作制度和机制构建新路径。

一、流域治理司法协作的必要性

（一）流域治理司法协作是国家战略发展的必然要求

长江是我国第一长河，全流域水资源约占全国河流径流总量的 36%，拥有独特的生态系统，是我国重要的生态宝库、自然资源利用与生物多样性保护的重要地区。保护长江生态环境，就是保护人民群众赖以生存的自然资源。2018 年，习近平总书记在深入推动长江经济带发展座谈会上指出：“长江保护法治进程滞后。生态环境协同治理较弱，难以有效适应全流域完整性管理的要求。”[②] 流域治理是一项系统性工程，需要打破分段管理、多头治理、属地管理的传统治理模式，实施流域协同治理模式。流域生态系统的整体性及其生态服务功能的公共性，决定了流域治理必须从碎片化走向协同，这是实现流域可持续发展、建设流域生态文明的必由之路。[③] 在全面深化依法治国的战略背景下，跨越长江流域 11 个省市的司法协作，是区域内所有司法机关都无法回避的问题。[④]

（二）流域治理司法协作是流域综合治理的现实要求

从跨区域治理来看，流域污染的扩散性、流动性加剧了环境治理的

---

① 参见《习近平主持召开深入推动长江经济带发展座谈会并发表重要讲话》，载中国政府网，http：//www.gov.cn/xinwen/2018－04/26/content_5286185.htm。

② 《习近平：在深入推动长江经济带发展座谈会上的讲话》，载中国政府网，http：//www.gov.cn/xinwen/2018－06/13/content_5298492.htm。

③ 参见彭本利、李爱年：《流域生态环境协同治理的困境与对策》，载《中州学刊》2019 年第 9 期。

④ 参见王兆忠、孙晨：《长江中游城市群司法协作模式选择与构建》，载《长江论坛》2018 年第 3 期。

不公平现象。基于各地关于环境保护的标准不同、发展政策不一等原因，污染行为人或者单位为谋取利益而造成环境损害的，虽需承担相应的责任，但通常所承担的修复责任远不足以弥补造成的环境损害，该损害涉及跨区域的，会增加其他地区环境治理的负担，必须通过流域内“司法协作一体化”来对其予以规制，从而有效破解地方保护主义难题。如2023年1月，湖北省委、省政府出台了《湖北省流域综合治理和统筹发展规划纲要》，提出以流域为基本单元，守住水安全、水环境安全、粮食和能源资源安全、生态安全四大安全底线，这要求各地司法机关必须坚持系统观念，加强跨区域协作配合，以司法之力助力流域综合治理目标的实现。从区域内系统治理来看，由于流域治理已经超越涉水单个主体的能力范围，必然依赖多元主体间的相互协作，通过司法机关、行政机关等主体的合理、科学的分工，实现相互协作、相互制约。因此，建立并完善流域生态司法协作机制势在必行。①

（三）流域治理司法协作是维护法律适用统一性的客观要求

要高质效办好流域内生态环境领域案件，让人民群众在每一个司法案件中感受到公平正义，就必须做到法律适用的统一性。法律适用统一性，具体来讲，主要包括两个方面的要求：一是同类案件裁判上的大体一致性；二是不同类型案件裁判上的相互协调性。基于流域治理的系统性，建立完善的司法治理协作机制，有利于跨区域案件的高质效办理，同时也有利于统一司法尺度，提升司法公信力，增强司法权威。

二、流域治理司法协作的现状

（一）流域治理司法协作机制不断健全

无论是司法机关系统内部，还是跨部门的司法协作，相关的制度机制都在不断完善。一是从检察系统来看，司法协作的相关制度主要集中于生态环境领域，长江上中下游检察机关均建立了跨区域司法协作机制。如在长江上游，四川、重庆、贵州、云南、西藏、青海六地检察机关共

① 参见曾睿、何伦凤：《流域生态司法协作机制的实践困境与完善路径——以九龙江流域污染为例》，载《长春理工大学学报（社会科学版）》2023年第1期。

同签订《关于建立长江上游生态环境保护跨区域检察协作机制的意见》；在长江中游，湖北、湖南、江西三省检察院签署了《关于加强新时代区域检察协作服务和保障长江经济带高质量发展的意见》，就加强日常工作信息共享、跨省调查取证、案件线索移送、典型案例通报、办案经验交流等进行了规定，特别明确了跨省级行政区划的生态保护公益诉讼案件的管辖权；在长江下游，上海、江苏、浙江、安徽三省一市检察机关签署《关于建立长三角区域生态环境保护司法协作机制的意见》，制定了《沪苏浙皖检察机关加强环太湖流域生态环境保护检察协作三年行动方案》，环太湖流域生态环境保护司法协作机制进一步健全。二是从法院系统来看，司法协作起步较早。如1993年，由13家成员单位参与的环太湖地区司法协作即已启动，随着经济发展一体化的不断推进，成员单位数量逐步增加到近50家。2008年，上海、江苏、浙江高院共同签署了《长江三角洲地区人民法院司法工作协作交流协议》，旨在在更大范围、更广领域、更高层次上推进长三角地区的司法协作与科学发展。三是从跨部门司法协作来看，部分地区已开始尝试加强诉讼各环节司法机关的协作。如2023年3月，长江上游重庆市渝中区人民检察院、中游湖北省宜昌市葛洲坝人民检察院、武汉市江汉区人民检察院、下游江苏省南通市崇川区人民检察院以及对应的长江航运公安局各分局就加强长江干线刑事司法协作发起共同倡议，倡议书包括了案件协作、联合发布典型案例、组织召开治罪治理论坛等内容。

（二）流域司法协作形式逐步拓展

随着司法协作实践的不断拓展，其形式不断创新，趋向多样化。一是召开联席会议。各协作单位通过定期或者临时召开联席会议的方式，研究司法事项、需求、政策和重大疑难法律适用问题。这也是司法协作中最常见、最普遍的形式，具有灵活性特征。二是建立协作机构。协作机构由各协作单位的专职或兼职人员组成，以年度为单位，轮流负责当值年度的司法协作事项的日常沟通、协调、会商、联动等工作。三是加强办案协作。无论是全域性司法协作还是区域性司法协作，办案协作均是司法协作的主要内容，涵盖了线索移送、协助调查取证及执行等各诉讼环节。实践中，流域治理司法协作典型案例不断涌现，如2022年7

月，最高检发布了第四批检察机关服务保障长江经济带发展典型案例。这批典型案例体现了坚持系统思维，注重标本兼治，推动全流域、全行业系统化治理的办案理念，为加强长江流域司法协作提供了办案样板。如苏州市检察机关根据环太湖流域、大运河流域、长三角生态环境公益诉讼协作机制，将相关水污染问题线索移送浙、沪属地检察院，上下游联合进行水质检测，共享数据，统一监管标准，联动一体化实施综合治理。

（三）流域司法协作范围逐步扩大

一是司法协作领域逐步拓展。司法协作相关规定散见于我国三部诉讼法，主要涉及调查取证、协助执行、委托送达等。但是，随着经济一体化建设的不断推进，传统司法协作内容已经远远不能满足现实需要。类案集中管辖、司法资源互通互融、矛盾纠纷多元化解等已成为区域司法协作新的内容。二是司法协作区域范围更广。司法协作在区域上从省内跨区为主发展到以省际跨区为主，长江上游、中游、长三角分别形成了以流域段为界分的司法协作模式。最高检、最高法也从统筹全流域司法协作角度，出台了相关规范性文件。如 2018 年 9 月，长江经济带 11 个省市及青海省高级人民法院签署《长江经济带 11 +1 省市高级人民法院环境资源审判协作框架协议》，为沿江省市各级法院加强环境司法协作奠定了基础。2019 年 4 月，最高检出台了《关于长江经济带检察机关办理长江流域生态环境资源案件加强协作配合的意见》，就跨省案件管辖、线索移送、案件办理、日常工作、司法鉴定等方面协作作了规定。司法协作的发展方向无疑与流域整体性保护的司法要求相适应，这为流域司法纵深发展提供了思想共识和实践基础。

三、当前长江流域生态环境司法协作中存在的问题

（一）司法尺度因各地生态保护政策不同而存在差异

流域是自然要素与社会要素相互融合的综合体，涉及多元利益关系。这些利益关系围绕资源利用与生态保护而产生，总体上分别代表了经济效益最大化与生态环境损害最小化两种不同的价值追求，需要从整体上

进行协调平衡。[①] 长江干流横跨11个省、自治区、直辖市，从长江上游到长江三角洲地区，沿江各省市经济社会发展不平衡较为突出。无论是经济发展规划还是生态环境保护政策，都呈现出较大的差异，不同流域段、不同地区生态环境治理亦存在差异，司法机关对破坏流域环境行为的司法尺度不尽相同，影响了流域司法保护的整体质效。

（二）司法协作机制还不够完善

我国流域法律制度的科学性、综合系统性不强，流域管理机构事权划分不明，“多龙治水”、利益冲突的现象仍然存在，流域法律法规和规划的实施效果不佳，这在一定程度上制约着流域管理目标、生态恢复和治理目标的实现。[②] 当前流域治理整体性欠缺，与“共抓大保护”的流域治理目标还不相适应。在司法内部协作方面，虽然法院和检察院分别出台了关于长江流域生态环境保护司法协作的相关制度，但公检法全司法领域协作较少，缺乏多方主体参与的关于加强司法协作的顶层设计。尤其是在跨行政区划集中管辖方面，受限于管辖对应问题，单个司法机关系统内部协作难以发挥相应作用。在司法外部协作方面，从治罪与治理并重的司法要求以及司法职能充分发挥的角度来讲，加强与行政机关的办案协作也是司法协作的应有之义。流域治理涉及生态环境、水利湖泊、农业农村、林业园林、海事等相关部门，但实践中，司法机关与行政机关在长江流域生态环境治理方面的协作机制还不够健全，配合还不密切，行刑衔接工作机制效能发挥不充分。

（三）司法协作成效有待提升

司法协作的主要方式包括跨区域司法机关签署合作协议、建立办案协作机制等，但大部分协作内容较为原则、操作性不强，其意义更多地在于形成理念上的共识，在司法操作层面难以发挥实际作用。如一些地

---

① 参见秦天宝：《我国流域环境司法保护的转型与重构》，载《东方法学》2021年第2期。

② 参见俞树毅：《国外流域管理法律制度对我国的启示》，载《南京大学法律评论》2010年第2期。

区司法机关以倡议的形式达成协作共识，虽然也包含了办案协作、发布典型案例等内容，但较为原则，仅明确了协作内容，未明确具体的协作方式、联络机制等，缺乏具体的可操作性方案，导致司法协作机制难以发挥实质性作用。从司法协作实践来看，主要局限于办理个案中的相互协作，在类案法律适用规则的统一以及通过司法协作制度机制推动跨区域流域治理等方面，与流域系统性司法保护目标还有差距。

（四）司法协作一定程度受限于地方保护

当前，推动产业绿色转型、实现绿色发展，统筹协调环境目标和经济目标，已成为经济社会发展的基本追求。由于传统产业转型存在一定周期等原因，不可避免地存在污染环境的现象，如何平衡经济发展与生态保护的关系，成为社会治理的一大难题。对于环境污染类的案件，尤其是跨行政区域的环境污染类案件，各地在治理时一般会考虑地方的发展及利益的保护，难免间接影响司法协作的效果。

四、深化流域司法治理协作机制的路径

（一）完善流域司法协作的制度依据

当前，流域治理必须树牢法治理念，坚持法治思维、系统思维，将“协作”“协同”作为流域司法治理的基本要义，坚持立法先行，发挥立法的引领和推动作用。要将“协商共治”理念融入立法，构建流域内各级政府及其有关职能部门跨区域协同决策、协同执法、协同司法、执法与司法相衔接等协同治理体系，将协同理念融入流域治理制度建设的各个环节，使流域治理获得利益相关方的参与和全社会的支持。① 鉴于当前流域治理司法依据不足的现状，在深入落实长江保护法的基础上，针对跨区域流域司法治理需求，可通过跨区域协同立法以及地方立法等形式，统筹不同地区间的利益诉求，从纵向、横向、地方等不同维度为长江流域司法协作提供立法依据。

---

① 参见彭本利、李爱年：《流域生态环境协同治理的困境与对策》，载《中州学刊》2019 年第 9 期。

（二）构建长江“全流域＋区域间”司法协作格局

要实现流域治理整体性目标，同时满足个性化治理需求，就必须从全流域治理和区域治理两个方面着力，探索构建司法协作新格局。一方面，要构建全流域司法协作格局。流域治理涉及上下游、干支流，基于水资源的流动性特征，需要从治理的整体性、系统性出发，推动构建长江全方位、全流域司法协作格局，破解司法协作范围狭窄、司法尺度标准不一等问题。对于全流域司法协作，有两种路径可予探索：一是自下而上的实践探索。在区域性协作的基础上，针对流域司法治理中的共性问题、重难点问题，由长江沿线的11个省、自治区、直辖市共同研究司法协作方案。二是自上而下的顶层设计。由最高法、最高检、公安部在各流域司法协作实践经验的基础上，就全流域司法协作出统一规定，确保执法司法的统一性。另一方面，要深化区域间司法协作。因长江流域各段的治理重点、治理方式等存在一定差异，相邻各地区亦可在顶层设计的司法协作框架下，针对某一领域突出问题开展地区间的深度司法协作，针对性地解决某一流域段的治理问题。由省级统筹，探索设立跨行政区划的人民法院和人民检察院，对跨地区涉流域案件实行集中管辖，促进区域间司法的协同性。

（三）健全流域司法协作机制

长江干支流的生态环境资源犯罪案件涉及长江航运公安局各分局、地方公安机关、检察院、法院等部门，无论是线索移送、案件管辖或者案件办理等各环节，均需要各相关部门的配合协作。基于省级行政区划范围内流域治理目标、政策的一致性，可由省级公检法等相关部门统筹，推动建立诉讼各环节相关机关相互衔接、相互监督的协调联动机制，在证据的采集与固定、案件的协调与和解、判决的监督与执行等方面做好衔接配合，统筹解决跨区域环境纠纷。① 同时，要主动适应将司法办案融入社会治理的新时代司法要求，在案件办理机关开展协作的基础上，还

① 参见周欣宇：《区域司法协作机制保障黄河流域美丽生态》，载《中国社会科学报》2021年8月25日。

应加强与生态环境、水利湖泊、农业农村等相关行政单位的沟通协作，完善流域生态环境执法司法协作机制，形成行政执法与刑事司法的有效衔接，做到案件办理与社会治理同步推进，实现各项社会治理机制闭环运行，最大限度地提升流域治理法治化水平。如行政机关发现破坏流域生态环境的犯罪线索，应及时向司法机关移送，协助收集相关证据；司法机关对破坏流域生态环境的犯罪嫌疑单位或者嫌疑人作出不起诉处理后，应做好不起诉的“后半篇文章”，推动非刑罚处罚措施的适用衔接常态化，确保违法行为得到相应的惩处，从而进一步提升流域司法治理效能。

（四）提升司法协作质效

司法机关内部协作有序有效，是推进不同系统间司法协作的基础。因此，公检法等司法相关部门应结合自身职能特点，健全系统内部流域治理协作机制，确保司法协作取得实质性效果。以检察机关为例，可从以下几个方面予以完善：一是细化协作内容。长江沿线省级检察机关应结合流域特点和检察工作职能，充分利用检察一体化在流域治理中的优势，在流域治理案件管辖、指导案件办理、发布典型案例等方面形成共识，保障区域内司法适用统一。如可由最高检牵头，组织长江流域检察机关建立司法资源共享库，包括各地制定的涉长江流域的相关规范性文件、办理的案件等，并开通类案检索功能，通过司法资源共享等方式实现法律适用的统一性。二是完善协作规则。最高检《关于长江经济带检察机关办理长江流域生态环境资源案件加强协作配合的意见》对跨省级司法协作内容作了较为全面的规定，而部分地区协作机制出台早于最高检的规定，为确保协作规则的统一性，各省市县检察机关应在总结长江流域区域性检察协作实践经验的基础上，参照最高检关于司法协作的相关内容，对原有的协作规则进行修订完善。三是创新协作方式。结合检察职能特点，对于具有一定社会影响力、需要其他地区检察机关给予司法协作的案件，可通过上级检察机关指定管辖、交叉检察等形式，破解治理中的难点堵点问题。如2023年，湖北省人民检察院即对省内流域按照片区划分，在全省检察机关部署开展交叉巡回检察，以主动性协作方式挖掘线索、强化监督。但对于交叉巡回检察发现的问题，所立办案件是否交叉办理等机制仍有待进一步完善。对于跨区域的涉流域重大生态环境案件，平级检察机关无法通过司法协作方式解决的治理问题，可通过提级管辖方式，由其共同的上一级机关来办理。如最高检直接立案办理的万峰湖案，由于沿湖涉及5个县（市），上下游、左右岸的治理主张和执行标准不统一，导致流域污染拖延多年一直无法根治，最高检通过直接立案办理，为破解“公地悲剧”这一世界性难题提供了“中国方案”，彰显了公益诉讼检察在跨区划生态环境受损问题解决上的独特价值作用，同时对跨区域案件办理、检察一体化办案模式的运用等起到了示范引领作用。

长江流域生态环境司法治理协作机制的完善是一个长期而艰巨的过程，既需要各地在司法实践中不断探索，积累丰富的司法协作经验，同时也需要加强顶层设计，强化统筹协调，及时将好的经验做法上升为制度机制，为形成整个流域的司法协作大格局提供制度遵循和机制支撑。在经济一体化发展、流域一体化治理背景下，只有加强不同层级、不同部门之间的协作配合，才能适应流域治理的系统性、整体性要求，真正实现全流域、全方位治理，最大限度地保护长江流域生态环境资源，维护流域安全，促进绿色发展。

检察侦查

《刑事诉讼法》第 19 条第 2 款适用中的问题与完善路径*

张祥塍　贾晓文　单星辰　杨　阳　刘　轩**

摘　要　《刑事诉讼法》第 19 条第 2 款规定了检察机关对部分原应由公安机关管辖的罪名行使的侦查权，一般称为机动侦查权。然而实践中，机动侦查权的行权仍存在一些障碍，有待进一步激活。用好机动侦查权，需准确把握其性质，分析其现状，结合检察机关法律监督职能，从法律规范、制度安排、技术措施、人力配置等方面破解难题，最大程度释放其制度优势带来的效能，实现检察侦查的高质量发展。

关键词　检察侦查　法律监督　机动侦查权　路径完善

《刑事诉讼法》第 19 条第 2 款①规定，检察机关可以对原本应当由公安机关立案侦查的国家机关工作人员利用职权实施的重大犯罪案件行使

* 本文为北京市人民检察院第二分院 2024 年度院级重点课题“机动侦查权性质分析与相关完善路径研究”的阶段性成果。

** 张祥塍，北京市人民检察院第二分院检察委员会专职委员，二级高级检察官；贾晓文，北京市人民检察院第二分院第八检察部副主任，三级高级检察官；单星辰，北京市人民检察院第二分院第八检察部三级检察官助理，法学硕士；杨阳，北京市人民检察院第二分院第八检察部二级检察官助理，法学硕士；刘轩，北京市人民检察院第二分院第八检察部二级检察官助理，法学博士。

① 本文的研究对象仅为《刑事诉讼法》第 19 条第 2 款后半句：“对于公安机关管辖的国家机关工作人员利用职权实施的重大犯罪案件，需要由人民检察院直接受理的时候，经省级以上人民检察院决定，可以由人民检察院立案侦查。”

侦查权。该项侦查权的设置是检察机关更好地履行法律监督职能，提升法律监督刚性的重要保障。但在实务中，其尚未发挥出应有效果。究其原因，一方面在于对职能定位存在认识分歧，导致对立法把握认识不清；另一方面由于缺乏明确的启动程序，导致不愿或不敢使用。本文通过辨析该侦查权的性质，探讨其行权的障碍，分析完善对策，促使该项侦查权科学化地运行，使其更好地助力检察侦查工作高质量发展。①

一、《刑事诉讼法》第 19 条第 2 款的性质辨析

（一）职能定位

当前，针对《刑事诉讼法》第 19 条第 2 款赋予检察机关的侦查权，学界的主流观点将其定位为“机动侦查权”。如何认识机动侦查权的“机动”之含义，是准确把握其职能定位的重要方面。

一是启动条件机动。启动该项侦查权，需要检察机关视案件情形，自行裁量决定。有观点认为，从实质上看，检察机关机动侦查权，是指检察机关在综合考量自身地位、待侦案件性质、外部舆情等因素的基础上，对法定案件以外的刑事案件进行直接立案的必要性进行认定、决定及实施的侦查权力。②

二是适用罪名机动。该项侦查权所规定的罪名具有开放性，并未确定指向某类或某几类的特定罪名，而是概括性地表述为“公安机关管辖”“国家机关工作人员利用职权实施”“重大犯罪案件”三方面内容。检察机关则据此与案件实际相结合，确定所要侦查的罪名。

三是侦查过程机动。纵观侦查程序，从发现线索到立案再到开展侦查，往往需要检察机关多个单位的协调配合。此外，在案件侦查终结后，很可能又会滚动发现其他犯罪案件线索，不断深挖扩大侦查成效。因此，机动侦查权的行使过程体现了检察机关一体化履职的合成作战优势，具

---

① 参见邱春艳：《新时代，检察工作高质量发展的“知与行”——习近平法治思想指引下“高质量发展”的检察实践》，载最高人民检察院网站，https：//www. spp. gov. cn/spp/zdgz/202103/t20210305_510599. shtml。

② 参见兰跃军：《论适当扩大检察机关的机动侦查权》，载《内蒙古社会科学（汉文版）》2011 年第 2 期。

有灵活机动、不断纵深的特点。

（二）权力基础

明确权能来源，是进一步构建、加强该项侦查权运行机制的理论基础。关于其究竟是源于检察机关法律监督权还是侦查权，以及检察机关具有侦查权的法理依据是什么，主要存在三种观点。

一是法律监督说。该观点认为，国家法律监督机关是宪法赋予检察机关的根本职能。司法工作人员相关职务犯罪侦查权、补充侦查权、机动侦查权等三项侦查权均是检察机关在司法实践中确保法律正确实施的必要手段，具有法律监督性质，从属于法律监督权。[①] 具体而言：第一，在侦查线索发现上具有法律监督优势。即与其他机关相比，检察机关在行使立案监督、侦查活动监督权等职权时，更能掌握可能适用该项侦查权的线索。第二，在侦查活动进行时具有多种法律监督工具。检察机关作为法律监督机关，其在确保包括侦查在内的刑事诉讼依法依规进行方面，具有更深的法律政策理解、更全的法律监督手段、更多的监督工作经验。第三，在现行制度规定中已有相关制度安排。如《人民检察院刑事诉讼规则》[②] 中也有此项规定，适用该项侦查权存在一定的制度基础。

二是侦查权本位说。该观点从侦查权内部寻找理论依据，进一步可分为两种不同观点，这两种观点分别从行使该项侦查权的情形和权力构造的角度论证该项侦查权本质上仍是侦查权，而非法律监督权。从权力适用的角度，行使该项侦查权并非必然存在刑事诉讼违法行为，只是存在公安机关不适合管辖的情形，由检察机关管辖更为适宜。如果存在侦查活动违法，则是侦查活动监督、立案监督或是司法工作人员相关职务犯罪侦查的范畴。从权力构造的角度，行使该项侦查权的前提在于存在普通侦查权行权障碍，但在刑事诉讼程序、强制措施、权利义务、根本

---

① 参见赵昊平：《新时代检察机关侦查权的运行与完善》，载《检察日报》2021年8月10日。

② 《人民检察院刑事诉讼规则》第564条第2款规定："公安机关在收到通知立案书或者通知撤销案件书后超过十五日不予立案或者未要求复议、提请复核也不撤销案件的，人民检察院应当发出纠正违法通知书。公安机关仍不纠正的，报上一级人民检察院协商同级公安机关处理。"

目的等方面均相同，故其仍然是侦查权，而非监督权。

三是检察权一体说。该观点回应理论界一直存在的一些对检察机关是否应当具有侦查权的质疑，进而论证检察机关各项侦查权的权能来源。此种观点认为，法律监督权是一种功能性定位，而非一项权力，是构建检察行权体系的概括总和。检察行权包括行使侦查权、公诉权、狭义的法律监督权（包括侦查监督、审判监督等），这些权能之总和是检察权。因此，检察机关的侦查权属于检察权的一种，独立于狭义法律监督权，与公诉权、狭义法律监督权三者都是检察权的有机组成部分。只不过在宪法实施的背景下，检察侦查权渐染了法律监督属性，① 但与法律监督是不同逻辑框架下的概念。检察侦查权虽具监督色彩，但根本上仍是侦查权围绕检察机关职能定位的调试，仍属于侦查权的工具价值，而非法律监督权的理性价值。按此逻辑，《刑事诉讼法》第 19 条第 2 款所规定的侦查权，作为检察侦查权的一种，属于一种检察权而非法律监督权。

综合上述观点，笔者认为，机动侦查权本质上是一种侦查权，但具有鲜明的法律监督属性，是侦查权与法律监督权的有机统一。第一，从法律定位的角度看，机动侦查权是刑事诉讼法规定的一项法定侦查权，根本目的是查明案件事实，具有鲜明的工具价值，其是对现有刑事诉讼侦查体系的补充、完善，因而其本质上是一种检察机关依法具有的法定侦查权。第二，从侦查体系的角度看，机动侦查权归检察机关行使，其意义在于对现有侦查分工进行“二次分配”，从而对原应由公安机关管辖但又不宜管辖的重大犯罪案件采取侦查措施，从而起到优化侦查质效、减少司法不公的作用。这与检察机关确保法律正确规范实施的职能定位契合，因而具有鲜明的法律监督属性。第三，从检察机关职能的角度看，将机动侦查权放在检察机关法律监督体系中考察，可知其具有重要的工具价值。对于包括司法工作人员违法违规行权在内的不端行为，检察机关从线索发现到调查核实再到依法处置，具有立案监督、侦查活动监督、司法工作人员相关职务犯罪侦查等监督手段，在监督过程中，机动侦查既是一种有效的补充手段，又是一种必要的职能延伸。正如前文所述，机动侦查权的行权过程很可能会滚动发现其他犯罪案件线索，不断扩大

① 参见秦前红：《检察侦查权的制度逻辑与时代走向》，载《政法论丛》2023 年第 4 期。

侦查成效，其充分体现了检察监督的合成作战优势，具有灵活机动、不断纵深的特点，因而是检察监督的重要一环。

二、《刑事诉讼法》第 19 条第 2 款适用中的问题

2018 年 10 月至 2024 年 3 月底，全国检察机关共立案侦查司法工作人员相关职务犯罪 8500 余人。① 但适用机动侦查权的案件数量总体仍较少，机动侦查权仍有待进一步激活。造成这一问题的原因主要包括主观、客观两个方面，即在主观上，关于“何为重大”等问题存在认识分歧；在客观上，启动程序、侦查资源、侦查力量等方面有待加强。这些方面制约着机动侦查权的推广与激活。

（一）主观上适用条件存在认识分歧

关于对“重大犯罪案件”的界定，理论和实务界均存在分歧。目前，尚未有司法解释针对启动机动侦查权时“何为重大”予以明确。在各类规范性文件中可供参照的认定标准也不尽统一。如最高人民法院《关于处理自首和立功具体应用法律若干问题的解释》第 7 条第 2 款规定，“重大”案件的标准一般是指犯罪嫌疑人、被告人可能被判处无期徒刑以上刑罚或者案件在本省、自治区、直辖市或者全国范围内有较大影响等情形；“两高”《关于办理贪污贿赂刑事案件适用法律若干问题的解释》第 14 条第 2 款规定，根据犯罪的事实、情节，已经或者可能被判处 10 年有期徒刑以上刑罚的，或者案件在本省、自治区、直辖市或者全国范围内有较大影响的，可以认定为《刑法》第 390 条第 2 款规定的“重大案件”；“两高”《关于适用犯罪嫌疑人、被告人逃匿、死亡案件违法所得没收程序若干问题的规定》第 2 条规定，在省、自治区、直辖市或者全国范围内具有较大影响，或者犯罪嫌疑人、被告人逃匿境外的，应当认

① 参见《检察侦查工作如何“更上一层楼”？这场调研座谈会信息量真大……》，载微信公众号“最高人民检察院”，2023 年 5 月 11 日；《2023 年 1 至 3 月全国检察机关主要办案数据》，载最高人民检察院网站，https：//www. spp. gov. cn/spp/xwfbh/wsfbt/202304/t20230427_612631. shtml#2；《2023 年全国检察机关主要办案数据》，载微信公众号“最高人民检察院”，2024 年 3 月 10 日；《2024 年 1 至 3 月全国检察机关主要办案数据》，载微信公众号“最高人民检察院”，2024 年 4 月 26 日。

定为《刑事诉讼法》第280条第1款规定的“重大”；又如《人民检察院直接受理立案侦查的渎职侵权重特大案件标准（试行）》规定，对于人民检察院直接受理立案侦查的渎职侵权重特大案件标准，滥用职权案的“重大案件”标准为：（1）致人死亡2人以上，或者重伤5人以上，或者轻伤10人以上；（2）造成直接经济损失50万元以上。

上述对于“重大”的界定标准可分为四个方面，即“刑罚标准”“社会影响力标准”“货币化标准”“人员伤亡标准”。因该标准无法统一，在实务中会导致适用问题。因此，针对机动侦查权行使，需进一步开展论证，统一认识，并出台相关规范性文件予以明确。

（二）客观上多种情况制约机动侦查权的行使

一是启动程序较为复杂。2018年《刑事诉讼法》沿袭了1996年《刑事诉讼法》规定，只有经省级以上检察机关决定才可启动机动侦查权，县级检察机关需层报省级以上检察机关后由地市级检察机关立案。其间耗费的人力时间成本较大，甚至会引发证据毁损灭失、嫌疑人串供等风险。有时，省级以上检察机关对立案标准和审批较为慎重，还要与有关单位会商研究，在客观上导致办案周期延长。

二是侦查专门力量较弱。内设机构改革后，检察机关缺少了监督、侦查专门力量。“两反”转隶后，检察机关资深侦查力量很少，缺乏必要侦查经验和专业素质。这一情况也制约了机动侦查权的长远发展。

三是侦查资源不足。侦查资源泛指侦查所需要的人员、工具、科技与数据等，也即侦查活动所需要的“生产资料”。① 目前，人民检察院启动机动侦查权，掌握、调取公安机关办案数据、资料存在困难，这就导致行权有效性和权威性受到制约。②

此外，也有观点认为，机动侦查权的适用应当仅针对个案，应限定在公安机关不立案或者不适宜侦查的范围，理由是：如检察机关普遍使

① 参见张建伟：《逻辑的转换：检察机关内设机构调整与不诉一体》，载《国家检察官学院学报》2019年第2期。

② 参见刘为军、漆晨航：《机动侦查权的解读与实化：回归权力本位的研究思路》，载《甘肃政法大学学报》2022年第2期。

用该侦查权，则违反了分工配合、相互制约的原则。此外，其还认为，启动机动侦查权需同时满足以下条件：一是公安机关有案不立，压案不查，有罪不究；二是对相关案件降格处理，经过检察机关督促后仍不纠正；三是公安机关和检察机关对定性认识不一致；四是案件具有某种特殊情况，如公安机关充当“保护伞”的案件，则由检察机关立案侦查更适宜。① 这种观点进一步限缩了机动侦查权的适用，有必要进一步结合实践，通过配套立法、司法解释等形式，对于机动侦查权的适用范围予以科学、准确的界定。

三、《刑事诉讼法》第 19 条第 2 款适用的完善路径

结合前述问题分析，可以从行使条件、适用程序、侦查措施、侦查力量等四个方面对检察机关机动侦查权的行使进行完善。

（一）明确机动侦查权的具体适用范围

理论上，一方面，要结合其“谦抑性”“后发性”，正确看待机动侦查权的运用。应当看到，机动侦查权并非是对刑事诉讼开展法律监督，过度使用机动侦查权也会弱化检察机关的法律监督职能，同时会打破原有刑事诉讼法规定的侦查体系。另一方面，结合检察机关法律监督属性，科学把握“重大”的认定标准。在认定“重大”时，应与检察机关的职能定位关联更加紧密。有实务界观点指出，把握“重大犯罪案件”主要应从“重罪名”和“罪行重”两个角度把握：所谓“重罪名”，主要是指刑期、刑罚较重的犯罪；所谓“罪行重”，主要是指犯罪行为性质严重、影响恶劣，严重损害司法、执法公信力、公正性，严重破坏法治权威、尊严。

在实践中，可通过完善法律法规司法解释体系，定期公布典型案例、指导案例的方式，对法律规定较为笼统的内容经多方研究论证后予以明确，消除认识分歧，规范机动侦查权的行使。

---

① 参见张敬：《检察机关机动侦查权分析及完善路径》，载《湖北警官学院学报》2022 年第 1 期。

（二）简化机动侦查权的启动程序

一是强化内部一体化履职机制。一方面，检察机关侦查条线上下联动。虽然行使机动侦查权“由省级以上人民检察院决定”，但在实践中，线索发现往往是在基层检察机关，而省级以上检察机关往往侦查人力较为稀缺，掌握的案件（线索）具体情况也不如基层检察机关。因此，提高机动侦查权的质效，要加强检察机关上下级侦查部门的联动履职。另一方面，检察机关侦查职能与捕诉职能一体协同。在刑事诉讼环节上看，围绕机动侦查权的行使，检察机关内部还应完善侦查与捕诉部门之间的衔接，通过适时介入引导、争议问题研讨等方式优化侦查与捕诉之间的衔接，用好检察机关复合型职能的优势，确保侦查工作依法规范。

二是明确外部沟通移交机制。机动侦查权的行使，本质上就是将原公安机关管辖的案件由检察机关侦查。然而目前，如何同公安机关开展会商，相关案件具体沟通、协调、移交乃至救济如何操作，目前缺少相关制度规定。如能在全国范围内探索明确各机关协同机制，则既能够提高机动侦查权行权效率，又能确保该项侦查权的行使更趋公正客观。

三是适度灵活开展立案侦查工作。在实践中，由于基层检察机关既是线索发现者，又是侦查工作的重要承担者，一味要求市级以上检察机关立案侦查，可能会增加侦查工作中一些不必要的审批流程、办案环节等，制约检察侦查工作效率提升。因此，可根据实际情况，探索下放立案侦查权。由区级检察院直接立案侦查，具有一定的可行性，因为公安机关直接管辖的案件中大部分也是由基层派出所行使侦查权，这样简化立案侦查的程序既能减少不必要的办案流程与环节，又能更好地发挥行使机动侦查权的效能。

（三）丰富机动侦查权的侦查措施

一是整合检察侦查资源。行使机动侦查权应当用足用好检察侦查资源。具体而言，在线索发现上，可结合狭义法律监督权的行使，尤其是侦查监督工作中发现的侦查机关有案不立、压案不查、有罪不究等情况，在行使公诉权的过程中发现的其他事实、同案犯等情况，不断拓宽线索来源，用好线索资源；在侦查过程中，可更好发挥捕诉部门的职能优势，开展适时介入引导侦查工作，提升侦查质效；在全案效果方面，可结合机动侦查权相关案件特点，深挖扩线，将机动侦查权行使与司法工作人员相关职务犯罪侦查权行使紧密结合，办理一案，深挖一片，更好推动实现案件办理“三个效果”的有机统一。

二是用足用好大数据法律监督资源，发挥数字检察作用。借助数字检察的引擎，可将机动侦查权释放出更大制度优势。以浙江省为例，该省检察机关注重数字赋能提升核心战斗力，夯实完善数字侦查基础设施，开发创新数字侦查应用场景，着力以大数据主动分析破解线索“发现难”，提升办案工作的治理效能。绍兴、湖州市人民检察院先后通过运用大数据分析比对，立案查办了一批司法人员相关职务犯罪线索，并根据大数据挖掘发现的共性问题，帮助相关机关完善管理机制。[①] 机动侦查权的行使可借助大数据工具实现侦查质效的突破。

（四）锻造过硬侦查力量

一是建立专门化队伍。当前，各地开始探索建立检察侦查专门化工作部门，不断提升检察机关侦查工作的凝聚力、战斗力。同时，各级检察机关的侦查专门力量还能发挥条线优势，推动检察一体化履职，实现质量上更优、效率上更高、力度上更强的专业化、规模化优势。

二是开展定期培训研讨。锻造过硬的侦查力量，还要依靠创新形式的培训研讨制度。例如，可通过纵向条线培训研讨会商，及时掌握不同辖区整体的侦查工作情况，有针对性地加强和改进工作，等等。

三是以战代练提升素能。近年来，多地检察机关侦查工作条线采取了实战化培训、岗位练兵等举措，取得良好效果。一方面，可通过实战锻炼队伍、检验成效；另一方面，可通过岗位练兵，发现侦查工作人才，探索建立侦查人才库，发现、选拔、培养专门化业务骨干、标兵，不断提升检察侦查队伍的战斗力。

---

① 参见范跃红：《浙江：侦办司法人员职务犯罪取得新突破》，载最高人民检察院网站，https://www.spp.gov.cn/dfjcdt/202112/t20211227_539930.shtml。

机动侦查权发展梳理、解释分析及提升路径

张　江　赵斌良*

摘　要　机动侦查权具有维护公平正义、强化诉讼监督、保障和助力侦查等功能作用。严格的制度限制、公安机关管辖机制的运作和检察机关对机动侦查的重视不足，导致机动侦查权处于休眠状态。激活机动侦查权，有必要从解释学层面对机动侦查权的管辖范围、对象要求、客观要素、案件类型、程序要求作出阐释，并从实务立场出发，对行使机动侦查权的理念、体系、机制、能力进行完善提升。

关键词　机动侦查权　发展梳理　解释分析　提升路径

近年来，处于休眠状态的机动侦查权被逐步"激活"。"2023 年，各级检察机关对公安机关管辖的国家机关工作人员利用职权实施的重大犯罪案件，确需检察机关直接受理的，依法立案侦查 176 人。"① 但由于法律规定原则性及实践探索有限性，对机动侦查权的理解仍存在不少问题，有必要对机动侦查权的制度沿革、功能作用及实践问题进行梳理，并立足解释学分析，为机动侦查权的实践提升探寻路径。

---

* 张江，江西省鹰潭市人民检察院党组书记、检察长，二级高级检察官；赵斌良，江西省鹰潭市人民检察院综合业务部主任，一级检察官，全国检察机关调研骨干人才。

① 应勇：《学思践悟习近平法治思想　以"三个善于"做实高质效办好每一个案件》，载《人民检察》2024 年第 8 期。

一、机动侦查权的制度沿革、功能作用及实践问题梳理

“机动”一词，体现了“事可从经，亦可从权”的实践智慧。机动侦查权，是指检察机关在综合考量自身地位、待侦案件性质、外部舆情等因素的基础上，对法定案件以外的刑事案件进行直接立案的必要性进行认定、决定及实施的侦查权力的情形。①

（一）机动侦查权的制度沿革

1. 机动侦查权自由度较大。1979 年《刑事诉讼法》规定：“贪污罪、侵犯公民民主权利罪、渎职罪以及人民检察院认为需要自己直接受理的其他案件，由人民检察院立案侦查和决定是否提起公诉。”机动侦查权仅以检察机关“认为需要”即可启动，自由度较大。但由于缺乏完善的配套机制，有的检察院出于利益驱动滥用机动侦查权，引发了对机动侦查权的质疑。②

2. 机动侦查权大幅限缩。③ 1996 年《刑事诉讼法》修改，将机动侦查权的对象限缩为“国家机关工作人员”；案件类型限缩为“重大犯罪案件”；启动程序限缩为“经省级以上人民检察院决定”。从立法释义来看，“重大犯罪案件”指的是个案，而且主要是公安机关不便立案侦查，由检察院侦查更为适宜的个别案件，并不是一类或几类案件。④ 此后，机动侦查权几乎“休眠”。

3. 机动侦查权保留基础上的再限缩。2018 年修改的《刑事诉讼法》对机动侦查权的案件范围进行了进一步限缩，将机动侦查权管辖范围限制在“公安机关管辖的”案件。

---

① 参见张敬：《检察机关机动侦查权分析及完善路径》，载《湖北警官学院学报》2022 年第 1 期。

② 参见兰跃军：《论适当扩大检察机关的机动侦查权》，载《内蒙古社会科学（汉文版）》2011 年第 2 期；朱广东：《浅谈人民检察院机动侦查权的完善》，载《河南省政法管理干部学院学报》1999 年第 3 期。

③ 参见邱学强：《论检察体制改革》，载《中国法学》2003 年第 5 期。

④ 参见全国人大常委会法制工作委员会刑法室：《中华人民共和国刑事诉讼法释义》，法律出版社 1996 年版，第 23 页。

（二）机动侦查权的功能作用

机动侦查权具有鲜明的后发性、补充性、谦抑性、谨慎性。[①] 机动侦查权是“监督型”的侦查权，通过“侦查的再侦查”进而监督其他法定侦查主体，[②] 有不可否认的积极作用。

1. 以更加客观的立场维护公平正义。机动侦查权管辖范围虽然限于公安机关不便侦查的特殊的个案，但这种个案往往是对司法公正侵蚀较大的案件。如司法工作人员充当黑恶犯罪“保护伞”。[③] 对此，公安机关可能存在不便侦查的客观情形，检察机关行使机动侦查权，既可以排除公安侦查可能面临的干扰，公正高效侦办原案，又可以彻查可能存在的破坏司法公正的渎职犯罪。

2. 强化立案监督刚性。行使机动侦查权是检察机关立案监督工作的具体方式。[④] 实践中，检察机关虽然可以通过检察建议、纠正意见等监督措施，开展立案监督，但这些监督措施总体属于柔性监督措施，如果缺乏刚性的侦查权作为后盾支撑，则柔性监督措施势必更加柔性。[⑤] 因此，需要机动侦查权作为强化诉讼监督刚性的后盾，使诉讼监督掌握“后发制人”的主动权。

3. 保障与助力侦查。在公安机关不便侦查的情形下，由检察机关启动机动侦查，是通过对公安侦查的补位缓解公安侦查压力，并防止出现放纵犯罪问题。近年来，机动侦查权的激活，是机动侦查与司法工作人员职务犯罪侦查互促的结果。在直接立案侦查渎职犯罪的时机尚未成熟，或者基于侦查策略的考虑，可以先用机动侦查对涉嫌的刑事犯罪进行侦

---

① 参见童建明：《切实履行好新修改刑事诉讼法赋予检察机关的职责》，载《人民检察》2019 年第 1 期。

② 参见秦前红：《检察侦查的制度逻辑与时代走向》，载《政法论坛》2023 年第 4 期。

③ 参见王祺国：《“机动侦查权”具有重大监督潜力价值》，载《检察日报》2021 年 4 月 30 日。

④ 参见陈国庆：《刑事诉讼法修改与刑事检察工作的新发展》，载《国家检察官学院学报》2019 年第 1 期。

⑤ 参见朱孝清：《国家监察体制改革后监察制度的巩固和发展》，载《法学研究》2018 年第 4 期。

查，而后对涉嫌职务犯罪问题进行串并审查。

（三）机动侦查权实践“休眠”原因

1. 严格的制度限制。1996 年《刑事诉讼法》修改，对机动侦查权大幅限缩。同时，省以上检察院把关较严，“实践中不批准的数量占多数，进一步降低了机动侦查使用的几率”①。

2. 公安机关内部的管辖运作降低了机动侦查权的使用频率。针对不便管辖的案件，公安机关往往采取“指定管辖”等手段，客观上压缩了机动侦查权使用空间。② 同时，公安机关执法理念、接受监督的意识也在持续改进、提升，拒不配合检察监督、不积极履行侦查职责的问题总体上不断减少，检察机关以公安机关不积极侦查而启动机动侦查的概率也在不断变低。

3. 检察机关重视不够、精力不足、能力不强。有的检察官将机动侦查作为附属性工作。转隶前，检察机关绝大多数的侦查精力都放在反贪、反渎办案上；大量检察侦查精力都投入于司法工作人员职务犯罪侦查，对机动侦查投入偏少。检察机关侦查刑事案件的经验、能力总体上也存在不足。

二、机动侦查权解释学分析

（一）机动侦查权管辖范围：本应由公安机关管辖的案件现需要由检察机关直接受理

1. 公安机关不愿、不积极立案侦查。不愿、不积极立案侦查具有较强的客观性表征。比如，公安机关对于国家机关工作人员利用职权实施的其他重大犯罪案件有案不立、有罪不究，经人民检察院通知立案仍未依法追究；公安机关对国家机关工作人员利用职权实施的重大犯罪案件以罚代刑，降格处理，经检察机关督促后仍不纠正；对案件管辖发生争

---

① 董坤：《检察机关机动侦查权研究——从 2018 年修改的〈刑事诉讼法〉第十九条第 2 款切入》，载《暨南学报（哲学社会科学版）》2019 年第 1 期。

② 参见董坤：《检察机关机动侦查权研究——从 2018 年修改的〈刑事诉讼法〉第十九条第 2 款切入》，载《暨南学报（哲学社会科学版）》2019 年第 1 期。

议，而有管辖权的公安机关拒不侦查或者长期拖延不予立案侦查。① 在公安机关不愿、不积极立案侦查的情形下，运用机动侦查权，实际是形成了立案监督至机动侦查的法律监督刚性递进过程。

2. 公安机关不宜、不便立案侦查。一是把握公安机关负责人需要回避的案件启动机动侦查的必要性。如涉嫌犯罪的人员为公安机关负责人的亲属，在符合机动侦查权案件类型的前提下，则有启动机动侦查必要性。二是把握非司法工作人员的国家机关工作人员涉嫌犯罪启动机动侦查必要性。在符合机动侦查权案件类型前提下，既需要考虑涉罪国家机关工作人员的身份地位，也要考虑涉罪国家工作人员是否对公安机关的工作有直接管理、监督等权限，从而把握公安机关是否不宜、不便侦查。三是要考虑公安机关"指定管辖"的破除干扰的实效，把握机动侦查的必要性。如只有三个县的小地市公安机关负责人亲属在某一县涉嫌犯罪，市级公安机关指定其他两个县级公安机关侦查。小地市往往人际关系网密，通过指定管辖排除干扰的实效就需要认真审视，检察机关应充分考虑是否启动机动侦查。四是不应将不宜侦查、不便侦查扩大解释为侦查意见分歧。有观点提出，将存在较大争议的新型案件纳入机动侦查权的适用范畴，更能呼应侦查效率之要求。② 对于新型重大疑难复杂案件的认识不一是常见情况，加强会商是基础，在搞准的前提下，应尊重公安侦查的首位性，单从效率出发考虑机动侦查的必要性，有偏颇之嫌。

（二）机动侦查权对象：国家机关工作人员

从刑法及相关立法解释、司法解释来看，国家工作人员包括四类：一是在国家机关中从事公务的人员；二是在国有公司、企业、事业单位、人民团体中从事公务的人员；三是国家机关、国有公司、企业、事业单位委派到非国有公司、企业、事业单位、社会团体中从事公务的人员；四是其他依照法律规定从事公务的人员，如立法解释明确的协助人民政

---

① 参见陈国庆：《刑事诉讼法修改与刑事检察工作的新发展》，载《国家检察官学院学报》2019 年第 1 期。

② 参见刘为军、漆晨航：《机动侦查权的解读与实化：回归权力本位的研究思路》，载《甘肃政法大学学报》2022 年第 2 期。

府从事相关行政管理工作的村基层组织人员。后三类又称为“准国家工作人员”。①

1. 把握“国家工作人员”“国家机关工作人员”“公职人员”等概念区分。刑法关于贪污、受贿犯罪主体的表述为“国家工作人员”，滥用职权、玩忽职守犯罪主体的表述为“国家机关工作人员”。按文义解释来看，渎职犯罪的犯罪主体不包含“准国家工作人员”。监察法规定对“公职人员和有关人员”进行监察，“公职人员和有关人员”的外延更加广阔。从机动侦查权的补充性权属性质来看，机动侦查权的对象宜参照渎职罪犯罪主体范围，限定于“国家机关工作人员”，也即排除“准国家工作人员”。此外，要注意与监察管辖罪名的区分，特别是与监察机关、公安机关共同管辖的38个罪名的精准性区分，如重大责任事故罪、工程重大安全事故罪，防止机动侦查权涉入监察管辖范围。

2. 要避免机动侦查权对象实践性限缩。实践中，有的检察机关行使机动侦查的对象主要为司法工作人员特别是公安人员，② 这和检察机关融入式监督发现司法工作人员涉嫌犯罪线索更直接的履职特点有关。但也要避免机动侦查权对象自我限缩，忽视司法工作人员以外的其他国家机关工作人员的犯罪线索。

（三）机动侦查权客观要素：利用职权实施

1. 准确把握“职权”的内涵。“法定职权说”认为，职权来源于法律法规或者规范性文件等明确授权；“实际职权说”认为，职权不仅包括直接利用本人职务范围内主管、经管某些工作的权力所形成的方便条件，也包括利用本人职务的影响所造成方便条件以及工作上的各种便利。“实际职权说”获得广泛认可。从类型划分来看，利用职权之便，包括垂直型职权便利，即利用上下级隶属领导关系之便；水平型职权便利，即虽然无隶属关系，但工作存在交叉或者关联；监督型职权，即利用监督监

---

① 参见张明楷：《刑法学》（上），法律出版社2016年版，第133页。

② 参见王祺国：《“机动侦查权”具有重大监督潜力价值》，载《检察日报》2021年4月30日。

管之便。①

2. 利用职权不等于滥用职权。从词义辐射来看，“利用”明显大于“滥用”，“利用”为中性词，“滥用”为贬义词。“滥用”职权主要包括超越职权、玩弄职权、故意不履行应当履行的职权、以权谋私不正确履行职权等。“利用”职权既可能是以权谋私不正确履行职责，也可能是利用水平型等职权便利。

（四）机动侦查权案件类型：重大犯罪案件

1. 对“重大犯罪案件”进行目的性限缩。“重大犯罪案件”是主观性很强的概念，其弹性与机动侦查权的补充性存在张力。应回归“个案”“个别案件”的立法原意，对“重大犯罪案件”进行目的性限缩。有观点提出，从“重罪名”和“罪行重”两个角度把握“重大犯罪案件”。所谓“重罪名”，主要是指刑法规定的恐怖犯罪、杀人罪、抢劫罪、强奸罪等最高刑可以判处无期徒刑、死刑的严重犯罪。② 这种理解是以类型思维来解释“重大犯罪案件”，实际上扩大了机动侦查权的适用范围，有背离立法原意之嫌。“罪行重”，则是将拟立案侦查罪名的罪行严重程度作为理解“重大犯罪案件”的逻辑起点。案件是否重大，罪名、罪行的严重程度是基础。刑法中对某个罪名罪行的严重程度均有相关标准或者解释。因此，对“重大犯罪案件”的理解应回归涉案罪名罪行严重与否。

2. 考虑机动侦查对象身份地位、案件类型、刑罚幅度以及案件的影响力作出综合判断。③ 从公安机关不宜、不便侦查的角度来看，侦查对象为对公安机关具有管理职责的领导干部，启动机动侦查的必要性较高；立足机动侦查深挖司法工作人员相关职务犯罪角度，侦查对象涉嫌侵财

---

① 参见蔡士林、王惠敏：《受贿罪“利用职务上的便利”界定的类型化思考》，载《南京社会科学》2020 年第 7 期。

② 参见王祺国：《“机动侦查权”具有重大监督潜力价值》，载《检察日报》2021 年 4 月 30 日。

③ 参见董坤：《检察机关机动侦查权研究——从 2018 年修改的〈刑事诉讼法〉第十九条第 2 款切入》，载《暨南学报（哲学社会科学版）》2019 年第 1 期。

类、毒品类犯罪时，启动机动侦查权的必要性较高。①

（五）机动侦查权程序要求：经省级以上人民检察院决定

1. 经省级以上人民检察院决定，契合机动侦查权的补充性、谦抑性。机动侦查权涉及公安、检察的管辖协调问题，经省级以上人民检察院决定，既可以防止下级公安、检察“和稀泥”式协调可能导致机动侦查权滥用，也可以防止下级公安、检察协调不畅贻误机动侦查时机。

2. 经省级以上检察院事前审批。下级检察院必须强化事前请示报告，而不是立案后的报备；省级以上检察院必须作出书面决定，以示决定的规范性、慎重性。省级以上检察院要重点审查机动侦查权的合法性、必要性问题，严把质量。按照“谁办案谁负责，谁决定谁负责”的司法责任制要求，省级以上检察院对其职责范围的决定事项负责。

3. 稳慎推进审批机制改革。有观点认为，报省级以上检察院审批程序过于严格，且程序烦琐，要简化甚至取消报批程序。② 机动侦查尚处于激活期，质量比效率更为重要，报省级以上检察院审批对严把质量十分重要，应在坚持中完善，变逐级上报为省级以上检察院下沉，现场组织上下级检察院研究决定。

三、机动侦查权司法实践提升路径

着力在检察工作理念、体系、机制、能力现代化中提升机动侦查工作实战效能。

（一）革新机动侦查工作理念

1. 深刻认识机动侦查是“法定职责必须为”的正业。机动侦查权虽然是“例外式”授权，但也是检察机关的法定职责，法定职责必须为。正视机动侦查权对立案监督的刚性支撑作用。善于向公安机关传导机动

---

① 参见王祺国：《“机动侦查权”具有重大监督潜力价值》，载《检察日报》2021年4月30日。

② 参见刘为军、漆晨航：《机动侦查权的解读与实化：回归权力本位的研究思路》，载《甘肃政法大学学报》2022年第2期；张敬：《检察机关机动侦查权分析及完善路径》，载《湖北警官学院学报》2022年第1期。

侦查的压力，促推破除侦查不积极等问题。对机动侦查案件，由检察长任主办检察官，实现高位推进。

2. 树牢高质量精准办案的理念。依托侦查监督与协作配合等机制，强化线索摸排。恪守机动侦查边界，主动而不妄动。当前，检察机关对机动侦查的重视度在不断提升，这种重视度要转化为机动侦查权的精准发动、质量把控，而不能转化成“数量冲动”，激活职能但不一哄而上。

3. 敢于斗争，善于斗争。从管辖互涉性及罪名复杂性来看，机动侦查可能比司法工作人员相关职务犯罪侦查难度系数更高。发现具有机动侦查必要性案件时，要有敢于斗争的魄力，更要有善于斗争的本领，善于从纷繁复杂的监督案件中准确把握实质法律关系，善于加强请示汇报、沟通协调，善于通过机动侦查推进深挖彻查，彰显机动侦查最大成效。

（二）完善机动侦查工作体系

1. 完善“一体两翼”的侦查工作体系。完善以司法工作人员相关职务犯罪侦查为龙头，以自行补充侦查和机动侦查为支撑的“一体两翼”侦查工作体系。“一体两翼”侦查工作体系要注重方向聚焦，如国家机关工作人员涉“保护伞”、涉嫌“黄赌毒”、数额巨大的侵财或者经济犯罪，可依托自行补充侦查或者机动侦查为司法工作人员相关职务犯罪侦查开路。由单设的检察侦查机构统一行使机动侦查权、司法工作人员职务犯罪侦查权，以及择机行使自行补充侦查权，有利于检察侦查工作的高效集约发展，也将促进机动侦查权的发展。

2. 以数字化为新驱动，健全侦查信息体系。① 用好检察自有数据，建立国家机关工作人员实施刑事犯罪、“立而不侦”“久侦不结”“先立后撤”等数据库，做大“线索池”。依托侦查监督与协作配合办公室，第一时间掌握国家工作人员涉嫌治安案件、刑事案件情况。适时开展国家工作人员涉治安案件、刑事案件专项监督，积累、排查数据、线索。

① 参见王祺国：《“机动侦查权”具有重大监督潜力价值》，载《检察日报》2021年4月30日。

（三）健全机动侦查工作机制

1. 健全一体履职、综合履职机制。推进基层院专设检察侦查专业化办案组与市级院侦查机构贯通对接，辅之于发现机动侦查线索等考核加分项，做实上下一体履职。完善与捕诉等部门衔接机制，探索检察侦查部门直接办理重大立案监督线索机制，灵活组建跨地域、跨业务类别检察官办案组，统筹内部合力。

2. 健全协同配合机制。针对机动侦查检警管辖互涉的情况，在省级检察院层面与省级公安机关沟通，会签合力推进机动侦查协作机制，明晰拟机动侦查案件检察管辖优先、公安机关协助办案、涉及国家机关工作人员刑事犯罪案件公安机关拟改变管辖征求检察机关意见等问题，优化机动侦查检警关系。

3. 健全监督制约机制。推进省级以上检察院审批决定“案件化”办理机制，完善报批请示、研究决定等规范程序。加强向党委、党委政法委请示报告。探索建立公安机关对拟机动侦查案件有异议申请复议、复核机制，在接受履职制约中凝聚检警共识。

（四）提升机动侦查工作能力

加强对相关能力的培训与“传帮带”，探索对已办结的国家机关工作人员刑事犯罪案件进行反向审视，以实案实例，推动检察官深刻认识到机动侦查线索就在“自己手上”。转变坐堂办案履职惯性，加强对重大疑难复杂刑事案件的提前介入、自行补充侦查工作，提升侦查刑事案件能力。

数字检察

类 ChatGPT 模型服务检察工作思考*

——基于社会治理检察建议视角

陈　磊**

摘　要　法律和科技共治是现代化治理的“革命手段”，检察机关应充分利用人工智能大模型技术，实现检察业务数字化、智能化、高效化。运用类 ChatGPT 模型可以增强检察机关分析线索能力、提升检察建议制发质效、拓展传播渠道、创新落实评估方式，为法律监督注入数字动力。同时，类 ChatGPT 模型因人工智能的技术局限性依赖高质量训练数据，存在缺乏创新能力以及司法伦理与社会责任的隐患，需要完善顶层设计和制度安排。为使类 ChatGPT 模型应用于检察社会治理由“盆景”变“风景”，应当秉持法治原则、创新原则、专业原则和协同原则，探索以数字赋能检察业务，实现监督治理的理想路径。

关键词　生成式人工智能　数字检察　社会治理　检察建议

党的二十大站在推进国家安全体系和能力现代化的战略高度，对完善社会治理体系作出战略部署。完善社会治理体系、加快推进社会治理

* 本文为河北省人民检察院 2023 年度调研课题“检察现代化背景下预防性检察环境行政公益诉讼的制度构建”、2024 年度廊坊市哲学社会科学研究课题一般指令性课题“营商环境法治下全流程涉案企业合规研究”（2024034）阶段性成果。

** 陈磊，河北省廊坊市安次区人民检察院第一检察部三级检察官。

现代化，是再创“中国之治”的必然要求。① 检察机关作为国家法律监督机关，在社会治理中发挥着重要作用。面对新时代社会治理复杂多变的形势和人民群众日益增长的法治需求，检察机关不断提高履职水平和服务能力。近期，以 ChatGPT 为代表的人工智能生成内容类应用引发热议，类 ChatGPT 模型为检察机关提供了一个新的思路和新的工具，有助于提升检察业务效率和质量，拓展检察服务领域和方式。本文以社会治理检察建议为切入点，探讨类 ChatGPT 模型应用于社会治理检察建议制发的可行路径、潜在风险挑战和适用原则，旨在强化检察机关依法参与社会治理，为中国式现代化贡献检察智慧。

一、社会治理检察建议与类 ChatGPT 模型的基本范畴

（一）社会治理检察建议制度基本范畴

习近平总书记指出，检察官作为公共利益代表，肩负着重要责任。中国检察机关是国家的法律监督机关，承担惩治和预防犯罪、对诉讼活动进行监督等职责，是保护国家利益和社会公共利益的一支重要力量。② 检察机关基于法律监督机关的宪法定位，依法延伸监督职能，针对办理的案件中存在的社会治理问题，制发社会治理检察建议，以维护司法公正、促进依法行政、保护国家利益和社会公共利益。

社会治理检察建议价值的基本出发点是检察机关法律监督权的延伸。从全局层面看，检察建议促进了“四大检察”的协调发展，完善了检察机关法律监督的职能架构，丰富了检察机关法律监督的履职形式。③《人民检察院检察建议工作规定》明确了检察建议具有社会治理或服务社会

---

① 参见王振耀：《中国之治：理念、实践与制度》，载《北京大学学报（哲学社会科学版）》2016 年第 6 期。

② 参见《习近平致信祝贺第二十二届国际检察官联合会年会暨会员代表大会召开》，载最高人民检察院网站，https：//www. spp. gov. cn/spp/zdgz/201709/t20170912_200202. shtml。

③《人民检察院检察建议工作规定》第 2 条规定，检察建议是人民检察院依法履行法律监督职责，参与社会治理，维护司法公正，促进依法行政，预防和减少违法犯罪，保护国家利益和社会公共利益，维护个人和组织合法权益，保障法律统一正确实施的重要方式。

管理的功能定位。检察建议制度开辟了新领域，向社会治理角度延伸，是对检察建议制度既有基础和作用的充分吸收和借鉴。党的二十大报告将法治建设作为专章论述，并特别强调加强检察机关法律监督工作，完善公益诉讼制度。① 以社会治理检察建议形式参与国家治理现代化符合检察权作为公共利益代表的基本价值。

（二）生成式人工智能技术基本范畴

生成式人工智能是一种能够自主创造新内容或行为的人工智能系统，类 ChatGPT 模型正是这一概念在自然语言处理领域的具体实现。② 究其源流，在 20 世纪 50 年代，达特茅斯会议就指出了人工智能的底层算法逻辑。③ 在 2006 年，Hinton 提出利用多层神经网络进行深度学习，通过算法、算力和数据的急速优化和扩充打破计算准确度瓶颈。④ 当前，ChatGPT 拥有千亿级参数量来存储基础知识，通过预训练的方式习得语言生成能力。作为自然语言处理工具，ChatGPT 通过训练获得了复杂推理、扩充信息量等能力。此外，基于大规模指令学习，生成式人工智能可以发现隐含在数据背后的规律，展示出极强的适应能力。

作为生成式人工智能的重要应用方向，类 ChatGPT 模型是一种先进的人工智能技术，基于深度学习和自然语言处理技术，能够理解自然语言文本，并基于理解的自然语言文本自主创造新内容。系统具有以下能力：其一，可以个性化、智能化、规模化地对语言文字进行处理。⑤ 其

---

① 参见习近平：《高举中国特色社会主义伟大旗帜　为全面建设社会主义现代化国家而团结奋斗——在中国共产党第二十次全国代表大会上的报告》，载《人民日报》2022 年 10 月 17 日。

② 参见白杨：《全国政协委员周鸿祎：要集中力量办大事避免技术成果垄断》，载《21 世纪经济报道》2023 年 3 月 3 日。

③ 参见《达特茅斯大会——人工智能工程 1956 年 7 月 13 日》，载腾讯新闻网，https：//new. qq. com/rain/a/20200713A03MVO00。

④ 参见符尧、彭昊：《ChatGPT 的各项超能力从哪儿来？万字拆解追溯技术路线图来了!》，载腾讯新闻网，https：//new. qq. com/rain/a/20221221A02RFN00。

⑤ 参见《新加坡政府开发类 ChatGPT 系统帮公务员写报告，涉密信息除外》，载澎湃新闻网，https：//baijiahao. baidu. com/s？id = 1759065546649111440&wfr = spider&for = pc。

二，可以在智能图片和视频平台方面展现出门槛低而效率高的优点。[①] 其三，可以在千亿级大模型基础上增加指令种类，激发泛化新任务的能力。[②] 其四，可以基于大规模的交互对话数据与人工反馈的强化学习，展现出较强的交互修正能力。其五，可以基于人类反馈指令训练成不同的语言风格。

二、类 ChatGPT 模型应用于社会治理检察建议的路径展望

（一）增强问题线索分析能力

随着数字科技的不断创新和发展，大数据已经成为推动检察工作高质量发展的重要手段和资源。以北京市为例，2022 年，北京市检察机关通过“数字革命”规范线索管理流程，提高线索发现效率；对隐匿于海量数据中的执法司法问题开展精准监督，提升监督质效，监督线索发现贡献率高达 27.1%；对匿迹潜形在海量数据中的执法司法问题开展靶向监督，数字检察为案件办理贡献了 33.6%，实现了从个案办理到类案监督再到系统治理的闭环式法律监督。[③] 大数据法律监督已经成为检察机关提升法治水平、保障社会公平正义的重要手段。

以河北省 S 市为例，该市某区依靠传统手段在办案中挖掘线索进行监督。然而，由于线索来源狭窄、深入分析不足，导致大量线索未能及时监督，后该区将数据分析系统与办案系统衔接，通过数据分析引领，今年已立案 14 件，比去年同期增长 28%。[④] 该案例表明，在传统监督办案模式下，由于线索来源渠道狭窄、线索判断分析不足等因素，制约了检察机关深入挖掘问题和分析线索的能力。相比之下，“数字检察”这一新型应用则通过筛选异常数据、匹配关联信息、刻画异常案件特征等方

---

① 参见赵子忠、王喆等：《原子力与平台化：智能媒体的发展理论与模式》，载《青年记者》2023 年第 1 期。

② 参见陈永伟、超越：《ChatGPT：类 ChatGPT 模型的机遇、风险与挑战》，载《山东大学学报（哲学社会科学版）》2023 年第 3 期。

③ 参见《最高人民检察院：北京探索成立数字检察办公室》，载最高人民检察院网站，https：//www. spp. gov. cn/spp/zdgz/202212/t20221224_596762. shtml。

④ 参见陈汝健：《“数”聚一体化平台 “智”探公诉新领域》，载《科技日报》2024 年 4 月 2 日。

法，实现了线索发现和监督工作的全面系统化、积极主动化和精准高效化。①

将类 ChatGPT 模型有效衔接到社会治理类检察建议制度中发挥以下两方面作用。首先，类 ChatGPT 模型可以利用大数据和多模态能力对各地区各领域各类型案件涉及的各类社会问题进行深入挖掘和全面分析，并可以图表、视频等形式直观呈现出来。例如，在给定的裁判样本中，如果采用语义分析方法结合正则表达式提取挖掘裁判文书数据，类 ChatGPT 模型可快速、准确地抓取关键字段，帮助检察机关更全面地了解社会状况和风险因素。其次，在优秀检察建议文书库中接入类 ChatGPT 模型后，习得了大量优质检察建议生成规律的 AI 模型就会提醒检察官少发相同或近似主题的检察建议，内容近似的检察建议便可由类 ChatGPT 模型“合并同类项”后一并发出。

（二）提升检察建议制发质效

为了开展精准监督，检察机关需要在数据碰撞比对、线索研判调查等工作基础上，拟制出合理有效的社会治理检察建议。社会治理检察建议不仅要有充分的事实依据和法律依据，还要有规范的程序和逻辑，以保证检察建议的实效性和权威性。然而在实践中，由于社会治理涉及的领域广泛而复杂，检察官对被建议主体内部分工和行业外部因素了解不够等因素，制发社会治理检察建议时存在针对性不强等问题。因此，在拟制社会治理检察建议时，应当借助“专业人士”的知识和经验，拟制具有合法性和有效性的检察建议。②

为纾解问题，可以通过建立优秀检察建议文书库，以类 ChatGPT 模型从中学习优秀检察建议的基本模式，提高社会治理检察建议的制发效率和质量。在内容方面，类 ChatGPT 模型可以利用其强大的学习和模仿能力，从各种文献资料、案例分析、治理经验等方面获取信息，为社会治理检察建议提供一些创新的观点和建议。例如，在某地区出现环境污

---

① 参见刘品新：《论大数据法律监督》，载《国家检察官学院学报》2023 年第 1 期。

② 参见王林、王柏洪：《社会治理类检察建议的权力边界及规范化》，载《广西大学学报（哲学社会科学版）》2021 年第 43 期。

染问题时，类 ChatGPT 模型可以根据相关法律法规、最佳实践等信息，为检察机关提供如何监督污染源头等方面的建议，并给出相应的数据支持和案例引证。在语言规范方面，类 ChatGPT 模型可以根据检察机关提供的案件信息和需求，在人类反馈指导下生成语言得体、专业严谨、逻辑清晰、格式规范的社会治理检察建议草案，并根据反馈进行自动修改和优化。

（三）拓展传播渠道和影响力

实践表明，采取司法公开、协同治理的方式，可以提高被建议主体履职的积极性，其背后有心理学研究为支撑。在社会治理领域中，如果采取公开送达方式、增强多元主体的监督力度，被建议人会意识到检察建议落实的全过程都会受到公众关注。因此，被建议主体为了赢得良好声誉而会在受到社会各界额外关注的情况下积极主动地执行检察建议。

类 ChatGPT 模型的合理运用，有助于放大社会治理类检察建议的正效应，拓宽其传播渠道，强化其执行力度。类 ChatGPT 模型能够根据不同媒体平台和受众群体的特点，将建议文本转换成多种形式，如图表、动画、视频等，增强其直观性和吸引力。同时，类 ChatGPT 模型还能够结合可视化图表或动画视频，对检察建议书的制发原因、问题表征和督促整改的内容进行释法说理。例如，针对环境污染治理的检察建议，类 ChatGPT 模型可以结合大数据生成环境质量的变化曲线和未来预测图，以生动形象的方式展示检察建议的必要性和有效性不仅能够增强被建议主体的认同感和执行意愿，而且能够吸引涉案利益群体、普通市民和媒体的关注，形成社会监督机制，实现“办理一案，教育一片，治理一方”的目标。①

（四）创新落实评估方式

2024 年 1 月 14 日召开的全国检察长会议强调：“要提高建议质量，重在解决问题。检察建议发出后要持续跟进监督，持续推动从‘办理’

---

① 参见徐日丹：《刚性检察建议助力提升社会治理效能》，载《检察日报》2020 年 8 月 6 日。

向‘办复’转变。”[①] 检察机关应当定期开展“回头看”工作，制定量化评价和直观评估的工作标准，跟踪调研社会问题的整改落实情况。以万峰湖专案为例，在2020年底经过公开听证确认专项工作圆满完成后，最高检办案组多次回访核查。牵头指导沿湖三市（州）会签文件，就环保、司法、行政、经济等领域展开深度合作。然而，在实践中，由于缺乏量化评价、直观评估的工作标准和方法，导致检察建议监督力度不够，落实程度不高的问题依旧存在。被建议主体虽然按时回复，但态度轻率敷衍。回复函件中以“被建议单位高度重视研究”“督促相关部门整改”“承诺整改效果”或“感谢检察机关的工作”等套路化或者简单化的回复占大多数，措施落而不实，所指出的问题始终不能得到根本性、完善性的解决。

有鉴于此，类 ChatGPT 模型可根据检察机关提供的反馈信息和评价指标，借鉴已有优秀检察建议书样本，自动生成评价指标，并量化地测试新制发检察建议书的质量和效果。此外，类 ChatGPT 模型还能根据检察建议书的具体内容生成任务清单与调查问卷。在之后进行中期调研与落实评估时，检察工作人员可以据此针对性地进行调查核查，并听取建议对象及其相关方对工作情况和整改进展的意见。在完成调研评估后，还能利用类 ChatGPT 模型收集汇总社会问题整治过程中各项指标变化与阶段性成果，并以此为基础生成量化评估图表。

三、风险隐患：类 ChatGPT 模型应用于社会治理检察建议的局限

（一）依赖高质量数据

高质量类 ChatGPT 模型前提条件是拥有高质量、可信赖的数据集。在社会治理检察建议领域，若以质量不高检察建议文书范本训练模型，会影响算法学习和生成检察建议的正确性和合理性，导致生成的检察建议存在偏差或误导性，导致检察机关作出错误的判断或行为，甚至引发

---

① 《最高检：持续推动检察建议从“办理”向“办复”转变》，载最高人民检察院网站，https：//www. spp. gov. cn/spp/zdgz/202401/t20240116_640350. shtml。

法律或道德上的争议或责任。① 在法律领域应用类 ChatGPT 模型的目标是生成符合规范语言和法理逻辑的司法文书范本，同时具有创造性和针对性。如果数据质量高，则可以使系统更好地理解和模仿优秀检察建议的表达方式，避免生成无意义或不合理的内容。

高质量检察建议数据应当采纳符合法律规范、逻辑严密、语言精准、内容完整、格式规范、结构清晰、创新性强的检察建议文书范本。能够充分反映出检察机关对各类违法行为的监督意见和对策建议，具有较强的说服力和指导性。具体而言，应当包含以下特征：完整性，即包含检察建议文书的多种类、全要素和释法说理；准确性，即收录的检察建议书应当反映真实和客观的事实；一致性，即收录的检察建议书应该遵循统一和标准化的格式和规范；可靠性，即收录的检察建议书应当经过可信和权威的评选且需要及时更新，与最新的法律规定相符合。

（二）缺乏创新能力

当前，类 ChatGPT 模型人工智能不能超出训练数据的范围，一定程度存在创新能力不强的问题。

首先，类 ChatGPT 模型的创新能力受限于数据和算法的质量。② 然而，算法目前还不能完全理解和处理人类语言复杂的语义和逻辑关系，也无法实时更新和反馈信息。

其次，在司法领域之中，类 ChatGPT 模型的创新能力也受限于伦理和法律的约束。例如，在生成检察建议等涉及司法领域的内容时，类 ChatGPT 模型应当符合法律规范、逻辑严密、语言精准、内容完整，不能随意编造事实或推理错误，这些要求也会限制类 ChatGPT 模型在某些场景下展现出更高层次的创新能力。

最后，类 ChatGPT 模型的创新能力受限于人类自身对其认知和使用方式。虽然人工智能技术已经取得了巨大进步，但它仍不能替代人类在

---

① 参见［斯洛文尼亚］阿列什·扎夫什尼克：《刑事司法、人工智能系统和人权》，金泽刚、赵增田译，载《刑事法评论》2021 年第 1 期。

② 参见李舟军、范宇、吴贤杰：《面向自然语言处理的预训练技术研究综述》，载《计算机科学》2020 年第 3 期。

思考和创造方面所具有独特优势，尤其是在社会治理这种强调法理、情理融合考虑的情景之中。

（三）缺乏司法伦理与社会责任感

受限于人工智能的技术特征，类 ChatGPT 模型存在司法伦理与社会责任感认知缺失的问题，忽视了法律实践中应有的人文关怀和道德考量。

首先，类 ChatGPT 模型，其设计和运行主要基于统计学和概率学原理，缺乏对人类伦理道德和社会责任感的深刻理解。这些模型在面对复杂多变的司法案件时，难以进行如同人类司法官那样的伦理权衡和道德判断。其次，类 ChatGPT 模型的训练数据往往来自于过去的司法文书案例库，这些数据不可避免地带有历史偏见。如果这些偏见未能在数据处理和模型训练过程中得到有效的消除，类 ChatGPT 模型就可能在实践中延续甚至放大这些偏见。

在推进人工智能技术应用于司法领域的过程中，应当正视其在伦理认知和社会责任感方面的缺失问题。通过加强技术研发，消除数据偏见，完善法律法规和伦理规范，可以在提升司法效率和精准度的同时，确保司法公正和社会公信力不受损害。唯有如此，才能真正实现人工智能与司法实践的有机融合，推动法治社会的健康发展。

四、检察机关运用类 ChatGPT 模型的原则

在认识到类 ChatGPT 模型在社会治理检察建议中应用的局限性的基础上，我们应当探讨检察机关在应用模型时遵循的原则，即基于法治、创新、专业和协同原则科学适用类 ChatGPT 模型。这样不仅能最大限度地发挥人工智能技术的优势，还能有效规避其潜在的风险和隐患。

（一）坚持法治原则

检察机关作为法律监督机关，运用人工智能技术参与社会治理现代化，应当以习近平法治思想为指引，在中国特色社会主义现代化道路上不断探索创新。检察机关在使用类 ChatGPT 模型时需要依法依规开展相关工作，结合社会治理检察建议的具体领域，类 ChatGPT 模型生成的检察建议初稿只是辅助检察机关工作人员归纳和思考的参考材料，不具有

法定效力，检察办案人员是检察建议撰写审核的制发人与负责人。

此外，“法律中立原则”具有重要的借鉴意义，即不歧视、不非必要地妨碍人工智能的发展，并在“以人为本”的前提下尽可能地通过发展人工智能来提升人类福祉。[①] 例如，针对类 ChatGPT 模型可能会泄露检察建议数据库中国家秘密、商业秘密和个人隐私这一非预期影响，须履行备案和开展安全评估。再者，为保护隐私安全，检察机关应当恪守比例原则，合法地处理检察建议中涉密涉个人隐私的数据信息，不得窃取、篡改、泄露个人隐私与商业秘密。最后，因为类 ChatGPT 模型只能进行关联性而非准确性的判断，其生成的结果看似“合乎情理”但并非“真实准确”。为防止失真信息的大量传播而导致现实世界逐渐模糊，技术人员需要对输入数据和合成结果进行审核。

（二）坚持创新原则

创新驱动发展战略是我国的重大发展战略，更是我国实现现代化建设和综合国力提升的重要途径，[②] 检察机关应当积极应用类 ChatGPT 模型，并以其检察职能为导向推动类 ChatGPT 模型在司法领域中合理有效地运用。[③]

第一，在组织机构与工作格局方面要进行创新调整。首先，在检察机关持续推进横向部门协同，纵向上下联动。其次，探索设立扁平化、一体化的数字检察或者人工智能办公室、情报中心、常规办案单元、合成办案单元。统筹负责类 ChatGPT 模型的法律监督工作，同时负责数据库管理，各业务部门设立常规办案单元，重大监督专项跨部门组建合成办案单元。

第二，创新数字检察制度机制。检察机关需要研究出台关于运用类 ChatGPT 模型赋能数字检察建设的意见和行动方案，着力打造“融平台、大数据、智应用、富生态”于一体提升数字检察工作质效。

---

① 参见［英］瑞恩·艾伯特：《理性机器人：人工智能未来法治图景》，张金平、周睿隽译，上海人民出版社 2021 年版，第 1—23 页。

② 参见江迪：《热情拥抱人工智能时代》，载《人民政协报》2023 年 3 月 4 日。

③ 参见王惠颖：《人工智能时代劳动教育的三重转向与实施路径》，载《南京社会科学》2021 年第 10 期。

（三）坚持专业原则

检察机关应当着力组织培养一支专业人才队伍，运用类 ChatGPT 模型服务提升社会治理检察建议工作质效。

一方面，要引进人工智能法治专业人才。检察机关可以选拔引进一批人工智能法治人才，锻炼一支深谙检察业务又精通信息技术的人才队伍。人才培养除了向外求，向内自省也是可取路径。检察机关既可以定期召开数字检察例会、组织联合调研，集中研究数字检察工作、相关文件和典型案例等。例如，组织开展类 ChatGPT 模型数字检察应用案例征集评选活动，表彰在理论创新、代码研发、模型搭建取得突出的个人与集体。

另一方面，要精准发力解决专业问题。针对模型搭建中可能存在的数据偏见问题，具有人工智能专业素养的检察官在系统开发阶段应审查价值观和内隐偏见，将法律规则转译为代码以达到“法律技术化”目标。[①] 此外，在类 ChatGPT 模型系统投入运行的过程中，检察机关应当监控可能出现的算法偏见并及时制止。针对数据中毒与模型偏斜[②]问题，专业人才队伍可以通过输入有效性检查、速率限制、回归测试、人工审核以及用各种统计学原理检测数据异常的技术加以定期核查。此外，还可以进一步推动机器反向学习技术的落地，如此可直接便捷地操作模型撤销负面数据带来的影响。

（四）坚持协同原则

为解决检察建议“难落实”的问题，检察机关应当与相关部门和社

① 参见马长山：《人工智能的社会风险及其法律规制》，载《法律科学（西北政法大学学报）》2018 年第 6 期。

② 数据中毒（Data Poisoning）和模型偏斜（Model Bias）是机器学习和人工智能领域中的两个重要概念，都涉及模型训练和预测过程中可能出现的问题。数据中毒，是指在机器学习模型的训练过程中，故意或无意地向训练数据中引入错误或恶意数据，目的是影响模型的学习过程，导致模型的预测性能下降或产生错误的预测结果。模型偏斜，也称为模型偏差，是指机器学习模型在训练完成后，对于某些特定的输入或群体表现出不公平或不准确的预测倾向。

会各界加强沟通协作，凝聚社会治理合力。

第一，共建 AI 模型、管理数据、挖掘线索。争取党委及各政法机关、行政部门、社会企业支持，协同推动数据协同和常规管理。协调各部门共建人工智能大模型，制定共享数据目录清单，共同向模型输入涉及各部门各领域各专业的海量清洁数据，并委派专人专职统筹更新管理数据、维护系统有序运行。

第二，联合开展线索核实、问题排查的专项活动。在打通数据壁垒、实现信息共享后，检察业务部门若在办案过程中发现监管盲区，可以结合类 ChatGPT 模型给出的多源数据分析与待核问题清单，联合有关责任单位组建数字办案单元，共同开展实地调查。

第三，汇聚部门专家建议，拓展司法公开渠道。一方面，在拟制检察建议时类 ChatGPT 模型可以汲取各领域前沿理论、专业做法、行业数据提出切实可行的问题解决方案，检察机关可以就此协同部门专家，核对优化检察建议。另一方面，在制发检察建议的过程中应当做到司法公开，就检察建议的适用范围、主要内容或违规人员的情况予以通报，在涉及地区事务或存在较大影响力的案件中争取与党委、政府、人大、政协、监委一同开展调研和检察工作，运用类 ChatGPT 模型多模态技术传播检察建议，提高社会知晓度和认同度。

检察大数据赋能法律监督的域外考察与实践限度

郭　箐　张庆立*

摘　要　“检察大数据赋能法律监督”是新时期大数据思维与检察工作有机结合的创新之举。从比较考察角度看，域外大数据赋能司法主要表现在犯罪报告、辅助量刑的领域，且不乏生态谬论、算法黑箱的批评，故普遍重视个人信息保护和辅助量刑中尊重司法规律等问题。反观我国当前的实践探索，检察大数据赋能法律监督也存在权利保护不足和技术崇拜过度的问题，建议在数据赋能工作中，本着更加务实的态度，树立界限意识，守住权利保护、法治思维、数据安全三重底限。

关键词　检察大数据　法律监督　实践问题　赋能界限

目前，大数据已经成为国家战略资源，检察大数据建设倍受重视，为实现新时期检察工作高质量发展的目标，最高检提出了“检察大数据赋能法律监督”的工作要求，检察大数据赋能法律监督工作也在全国各地试水探索。检察大数据赋能法律监督，是指检察机关以法律监督提质增效为目的，以合法合规的大数据技术为手段，通过树立大数据思维、汇集大数据资源、构建大数据模型、开展大数据分析，即运用大数据办案、依托大数据治理的工作模式。检察大数据赋能法律监督事关法律监

* 郭箐，上海市松江区人民检察院党组书记、检察长，二级高级检察官；张庆立，上海市松江区人民检察院第六检察部副主任，四级高级检察官，法学博士。

督工作高质量发展的大局，但由于该项工作启动时间不长、选择模式不一、推进进度不同等原因，实践中尚有部分问题有待厘清，往往是扩展性有余、限缩性不足，以致个别地方往往存在一种检察大数据无所不包、无所不能的滥觞倾向，亟待研究解决。

一、检察大数据赋能法律监督：域外考察与启示

域外就大数据的运用和研究均早于我国。据考证，数据应用最初可前溯至1855年《关于海洋的物理地理学》一书的出版。[①] 就司法领域而言，英国于1856年开始探索犯罪统计数据的应用，以衡量英国刑法法典化改革的成效，为未来刑法的发展提供思路。此后，美国在刑事事司法中运用数据的经验最为丰富，但近期法国也出现了一些新动向，被广为关注。

（一）美国司法机关运用大数据的考察

美国司法机关运用司法数据的历史较早，但主要是围绕全美犯罪报告和犯罪嫌疑人、被告人、罪犯的危险性评估两个核心问题而进行的。19世纪中后期，为提高司法实践的效率和公正，美国开始对犯罪加以研究，因缺乏统一的刑法典，这一时期只能依赖官方的警务数据、司法审判数据和监狱数据。由于警务记录的复杂性，招致了公众的不信任感。1930年，国会授权国家移民局统计全美犯罪数据，其以警务数据为重点，以公民报告与监狱数据为补充，并辅以其他手段，构建全国犯罪数据应用分析方法，但由于公民报告中仅有少数属于刑事报案，而辩诉交易又降低了实际入监的人数，因此，上述分析方法仍不准确。20世纪中期，美国犯罪统一报告计划（UCR）启动，为找出公众所知但警方未记录的犯罪数据，首个被害者调查计划出炉，但因为只能通过刑侦找到佐证，即必须具备“事实上的违法要件”的犯罪才会被录入UCR报告，故此举也未能解决管中窥豹的问题。2021年，国家事故报告系统（NIBRS）诞生，开始实施全美范围内的司法数据全样本采集，数据质量整体提升。系统收集了52项违法行为的整体数据，提供10项违规行为的地点、时

① 参见沈臻懿：《检察与大数据的邂逅》，载《检察风云》2017年第8期。

间及背景的匹配，违法行为标签增多；可以分析出犯罪行为的诸多面相以及非结构化因素之间隐藏的多重关联；对犯罪数据的深入挖掘可以展示更为清晰的社会犯罪图景。然而，NIBRS 的司法数据无法实现政治免疫，容易造成生态谬论①。当前，为预防犯罪，美国警务部门开始启用智能警务预测系统，其构建的理论基础在于社会责任论和警务巡逻有效论，但反对者认为“先发制人”的警务预测变相地把未来的风险当作现实的危险，且预测无法做到准确灵敏。② 关于危险性评估，在美国最早的智能风险评估软件是作为保释和假释的依据，但现在更多的法院将风险评估报告作为重要的量刑依据。早在几年前，美国就利用大数据开发了 COMPAS、PSA 和 LSI－R 三种主要的风险评估软件，目前，美国已有一半以上的州利用这些软件来辅助法官量刑，其中，一些州使用模型开展社会危险性评估，以降低羁押率，精算模型和算法代替了法官的“直觉、本能和正义感”，越来越深地介入到了刑事司法领域。COMPAS 与 LSI－R 模型涉及犯罪的情况、人际关系、个性、家庭、社会排斥程度等五个领域，由于软件的专利性因素，更具体的考虑因素和计算权重不得而知。具体评估时，这些软件首先会根据不限于被评估者的历史数据做出风险评估，随后，对被评估者提出一系列的问题，并从回答或犯罪记录中提取答案与历史数据比对。③ 智能风险评估软件的最大硬伤来自不透明的算法，甚至掀起了“不能任由计算机把人们关进监狱”的反对浪潮。

（二）法国司法机关运用大数据的考察

受美国刑事司法实践的影响，域外运用大数据开展辅助量刑工作一直是各国司法机关的惯常做法，虽没有明确的法律指引，但长期以来也为法律所默许。然而，近年来法国却对此采取了积极的行动，引发了其他国家的关注。2019 年 3 月，法国立法机关颁布了 2019－222 号法律，

① 即容易从总结犯罪人共性的角度寻找犯罪人的特征，并将该特征绝对化，从而产生对部分公民的歧视。

② 参见涂钒：《美国司法数据应用的过去、现实及争议》，载《科技与法律》2020 年第 1 期。

③ 参见李本：《美国司法实践中的人工智能：问题与挑战》，载《中国法律评论》2018 年第 2 期。

其中，第33条禁止基于法官或书记官身份的数据分析、比较、评估与预测，由此将判决书大数据应用限制在相对有限的领域，这是立法机关对法国司法裁判文书全面网上公开之后所可能引发的司法大数据应用的直接限制。主要禁止以下四种应用：一是一致性分析应用，即将不同法官办理类似案件进行大数据对比，从而分析同案不同判的状况；二是连续性分析应用，即将同一法官办理类似案件进行大数据比对，从而分析法官判决标准连续性的状况；三是适法性分析应用，即将同一法官办理的所有案件进行大数据挖掘，分析法官裁判是否合法的情况；四是预测性分析应用，即将同一法官办理的所有案件进行大数据挖掘，预测其在办案件可能的裁判结果。[①] 法国立法机关的态度体现了对法官的尊重，对司法独立、司法权威、司法公正的捍卫。首先，一致性分析所得出的不同法官的偏好或者倾向，在法国可能涉及法官的隐私，为了保护法官隐私，需要对这种分析作出适当的限制。其次，连续性分析的初衷是希望法官作出前后一致的裁判，然而这等于以法官的先前裁判为模板，要求法官“依葫芦画瓢”，有威胁司法公正的意味。再次，适法性分析意在对法官运用法律的行为进行程序法之外的合法性评判，等于在法官适用法律之外，还存在一套高于法官的法律适用体系，从而违背了法官才是法律最终守护者的理念，损害了司法权威。最后，预测性分析力图通过对同一法官办理的所有案件进行大数据挖掘预测裁判结果，这看似依据充分，但却忽视了司法公正的实质内涵。正如世界上没有相似的两片叶子一样，也不存在绝对完全一致的案件事实，即使承认事实完全一致，也难以排除数据陷阱、算法黑箱等问题，因此，预测裁判并不会有利于司法公正，反而可能使法官为求形式上的公正，而牺牲了实质公正。此外，关于大数据运用中隐私权保护的问题，法国与美国的做法也不尽一致。美国采取实用主义立场，充分利用既有法律身份和监管机制进行隐私保护，特别倚重消费者权益保护机制。与之不同，法国在欧盟框架内，秉持理想主义立场，创设了“数据主体”这一身份，并赋予其一系列权利，试图

---

① 参见王禄生：《司法大数据应用的法理冲突与价值平衡——从法国司法大数据禁令展开》，载《比较法研究》2020年第2期。

提升自然人对其个人数据的控制，具有明显的理想性和前瞻性。[①]

从上述域外的情况看，启示如下：一是犯罪报告是大数据在司法领域运用的典型例证，而犯罪报告的目的在于通过对犯罪特点的呈现来追寻犯罪预防对策的科学性和精准性，在我国这已经属于社会治理的工作。二是无论是犯罪报告，还是危险性评估，域外的实践都不乏反对之声，犯罪报告容易形成歧视，而危险性评估则存在算法黑箱。三是司法领域中运用大数据比较普遍的做法即辅助量刑，但这在部分国家也受到了限制，辅助量刑必须尊重司法规律，这一点越来越受到重视。四是域外普遍重视在司法大数据运用中的个人信息保护问题，有的倚重消费者权益保护法，有的创设数据主体身份，但目的均在于保护个人信息安全、合理利用。

二、检察大数据赋能法律监督：界限考察与总结

目前，国内各地模式大致可总结为三类：以“办案辅助与数据集成”为主的贵州模式、以“场景应用与数据集成”为主的浙江模式、以“流程再造和数据集成”为主的上海模式。从实践效果与预期目标的对比看，检察大数据赋能法律监督在工作中仍存在收集共享成效有限、建模质量水平不高、分析研判的能力弱、治理能力意识不强等问题，对这些问题，可以采取数据归集创新、数据建仓创新、数据研判创新、数据治理创新等方法予以解决。[②] 然而，除上述具体工作方法方面的问题以外，实践中检察机关对“检察大数据赋能法律监督工作”缺乏界限意识的问题较为突出，盲从数据、数据崇拜的问题也时有发生。

（一）权利保护方面有待加强

在检察大数据赋能法律监督的过程中，难免需要收集和储存大量当事人性别、肖像、住址、职业、收入等隐私数据，这增加了公民个人信

① 参见刘泽刚：《大数据隐私的身份悖谬及其法律对策》，载《浙江社会科学》2019 年第 12 期。

② 参见郭箐、张庆立：《检察大数据赋能法律监督的探索与创新》，载《犯罪研究》2023 年第 4 期。

息或隐私的泄露和滥用风险。尤其是在归集共享侦查数据时，由于缺乏行之有效的法律规制和工作监督机制，凭借资源和技术优势，完全可能通过侵犯公民个人信息的方式而获取数据。就立法而言，目前并没有针对大数据侦查的法律规制体系，学者们所主张的以公民基本权利保护为核心，构建合法性原则和比例原则的立法完善建议并没有转化为立法实践。就工作监督而言，出于侦查破案的导向和压力，公安机关的内部监督与检察机关的侦查活动监督尚没有对大数据侦查予以足够的关注。甚至有观点认为，受压力型考核指标等非理性因素以及权力本身“弥散性”特征的影响，大数据侦查侵犯公民个人信息权的问题会不可避免地发生，且传统检察监督无法有效识别违法收集的个人数据信息，检察监督手段刚性不足也会削弱监督效果，检察机关侦查权的部分行使还容易受公安机关反制，因此，不应给予检察监督以过高的期待。① 从理论界对大数据侦查的讨论中，不难得出这样的结论，即检察大数据赋能法律监督工作除了考虑赋能之外，还必须在制度上对公民个人信息权和隐私权予以保护，既要防止过度收集与滥用，也要防止数据泄露。

（二）赋能界限方面需要澄清

检察大数据与法律监督工作的链接点在于“赋能”，而不是“代替”，这就意味着尽管检察大数据能力巨大，但也需要遵守一定的界限。首先，从司法规律和价值追求来说，尽管检察大数据在辅助剪裁事实、量化经验、约束偏狭等方面具有优势，但毫无边界的运用也会消解司法的实质理性，威胁公平公正，② 导致法官主体地位被削弱、司法改革目标被替代和司法改革结果失控等风险。其次，从技术的有限性角度而言，技术不是万能的，不可能超越理性计算范畴、不可能脱离自身条件而发展、不可能超越既定历史条件而创新，而且司法的不可计算性、动态博

---

① 参见刘小庆：《从“权力监督”到“权利制约”：大数据侦查法律规制的理性之维》，载《重庆大学学报（社会科学版）》2022 年第 2 期。

② 参见郑骅：《司法大数据应用的理性化悖论及制度破解》，载《北方法学》2022 年第 2 期。

弈性、能动创新性也决定了技术的客观有限性。① 最后，研究表明，大数据背后隐藏了人类的主观偏好，它并非像人们想象的那样客观公正。② 此外，技术对于司法的形塑并非都是可接受的，从法国的禁令看，司法对技术的接受必须以尊重司法本身价值为先。总之，由于存在数据割据、数据壁垒、数据瑕疵、算法黑箱、算法歧视等问题，以及司法工作追求实质正义等特点，导致司法理性与技术理性之间的矛盾难获弥合、司法者的主体性与智能技术的应用难以平衡，有必要为其设定应用边界。然而司法实践中，检察大数据赋能法律监督工作尚处于初创阶段，其运用的范围和介入的深度尚没有清晰的界限，从实践中技术过度依赖观点的泛滥程度看，这一点也可以得到印证。

三、检察大数据赋能法律监督：界限分类与划定

从以上域外考察和我国实践考察的情况来看，检察大数据赋能法律监督必须既遵循权利保护理念，又尊重司法规律，具体可做如下三个方面的分析：

（一）权利保护限度

检察大数据的归集和共享，可能涉及公民个人信息及隐私权，尽管按照“公共利益豁免”理论可以为数据归集和共享提供正当性，但仍然需要树立依法保护公民个人信息和隐私权的意识。首先，检察机关为依法公正处理案件，难免要收集公民个人信息，有的案件甚至包括公民隐私、企业商业秘密等，在检察大数据赋能法律监督工作的大背景下，检察机关归集办案活动中收集的公民和企业信息，目的在于赋能法律监督，具有维护公共利益的正当性，应当承认其合理使用的权力，只是为防止权力滥用，应当对权力行使作相应的规制。③ 其次，建立将刑事司法保障

① 参见陈敏光：《司法人工智能的理论极限研究》，载《社会科学战线》2020 年第 11 期。

② 参见马磊、林森苗、包莹：《社会科学大数据与社会治理：主要应用与实践反思》，载《黑龙江社会科学》2020 年第 6 期。

③ 参见潘星容、黄紫妍：《论大数据背景下隐私权的法律保护》，载《行政与法》2020 年第 8 期。

人权的理念与大数据以人为本的理念深度融合为技术赋权的理念,① 即检察大数据赋能法律监督工作的具体展开应以“是否有利于保障和发展公民权利”为判断标准，从而使检察大数据在根本理念上与司法的价值追求保持一致。再次，建议在制度上明确合法原则、比例原则、责任与救济原则等基本原则,② 即检察大数据的收集、运用、储存、分析、使用应当符合法律规定，为公共利益需要而使用公民个人信息数据的应当遵循比例原则，违反合法原则和比例原则侵犯他人合法权益的应当承担相应的责任，被侵害方有获得救济的权利等。最后，通过数据和算法的适度公开，构建与传统正当程序理论精神相一致的技术正当程序理论，根据传统正当程序理论，被告人有获知指控证据和指控理由的权利，相应的，检察机关采纳检察大数据得出的分析结果时，至少应当向利益相关方，尤其是向不利的一方，适度公开使用的数据和算法。在确有必要的情况下，考虑到数据算法风险、功能异化风险、司法规律抵牾风险等，甚至可对其应用场景加以限定。③

（二）法治思维限度

既然检察大数据本身存在难以克服的缺陷，而司法活动又有其本身的规律，那么检察大数据赋能法律监督工作中就应该为具体赋能的展开设定界限。一方面，在法律监督的范围上，应当确保检察机关依法独立行使检察权，以防止对检察权行使的不当干预。另一方面，在介入的深度上，应当明确检察大数据处于辅助地位，以确保检察官在法律监督工作中的主体地位。具体理由在于：一是司法活动不仅仅是经验判断，更是价值判断，法律不只是法律文本，还承载着社会认可的积极价值取向，检察机关适用法律就是要重申这一价值取向。经验往往意味着无法对新类型的案件作出合适的判断，且也无法适应不断变化的法律本身。二是

① 参见李训虎：《刑事司法人工智能的包容性规制》，载《中国社会科学》2021年第2期。

② 参见董少平、左喻文杰：《大数据侦查的法律规制原则》，载《武汉理工大学学报（社会科学版）》2021年第2期。

③ 参见蔡立东、郝乐：《司法大数据辅助审判应用限度研究》，载《浙江社会科学》2022年第6期。

司法活动不仅是形式判断，而且是实质判断，无论是我国的四要件体系，还是德日的三阶层体系，对犯罪行为的判断都是一种包含了形式的实质判断，我国的犯罪论体系建立在社会危害性概念之上，自然属于实质判断，德日的三阶层体系下的违法阶层，也是实质判断的典型例证，但目前检察大数据只能是一种形式判断，还无法承担实质判断的重任。三是尽管司法活动是一种理性活动，但在我国，对司法活动还有更高的要求，人民司法应适当融入更接地气的表达，要有执法为民、为民司法的情怀，要用老百姓听得懂的语言释法说理，要让人民群众在每一个案件中感受到公平正义。检察大数据作为智能运算的结果天然具有一副冰冷的面孔，显然在这方面存在先天的不足。

（三）数据安全限度

所谓数据安全是指通过采取必要措施，确保数据处于有效保护和合法利用的状态，以及具备保障持续安全状态的能力。检察大数据的归集共享，虽有利于法律监督工作的赋能，但也对数据安全提出了更高的要求，共享数据的一个重要方面就是确保共享数据的安全。数据安全是检察大数据的底线，如果因为共享数据造成数据泄露，其结果不仅不利于法律监督，反而可能损害检察权威。建议认真落实数据安全法的要求，建立全流程数据安全管理制度，开展如下工作：一是明确检察大数据管理机构，负责数据安全和日常管理，落实数据安全保护责任，确保专人负责、责任到人。二是开展数据安全教育培训，强化数据安全意识，确保数据的收集、存储、使用、加工、传输、提供、公开等依法进行。三是加强技术安全保护措施，打造高质量的技术防火墙和加密存储手段，防止黑客攻击、信息泄露。四是加强数据安全风险日常监测预警，定期开展数据安全风险巡查评估，发现数据安全缺陷、漏洞等风险时，应当立即采取补救措施。五是建立数据安全应急处置机制，一旦发生数据安全事件，立即启动应急处置措施，并第一时间向上级单位和有关主管单位报告，数据安全事件处置完毕后，要及时评估数据安全损失，并向上级单位和有关单位反馈。

四、结论

检察大数据赋能法律监督，是检察机关以法律监督提质增效为目的，以合法合规的大数据技术为手段，通过树立大数据思维、汇集大数据资源、构建大数据模型、开展大数据分析的方法，运用大数据办案、依托大数据治理的工作模式。从域外考察的情况看，美国司法机关运用司法数据的历史较早，但主要是围绕全美犯罪报告和危险性评估两个核心问题进行的，实践中也不乏争议。反对的观点往往认为，前者容易造成生态谬论，后者则存在算法黑箱的硬伤。受美国刑事司法实践的影响，域外运用大数据开展辅助量刑工作一直是各国司法机关的惯常做法，但近年法国立法机关颁布了禁令，禁止基于法官或书记官身份的数据分析、比较、评估与预测，包括一致性、连续性、适法性、预测性分析应用，由此将判决书大数据应用限制在相对有限的领域。当前，从实践效果看，检察大数据赋能法律监督不仅在建构方面存在问题，而且在界限方面也存在权利保护不足和技术崇拜等风险，建议在检察大数据赋能法律监督创新中，本着务实态度，恪守界限思维，守住权利保护、法治思维、数据安全三重底限。

综合检察业务

“枫桥经验”视野下检察建议助推基层治理法治化路径探索

童志锋　黄冬磊　郝　怡*

摘　要　推进基层社会治理法治化，必须解决社会矛盾纠纷化解中法治手段运用不充分的问题。当前基层社会治理法治化建设中仍面临行政执法不规范、检察产品供给不足、群众法治观念缺乏等等问题，要立足检察职能，充分发挥检察建议源头治理的作用，从强化基层执法司法活动监督，聚焦重点领域、风险隐患促进源头预防，协同人大严密监督体系，运用公开宣告进行法治宣传等方面着手，以检察建议的广阔触角推动社会治理主体运用法治思维和法治方式解决涉及群众切身利益的矛盾和问题，为“枫桥经验”提供更丰富的检察实践。

关键词　“枫桥经验”　检察建议　基层治理　法律监督

党的二十大报告在“完善社会治理体系”部分多次提到“基层”。基层是社会治理的最前沿，是“中国之治”的根基，也是法治中国建设的薄弱之处。习近平总书记深刻指出，法治建设既要抓末端、治已病，更要抓前端、治未病。[①] 新时代“枫桥经验”不仅为现阶段我国基层治理提供了重要指导，也为检察机关提供了以法律监督参与基层治理创新

* 童志锋，浙江省嘉兴市人民检察院副检察长（挂职），浙江财经大学东方学院院长；黄冬磊，浙江省嘉兴市人民检察院法律政策研究室副主任，二级检察官；郝怡，浙江省嘉兴市人民检察院法律政策研究室五级检察官助理。

① 参见习近平：《习近平著作选读》（第二卷），人民出版社 2023 年版，第 384 页。

的新途径。检察建议在推进基层社会治理法治化中起到由治到防、以点带面、凝聚社会合力的作用，以强大的穿透性、广泛的适用性贯通检察机关各大业务，充分发挥法治引领的作用。如何将检察建议制度优势转化为治理效能，是新时代检察履职必须面对的问题。

一、新时代"枫桥经验"与检察建议的内在逻辑高度契合

（一）"中国之治"的实践智慧

"中国之治"是将党的领导和社会主义制度的优势转化为社会治理效能的成功的中国实践。新时代"枫桥经验"正是在新型国家治理体系下，党带领群众创造的具有中国特色的基层社会治理经验。检察建议制度是在党探索国家治理、法治建设的过程中萌发出来的，是我国检察机关参与社会治理的重要着力点。两者都是"中国之治"下立足本土的重要实践成果，体现了在解决社会治理问题中的中国智慧。

追根溯源，我国的检察建议制度是在吸收苏联的一般监督权的基础上，在中国检察实践中建立和发展的，具有浓郁的中国特色。1982 年《宪法》取消了新中国初期赋予检察机关的一般监督权，确定了法律监督机关的宪法定位，检察建议制度在法律监督的定位下实现了在中国的内生性发展。随着社会发展和国家治理的需要，检察权从传统的"管理型"向新时代的"保障型"逐步转变，① 检察建议的功能和作用得到进一步扩大。通过检察建议积极参与社会治理是我国检察制度的一项重大制度创新，极大地丰富了我国检察制度的内涵。

新时代"枫桥经验"的治理原则、理念和手段，不仅体现了现代法治的精神，也传承了我国传统法律文化中的思想精髓，如"以人民为中心""三治融合"等理念就创造性地承继了我国古代的民本思想、和合思想、乡治文化等，注重矛盾纠纷的前端化解就是儒家"无讼"思想的重要体现。② 因此，从历史文化继承看，新时代"枫桥经验"是坚持走

① 参见苗生明：《新时代检察权的定位、特征与发展趋向》，载《中国法学》2019 年第 6 期。

② 参见胡铭、仇滕迪：《新时代"枫桥经验"的法治基因与治理创新》，载《学习论坛》2022 年第 6 期。

中国特色社会主义法治道路的生动实践，并在发展过程中逐渐褪去地方性实践的标记，成为制度化、体系化的基层治理范本，极大丰富发展了"中国之治"的时代内涵。

（二）法经济学视角下的成本收益最大化

从经济学的角度来看，效率是成本与收益、投入与产出、费用与效用的比较，以最小的成本获得最大的收益是其精髓。社会管理需要耗费大量资源，经济学原理同样适用。新时代"枫桥经验"和检察建议都是以预防矛盾、防范风险为价值取向，能够有效提升治理的效率，降低矛盾解决成本。

矛盾纠纷的形成结构可看作正金字塔形，从最小的鸡毛蒜皮邻里之间的矛盾，变成长时间的积怨，最后演变成民刑案件，矛盾层层升级的过程就是依靠纠纷解决机制不断筛选的过程，有效的纠纷解决机制能够把大多数矛盾化解在金字塔底部，只有极少数矛盾升级成为顶部的诉讼案件。矛盾纠纷的解决成本可看作倒金字塔形，从小矛盾上升到诉讼案件，各个阶段纠纷的解决成本是层层升级的，纠纷升级为诉讼案件后，司法机关处理一个事件的社会总成本可能是最初解决纠纷成本的千百倍。两个正反的金字塔充分体现了检察机关参与社会治理的重要性，也论证了"枫桥经验"的重要性。

"枫桥经验"始终强调要"立足于早，立足于小，立足于激化前"，使矛盾纠纷在初期得到有效控制与化解，达到治理成本最小化。检察机关通过检察建议的方式帮助建立治理前端的规则闸门，及时发现社会治理中的苗头性、倾向性问题，在矛盾性质更轻的时候主动参与进去，阻止纠纷层层升级，让金字塔变得更小，有效降低了司法成本。

（三）"共治"理念的彰显

党的二十大报告提出健全共建共治共享的社会治理制度。社会治理是一个系统治理的问题，新时代"枫桥经验"注重社会自治组织等多元化力量参与社会治理的能动性、组织性和全面性，强化自治、共治在社会治理中的作用。最高检党组提出"双赢多赢共赢"法律监督理念，是参与型监督理念和体系化监督思路指导下的理念创新。[①] 检察机关积极参与源头治理，将“更多法治力量向引导和疏导端用力”，与涉案单位及其主管单位之间只是法律上、工作中分工不同、职能不同，[②] 目标都是推动社会治理。运用检察建议推动社会主体守法奉法，同时为被监督单位的专业化管理注入必要的法治思维，合力破解社会治理难题，双方形成一种良性互动、协作配合的关系，这种开放、多元的治理模式正是基于“共治”理念的检察智慧。

二、检察建议参与社会治理的必要性与可能性

（一）法律监督权的内在要求与行为延伸

国家法律监督机关是宪法赋予检察机关的职能定位，内含对公权力的制约，价值追求在于法律的统一正确实施。检察机关作为党领导下的国家机关和国家权力的有机组成部分，负有服务中心大局的政治责任，在履行法律监督职能的同时承担着相应的社会治理责任；司法活动作为国家治理的一种方式，具有社会治理功能。

（二）检察建议制度沿革凸显社会治理功能

检察建议制度自诞生之初，就与社会治理密切相关。新中国成立初期，规定了检察机关的三种监督方式，即抗议书、提请书和建议书，塑造了我国检察建议制度的最初形态。20 世纪 50 年代检察机关就已在办案中对发现的违法问题以建议书的方式提出监督纠正意见，如 1955 年 1 月河北省定县人民检察院就粮食供应不足以及供应标准不一的问题向定县财委会提出建议书，保证粮食统购统销政策的实现。[③] 20 世纪 80 年代初，社会治安问题突出，党中央提出社会治安综合治理方针，检察机关在打击违法犯罪案件中对发案单位存在的违法违规问题制发检察建议，

---

① 参见秦前红、石泽华：《新时代法律监督理念：逻辑展开与内涵阐释》，载《国家检察官学院学报》2019 年第 6 期。

② 参见张军：《强化新时代法律监督 维护宪法法律权威》，载《学习时报》2019 年 1 月 2 日。

③ 参见张羽：《检察建议的历史图景（上篇）》，载《检察日报》2020 年 11 月 24 日。

堵牢漏洞，预防和减少犯罪的发生。1998 年 8 月，中央社会治安综合治理委员会印发《关于成员单位参与综合治理的职责任务的通知》，将检察建议作为检察机关的一项重要任务。可见，检察建议在社会综合治理中发挥了重要作用，得到了中央的认可。①

进入新时代，检察建议的作用进一步凸显，显现出更为独特的价值。2018 年 10 月，针对校园安全、队伍管理不到位和教育缺位等问题，最高检向教育部发出“一号检察建议”，这是历史上以最高检名义发出的第一份检察建议。以此为起点至今，最高检共发出十一份检察建议，内容从促进解决长期以来存在的窨井盖管理到未成年人保护等诸多社会治理问题，呈现出与时俱进的时代特征。

（三）兼具柔性与刚性，放大治理效能

检察建议制度与其他法律监督方式和手段相比，更突出柔性特征，其行使的方式、内容和与被建议方的关系更为柔和。检察建议发出前，双方往往会进行沟通，充分尊重被建议方的主体地位和权利，听取对方意见。协商型方式能够有效降低被建议方的本能对抗，使建议内容更易被接受。

虽然检察建议相对柔性，但其刚性效力也是客观存在的，主要体现在它的强制性上。检察建议作为法律监督权的一种行使方式，具有国家权力的本质特征，即强制性。虽然被建议方不是必然要接受检察机关提出的建议，但在接到检察建议时，必须作出是否接受并采取相关措施的决定，如果决定不采纳检察机关的建议，必须及时回复检察机关并说明理由，否则要承担一定的法律后果。这相当于为被建议方设定了一定的义务，如果没有按照要求实施或不实施一定的行为，就要承担不利后果，这正是国家权力强制性的体现之一，即权力的行使必然会对权力行使的对象产生拘束力。② 检察建议这种兼具柔性与刚性的监督方式，操作性、灵活性更强，是对传统法律监督手段的有效补充。

---

① 参见张羽：《检察建议的历史图景（上篇）》，载《检察日报》2020 年 11 月 24 日。

② 参见张智辉：《论检察机关的建议权》，载《西南政法大学学报》2007 年第 2 期。

三、基层社会治理法治化面临的问题

（一）执法维度

在基层执法过程中，执法人员滥用职权、违反程序、有法不依、执法不严不公、不作为、乱作为等现象时有发生。基层政府对法治建设重视不够，对依法行政“讲起来重要、做起来次要、忙起来不要”，工作上“凭主观、靠经验”，运用法治思维和法治方式化解矛盾、解决问题的能力不强，个别基层领导干部利用职权实施的职务犯罪案件依然呈多发态势。并且，由于基层政府和执法人员的认识偏差，造成部分法律文件悬浮于治理实践，没有很好地落实并发挥法律文件顶层设计中内涵的法理价值，以致法律的规定得不到有效实施或公民的权利得不到有效保护。

一个社会治理问题背后往往会涉及多个职能部门的监管责任，尤其是在当前综合行政执法体制改革的背景下，推进行政执法力量下沉的同时也导致主管部门监管职权和综合行政执法部门职权的边界模糊，行政主管部门与综合执法机构之间存在管理和执法“两张皮”现象，一些新生的社会问题到底谁来管、怎么管尚处于较为模糊的阶段。不同执法部门之间的沟通不畅、相互推诿和常态化机制缺位，导致“都管”变“都不管”，出现执法延阻、断裂及真空，进而导致执法作用的孱弱。①

（二）司法维度

法院、公安机关等司法执法部门在乡镇一级都分别设立了人民法庭、派出所、司法所等派出机构，相较而言，检察机关长期在乡镇、街道基层缺乏有效的工作机构。虽然有些地方保留了派驻检察室，但人员力量薄弱、缺乏工作抓手，加之以往法律监督都较为被动，其在基层的实质化运行效果并不显著，法律监督触角未有效延伸到基层。执法司法制约监督机制的缺位，导致基层行政执法司法活动监督主体力量分散，监督手段和监督力度较为匮乏，难以满足高质效履职的要求，一些基层组织人员的职务犯罪得不到及时有效查处，基层政法干警违法违纪现象未得

① 参见王海涛：《新时代基层治理法治化问题研究》，载《中共郑州市委党校学报》2021年第6期。

到有效遏制，审判过程中存在的程序违法、裁决执行不当等影响案件质量的问题时有出现，直接影响群众对公平正义和司法公信力的评价。① 由于检察机关职能的特殊性，在群众当中的感知度和存在感也较弱，许多群众甚至领导干部对检察机关的职能并不熟悉，参与基层矛盾纠纷化解工作的方式方法有限。

（三）守法维度

目前，公众作为社会治理的基本单元，参与社会治理的程度和作用发挥明显不够，且我国基层社会法治基础较为薄弱，基层群众的学法、知法、守法意识与能力不足，法治意识和观念比较淡薄，缺乏运用法律保障自身权益的主动性，"信访不信法"现象大量发生。② 此外，基层法律服务供给不充分，服务产品和形式不丰富，普惠性和针对性还不够，导致法律服务质效不高、群众的法治获得感不强，不能有效满足基层群众的诉求。

四、检察建议助推基层社会治理法治化的路径

（一）加强基层执法司法活动法律监督

检察机关通过监督公权力的运行参与社会治理，以法治促善治，实现法律监督体系与社会治理体系的衔接融入。借鉴"枫桥经验"就地化解矛盾的治理经验，将检察资源下沉基层，以建设新时代"枫桥式检察室"为契机，依托派驻检察室扎根基层、服务基层的优势，通过制发检察建议，全面加强对基层法庭、派出所、司法所等机构执法办案的监督制约，夯实检察监督在社会治理中的司法保障作用。

监督范围上，要强调对刑事案件立案侦查、审判、强制措施和刑罚执行，民事、行政审判以及行政执法活动等开展覆盖全过程、各环节的

---

① 参见吴鹏飞：《派驻基层检察室建设理论与实践》，中国检察出版社 2017 年版，第 28 页。

② 参见赵媛媛、黄迪民：《"法治中国"建设中的基层治理法治化》，载《青海社会科学》2015 年第 4 期。

监督。① 司法实践中，对民事审判活动中审判人员存在的违法行为制发纠正违法检察建议大多运用于一审普通程序、简易程序和二审程序，但对审判活动的监督是涵盖所有审判程序的，要充分挖掘如破产程序等其他审判程序中的监督线索，积极拓展监督范围。立足诉讼活动，加强对行政执法行为的“穿透式”监督，从刑事、民事、行政案件中发现行政执法不规范、缺位等根本性、普遍性问题，提出改进工作的检察建议，促进行政执法法治化。

（二）注重社会治理风险防控

“枫桥经验”抓源头的经验做法启示我们要注重源头防控。利用检察机关衔接各诉讼环节、关注社会治理前端的优势，聚焦刑事案件的多发领域、执法司法的监督盲点，以及群众反映强烈、社会高度关注的突出问题，对一定时期或特定区域内多发的类案情况进行分析研判，总结特点规律，对其中反映出的普遍性、倾向性社会管理层面或违法犯罪隐患问题加强风险预警。如针对食药安全、生态环境、涉农、涉众型经济犯罪、电信网络诈骗等多发性刑事犯罪，深入分析案件背后的深层次原因，对频发高发的涉案单位和领域进行深入的调查研究，全面了解相关单位的管理流程、规章制度等具体情况，找准案发根源和管理漏洞。② 对其中专业性强的问题，引入专家咨询论证机制，邀请相关领域的专家学者、人大代表、被建议单位的上级主管部门对拟提出的检察建议进行全面论证。同时注重跟踪问效，对发出的检察建议建立动态流程跟踪监督机制，及时掌握整改进度和落实效果，从个案办理推动解决一类、一个领域甚至一个行业的问题，以点带面促进标本兼治。

在线索来源上也要加强衔接，充分利用大数据推进与公安、法院、司法行政机关等部门的协同办案，探索建立社会治理信息共享平台，实现数据资源互联互通，通过大数据碰撞发现社会治理问题的线索，解决

① 参见冯键：《建立公告宣告制度 增强检察建议刚性》，载《人民检察》2018 年第 16 期。

② 参见邓光明：《社会治理检察建议工作存在的难题与对策》，载《中国检察官》2023 年第 5 期。

传统手段难以破解的社会管理难点堵点。面对复杂的社会治理问题存在部门职责不清、相互推诿的情况时，应在检察建议中提出关于牵头部门和协助部门的建议，在抄送同级政府时由其确定牵头部门和协助部门。

（三）严密法治化的监督体系

党的二十大提出，完善权力监督制约机制，以党内监督为主导，促进各类监督贯通协调。检察监督和人大监督虽内容、方式不同，但理念、目标相同，检察建议为检察监督和人大监督的协作发力提供了抓手，使两个监督有机贯通，形成监督合力。

在线索发现机制上，以检察建议搭建监督主体之间资源共享的桥梁，人大在乡镇（街道）设有代表联络站，通过基层力量更易发现群众身边影响民生、损害公益等问题，扩大公益司法保护效能。深化基层代表建议、委员提案与检察建议衔接转化的工作机制，常态化收集研判建议提案，定期通报反馈建议提案转化结果；对社会影响大、群众关注度高的事项，在仔细调研后，可将相关问题以书面形式提交人大代表，提交人大会议讨论，推动问题有效解决。

在保障和落实机制上，积极争取人大支持，定期向人大汇报检察机关法律监督工作，提请人大探索建立检察建议备案督办机制。对无正当理由拒不整改和整改不到位的，及时向人大进行报告，由人大向政府部门通报情况，或直接启动人大监督，督促相关单位回复整改，防止检察建议“一发了之”。此外，邀请人大代表参与检察建议社会治理效果“回头看”督导调研，对整改情况进行评价，推动整改落实不到位问题的解决，确保检察建议从“办理”向“办复”转变。

（四）创新法治宣传方式

一份鲜活的、有理有据的检察建议书应是一份生动的法治宣传书。要让检察建议真正成为法治宣传书，就要充分利用检察建议公开宣告送达制度，在与被建议单位充分协商后，以公开宣告为原则、不公开宣告为例外，将检察建议公开宣告作为一种定制化的法治宣传方式，积极履行检察机关的普法责任。因此，除涉及国家秘密、商业秘密、个人隐私或其他不适宜公开的情形外，都应选择公开宣告，除被建议单位外，还可邀请人大代表、政协委员、人民监督员、特邀检察员以及行业协会代表等作为参与者参加，符合一定条件的可允许公民旁听、媒体采访。这种富有仪式感的宣告程序有利于提升检察建议的权威性、公信力，引起被建议单位和公众重视，增进社会大众对检察建议和检察机关职能的了解。同时，建议书中的释法说理又是一次普法宣传，引导公众建立依法办事、参与社会治理的法治理念。

在公开场合宣告检察建议对其质量提出更高的要求。一份优秀的检察建议不能仅满足于针对明显的不合法行为提出建议，而对实质上的公平正义缺乏考量。它要对问题、建议意见、事实和法律依据进行充分论证，以专业的建议获得被建议单位和公众的认同。检察官需秉持客观公正的立场，在提出检察建议时从合法化审查向合理化评价拓展，[①] 达到法律价值与道德评价的彼此认同，通过检察建议的公开宣告，向全社会输出人性化的法治理念，让人民群众真切感受到公平正义就在身边。

---

① 参见邓志宏：《悖论与正说：检察监督权的谦抑性研究》，载《中国检察官》2014 年第 17 期。

审视与重塑：检察建议助推社会治理现代化的规范构造

苏　云　张理恒　黄俊杰*

摘　要　作为检察机关开展法律监督的重要方式，检察建议的优势与价值在国家治理体系和治理能力现代化新征程上日益凸显。当前检察建议工作存在工作理念有待更新、制发对象偏向于个案、效力上刚性不足和考核体系有待完善等问题。在社会治理现代化语境下，检察建议的开展应遵循边界、类案和共治原则，从理念、体系、机制、能力现代化建设着手。具体而言，明晰检察建议权力边界、更新检察人员参与社会治理理念，从“内”“外”两个维度构建科学考评体系，发挥好调查核实和第三方评估机制功效，推动检察建议数字化工作。

关键词　检察建议　社会治理现代化　法律监督　检察大数据

党的二十大报告指出，完善社会治理体系，提升社会治理效能，加快推进市域社会治理现代化，提高市域社会治理能力。检察机关作为我国法律监督机关，理应在助推国家治理体系和治理能力现代化格局中彰显政治担当、法治担当和检察担当。检察建议多年来经历了一个由实然

* 苏云，四川省成都市人民检察院二级高级检察官，全国检察业务专家；张理恒，四川省成都市人民检察院法律政策研究室主任，全国检察业务专家；黄俊杰，四川省成都市人民检察院法律政策研究室一级检察官，全国检察机关调研骨干人才。

到法定、由部分到整体、由低阶到高阶的发展过程，已成为贯穿于刑事、民事、行政、公益诉讼四大检察业务的基础性制度，① 加之源于案件办理、归于社会治理的鲜明特点，逐渐成为检察机关助推国家治理体系和治理能力现代化的重要抓手。当前对检察建议的研究大多集中在既有实践的分析总结，而相关基础问题和现代化路径的演进等理论探索还比较薄弱，有待进一步强化。

一、检察建议参与社会治理现代化的功能优势

（一）最大限度地彰显检察机关的法律监督职责

再审、纠正违法和公益诉讼检察建议是当下有明文依据的法律监督范式，是检察机关履行法定监督职责的重要体现，能够有效促进依法行政和司法公正。社会治理检察建议是检察机关根据《宪法》第 134 条关于其法律监督机关的定位及司法政策而采取的重要履职方式，其较为柔性的监督方式对防范化解社会风险、预防和减少可能发生的违法犯罪大有裨益。如针对寄递安全问题治理的“七号检察建议”促使邮政、公安等部门加强协作，打击涉寄递渠道犯罪，填补了寄递体系的法律监督空白。

（二）丰富法律监督场景

检察建议加盟法律监督方式之列，逐步展现其制度潜质和制度优势，其形式新、视野宽、领域广、接地气、重协同、效率高等特点，与抗诉、更换办案人员等刚性较强的监督方式形成互补。如在民事检察多元化监督格局中，检察建议可以有效弥补此前只有抗诉这一种监督方式所存在的弊端。其将双赢多赢共赢理念、协商性执法司法理念、民主化社会参与理念以及多部门职能协同运作理念等新的制度元素有序导入现代化法律监督体系构成之中，使之从理念到模式、从形象到行为均实现了新发展。

（三）融入社会治理的方式和领域更为广泛

检察建议参与社会治理的涉及范围、影响均远超其他监督方式，具

---

① 参见黄文艺、魏鹏：《国家治理现代化视野下检察建议制度研究》，载《社会科学战线》2020 年第 10 期。

有杠杆性、黏合性、交融性的枢纽地位。以一至十一号检察建议为例，建议内容涵盖校园安全、公告送达、金融监管、窨井管理、虚假诉讼、网络治理、寄递安全、生产安全、粮食安全、养老机构安全监管等众多领域，蕴涵着检察机关参与社会治理现代化的使命担当和价值导向。与此同时，与抗诉等被限定于诉后监督不同，检察建议贯穿于诉前、诉中、诉后以及执行监督之中，已经具备横向领域与纵向层级的全面性。① 例如，检察机关在民事诉讼开始前就可以提出督促起诉的检察建议，在民事诉讼进行过程中，检察机关可以针对司法审判的程序违法提出检察建议，在执行程序中，检察建议对执行难和执行乱也能发挥出监督、缓解作用。

二、检察建议推动社会治理现代化的价值导向

（一）进一步从单一办案向法律监督渠道拓展

大多检察建议与案件紧密相关，而纠正违法检察建议则是对发现的执法司法活动中的其他违法行为，予以监督。检察机关需积极适应经济社会高质量发展的新形势新变化，自觉、主动融入现代化治理，通过剖析类案、个案发生的原因制发检察建议，促进堵漏建制、矛盾化解，实现治罪与治理并重。与起诉书、量刑建议书等传统监督模式不同，检察建议蕴含协商性司法本意，是一种新的协同友好型监督模式，寓意着法律监督的运行从传统的国家范畴走向现代社会范畴。如行政公益诉讼检察建议的立法本意就在于提高行政机关自我纠正不当或违法行为的积极性，助推行政机关依法行政。

（二）进一步从事后处置向前瞻预防延伸

部分观点认为司法大多是事后判断。② 检察机关面对风险实现从被动应对转为主动预防，将社会治理风险的预判做到前端。人民检察院组织

---

① 参见刘艺：《社会治理类检察建议的特征分析与体系完善》，载《中国法律评论》2021 年第 5 期。

② 参见刘艳红、刘浩：《社会主义核心价值观对指导性案例形成的作用》，载《法学家》2020 年第 1 期。

法从法律意义上延伸了法律监督的范畴，使得检察建议可以实现从事后处置到前瞻预防的目标。与办案活动关注案件事实和法律适用的最大差异是，检察建议更侧重对社会风险的防控和风险产生后的处理举措，不再局限于是维护司法进程的工具，而更多作为预防性、先导性的检察职能。通过检察建议对社会治理中个案或者行业普遍存在的问题和漏洞进行提醒，掌握主动权，同时积极探索构建社会治理数据分析预测模型和分析工具，通过数据比对、碰撞发现被建议单位尚未关注的重要风险源点，① 提醒做好风险防范和应对准备。

（三）进一步从个体释法说理向社会风尚引领延伸

相较于针对个体释法说理的不批准逮捕、不起诉理由说明书等法律文书而言，检察建议在剖析类案、个案发生的原因后，既针对预防违法犯罪等社会治安进行综合治理，也更加侧重司法公正、公共利益等众多领域开展的法律监督。检察机关在诉讼活动中制发检察建议，是检察机关向社会公众进行司法政策宣传的平台。检察机关使用这种相对灵活、易被接受采纳的方式，可激发检察建议在社会价值引导方面的作用，以回应人民群众关切和期待。

三、当前检察建议的实践困境

（一）工作理念有待更新

《人民检察院检察建议督促落实统管工作办法》的出台助推督促落实工作，但实务中“上热下冷”的现象仍然存在。对于部分检察人员来说，制发检察建议尤其是社会治理检察建议并非办案活动的必要环节，也缺乏在办案中发现线索并通过制发检察建议加强监督的意识，反倒额外增加工作量，会产生“多一事不如少一事”的狭隘理念。此外，少数检察人员没有遵循“必要审慎”原则，不顾实效，“一发了之”。例如，个别检察建议提出的问题超出了检察机关的监督范围，涉及被建议单位尤其是行政机关的内部事务，容易引起抵触。

① 参见邹云翔等：《社会治理检察建议的特征与运行机制》，载《人民检察》2021年第17期。

（二）制发对象偏向于个案

当前案内、个案的检察建议较多，针对社会治理普遍性问题的案外、类案建议少，对社会治理共性问题发现不足、总结不到位，甚至少数地区片面追求数量，就同类问题连续制发多份检察建议。个案检察建议多着眼于解决个别问题，类案关注和回应社会热点、民生诉求等问题，其往往指向的是制度或者监管的漏洞，更能有效推动解决普遍性和系统性领域问题。个案效应过于局限，难以在相关行业甚至全社会产生效应。同时，个案监督也不符合成本效益，容易产生“程序空转”，造成司法和社会资源浪费。

（三）效力上刚性不足

从检察建议法律后果来看，如果被建议单位拒不配合整改落实，检察机关也只能采取报告、通报等方式，只有公益诉讼检察建议可以通过后续的起诉手段来制约这种不配合整改的行为。在这种背景下，加之强调检察建议的回复率，就容易造成检察机关与被建议单位就回复问题上达成协商意见或者作出部分妥协，这无疑削弱检察建议的权威性。与此同时，虽然《人民检察院检察建议工作规定》列举的制发检察建议前调查核实相关事项可以采取的方式，在实践中很大程度上依赖于被调查单位的配合，一旦调查单位出于保护私益的目不愿配合，就会导致调查核实效果大打折扣。如何在合理边界范围内促使有关单位配合检察机关进行有效调查，从而查明违法事实，对落实检察建议至关重要。[①]

（四）考核体系有待完善

当前考核过于注重检察建议的制发数量，对质量、效果如何进行评估没有具体严格的规定，往往仅关注检察建议的回复率情况，并且书面审查为主，在对回函未加以严格审查情况下，不可能发现被建议单位整改措施是否真实有效等。目前《检察机关案件质量主要评价指标》将检

---

① 参见刘亦峰、冯琪：《检察建议制度的发展路径探析——以提升“检察建议刚性”为核心点》，载《辽宁公安司法管理干部学院学报》2021年第1期。

察建议纳入绩效考核，但仍存在集中于“量”、对“质”的关注度不够的问题，如“回复率”“采纳率”等“质”的评价指标仍偏于粗疏。

四、检察建议助推社会治理现代化的路径优化

（一）工作原则

1. 边界原则。检察机关必须坚持维护公共利益底线，在其他主体不依法履职或者未尽职责的前提下，严格依法、必要审慎制发检察建议。行政机关在其主管行业、领域内对其职能范围、执法程序等内容更具专业性，检察机关应当尊重行政机关的首次行政行为，做到补位而不越位，① 实现检察权与行政权的平衡。对明显不合理的违法行为通过制发检察建议进行监督，对轻微不合理的则可采用口头或者座谈交流的方式予以提醒。倘若轻微不合理违法行为在一定时期、一定范围内反复多次出现，则可采取正式的书面监督。

2. 类案原则。探索从微观走向宏观，将个案监督进阶到类案监督，从对人的监督延伸到对事的监督，从工作理念的监督升级为制度的监督，② 重点关注同一产业群发性、反复性问题，加强对案件背后反映的社会治理线索和问题开展穿透式审查，将“类案群发”转变为“类案同发”，以最少的司法资源实现“建议一起、治理一片、影响一方”的效果。

3. 共治原则。检察建议涉及多个利益主体，具有功能的复杂性。检察机关与被建议单位既是监督与被监督的关系，也是良性协作、协调配合关系。一是创新群众参与方式。整合线上线下多端融合的参与平台，不断提高群众参与的积极性。如开通线上证据收集通道，建立公益损害线索线上有偿举报平台，利用政府网格化平台选聘网格员兼任公益保护联络员，有效扩大检察建议线索来源。二是健全责任追究机制。对无故不整改或者整改不到位的，按规定通报被建议单位的上级机关、行政主

① 参见王振涛、秦胜男：《个人信息保护行政公益诉讼诉前检察建议的质效提升》，载《中国检察官》2022年第18期。

② 参见肖功员：《以高质量检察建议助推社会治理现代化》，载《检察日报》2023年2月1日。

管部门、纪检监察机关，依法依规处理。

（二）具体路径

1. 推进检察建议工作理念现代化。首先，检察机关行使法律监督权需明晰和恪守权力边界，以必要为原则，避免过度延伸参与社会治理。准确把握“必要”的界限，保持一定张力至关重要。具体来说，紧密围绕所建议内容展开论证，保持检察权与其他权力的平衡及谦抑的监督姿态，统筹规则层面的合法性与法律适用恰当性问题，妥善处理法律规范与其他社会规范、检察机关与其他主体之间的融合。故建议内容与调查核实、跟踪督促等应当明确一定范围，防止滥用检察权，走出制发数量越多越好、监督面越广越好的陷阱。建议措施的提出，应当尽量符合成本收益的合理化，综合考虑制发原因和制发效果的有机统一关系。其次，检察人员不能完全将精力放在对案件的剖析和研究上，应当清楚地认识到参与和推进社会治理的重要性。申言之，紧盯社会热点难点，凸显预警性、普遍性、倾向性，发现研究涉及公共利益、公平正义、改善民生等热点，通过挖掘表象问题背后的原因上升到类案监督层面，力争做到由点及面、由表及里，真正为社会治理贡献检察智慧。

2. 构建“内”“外”现代化考评体系。在“外部”维度，其一，重点关注协作配合、落地落实。具言之，首先，推动考核机构优化考核指标、方式和程序。重点关注不配合开展涉检察建议调查核实工作，未在指定期限书面回复检察建议，对检察建议提出问题整改落实不到位或未予整改，无合适理由未派员参加检察建议公开听证、宣告送达活动等情况。其次，建立两级考核衔接机制。市级以上单位就检察机关对同级部门、下一级党委政府制发检察建议的回复整改情况进行考核；基层制发检察建议的回复整改情况纳入同级考核。对于下级被建议单位不整改回复且存在主观上故意抵制、客观上情节恶劣、产生后果等严重负面情形的，可通过上级目标中扣下级的分数倒逼下级考核中对该被建议单位扣分。最后，设置负向评价谦抑机制。通过公益诉讼促成被建议单位积极整改后撤回起诉的一般不予扣分，对法院未采纳民事、行政再审检察建议通常慎作负向评价。其二，借力组织部门和纪检监察部门，强化监督问责。组织部门可将回复落实检察建议情况纳入领导干部年度述职，明确领导干部在年度述职报告中将推动单位落实情况作为落实党委政府重大决策部署的内容予以说明，促进被建议单位抓好整改落实。借助监察机关对公务员的惩戒权、调查权，加强对被建议单位回复落实检察建议情况的监督问责，促使被建议单位进行整改。对通报的被建议单位不予整改或者整改不到位，以及发现的党员干部、公职人员违纪违法线索，检察机关可报告同级监察机关，后者可调查核实、严肃追责问责，对构成违纪违法的给予政务处分，对构成渎职的立案调查。

在“内部”维度，构建优化“量”与“质”并行的考核体系。一是科学全面看待检察建议的“量”，更多关注建议措施落实情况。改变过往单纯考核数量的做法，构建“影响因子”评价体系，将建议问题解决、推动机制建立健全、引发相关上级机关和社会各界的关注等综合指标作为多样立体化的评价标准。除了定期评估落实、质量评查综合分析、绩效考核，还需要阶段性跟踪督促，避免整改措施仅是单次而非持续性的落实，[①] 从而合理确定对“量”的权重要求。二是突出类案监督导向作用。类案检察建议具有样本丰富、针对性突出、论据充分等优势，加之其往往产生于司法案例、数据分析的系统集成，制发后产生的社会效应和影响力更大，可在设置加分项目时加大类案制发的分值权重，督促将更多精力投入到类案监督。

3. 完善检察建议工作机制。首先，保障调查核实权顺利行使。被调查对象不予配合，检察机关可采取必要措施促使被调查对象履行配合调查义务。其次，细化考核体系中对配合行使调查核实权指标。虽然《人民检察院组织法》第48条规定了妨碍调查核实的法律责任，但条款内容叙述过于笼统，难以界定，可操作性不强，建议可将接受调查核实的义务纳入被调查单位的绩效考核。如被调查单位属于国家公权力机关的，将接受调查核实的相关情况以及配合程度写入年度工作报告，接受组织、纪检监察部门的监督。

社会治理检察建议更依赖于被建议单位的协作、配合，当前对其整改落实的监督主要集中在被建议单位单方面的回复，多数对是否真正整

① 参见董斌、周忠明、邹雯婕：《强化精准考核提升检察建议质效》，载《检察日报》2022年11月12日。

改、整改是否到位等缺乏有效的监督措施。可建立分层分类验收机制，针对可视实物化整改，由制发检察建议的检察官实地验收；针对深层次专业化整改，引入第三方评估参与验收。第三方评估是指检察机关委托第三方人员运用客观、科学、专业的评估方法，对整改效果进行全面检查和综合评估的活动。检察机关可从本单位以外的检察官、特约检察员、特邀检察官助理、人民监督员、听证员、行政机关相关人员或者相关领域专家组成第三方评估人员库，并从中选聘5人或7人组成第三方评估小组。对于专业性较强、工作量较大的，也可由专门的第三方机构组成评估小组负责。评估方式既有传统的书面审查，如审查被建议单位的回复、落实方案、整改工作文件等书面材料，更兼具实地调查、走访了解功能，包括实地查看、向有关知情人、被建议单位、群众调查了解情况。第三方评估工作的启动亦需遵循必要原则，对涉及因类案引发的行业部门整改、特殊领域专门知识，建议内容社会影响大、群众关注度较高及具有普遍性典型性的问题则应当开展评估，并侧重于实际整改效果。评估结束后，评估小组应制作评估报告并向检察机关反馈。检察机关审查检察建议回复和评估报告，对不积极整改的按相关程序予以督促整改，对不回复、不整改情节严重的，则可在党政目标考核中予以体现。

4. 以数字检察推动检察建议能力现代化。《数字中国建设整体布局规划》明确指出建设数字中国是数字时代推进中国式现代化的重要引擎。检察机关践行大数据思维，重视数字赋能检察建议工作，搭建配套的信息数据共享平台，做好固定证据和监督依据工作，持续推进数字化检察建议工作。目前已有部分地区检察机关开发了“公益诉讼随手拍”App或小程序，旨在借助快捷便利的数字软件拓展公益诉讼线索、鼓励群众共建共治共享。同时，也需积极运用“人工智能+大数据”技术，进一步完善数据赋能检察建议发展需求，通过自助终端设备、智能检索软件等软硬件配置，在检察业务应用系统、12309检察服务平台等实现点位挖掘、线索筛查、信息比对、类案检索、数据分析等办案辅助功能，使人工审查发现线索方式向依托大数据比对分析、检索排查等智能模式转变，突破以往线索挖掘、筛选、初查时所受时空、人员等限制，为拓宽监督渠道、提升研判和处置能力提供便利。条件便利的地区，应积极打破行政执法与刑事司法之间的数据壁垒，对接、融入当地政务服务平台、城市大数据中心、网格员和网络理政等平台，自动监控、筛查、识别、追踪、抓取、整合平台涉及社会热点及其关键信息，实现法律监督触角向相关领域的智能化、自动化延伸。[①] 利用大数据、人工智能、区块链，通过数据整合、共享、跨界比对分析形成检察建议的初步治理模型。统筹检察业务应用系统中现有数据，建立去除个案特性的元数据库，嵌套入检察业务应用系统，修正检察建议初步模型存在的数据错误及其背后的治理缺陷。[②] 探索纵向覆盖全国四级检察机关、横向跨越检察机关各部门的检察数据库，利用文书、关键词提取等功能促进个案监督向类案监督延伸。对于同一个类型或同一点位已经制发过检察建议的情况，无须再重复制发，并规定重复制发的不纳入目标考核绩效，避免数量堆叠问题。对社会治理乱象的多发地带、多发行业，则应剖析共性问题并制发类案检察建议，让检察建议真正做到“制有所用”。

---

① 参见黄俊杰：《强化协作协同激活检察建议新功能》，载《检察日报》2022年8月5日。

② 参见肖功员：《以高质量检察建议助推社会治理现代化》，载《检察日报》2023年2月1日。

检察建议回复整改问题实证研究

——以A县检察院2022年办理的181件检察建议为样本

朱红刚*

摘　要　检察建议的回复整改情况是当下检察人员应着力开展的一项重要研究课题，其关系到检察机关法律监督职能发挥是否充分，关系到社会治理和服务大局的成效是否明显。A县检察院2022年办理的181件检察建议中存在的被建议单位不重视检察建议回复整改、回复整改的质量不高、监督效果没有达到预期等问题，与检察机关是否开展调查核实和沟通协商、检察建议的质量、检察建议对不同单位约束力大小、质效考核机制的缺失等有着重要关系。在改进回复整改质量上，检察机关需要从提高检察建议本身质量、建立健全检察建议回复回访制度等方面进行努力，以更好实现检察建议的目的和价值。

关键词　检察建议　回复整改　评价制度　评估机制

检察建议是人民检察院依法履行法律监督职能的重要方式，也是参与社会治理，实现政治效果、法律效果和社会效果有机统一的路径。随着民事诉讼法、检察官法、人民检察院组织法的修订，检察建议作为一种正式的法律监督方式在法律层面得以确认。2019年最高检制定《人民检察院检察建议工作规定》（以下简称《工作规定》），明确了检察建议适用范围、程序、法律责任等，进一步促进了检察建议的规范化发展。

---

* 朱红刚，宁夏回族自治区石嘴山市人民检察院第六检察部一级检察官。

新时代新征程，最高检提出“高质效办好每一个案件”，推动检察建议从“办理”向“办复”转变。本文拟通过实证研究检察建议的回复整改情况，检视其问题痹症，提出措施建议，以期提高检察建议的监督效果，更好服务保障中心大局工作。

一、研究检察建议回复整改问题的必要性

检察建议作为检察机关履行“四大检察”监督职能重要的方式之一，其效力的强弱直接决定着检察监督的效果。检察建议回复整改是检察建议落实的关键环节，其整改质量的高低也直接决定检察建议效力的强弱。当前对检察建议的研究，主要体现在检察建议制发的规范性、说理性、刚性提高等方面，对于检察建议的落实整改问题研究较少。在《工作规定》中，也只规定了检察建议回复的期限和形式，对回复整改的程度与标准没有明确规定。因此，解决好检察建议的回复整改问题是当下检察人员应着力开展的一项重要研究课题，更是强化检察监督职能、深层次促进社会治理、高质量服务保障大局工作的必然要求。

从新时代强化法律监督层面讲，《中共中央关于加强新时代检察机关法律监督工作的意见》第 13 条就提到了要进一步提升法律监督效能，并对检察建议的落实作出要求，即“有关单位和个人应当及时整改落实并回复”，可见检察建议的回复整改是提升法律监督效能的重要举措，也是被建议单位的一项政治责任与要求。从社会治理层面讲，检察建议是参与社会治理的重要方式，尤其是社会治理检察建议对于推进基层社会治理、减少和预防犯罪行为有重要作用，[①] 被建议单位回复整改的效果就是社会治理的效果，通过加强回复整改工作的力度，就可以增强检察建议的治理成效。从服务大局的层面上讲，检察建议在助力营造法治化营商环境、依法平等保护各类经营主体、服务保障黄河流域生态保护和高质量发展城区建设等中心工作方面发挥着重要作用。如近几年检察机关开展“携手清四乱，保护母亲河”公益诉讼专项活动，主要通过制发检察建议，督促行政机关积极履职，解决相关水质污染、生态修复、黄河行

① 参见万其明：《检察建议做成刚性的实践探索——以淮南市检察建议运行情况为样本》，载《中国检察官》2020 年第 13 期。

洪安全等问题，为黄河生态保护提供司法保障。

二、检察建议回复整改现状分析

（一）A 县检察院 2022 年检察建议回复整改的基本情况

A 县检察院 2022 年全年共制发检察建议 181 件，其中再审检察建议 0 件；纠正违法检察建议 78 件，占比 43.09%；公益诉讼检察建议 32 件，占比 17.68%；社会治理检察建议 64 件，占比 35.36%；行政违法监督中制发的检察建议 7 份，占比 3.87%。从业务类别来看，刑事检察 24 件，占比 13.26%；民事检察 65 件，占比 35.91%；行政检察 54 件，占比 29.83%；公益诉讼检察 33 件，占比 18.23%；未成年人检察 5 件，占 2.76%。从纠正违法个案类案来看，全年制发纠正违法检察建议 78 件，其中个案监督 66 件，类案监督 12 件，分别占全年总制发检察建议量的 36.46% 和 6.63%。

对于 181 件检察建议的书面回复情况，从是否在检察建议要求回复的期限看，按期书面回复 166 件，占比 91.7%；超过回复期限 15 件，占比 8.3%。超过回复期限的 15 件检察建议中，纠正违法检察建议 8 件，社会治理检察建议 5 件，公益诉讼检察建议 2 件；从被建议单位看，超期回复的单位分别为：法院 6 件，占比 40%；公安机关 3 件，占比 20%；乡镇政府 3 件，占比 20%；水务局 2 件，占比 13.3%；税务局 1 件，占比 6.7%。

（二）检察建议回复整改的特点

1. 被建议单位采用红头文件或领导审核进行回复的占少数。制发检察建议的主要目的是引导被建议单位积极依法履职，或是促进被建议制度的完善和工作改进，具有法律监督的属性，被建议单位的回复也应当采用正式的文书形式进行回复。本次研究以是否采用红头文件形式或领导审核签字为标准来判断检察建议回复的规范性。按照此标准，被建议单位采用红头文件或领导审核签字回复 73 件，占比 40.3%；未采取红头文件或领导审核签字的回复 108 件，占比 59.7%。

2. 被建议单位多以模板化回复。检察建议回复是一种严肃正式的法律行为，回复报告应该全面具体，整改的情况、成效、原因、采取的措施等都应列明。但有的被建议单位对检察建议的回复内容极其简单，对如何落实整改没有详细的说明，对存在问题没有作原因分析，社会治理类检察建议也没有提出补缺监管漏洞的制度规定。有的回复非常节省笔墨，仅用了“一页纸”，甚至“半页纸”的内容进行了模板化回复，且运用套路化的说辞。在181件检察建议回复中，有64件检察建议存在此种情形，占比35.4%。

3. 在回复报告中，较少附有印证材料。被建议单位的整改回复应当附有整改的印证材料，诸如图片、文书、规章制度等，用以佐证整改的真实性。从回复的情况看，回复中有相应照片、文件的有25件，占比13.8%。而其他156件检察建议回复没有相关印证材料，是否真正整改到位不得而知。

4. 被建议单位分析原因或者形成机制建设的回复较少。针对检察建议中的问题，被建议单位通过分析原因可以真正深层次找到“病灶”，才能适用“良方”，达到预期整改效果，进而建章立制，常态长效。在所有被建议单位的回复中，能够分析原因或者有制度建设的回复只有16件，占比9%。

（三）检察建议回复整改存在问题

1. 部分被建议单位不重视检察建议回复整改。从上述检察建议回复情况的特点来看，有的被建议单位对检察建议敷衍塞责、应付了事，对检察建议属性及监督价值理解不到位，甚至有的单位认为是“挑刺”，对检察建议有抵触情绪。有的被建议单位在接收到检察建议后，没有把检察建议的办理提到本单位的工作议事日程中，没有严格的办事流程和审批程序，随意交给一般工作人员去处理，更没有相关分管领导把关签字；还有的检察建议回复期满之后，经过检察机关多次催促后才给予回复。

2. 回复整改的质量不高。从回复的报告来看，许多被建议单位没有深入研究检察建议中的问题，更没有制定整改方案及进一步细化措施，这样整改浮于表面，质量不高。分析回复整改情况，部分单位只是作一些宣誓性表态，或者对整改情况作概况阐述。如办理民事、行政监督案件时，法院模板化回复“在今后的工作中，我们将予以纠正并改进”

“今后审理案件中，确保类似情况不在发生”等。有的社会治理类检察建议，明确要求被建议单位要完善制度，建立长效机制，但回复中只是就事论事，没有提高相关制度机制的阐述，没有做到标本兼治、源头治理。

3. 部分检察建议监督效果未达到预期。所有检察建议中，针对法院共发出70份，占据发出检察建议的38.7%，主要是民事行政检察部门针对法院民事行政审判、执行活动进行监督而发出。从数据来看，A县检察院针对法院的民事行政诉讼违法行为制发的检察建议回复率、采纳率一直较高，但深入分析，与监督预期还存在较大差距，如无论是个案检察建议还是类案检察建议，对深层次问题如法律适用不当、事实认定错误的问题鲜有发现。

三、检察建议回复整改存在问题缘由

（一）调查核实和沟通的不足影响检察建议的采纳与落实

根据《工作规定》的要求，检察机关应当在满足检察建议“必要性”前提下，经过充分的调查核实、与被建议单位进行有效沟通后才能发出检察建议。考察A县检察院检察建议的制发情况，存在两点不足：一是调查核实不足。在制发检察建议时仍然固守“办事”思维，不重视调查取证、核实程序。如A县检察院就姚某某与汪某某民间借贷一案的执行活动进行监督，认为法院在查封债务人汪某某名下的一辆小汽车之后，未对其进一步采取执行措施，也未询问申请人对车辆的处置，违反了民事诉讼法的规定，向法院制发了检察建议。但法院回复称，该车辆查封后并未实际控制，无法进行进一步处置。查封车辆并不意味着实际控制或者扣押，案件承办人没有深入进行调查核实，致使该建议必然无法得到落实，其制发也失去了必要性。二是与被建议单位沟通不足。如A县检察院认为，法院办理的诸多民事案件中，原告与委托诉讼代理人签署的授权委托书中委托权限仅记载为“一般授权代理”，未明确委托事项。但法院在回复中认为，一般授权代理不需要再明确。在这个问题上，法检存在争议，但由于未就被建议事项与法院充分沟通就制发了检察建议，使得书面回复难以落实。

（二）检察建议本身质量不高影响被建议单位回复整改的成效

检察建议回复内容简单、未进行原因分析和制度完善的叙述，使得大多数书面回复成为“文来文往”式的工作回复，未达到弥补漏洞、促进治理的效果。这源于检察机关制发检察建议时存在的以下几个问题：一是类案监督、实体监督不足。2022 年，A 县检察院针对 A 县法院存在的民事审判、执行程序违法问题制发了 65 份检察建议。从检察建议内容看，主要问题集中于法院不当终结本次执行程序，文书制作、送达不规范，执行措施违法等方面，这可能在一定程度上引起了被建议单位的心理抗拒，进而套用模板、应付了事。二是检察建议引领性、前瞻性不足，没有起到引导被建议单位主动分析原因、深入探索的作用。据统计，2022 年 A 县检察院制发的检察建议中提到了制度完善问题的只有 8 件，均为社会治理检察建议。三是检察建议不能精准定位问题所在。如某检察建议针对某公司财务问题提出“监督力度有待提升”“法律意识有待提高”等含糊的建议，检察建议书虽写了三四页，但被建议单位仅以寥寥数语回复“建议属实，予以采纳。在今后的工作中，我们将予以纠正并改进”。建议内容虽然看起来有理有据，实则并不“精准”，被建议单位会觉得不痛不痒，回复自然也就应付了事。

（三）检察建议对不同被建议单位约束力大小影响回复整改的态度与质量

如前文所述，根据 2022 年 A 县检察机关制发检察建议回复整改的特点得知，以政府部门、乡镇政府等为代表的行政机关对于检察建议工作的认识和落实程度要高，造成这种现象的原因可能是检察建议对不同被建议单位存在不同约束力。如该县在法治政府考核中，对检察建议是否回复列入其中，使得政府部门对检察建议回复整改相对较为重视。在行政公益诉讼中，检察建议是必经程序，在被建议单位拒绝回复和整改后，检察机关可提起公益诉讼。这些有着较为明确“后果”的制度对被建议单位有一定的约束力或“刚性”，使得这些被建议单位回复整改较好。

（四）机制制度不健全、不落实影响检察人员督促检察建议落实的主动性与积极性

一是检察建议回复整改质量效果考核、评估机制不健全。制作一份高质量的检察建议，其目的是达到监督与治理的效果，而实践中缺乏对于检察建议落实质效的考核、评估制度，这就导致了检察机关不太注重对检察建议的督促跟踪。部分检察官在检察建议制发之后，仍处于被动等待回复，而非主动监督落实的状态，致使检察建议不能发挥其应有的治理作用。二是没有落实抄送和通报制度。《工作规定》第25条规定了检察建议的通报报告制度，对于被建议单位不予整改或者整改不到位的，检察机关可以报告上级检察院，通报被建议单位的上级机关、行政主管部门等，必要时可以报告同级党委、人大，通报同级政府、纪检监察机关。这项规定可以有效地促进检察建议的落实落地，但在实践中尚没有得到很好的落实。

四、提高检察建议回复整改质量路径探析

（一）提高检察建议的质量，确保被建议单位能够接受和认可

要把调查核实作为提出检察建议的必要工作、必经程序，把违法事实查清查透。① 坚决杜绝仅翻阅法院卷宗材料、仅听取监督申请人的反映就认定违法的做法。加强对检察建议书的审查和指导，通过关口前移，强化备案审查，层层把关，有效提升检察建议质量。不为考核而乱发滥发检察建议使其法律效力和社会意义都大打折扣，更不发模棱两可、含糊不清的检察建议。不强人所难让被建议单位做出超越其职权和能力的事情，让被建议单位无从采纳。同时，积极推进数字赋能检察建议工作，在提升检察建议线索数量、精准化监督等方面下功夫，以数字检察的新思维、新理念探索实践“个案办理—类案监督—系统治理”的数字检察新路径。

---

① 参见华为民、陆小涛：《浅议对民事审判深层次违法行为的检察监督》，载《中国检察官》2020年第7期。

（二）建立健全检察建议回复回访制度，做好做实“后半篇文章”

在实践中不能简单将收到被建议单位回复视为有“采纳”，而简单地认为完成了所有检察建议任务。为提高回复整改质量性，有必要通过主动回访提高检察建议的落实效果，建立定期走访、随机回访机制，变“文来文往”为“人来人往”。在检察建议回复期内，有必要主动跟踪检察建议的落实情况。如被建议单位反映回复期内整改有难度的，可以与被建议单位召开沟通协商会，一起商议解决办法。对于回复采纳整改的，回访中重点关注被建议单位有无将整改措施落到实处，或是否建立起预防犯罪的长效机制，或是否只是“纸面整改”而实际无整改。[①] 对于未回复或者未采纳的检察建议进行重点回访，查找原因。将走访、回访情况录入检察业务办案系统，成为案卷材料的必要部分。

（三）建立质量效果考核、评估机制，实现数量和质量并重

围绕最高检修订的《检察机关案件质量主要评价指标》内容和要求，及时进行调整和完善检察建议类考核指标，将检察人员是否及时跟踪回访、参与治理的情况作为考核重点，将检察建议书的内容质量、被建议单位的回复采纳情况作为考核指标，引导检察官重视检察建议回复整改工作。同时定期开展优秀检察建议课题评选活动，让优秀检察建议发挥示范引领作用，切实提高检察建议的实质效果。案件管理部门定期组织案件评查，要对检察建议的实际效果定期研判，评估检察建议是否落实落地，对未实际整改或整改效果不佳的检察建议进行通报，提升检察建议质量。

（四）加强部门协作、借力“外脑”，增强检察建议的“刚性”

检察机关要把检察建议回复整改情况主动向同级党委、党委政法委报告，积极争取帮助与支持，进一步落实好检察建议工作。同时与法院加强沟通达成共识，健全检察建议处理程序。建议法院统一明确检察建

① 参见阎玮、苏喜民、张晓英：《善用检察建议推进社会管理创新》，载《人民检察》2012 年第 4 期。

议的具体受理、办理、回复部门，如可以由立案庭统一受理后，再转相关庭室办理，或由审管办归口管理，并由审管办法官作为案件来办理。另外，要落实好《工作规定》第25条规定，对逾期未回复、未整改检察建议的单位，采取报告同级党委、人大，通报同级政府、纪检监察机关等措施，提高检察建议的“刚性”。同时，加强专家、人大代表、政协委员等“外脑”借力机制，让“外脑”参与论证、听证检察建议办理中的复杂问题，增强检察建议的规范性，客观上增强检察建议的刚性。

关于基层检察听证工作的几点思考

——以W市W区检察院开展听证工作的实践为视角

于 铭 张 英*

摘 要 检察听证是检察机关提升司法公信力、实现办案“三个效果”有机统一的重要举措，也是改进司法办案方式、促进治理体系完善的有效路径。实践中，检察听证应用不广泛、业务条线开展不平衡，存在听证形式化、缺少专家听证员参与、听证信息化水平不高等问题制约检察听证的制度效用的充分发挥。因此，优化基层听证工作，通过转变检察工作理念强化善用听证意识，拓宽渠道扩大检察听证影响力，优化专家听证模式提升检察听证公信力，提升科技水平助力检察听证智慧化，进而提高检察听证在司法办案中的有效性，以“看得见”的方式努力满足人民群众对公平正义的新期待。

关键词 检察听证 公开审查 司法公信

《中共中央关于加强新时代检察机关法律监督工作的意见》明确提出，引入听证等方式审查办理疑难案件，有效化解矛盾纠纷。党中央对检察听证工作的要求以制度形式体现，在践行全过程人民民主、服务社

* 于铭，广西壮族自治区梧州市万秀区人民检察院办公室主任；张英，广西壮族自治区梧州市万秀区人民检察院四级高级检察官。

会治理、提高法律监督质效等方面不断释放着司法温度。① 作为检察机关深入践行司法为民理念的制度举措，检察听证把检察为民办实事的政治要求落到个案办理的实处，在司法实践中贯彻“讲政治、顾大局、谋发展、重自强”的新时代检察工作新要求。②

一、检察听证的价值

作为办案模式，检察听证满足人民群众对司法的新需求；作为重要方式，检察听证提升了检察机关法律监督的质效；作为重要载体，检察听证扩大了检察机关向社会开放的透明度。深入推动检察听证实现其制度价值和功能，着重从检察听证的审查案件、为民司法和服务大局三个维度助推更高水平参与社会治理。

（一）自我价值——审查案件促进定分止争

以参与式监督办案促进明辨是非。《人民检察院审查案件听证工作规定》第 1 条将“深化履行法律监督职责”列为制度目标，彰显了通过检察听证优化检察权运行方式的意旨。检察听证是检察机关“在办案中监督、在监督中办案”理念在制度和实践上的具体举措，检察机关法律监督既不同于党纪部门自上而下的监督，也不同于权力部门和民主监督等“由外向内”的监督，作为执法司法活动的参与者，在具体办案过程和环节中履行监督职责，发现问题更及时，监督纠错也更直接有效。③ 随着社会主要矛盾的变化，人民群众对司法检察的需求从“有没有”上升到“好不好”，对于现阶段而言，司法过程的公开透明，诉求表达权利的充分享有比司法机关任何一份法律文书更重要。检察听证能让当事人充分表达诉求，聚合当事人和所涉及的办案机关，在事实与法律层面释明案件争议焦点，努力在“阳光下”明辨案件是非，定分止争。

---

① 参见戴佳、常璐倩：《检察听证：以看得见听得懂的方式实现公平正义》，载《检察日报》2022 年 8 月 20 日。

② 参见《以“如我在诉”境界和“求极致”精神扎实推进检察听证工作》，载《检察日报》2021 年 10 月 20 日。

③ 中共最高人民检察院党组：《加强新时代检察机关法律监督工作 更实担起党和人民赋予的更重责任》，载《人民日报》2021 年 9 月 2 日。

（二）司法价值——为民司法化解矛盾纠纷

以检察听证为民搭台、为民解忧。检察听证作为检察机关深入践行司法为民理念的制度举措，坚持“案结事了人和”的价值目标，与“预防化解矛盾纠纷”的价值意蕴这一脉相传。检察听证主动搭建平等对话、沟通交流平台，通过不同利益主体的参与，让检察机关听取各方意见，引导当事人在法律范围内寻求合理合法的纠纷化解途径，有助于解开当事人心结，化解社会矛盾、消弭社会戾气。检察办案不仅要符合法律条文，也要符合人民群众感受，在情与理层面充分回应群众诉求、疏导群众情绪，对符合条件的当事人及时、主动予以救助帮扶，对已进入诉讼程序的矛盾纠纷开展检察听证，将公开、公正、亲历、兼听、说理贯穿听证全过程，有利于理顺法律关系，引导当事人息诉罢访，切实将社会矛盾化解在检察环节。

（三）社会价值——服务大局助推社会治理

以自觉融入大局助推实现检察听证法治保障价值。在探索把社会矛盾引入法治轨道解决、补足社会治理机制短板方面，检察听证建立了从案件办理到社会治理的新渠道。以积极融入经济社会高质量发展大局，探索在知识产权案件办理等重点工作中，适用公开听证审查模式，以高质量检察听证助力打造公正高效的法治化营商环境。司法案件是社会矛盾的凸显点，是源头性问题的表征，通过检察听证，以可容纳“四方”主体意见、偏情理化表达方式的相对优势，对情、理具有更大程度的包容性，有利于以法治方式保障合法权益、稳定社会预期，构建和谐稳定的社会大环境。

二、基层检察听证工作的现状

2020 年 10 月 20 日最高检印发《人民检察院审查案件听证工作规定》，对检察机关以听证方式审查案件工作作出进一步加强和规范。检察听证在检察工作中全面实施，通过总结 2020 年至 2024 年 6 月 W 市 W 区检察院检察听证工作情况，直观分析检察听证在基层检察应用，详见下表。

	不批捕案件	拟不起诉案件	拟起诉案件	民事公益诉讼案件	民事监督案件	行政检察案件	行政公益诉讼案件	信访案件	司法救助案件	国家赔偿案件	刑事执行案件
2020 年		3 件		2 件							
听证结果		一致同意作相对不起诉处理		一致同意当事人承担生态修复费用以及评估费							
2021 年	3 件	12 件			1 件		7 件	3 件	1 件		
听证结果	一致同意作相对不捕决定	一致同意作相对不起诉处理或变更强制措施为取保候审			一致认可原法院判决		一致建议相关部门整治或作结案处理	一致同意不予受理	一致同意决定救助		
2022 年	2 件	20 件			1 件		3 件	3 件		1 件	
听证结果	一致同意作相对不捕决定	一致同意作相对不起诉处理或附条件不起诉处理			一致同意不予受理		一致建议作结案处理	一致同意不予受理或作结案处理		一致同意作出赔偿决定	
2023 年		31 件	3 件	2 件		4 件	18 件	6 件			1 件
听证结果		一致同意作相对不起诉处理或附条件不起诉处理	一致同意作起诉处理	一致同意当事人承担水生生物资源损害费用		一致同意发出检察意见书	一致建议作结案处理	一致同意不予受理或作结案处理			一致同意暂予监外执行

续表

	不批捕案件	拟不起诉案件	拟起诉案件	民事公益诉讼案件	民事监督案件	行政检察案件	行政公益诉讼案件	信访案件	司法救助案件	国家赔偿案件	刑事执行案件
2024 年 1—6 月		4 件						4 件			1 件
听证结果		一致同意作相对不起诉处理或附条件不起诉处理						一致同意不予受理或作结案处理			既认为社区矫正对象无机动车驾驶证驾驶机动车的行为属于违反监督管理规定的行为，也认同社区矫正机构要对廖某某的行为进行处理

三、基层检察听证工作的存在问题

（一）检察听证应用不广泛

一是听证在案件办理中应用比例虽逐年上升但总体应用情况仍不乐观。以近五年 W 市 W 区检察院办理案件应用听证情况为例：2020 年占办案总量的 0. 63%，2021 年占办案总量的 3. 32%，2022 年占办案总量的 4. 39%，2023 年占办案总量的 7. 39%，2024 年占办案总量的 2. 37%。二是检察人员没有将听证作为推进国家治理体系和治理能力现代化的重要措施来谋划，对听证工作主动性不强。

（二）业务条线开展听证工作不平衡，普遍存在听证形式化

目前听证应用范围较为全面，但仍存在条线差异。检察听证主要集中于不起诉案件和行政公益诉讼案件，羁押必要性审查、民事检察、行政检察、控告申诉案件、刑事执行检察中开展较少。部分业务条线没有结合实际应用听证，选取没有争议或纠纷基本化解的案件进行听证，听证的意义不够突出，听证过程缺乏意见交换，未真正发挥听证在化解疑难复杂案件中的作用。

（三）缺少专家听证员的参与

本地听证员库已建立，涵盖律师、医生、税务等行业，但技术型专家比例不高，在此情形下，非专家听证员无法根据案情需要对专业性问题进行全面分析、考查和衡量。① 此时听证员基于朴素的社会常识和对当事人的看法发表意见，所作判断容易“随大流”，影响听证效果。②

（四）信息化水平不高

信息化发展趋势为检察听证开启全新的听证模式。现阶段本辖区的信息化手段在时间和空间上都无法突破限制，特别是被羁押的案件当事人，无法实现远程检察听证，其合法权益不能充分保障，办案质效也受到影响。检察听证宣传不到位，公众对参与决策的主动权不知晓，听证结果民意支持不足。

四、优化基层检察听证工作的路径

（一）更新思想认识，推进检察听证规范化

检察听证工作要“全面推开”，“推”是检察听证工作的力量来源，

---

① 参见刘冠华：《现实与超越：刑事申诉复查听证模式之构建》，载《河南社会科学》2016 年第 12 期。

② 参见王晓岚、李伟智：《刍议完善刑事申诉案件专家听证制度》，载《犯罪研究》2019 年第 5 期。

“开”是规模，推开的力度有多大，思想认识是关键。[①] 眼下，检察听证工作卓有成效，但地域差异大、类型不全面、工作不规范等问题仍受到困扰，故应更新思想认识，把检察听证置于更高站位，将其作为常态化工作常抓不懈。

1. 转变工作理念，强化善用听证意识。以政治为统领，增强检察履职能力，把检察听证工作融入大局中去深耕细作；以意识增强为前提，推动工作转型，树立“应听尽听”导向，以“头雁效应”持续激发“群雁活力”，转变工作理念，深刻认识听证工作在推进矛盾纠纷化解的重要意义。

2. 强化专业素能，提升听证工作实效。把听证工作做到极致，关键在人，对检察人员的专业素能也是一种考验。树立能听、会听、敢听的理念，逐步摆脱传统办案模式影响，用新的理念解读和谋划“基层检察工作就是做群众工作”，不断在实践中提高，在强化中锤炼过硬本领，自觉在检察办案中运用听证，提升做好群众工作的能力水平。

3. 坚持程序公正，促进听证实体公正。检察听证通过程序性公开，消除当事人对诉讼公正的顾虑，客观上减少当事人因诉讼不规范而上访的可能，促进实体公正，节约诉讼资源。[②] 日本作为起诉一本主义国家，检察审查会议由事前了解案件概况、在审查过程中才逐渐接触证据的审查官主持。检察听证可借鉴日本经验，由其他检察官主持，承办检察官作为辅助人，提升诉讼化听证的客观性。在内部制约手段上采取定期抽查与组织专项评查相结合方式，激励检察官正确适用法律，灵活运用司法政策，兼顾天理、国法、人情，在办案中用足、用好听证程序。

（二）拓宽听证渠道，扩大检察听证影响力

1. 带案下访，上门听证，为群众提供高效便民服务。在充分考虑便民性的前提下，进村入户，特别是在案发地，借助基层干部和村民的见证，将矛盾化解在家门口，力求以让群众看得明、听得懂的方式提升检察听证的效果。

---

① 参见闫兴振：《深化检察听证工作“六要”》，载《检察日报》2021年2月4日。

② 参见刘国媛：《刑事检察听证的“理”与法》，载《法学评论》2015年第1期。

2. 多方汇集，观摩听证，为矛盾提供实质性化解。根据案件实际情况充分做好研判评估，在取得双方当事人同意的基础上，邀请机关团体、社会团体等旁听观摩，把办案程序置于广泛的监督之下，让民众切实感受公平、公正、公开的司法氛围。

3. 整合资源抓化解，促进公开听证实效化。不批捕案件关系到下一步诉讼程序的进行，民事监督案件关系到当事人民事权益的保护和司法机关决策的信服力，公益诉讼案件关系到社会公共利益的维护，行政检察案件关系到政府对社会管理的权威，将这些业务线作为开展检察听证工作的重点，解决工作开展不平衡问题。

（三）优化专家听证模式，提升检察听证公信力

1. 充实听证专家队伍。按需求类型可将听证专家大致分为法律型、专业型和社会型三种。W 市组建的听证员队伍中法律型专家占 22.5%，专家学者、社会威望较高及矛盾调处能力较强的社会人士仅为 5%。一般而言，邀请专家听证员参与司法活动，充分发挥外脑智力支撑，对检察办案行为的规范性不仅是一种督促，也是一种约束。① 因此，需要明确专家听证范围，扩大职业覆盖面，通过多渠道引入，充足听证专家队伍组成，整体提升基层检察院的办案质量和听证效果。

2. 优化听证专家的组成模式。在公开听证案件中，评议意见的科学、当事人权利的保障、检察人员审查决策的正确，都与听证员的地位与素质有着直接的关系。② 因此，与时代相匹配的听证专家统一管理制度和遴选制度应运而起。

第一，建立听证专家统一管理制度。在解决临时邀请听证专家一事上，建立听证专家资料库统一管理，健全检察听证相关配套制度确有必要。一是统一遴选。综合考虑案件办理情况及检察工作发展规划，优先设置对口专业条件，对候选人进行考定核查，择优选取后公开其基本情况，接受社会监督。二是专题培训。详细讲解《人民检察院审查案件听

① 参见曹纪元：《检察听证质量提升微观进路》，载《检察日报》2021 年 8 月 30 日。

② 参见谌爱华：《关于听证主持人制度的法律思考》，载《上海大学学报》2006 年第 1 期。

证工作规定》，阐明专家听证员职责和义务，充分发挥专业特长，提出专业意见，为检察工作贡献智慧和力量。三是统一使用。市级检察院统一管理，基层检察院对某一领域需求进行协调选用。四是制定退出规则。明确不适格听证员退出范围，破解"专家不专"问题，同时实行动态调整，维持专家听证队伍的稳定，促进专家听证员公正履职。

第二，完善听证专家挑选机制。邀请听证专家参与，目的之一是监督检察人员依法依规办案，之二是弥补检察人员对特殊专业能力的不足。因此，一方面，应保证听证专家选取的随机性；另一方面，应保证听证专家选取的专业性，特别是对于办理难度大的专业性案件，引入专家评议意见，为检察人员提供专业领域的指引和主张，有助于提高决策的权威性。① 因此，在挑选专家听证员时，检察人员应对案件本身性质有充分的了解，确保专家听证员符合案件性质所需。

（四）提升科技水平，助力检察听证智慧化

检察机关不断探索"智慧检务"建设，向社会展示更为优质的检察产品。中国检察听证网正式上线后对于技术手段薄弱的基层检察院应如何逆转？

一是保障硬件设施一应俱全。检察听证室是保证听证会有序、规范进行的前提条件。二是保障软件设施全力配齐。增加多元化、灵活性的听证方式，加快听证主机、视音频采集设备、视音频管理平台、存储设备等软件设施的配备，确保远程异地检察听证工作落实落细。三是运用融媒体加大对检察听证工作的宣传，扩大检察听证的影响力。在保证检察听证效果的前提下，对检察听证案件进行公示，对检察听证工作进行成果展示；邀请新闻媒体旁听检察听证，对听证过程进行录播，传播检察声音，主动让人民群众对检察工作进行"零距离"监督，激发广大人民群众参与司法的热情，不断提升检察机关公信力。

"郡县治，天下安"，在开展听证活动中，检察人员以习近平法治思想为指导，凭借高度敏锐的政治觉悟准确把握听证时机，适时开展公开

---

① 参见孙珊：《刑事申诉专家咨询制度初探》，载《江西警察学院学报》2019 年第 1 期。

听证，贯彻落实各项刑事司法政策，满足人民群众在民主、法治、公平、正义等方面的新需求，在推进全面依法治国、建设社会主义法治国家中发挥着重要作用。从司法实践看，检察听证工作为检察权的行使注入了更多民主、公开、公正等要素，对最终的检察决定发挥了应有助力。

“枫桥经验”视域下检察听证制度进路

——基于F地区检察听证实证研究

林　诚　邱晋之*

摘　要　检察听证集公开审查案件、听取群众意见、促进社会优化治理等多制度优势于一体，是落实新时代“枫桥经验”的有效举措，体现为了群众、依靠群众的治理理念。新时代检察听证在人民参与司法、实现实质正义、属地矛盾化解、推动社会治理上有了更丰富的内涵。然而，当前检察听证还存在听证规定不完善、听证程序不规范、评议意见约束制度阙如、未考虑基层治理特点等掣肘。通过实证分析，提出检察听证应在“枫桥经验”视域下，建立实质化听取意见机制、科学化细化听证规定、完善评议意见保障机制、构建多维度听证模式的优化路径。

关键词　枫桥经验　检察听证制度　进路

检察听证是指人民检察院对于符合条件的案件组织召开听证会，就事实认定、法律适用和案件处理等问题听取听证员和其他参加人意见的案件审查活动。① 检察听证作为司法听证重要组成部分，是检察机关公开审查案件、听取群众意见、促进社会治理的一项法律制度，是检察机关

* 林诚，福建省福州市人民检察院副检察长，三级高级检察官；邱晋之，福建省闽清县人民检察院副检察长，一级检察官。

① 参见《人民检察院审查案件听证工作规定》第2条。

"让人民群众在每一个司法案件中感受到公平正义"的重要方式，同时也是落实新时代"枫桥经验"的有效举措，对法治中国建设具有重要价值和意义。

一、"枫桥经验"视域下检察听证之时代诉求

（一）检察听证与"枫桥经验"本质高度契合

"枫桥经验"诞生于20世纪60年代初浙江省诸暨县枫桥地区，1963年经毛泽东同志批示推广到全国，是中国共产党在长期政法实践中积累传承的基层治理经验，[①] 坚持以人民为中心，为了群众、依靠群众是"枫桥经验"的治理精髓，集中展现了富有中国特色的治国传统，也反映出对现代法治的移植和吸纳。[②] 检察听证是最高检从我国司法的人民属性出发作出的重要部署，通过程序正义实现实质公正，充分保障人民群众知情权、参与权、表达权、监督权。一方面是基于人权保护立场，通过听证使案件当事人均有平等机会参与检察环节，充分表达诉求，通过听证制度设计，引入听证员，形成三角形诉讼结构，使检察办案需参考听证评议意见，制约检察官自由裁量权；另一方面是基于群众参与检察工作立场，通过邀请听证员进行评议，把普通公众的理性和社会价值观引入司法领域，使司法更贴近社会，反映民意。[③] 检察听证不仅强调依法公正办案，还强调要依靠群众智慧，尊重考虑群众合理合法合情诉求，让案件处理结果能够充分回应社会关切，以群众可感、可触、可信的方式定分止争、就地化解矛盾，与"枫桥经验"的价值遵循和实现路径一脉相承。

（二）"枫桥经验"视域下检察听证的新内涵

1. 人民参与司法的有力回应。刑事诉讼法规定公安机关、检察机关、

---

① 参见于浩：《推陈出新："枫桥经验"之于中国基层司法治理的意义》，载《法学评论》2019年第4期。

② 参见汪世荣：《枫桥经验：基层社会治理的实践》，法律出版社2018年版，第256页。

③ 参见甄贞、王丽：《美国大陪审团与人民监督员制度比较》，载《人民检察》2007年第9期。

人民法院进行刑事诉讼必须依靠群众，要听取案件当事人意见。新时代检察听证不仅要依照“文本法”，更要坚守“内心法”——秉持对民众关爱的情怀，考虑群众感受，提高群众参与的亲历性与参与的有效性。除了提供群众参与司法的公开平台，赋予其参与听证、提交证据、充分发言、质证辩论的权利，还要注重听取意见的广泛性，根据不同案件情况明确不同听证重点，使检察听证成为检察机关了解民情、集中民智、汇集民心的重要渠道。

2. 实现实质正义的内在要求。“正义是社会制度的首要价值。”① 传统检察权的基本构造是由检察机关和当事人或侦查机关所处地位及关系组成，② 检察机关对检察环节的案件审查具有绝对的主导权。如刑事申诉案件审查，检察官了解申诉理由和原案案情，是“可以”而非“应当”询问原案当事人、证人和其他有关人员，对是否予以立案、是否提出检察建议或提请抗诉具有绝对的控制权。新时代检察听证创新了诉讼化的办案模式，构建检察机关、案件当事人及原办案人员、听证员及旁听人员的三方良性互动关系，弥补传统检察权的行使缺陷，实现更高层面的“实体公正”。

3. 属地矛盾化解的重要平台。检察听证为案件双方当事人提供了交流平台，使当事人不仅有怨能诉、有惑能问，还能全面、充分了解案件办理情况。新时代检察听证邀请案发地的基层干部如街道、村居委员会干部到场，借助公正独立的第三方释法说理，依靠当地干部群众释法说理上的天然优势，消除双方当事人的对立情绪，为理解、接受检察机关的处理决定奠定基础，不仅能赢得群众对检察工作的理解支持，还能以柔性司法化解矛盾，修复社会关系。

4. 推动社会治理的现实需要。党的十九届四中全会为推进国家治理体系和治理能力现代化规划了蓝图，意味国家治理从“主体单一”“路径单向”“自上而下”治理方式，转向“理性、多元、民主、法治”的

---

① ［美］约翰·罗尔斯：《正义论》，何怀宏等译，中国社会科学出版社 1988 年版，第 3 页。

② 参见孙应征：《刑事诉讼法实施与检察工作配套机制研究》，法律出版社 2014 年版，第 217 页。

现代化治理理念。① 检察听证是检察机关参与源头治理、弘扬检察理念的重要方式。一方面，听证对案件当事人充分释法说理的过程就是一场普法教育课；另一方面，对于旁听人员，听证展示了检察机关办案依据的法理、法律和案件处理思路，有利于助推形成全民守法良好风气。新时代检察听证注重参与基层社会治理，如就普遍存在的社会治理问题调研分析，邀请案发地相关单位、主管部门参加听证，就推动源头治理发表建议、商讨对策，推动社会治理。

二、检察听证制度运行情况及实证分析

2019 年 1 月至 2023 年 12 月，F 市检察机关共开展听证 1224 场，其中 2019 年 11 场，2020 年 125 场，2021 年 242 场，2022 年 324 场，2023 年 522 场。通过统计分析，F 市检察听证工作呈以下特点。

（一）检察听证数量持续增长，呈井喷式发展趋势

开展数量上，2020 年、2021 年、2022 年、2023 年分别同比上升 1036.36%、93.6%、33.89%、61.11%，发展势头强劲。地区分布上，2019 年有 8 个检察院未开展听证，2020 年以来 F 地区各检察院均已消除听证“空白点”。

（二）检察听证案件类型基本全覆盖，案件类型较为集中

听证案件类型上，由 2019 年的审查逮捕、拟不起诉、羁押必要性审查、刑事申诉案件逐步拓宽，2020 年还尝试对民事行政监督、公益诉讼、不服监狱处理决定等案件开展听证，2021 年又延伸到信访案件，听证案件类型已覆盖“四大检察”。听证案件类型化特征明显，主要集中于案件处理听证，以轻罪类型为主。其中拟不起诉、信访、公益诉讼、民事行政监督、刑事申诉案件听证数量排名前五，分别占比 46%、18%、11%、10% 和 8%。

---

① 参见王晓岚、宋珊珊：《试论检察信访案件听证的实践与完善——以上海市徐家汇区人民检察院为例》，载《控告申诉检察工作指导》2020 年第 4 辑。

（三）听证员库持续完善，较为广泛听取各方意见

F市检察院面向社会公开选任50名听证员，各基层检察院已完成听证员库建设，共聘请来自社会各界不同行业的人大代表、政协委员、专家教授、律师、医生等专业人士以及具有一定社会工作经验的社区工作者等477人担任听证员。2019年以来，共邀请人大代表、人民监督员、政协委员、人民调解员、专家咨询委员会、当事人所在单位或居委会、村委会代表等听证员1820人次参加听证。

（四）检察听证案件息访息诉率高，群众满意度不断提高

2019年以来，适用听证的案件绝大部分都签订了息访息诉协议或者长期未再次信访，化解息诉率达93.3%，案结事了效果持续向好。其中，审查逮捕、羁押必要性审查、公益诉讼、司法救助、不服监狱处理决定案件化解息诉率高达100%；其次为拟不起诉、信访，分别为99.7%、84.6%。

三、“枫桥经验”实践中检察听证制度运用之掣肘

（一）听证规定尚不完善导致实践操作存在一定困难

1. 检察听证范围标准模糊，难以满足群众需求。《人民检察院审查案件听证工作规定》（以下简称《规定》）第4条明确，对事实认定、法律适用、案件处理等方面存在较大争议，或者有重大社会影响，需要当面听取意见的羁押必要性审查案件等六种类型案件可以召开听证会，“较大争议”“有重大社会影响”“需要通过听证当面听取意见”的界定过于笼统。实践中F市检察机关听证案件主要集中于不起诉案件，个别基层检察院存在选取案情简单，或者选取矛盾基本化解或争议性不大的案件的问题。

2. 听证员组成较为集中，不能广泛反映民意。《规定》第7条在原则上明确了担任听证员的基本资格及限制性条件，但缺乏操作性、指导性。当前检察机关听证员库主要集中于人大代表、政协委员、律师，听证员背景领域代表性广泛性不足。实践中F地区听证员中，占比靠前的

是律师、人大代表、政协委员，占比靠后的是专业人员，其中教师队伍中大学教授仅有4人。专家型听证员占比较低，评议意见专业性弱化，难以匹配需要技术型专家、具有专门知识的人出席听证会、提供专业意见的特定案件。

（二）听证程序不规范导致实质正义落实不够有力

1. 检察听证依群众申请较少，启动程序有一定随意性。其一，听证主要由检察机关依职权提起，如F市检察机关听证依职权提起1129件，占比92.2%。少数刑事申诉、民事诉讼监督、行政争议等案件的听证依当事人申请而启动。其二，听证启动程序弹性过大，只规定经检察长批准可召开听证会，是否听证的启动权掌握在检察官手中，在有限的办案期限内，可能出现检察官根据自我认知“选择性听证”“凑数听证”，影响听证的严肃性和实效性，有悖听证制度设计的初衷。

2. 听证前期沟通不足弱化检察听证质量。其一，听证前告知有限。实践中检察机关均有按《规定》在听证前3日前告知听证参加人案由、听证时间和地点，但是案件资料由检察机关提供，听证员难以接触一手案件材料，加之检察官对于案件的描述难免带有个人主观思想，致使听证员在会前其内心就可能倾向检察机关即将作出的处理意见。其二，《规定》属于检察机关内部工作规定，制度上无法硬性要求公安和法院参加。如刑事申诉案件，部分案件申诉的原因是不满公安或法院的处理，因公安机关、法院配合度不高，导致检察听证效果大打折扣，仅能保障较低限度的程序参与价值，尚难支撑完整映射正当程序理念的处分权主义。①

（三）评议意见约束制度阙如导致群众参与效力不明

1. 未明确界定检察听证评议意见的效力。其一，听证结果仅作为参考，与案件的关联度以及对于案件处理的影响尚不明确，如评议结果如何体现在案件材料中、评议形成的材料是否能作为证据使用没有确定。其二，拟不采纳评议意见的审核过于简单，容易导致听证结果运用不足、

① 参见［日］田口守一：《刑事诉讼法》（第七版），张凌、于秀峰译，法律出版社2019年版，第36页。

程序空转。

2. 未设置不服听证结果的救济程序。《规定》未明确是否可以申请听证复议，即申诉人对现阶段的听证结论有异议，是否可以就同一事项向上级检察机关提出听证申请，或是下级检察机关已经听证并作出审查结论，当事人不服审查结论，是否可以在申诉时再次提出听证申请。

（四）未充分考虑基层治理特点导致社会治理功能未充分发挥

1. 坐堂办案较为明显，检察听证后续工作缺位。听证主要在案件管辖地的检察听证室举行，"到群众中去"的上门听证较少。如F市仅有56件听证到案发地所在的村居开展，占比4.6%，未充分运用基层群众自治助力矛盾属地化解的独特优势。重办案、轻治理的思想依旧存在，未对听证发现的原案深层次问题分析解决，主动参与社会治理的积极性不够。

2. 检察听证公开范围有限，宣传教育效果不佳。其一，公开方式有限，运用网络信息技术手段较少，F市检察机关仅有1件应用检察听证网进行听证。其二，旁听制度空设，实践中参与听证的人员均由检察机关邀请，媒体主要负责宣传报道，邀请公民、媒体对案件旁听的较少。

四、"枫桥经验"视域下检察听证之优化进路

新时代，检察听证已上升为党中央对检察工作的制度性要求，成为检察机关的一项重要政治任务。[①] 回答"既要通过履职办案实现公平正义，也要让公平正义更好更快实现，还要让人民群众真正、切实感受到公平正义"的时代命题，新时代检察听证应通过坚持和发展新时代"枫桥经验"，更注重将全过程人民民主贯彻到检察办案中，在听证中保障人民群众参与，更注重依靠人民推进公正司法，善于运用法治思维、法治方式推动信访问题在法治轨道上解决，促进更高水平的社会治理。

---

① 参见王庆民、潘一畅：《检察听证的实践价值与制度完善》，载《人民检察官》2021年第11期。

（一）建立实质化听取意见机制

1. 明确检察听证目的，准确界定听证案件类型、繁简分流。其一，列举式统一规定听证案件范围：一是案情重大疑难复杂，在本辖区内有重大社会影响的；二是涉及国家利益、社会公共利益的；三是新类型或有普遍指导意义的案件，有重要普法意义和示范作用的案件；四是当事人提供新的证据材料或检察机关调取的证据材料，可能影响事实认定，需要听取意见的案件；五是当事人对案件的事实认定、法律适用和案件处理等方面存在较大争议，或者争议不大但当事人之间矛盾尖锐可能引发涉检信访，有可能通过听证程序实现和解的；六是认为需要听证的其他情形。其二，以"繁案精办""简案快办"目标导向繁简分类。需要明确争议事项的案件开展普通听证，如首办疑难复杂、争议较大的刑民交叉案件，重在以听证定性；争议不大但信访矛盾突出的案件，开展程序简化、评议事项单一、参与人员简单的简易听证，如因释法说理不到位导致反复申诉的"小案"，由承办检察官、当事人和值班律师或心理咨询师开展简易听证。

2. 兼顾代表性和专业性建立听证员库，引导民主广泛参与。扩大听证员选用范围，按照"法律型专家""专门型专家""社会型专家"分类建立听证员库。参照最高检《人民检察院听证员库建设管理指导意见》规定，更多吸纳"具有一定社会经验、德高望重的基层群众代表和法学、医学、经济学等专业人士入库"，保障听证员具有分析论证、议事监督、化解矛盾能力。

（二）科学化细化检察听证规定

1. 建立检察听证必要性审查机制和回复机制。将醉驾案件、救助案件、减刑假释暂予监外执行案件以及案情简单且矛盾基本化解的案件纳入听证负面清单，避免"凑数听证"。在办案系统设置文书，收到听证申请后，由控申部门建立案卡，推送至案件承办部门，由承办检察官对听证必要性进行审查。对于听证申请，审查决定不予听证的，应报部门主任同意，于3日内向申请人说明理由，解决听证启动由检察官个人决定的问题。

2. 建立听证员会前审阅、相关部门协调机制。其一，为避免听证成为检察机关单方面信息输出，检察机关应尽量提供原始、完整的案件材料，避免传递倾向性意见。其二，鉴于听证制度并未在刑事诉讼法规定，考虑到部分听证需要公安机关、法院的案件承办人阐释原案办理情况、矛盾化解，检察机关应主动与公安机关、法院建立听证商请机制。需要同级公安机关、法院派员列席听证会的，报检察长批准后，发函商请派员参加，为听证常态化开展提供制度保障。

3. 由第三方管理听证员库。由第三方管理机构对听证员的遴选、培训、抽选、退出进行管理，确保听证员的独立性。第三方管理机构在抽取听证员时要结合听证目的，在“法律型专家”“专门型专家”“社会型专家”分类中随机抽取。如刑事申诉案件，宜从“社会型专家”抽取释法说理、调处化解能力强的基层干部或有威望的社会人士担任听证员；争议较大的新类型案件，需从“法律型专家”抽取法学学者、律师对法律问题论证定性。此外，市检察院可制定专家参与听证活动调度机制，解决基层检察院个别专业人才缺乏问题。

（三）完善评议意见保障机制

1. 明确检察听证的法律效力。其一，增加听证结果的运用。如信访听证体现双方达成和解的笔录或者息访息诉协议，可以作为信访案件处理的重要依据；如民事监督案件经听证对新证据的举证、质证、确认后，可以作为新证据使用。其二，细化听证意见的审核程序。如案件涉及国家利益、社会公共利益，或在本辖区内有重大社会影响，或涉及新类型案件法律适用的，拟不采纳听证员多数意见的，建议除报检察长同意外，也可以提交检委会讨论后作出决定。

2. 设置申请人听证救济程序。检察听证并非办案所必经程序，应确立听证一案一次原则，即经多方签字的评议记录中体现的事项，不得再次申请听证。若因参与人临时缺席或会后确有必要补充意见的，可在会后安排补充听取意见环节。为保障申请人不服听证结果的申诉权，可借鉴行政复议制度设置听证复议程序，但仅需对听证程序是否合规进行书面形式审查，无须对案件实体和评议结论进行实质审查。

（四）构建多维度检察听证模式

1. 创新检察听证方式和职能，助力基层法治建设。其一，听证方式上，对于因婚姻家庭、亲友邻里纠纷等民间矛盾引发的刑事案件，以及需要化解属地矛盾、在当地开展法治教育的案件，应大力推行便民利民的上门听证、线上听证，把听证“搬”到当事人居住地，主动邀请当地有威望的基层干部和群众代表共同参与听证，紧紧依靠一线群众，借助当地信访维稳网格，发挥群众在基层维稳的智慧力量，及时把矛盾化解当地。其二，做好听证“后半篇”工作。一是对于案件当事人无法通过诉讼程序解决的困难，通过听证邀请属地有关部门和一线工作者会商讨论，形成社会帮扶措施，解决好群众急难愁盼。二是做实职能延伸。“法治建设既要抓末端、治已病，更要抓前端、治未病”①，创新“听证 + ”模式，如“听证 + 反向审视”“听证 + 检察建议”，检察机关可针对听证发现的原案存在司法不规范问题，提出监督纠正意见；可邀请相关主管部门负责人参加听证，就推进源头治理、化解矛盾发表意见建议，并制发社会治理类检察建议。

2. 鼓励检察听证直播和旁听，有效拓宽公开途径。听证直播不仅突破地域限制，方便更广大的群众群体直接参与听证，也对检察官的综合能力提出更高要求，有利于倒逼办案质量提升。检察机关可以通过“两微一端”、当地关注度较高的新闻媒体等多渠道发布听证公告，上门听证案件也可以视情在案件当事人所在单位、社区村镇发布听证公告，主动邀请群众参与旁听，拓宽公开途径，提高群众参与听证的积极性。

---

① 习近平：《坚定不移走中国特色社会主义法治道路 为全面建设社会主义现代化国家提供有力法治保障》，载《求是》2021 年第 5 期。

法律监督线索融合研判处置实践

何德辉　吴志华　崔倩如*

摘　要　法律监督线索融合研判处置的提倡由“四大检察”法律监督的“共同基因”决定，符合系统论、检察一体化和法律监督一元论的要求，也契合“四大检察”相互依存、相互关联的业务发展规律，有利于提升法律监督效能，激活检察调查核实权。对法律监督线索进行研判处置需要从强化挖掘监督线索、构建完备组织体系、实现法律监督线索案件化办理等多方面着力，以最大限度发挥法律监督线索“合”的优势。

关键词　法律监督　线索融合　案件化办理　调查核实

法律监督线索是“四大检察”融合监督的基础。对法律监督线索进行研判处置，提高检察人员发现、挖掘、经营监督线索的意识、能力和水平，形成检察法律监督的线索分析、研究、移送、办理一体化机制，实现监督线索的融合研判，是深入贯彻《中共中央关于加强新时代检察机关法律监督工作的意见》（以下简称《意见》），推进检察监督工作高质量发展的具体表现。

一、法律监督线索融合研判处置的意义

法律监督线索融合不是简单的数量增加，而是通过融合监督最终产

* 何德辉，浙江省人民检察院第一检察部主任，三级高级检察官；吴志华，浙江省杭州市拱墅区人民检察院党组成员、副检察长，一级检察官；崔倩如，浙江省杭州市拱墅区人民检察院第八检察部副主任，一级检察官。

生聚合反应的质变。①

（一）促进法律有效实施的客观需要

检察机关是国家的法律监督机关，负责确保法律的有效实施，是“法律的守护人”。②《意见》指出，进入新发展阶段，与人民群众的新需求相比，检察机关法律监督职能作用发挥还不够充分。一方面，为更好更充分地行使法律监督职能，必须善于从案件办理尤其是检察机关的刑事案件中挖掘法律监督线索，保证国家法律的有效执行和实施。以侵犯公民个人信息案为例，检察机关在对涉嫌刑事犯罪的被告人提起公诉的同时，要求被告人承担侵犯大量不特定公民隐私权的民事责任，一定程度上能够弥补社会公共利益的损失，进而震慑犯罪，并保障民法典的真正落实。另一方面，随着当前行刑衔接工作的日益完善，执法司法过程中可能存在的同一违法事实或违法行为导致多重法律责任等问题，对法律监督线索的融合发展提出了更高要求。通过法律监督线索的“合”，可以避免重复追究法律责任，同时避免法律责任稀释等问题，提高执法司法效率。通过建立法律监督线索内外联动平台，将刑事犯罪监督线索和行政违法监督线索予以数据信息共享，并及时进行联席会议，移送案件线索，可进一步推动法律的有效实施，更好地实现检察机关的法律监督责任。

（二）提升法律监督效能的客观需要

从当前实践来看，除了刑事案件外，其他“三大检察”仍面临监督线索获取难的问题，成为制约法律监督的瓶颈之一。“四大检察”的分工是为了方便管理，却也导致部门之间会形成专业壁垒和信息壁垒。检察机关内部除了未成年人检察和知识产权检察是融合了“四大检察”集中统一办理之外，其余部门的检察官往往囿于刑事、民事、行政、公益诉

① 参见刘品新：《大数据法律监督的治理逻辑》，载《中国刑事法杂志》2023 年第 3 期。

② 参见孙谦：《新时代检察机关法律监督的理念、原则与职能——写在新修订的人民检察院组织法颁布之际》，载《人民检察》2018 年第 21 期。

讼中某一领域的案件办理，导致很多办理刑事案件的检察官不懂民事、行政案件如何办理。这也导致部门之间的法律监督线索发现难、沟通难等问题。法律监督线索“合”的提倡有利于解决这一问题，帮助部门之间形成线索互通意识，减少信息壁垒，引导不同领域的检察官主动去发现监督线索，打破专业隔阂。举例来说，在办理相关生态环境案件中，检察官除了履行刑事公诉职能，还可以通过证据共享同步审查公益诉讼监督线索，合理运用赔礼道歉、补植复绿等民事手段惩罚犯罪的同时修复生态环境，既提高了司法效率，又提升了法律监督质效。

（三）激活检察调查核实权的客观需要

法律赋予检察机关调查核实权，但该权力基本处于沉睡状态，传统监督手段是个案建议类，对精准性和刚性要求不高，导致事实不清、尚未调查的一些违法事实，都以建议或启动程序形式予以监督。但事实上，检察业务部门的调查核实能力是不可或缺的，这亦使得检察办案与法律监督的融合成为必然。检察机关在法律监督线索“合”的过程中，必然需要积极运用审查、调查、侦查方法，尤其将大量运用调查核实权，这是一项类似于侦查的司法行为，专业性高，目前检察官普遍不具备，需要进行团队上的整合，故法律监督线索存在“合”的现实需求。

二、法律监督线索融合研判处置的实践困境

近年来，检察机关在法律监督线索“合”方面取得了一些成效，但也存在着亟待解决的问题。

（一）人员和部门的合而不融问题凸显

法律监督线索融合在很多地方仍旧是几个人员和几个机构的合并，但这种合并只是“物理反应”，没有真正形成“化学反应”，人员和部门之间仍由不同的检察官办理各自领域的案件，与分头履职并无差别。同时，没有独立的法律监督线索研判处置部门，亦无人在跟踪督促线索的落地落实，最终导致虚化个案监督效能。部门间目前采取的点对点线索移送，也缺乏统一归口管理，不利于案件线索统筹、案件信息资源整合以及领导决策。

（二）对监督线索融合发展内生需求不强

目前对线索的挖掘很大程度上依附于刑事诉讼办案，不利于系统治理和类案监督，弱化了法律监督，弊端渐显。具体来说，刑事检察对其他“三大检察”的作用大但需求少，其他“三大检察”对于刑事检察的作用相对弱而需求大，“四大检察”线索融合发展内生业务需求仍不平衡。在传统刑事检察办案观念中，只要案件能顺利起诉到法院即可，助力矛盾化解并不是其首要考虑的问题。在这样的观念下，刑事检察对其他“三大检察”的获取专业意见、融合法律监督线索等前文提到的需求并不迫切。

（三）缺乏规范和机制的外部保障

实践中已有法律监督线索“合”的案例，但在很多地区仍缺乏相应的配套机制保障，对于法律监督线索挖掘以后如何处置、由谁来处置、谁来跟进、线索如何移送等问题，都缺少详细的操作规范，导致法律监督线索融合未能发挥最大效能。一是缺乏线索移送机制。如刑检部门发现行政、民事、公益诉讼线索时，往往会以口头告知其他部门的方式进行线索移送，缺少纸质文书和统一业务系统的业务留痕。二是线索移送激励机制有待进一步完善。目前虽然考核中对检察官移送监督线索提出了具体要求，但针对检察官移送监督线索的个人业绩考评仍不占很大分值，难以调动员额检察官的积极性。

（四）能力及人案矛盾影响融合积极性

1. 检察机关长期条线式管理，人员流动性不强，导致检察人员的专业能力具有一定局限性。刑事检察官缺乏发现法律监督线索“合”的敏锐度和专业知识储备，短板弱项明显。

2. 基层检察机关民事和行政检察人员力量薄弱、结构不合理，仅能够满足基础办案需求，不能适应未来相关线索移送机制建立后，查证线索的需要。

3. 案件总量高位运行、人案矛盾突出情况下，对法律监督线索融合的需求必然会向办案压力让步，影响办案人发现和移送涉及其他检察监督线索积极性。

三、法律监督线索融合研判处置的发展进路

法律监督线索融合发展，“合”是基础，“融”是关键。从实践来看，目前杭州市人民检察院已有了初步实践，如出台了《关于统筹推进刑事检察监督线索研判处置暨监督事项案件化办理的十条意见（试行）》，并在杭州两级院建立刑事检察监督线索研判处置中心（以下简称研判处置中心）①，发掘了大量监督线索，取得了明显成效。

（一）从“零敲碎打”到“系统研判”：有效挖掘法律监督线索

针对法律监督线索跟进不及时、有遗漏等问题，要着力构建完善体系，推进线索管理规范化。整合刑事、民事、行政、公益诉讼检察力量，形成以员额检察官为主体、刑检部门全覆盖的线索摸排体系。案件承办人树牢发现、挖掘线索的意识，在审查逮捕、审查起诉过程中，同步审查该案是否有其他监督线索，并在审查报告、判决裁定审查表等文书中对线索进行专门说明。员额检察官发现以下线索，应当及时报告并将线索移送研判处置中心：刑事检察监督线索，包括应当立（撤）案而不立（撤）案、不应当立（撤）案而立（撤）案、应当提请逮捕而未提请、应当调取或移送证据而未调取或移送、滥用侦查手段、长期“挂案”等刑事立案、侦查活动的监督线索②；民事检察监督线索，包括生效的民事判决、裁定、调解书存在错误，人民法院的民事审判、执行活动存在违法情形，虚假诉讼的监督线索等；行政检察监督线索，包括行政机关行政处罚是否恰当、行政争议是否实质性化解的监督线索等；公益诉讼检察监督线索，包括侵害国家利益、公共利益的监督线索等；检察侦查监督线索，包括司法工作人员职务犯罪的监督线索等；类案监督线索，如可以进行数据类型化，具有普遍推广意义，能够进行复制拓展的监督线

① 截至2023年5月20日，杭州市检察机关13个基层院均先后成立了研判处置中心，并建立了系列的成立文件、运行细则、配套机制等，明确了研判处置中心的职责主体、监督线索来源及种类、监督线索的研判、移送、办理工作流程等内容。

② 包括有罪判无罪、无罪判有罪、重罪轻判、轻罪重判等刑事审判活动的监督线索等。

索等；其他对检察监督工作开展具有重要意义的线索。

线索发现方式包括但不限于：提前介入、引导侦查中，发现的立案监督、撤案监督等线索；在审查逮捕、审查起诉、裁判结果审查等刑事诉讼全过程中，对是否存在监督线索进行审查，及时从个案办理发现类案监督线索；运用检察业务应用系统和数字检察监督模块，通过大数据发现检察监督线索。发现线索后，办案部门与案管部门协作，形成完善规范的线索移动表格，承办人在办案的同时将线索移送表做进文书，并通过检察业务应用系统进行流转。指定专人作为线索管理员，负责线索的登记备案、跟进反馈等流程性工作，确保线索管理无遗漏、全闭环。

（二）从“各自为战”到“团队作战”：构建完备的组织体系

集中力量健全法律监督线索“合”的组织体系。各部门员额检察官负有法律监督线索发现职责，在案件办理过程中，均需对案件是否存在监督线索进行审查，对发现的监督线索，员额检察官应当填写监督线索移送表。自发现之日起 10 个工作日内将相关材料移送至研判处置中心，并在审查报告、判决裁定审查表等文书中对线索的发现情况予以专门说明。对于涉及刑事检察加其他检察职能的线索，应根据办案需要报经检察长同意，由研判处置中心牵头组建跨部门专案团队，进行专案经营。专案团队确定领办领导、责任部门、主办检察官和团队其他成员，对监督线索实行集中式监督项目化推进，定期向领办领导汇报案件办理情况，推动线索成案。①

研判处置中心负责研判、移送刑事检察监督线索，及时跟进监督线索的经营情况，对监督线索的发现、流转、反馈等流程进行规范化管理。具体来说：研判处置中心接收监督线索后，一般由一名成员对监督线索的经营可行性进行初步研判，若涉及多个部门，则由具有相关业务背景的多名成员共同进行研判，并在监督线索移送表上记录初步意见，其中认为线索不具有经营可行性的应当写明理由。研判的要点包括监督线索

① 一般来说，研判处置中心的组成人员主要由刑事检察分管副检察长担任主任，刑事检察部门负责人担任副主任，刑事检察、民事检察、行政检察、公益诉讼检察、检察侦查、检察技术等业务骨干为主要人员，并配置工作联络员负责日常事务。

的真实性、监督线索与检察工作的相关性、监督线索的成案可行性等方面。初步研判后，将研判结果报副主任审批。审批意见与研判人员相一致的，根据研判结果作出不同处理：认为监督线索具有经营可行性的，则移送至相关职能部门；认为监督线索不具有经营可行性的，则在3个工作日内告知研判人员并说明理由。审批意见与研判人员不一致的，应当报主任审批，由主任决定监督线索是否具有经营可行性。对较为复杂、争议较大的监督线索，可由主任或者副主任召开监督线索研判会议，由全体成员讨论并作出决定。对涉及跨多部门的可行性线索应当报本院研判处置中心主任备案，对涉及跨多地区的可行性线索应当报上一级人民检察院研判处置中心备案。

研判处置中心完成监督线索评估后，如认定监督线索具有经营可行性，由指派的研判人员根据评估结果做好处理反馈，对确有监督必要的线索填写监督线索移送函。上述文书应上传检察业务应用系统2.0模块，由研判处置中心副主任在5个工作日内完成复核审批，并以纸质文件交研判处置中心，由联络员统一移送至线索接收部门，并做好登记备案。同时，联络员每周跟进线索交办情况，并向研判处置中心副主任反馈；研判处置中心每季度召开工作会议，总结复盘上一阶段工作。

（三）从“一移了之”到“一跟到底”：法律监督线索案件化办理

监督事项案件化办理就是指对于需要通过调查核实和证据审查确定基本事实，再依法作出决定的监督线索，由研判处置中心以案件化的方式办理，做到全程留痕，规范化流转。具体来说，如果案件涉及刑事检察和其他检察职能线索，经过检察长授权后，由研判处置中心牵头，在全院范围内组建跨部门专业团队进行专案运营，协作共进，融合监督。要改变原先线索“一移了之”的习惯，对研判后的线索积极跟进，实施分类处置，因“案”制宜配置资源，无论是刑事检察监督线索还是涉其他业务部门的线索，由刑事检察部门主动跟进，集中资源优势，推动线索成案。对涉及民事检察、行政检察、公益诉讼检察、自侦、技术等的监督线索，由核查小组进行交办或移送，并切实发挥刑事检察监督手段较多、资源更丰的优势，为其他部门的监督成案提供助力。

针对线索办理工作，研判处置中心根据办案需求，统筹提供配合支持，在调查核实、证据审查等工作中提供刑事检察助力，切实发挥监督事项案件化办理优势，具体来说：一是对需要从刑事案件中调阅案件材料、讯（询）问案件相关人员、开展补充侦查深挖线索等的，刑事案件承办人应当积极配合、及时沟通，有效引导公安机关的侦查工作，或联合其他部门开展自行补充侦查，如在提审、接待当事人、走访有关单位或个人、委托专业机构鉴定、现场勘查等方面开展有效配合。二是对退回补充侦查、自行补充侦查形成的证据材料，应当及时扫描录入办案系统电子卷宗，实现证据共享、信息同步、协同共进。三是充分发挥侦查监督与协作配合办公室平台优势，加强对案件补充侦查的跟踪指导和督促落实，加强刑事案件受案、立案、不立案、撤案等信息数据共享，联合开展专项检查、案件专项会商等活动，提升线索调查能力。

（四）从“一枝独秀”到“一马当先”：发挥刑事检察基础作用

在众多业务条线中，可以选择刑事业务条线作为凝聚内部、形成协作的主力，推进各条线业务协调发展。① 新时代新征程，基层检察机关每年的办案量占检察机关办案总数的90%以上，② 刑事检察办案数据远多于其他“三大检察”，刑事检察无论是案件数量、检察机关办案程序完善程度、检察资源配置远超过民事、行政、公益诉讼检察，在“四大检察”融合发展中应发挥基础作用。从检察业务发展分类历程上看，刑事检察作为检察机关的传统业务，其基本业务素能能够较好地传递、融入民事、行政、公益诉讼检察等检察业务。比如，其他业务需要的线索发现能力、调查核实能力、释法说理能力、矛盾调处能力等均可以在侦查、立案监督、侦查活动监督、巡回检察工作中得以养成。从各级检察机关的人员配置看，刑事检察条线是检察官人数最多的条线，其他条线的人力补充也多来自刑事检察条线。因此，应发挥刑事检察条线的牵引带动作用，通过加强法律监督线索融合有效推动“四大检察”履职能力平衡。具体而言，要从线索移

① 参见马涛：《新时代检察一体化的践行与发展——以刑事检察为视角》，载《人民检察》2023年第8期。

② 参见李春薇：《固本强基，让检察事业行稳致远》，载《检察日报》2020年10月14日。

送、信息共享等入手。① 一是为其他三大检察提供线索。例如，虚假诉讼案件意味着存在民事检察案件线索；侵犯公民个人信息案件中涉及未成年人的，可能为公益诉讼案件提供线索等。二是刑事附带民事公益诉讼实现监督端口前移。《人民检察院公益诉讼办案规则》第 97 条关于刑事附带民事公益诉讼的相关规定，是刑事检察与公益诉讼检察相融合的有益尝试，有利于依托刑事案件的证据采集和固定过程收集公益诉讼的相关证据，实现监督端口前移。三是构建线索一体研判机制。由刑事检察条线牵头，邀请其他检察业务条线检察官定期会商分析线索。四是构建调查核实一体履职机制。积极探索重大监督事项案件化办理，针对涉及立案、侦查、审判、执行等环节的重大违法问题，打破部门界限，以刑事检察条线检察官为主办检察官，与其他业务条线检察官组成检察官办案组，针对法律监督线索开展重大违法问题调查核实工作。

（五）从“关注当下”到“立足长远”：长效巩固与人才培养

法律监督线索的“合”不应止步于案件办理，更要对有较大类案监督、社会治理价值的监督线索，以大数据思维开展工作，和相关业务部门协作，共同构建数字监督模型，着力以监督促进治理。如杭州市某区检察院在办理一批电信网络诈骗案件中，发现虚假注册公司问题，通过与行政检察、技术部门合作，构建“空壳公司”专项治理模型，取得良好监督效果，应用获评全省数字法治好应用，行政检察监督案件获评最高检指导性案例，并在省市检察院的高度肯定下全面推广，持续助力打造法治化营商环境。② 从长远来看，还要培养法律监督线索融合方面的人才，定期开展经验交流、实务授课、同堂学习，加强与其他业务部门沟通了解，为“四大检察”一体、融合发展打牢基础。注重复盘总结，就推进线索精细化研判、事项案件化办理过程中的重难点问题进行梳理，及时与上级院沟通请示，结合试点期间的工作经验提出意见建议等。

---

① 参见杜学毅：《法律监督视域下检察一体化履职的实现进路》，载《人民检察》2022 年第 17 期。

② 参见《最高人民检察院第四十二批指导性案例（检例 169 号）》，载最高人民检察院网站，https：//www. spp. gov. cn/spp/jczdal/202304/t20230404_610324 shtml。

检察院建设

新时代基层检察机关加强代表委员联络工作研究

辛国强　付倩倩[*]

摘　要　代表委员联络工作是检察机关密切联系人民群众、听取民声民意的重要渠道，对规范检察行权、提升工作质效具有重要促进作用。面对当前基层检察机关联络工作中存在接受监督意识不强、制度机制不完善、联络方式单一、联络效果不明显等问题，可通过转变理念思路、建立工作机制、创新联络方式、打造联络品牌等，进一步推动新时代基层检察机关代表委员联络工作的制度化、规范化、常态化。

关键词　人民民主　代表委员　基层检察　高质量发展

全过程人民民主是社会主义民主政治的本质属性，对于新时代新征程更好发挥我国社会主义政治制度优势、全面建设社会主义现代化国家、全面推进中华民族伟大复兴，具有十分重要的意义。党的二十大报告指出“人民民主是社会主义的生命，是全面建设社会主义现代化国家的应有之义”“要发展全过程人民民主，保障人民当家作主”。《中共中央关于加强新时代检察机关法律监督工作的意见》（以下简称《意见》）指出，要加强对检察机关法律监督工作的监督制约，各级人民代表大会及其常委会要通过听取和审议检察机关工作报告、专项工作报告以及开展

* 辛国强，北京市门头沟区人民检察院团总支书记、第二检察部四级检察官助理；付倩倩，北京市朝阳区人民检察院办公室四级检察官助理。

法律实施情况检查、询问和质询、特定问题调查等方式，监督和支持检察机关依法履行职责。检察机关作为法律监督机关，要以高质量检察履职践行全过程人民民主，要将与各级人大代表、政协委员（以下简称代表委员）联络工作做在经常、做在日常。但当前对检察机关代表委员联络工作（以下简称联络工作）的研究较少，且多数局限于联络工作的实践总结和新闻报道，极少从理论层面基于检察机关联络工作剖析内涵、发现问题与提出对策。本文以新时代检察机关履职新要求为研究背景，以基层检察机关联络工作为研究对象，深入剖析联络工作的内涵、意义，研究现阶段存在的问题并提出针对性解决对策，以期对新时代基层检察机关联络工作高质量发展提供参考。

一、新时代基层检察机关加强联络工作概述

外部监督是让司法权在阳光下运行、促进执法司法公正、提升司法公信的重要举措。[①] 代表委员来自人民、代表人民，检察机关在新的时代背景下，要积极回应人民群众新需求新期待，更加用心用情做好联络工作。

（一）联络工作的时代背景

近年来，各级检察机关在最高检的坚强领导下，积极开展联络工作，自觉主动接受人大监督、政协民主监督，聚焦高质量发展主题履职尽责，检察事业稳步向前发展。当前，进入新时代、新发展阶段，检察机关联络工作面临新的形势和任务。

首先，党中央高度重视人大和政协工作，为检察机关开展联络工作提供新方向。[②] 2021 年 10 月召开的中央人大工作会议，为做好新时代人大工作提供了根本遵循。次月，《意见》为各级检察机关主动接受人大监督提供指引。次年 6 月，中共中央发布《中国共产党政治协商工作条

① 参见姜昕等：《解读检察改革五年工作规划路线图》，载《人民检察》2023 年第 23 期。

② 参见蓝向东：《关于做好新时代检察机关代表联络工作的若干思考》，载《北京人大》2023 年第 8 期。

例》，要求完善与各民主党派、各界代表人士的工作联系机制，为各民主党派和各界代表人士知情明政创造条件。

其次，人民群众的更高需求和期待，为检察机关开展联络工作提出新要求。进入新发展阶段，人民群众对包括检察工作在内的各项工作期待更高。党的十八大以来，以习近平同志为核心的党中央坚持以人民为中心的发展思想，顺应人民群众对美好生活的向往，把增进人民福祉、促进人的全面发展作为一切工作的出发点和落脚点。检察机关始终坚持把人民当家作主具体地、现实地落实到检察工作各个方面和监督办案的每一个环节。①

最后，社会各界对检察机关接受外部监督情况更加关注，为检察机关开展联络工作提出新思路。新时代检察机关要自觉落实以党内监督为主导，带动和促进检察机关法律监督与其他各类监督有机贯通、相互协调。人大、政协依法对检察工作监督，尤其在两会期间，代表委员分别审议和讨论检察工作报告，对检察履职进行评价，客观上要求检察机关加强与代表委员的联络互动，解决好信息不对称问题，广泛争取代表委员对检察工作的理解、支持和监督。

（二）联络工作的内涵

新时代检察机关联络工作是指面对新形势新任务，各级检察机关通过“走出去”向人大报告工作、向代表委员通报检察工作，“请进来”邀请代表委员参与检察活动等自觉接受各级人大监督与政协民主监督，以促进各级检察机关检察工作高质量发展，存在以下两个特征。

一方面，检察机关加强联络工作是落实人大监督与政协民主监督的内在要求。《意见》指出，人民检察院是国家的法律监督机关，是保障国家法律统一正确实施的司法机关，是保护国家利益和社会公共利益的重要力量，是国家监督体系的重要组成部分。面对新时代人民日益增长的美好生活需要及新阶段对检察机关的新要求，为切实保障检察机关既充分行使职权，又公正司法，就必须保证其在实施内部监督的同时主动接

① 参见孙凤娟：《推进全过程人民民主，检察实践持续发力》，载《检察日报》2022年2月25日。

受来自各方面的广泛监督。检察监督是落实人大监督与政协民主监督具体监督工作的一种监督方式，[①] 加强与各级代表委员的联络，自觉接受人大监督和政协民主监督，是检察机关接受人民监督的重要途径，也是落实以人民为中心发展思想的具体体现。

另一方面，检察机关加强联络工作是落实人大监督与政协民主监督的具体形式。我国检察权是在党绝对领导下的法律监督权，其内在本质属性便是开展法律监督。而检察监督权便是人大监督权为制约行政权和审判权而设立的一项独立的国家权力。[②] 政协民主监督是协商式监督，完善人民政协民主监督制度，要加强组织领导、知情反馈、沟通协调机制。[③] 加强联络工作是做好人大监督、政协民主监督与检察监督三种监督力量整合、形式融合的有效形式，有利于形成有机贯通、相互协调的监督格局。

（三）联络工作的意义

新时代新形势下各级检察机关通过创新形式加强与代表委员的联络工作，既有利于检察机关的各项工作在接受监督中相互融合而高质量发展，也有利于进一步完善党委领导下的各项监督体系，带动和促进检察机关法律监督与其他各类监督有机贯通、相互协调。

首先，有利于促进代表委员全面客观认识检察工作。充分发挥人大代表在检察机关与人民群众之间的桥梁和纽带作用，让广大人民群众更加了解、关心和支持检察工作。确保检察机关在检察工作中更好地体现人民群众的意志和利益，在重大问题的决策上，能够注重用“人民满不满意”这把尺子去衡量、检验全心全意为人民服务的宗旨，正确履行检察职能。[④] 促使检察人员在接受代表委员监督履职中，进一步认识检察行

---

① 参见魏小东：《关于完善人民政协民主监督制度机制的实践与思考——以北京市政协开展民主监督实践探索为例》，载《中国政协》2023 年第 3 期。

② 参见廖万超、戚勇：《检察监督与人大监督的协调配合机制研究》，载《山西省政法管理干部学院学报》2020 年第 2 期。

③ 参见魏小东：《关于完善人民政协民主监督制度机制的实践与思考——以北京市政协开展民主监督实践探索为例》，载《中国政协》2023 年第 3 期。

④ 参见张运伟：《检察机关如何加强人大代表联络工作》，载《法制与社会》2010 年第 35 期。

权与接受监督之间的关系，确保检察权规范化运行。

其次，有利于检察机关正确履职，保障司法公正。人大及其常委会对检察机关的监督是我国权力监督体系的重要组成部分，是司法权力运行规律的客观必要。通常来看，人大及其常委会对检察工作监督主要是通过听取及审议专题报告的方式进行提出有针对性的审查意见；① 通过参加协助取证、检察听证、公开庭审等工作沉浸式了解监督检察工作，促进检察工作体制机制的健全完善，不断规范司法行为，维护公平正义。

最后，有利于完善监督体系。人大及其常委会通过强化检察机关开展执法司法监督支持检察监督工作，如以“人大建议或政协提案 + 检察建议”的方式，增强检察机关的监督能力，督促其他机关依法行政、公正司法。人大代表代表人民行使人大监督职能，加强检察机关与各级人大代表的联络，通过代表履职来监督检察权的行使，逐渐建立双层立体的监督模式，进而完善整个监督体系。②

二、新时代基层检察机关加强联络工作存在的问题

立足检察工作欣逢最好发展时期、面临更高履职要求的历史方位，新时代新征程的检察事业对检察机关联络工作提出了新的更高要求。但是现阶段基层检察机关在代表委员联络过程中还存在主动接受监督意识不够、缺乏联络制度机制、联络方式单一、品牌打造意识不强等问题。

（一）主动接受监督意识不够强

“权力是一把双刃剑，在法治轨道上行使可以造福人民，在法律之外行使则必然祸害国家和人民。”③ 检察机关要更加注重接受外部监督，如人大、群众、媒体等监督，具体包括两种形式：一是被动接受监督，如按照规定每年向同级人大作工作报告；二是主动接受监督，如主动邀请人大代表参与检察机关各项活动等。现阶段仍有一些基层检察机关在主

---

① 参见金石、张源：《人大监督检察机关的路径》，载《人大研究》2022 年第 9 期。

② 参见邢立明：《自觉接受人大监督 忠实履行检察职责》，载《吉林人大》2018 年第 10 期。

③ 中共中央文献研究室编：《习近平关于全面依法治国论述摘编》，中央文献出版社 2015 年版，第 37—38 页。

动接受外部监督方面的意识还不够强，特别是接受人大监督或政协民主监督工作还停留在表面。个别检察人员对接受外部监督存在被动心理，认为接受外部监督不仅“束缚手脚”，而且邀请代表委员参与活动等程序较为烦琐，会极大占据工作时间，给本就繁重的检察工作造成影响。

（二）联络工作机制不完善，长效联络制度不健全

工作机制和制度是一项工作有效落实的前提和基础，联络工作同样需要制度和机制做牵引，才能有计划高标准地开展联络工作。在制定层面，有的检察机关并未制定与同级人大或者政协之间的联络工作制度；在实行层面，有的检察机关虽然建立了联络工作制度，但或是形同虚设，在实际落实方面缺乏可操作性，或是仅有一项提纲挈领的制度但没有配套具体落实操作的机制，致使联络制度难以落实落地；在分工层面，联络工作是检察机关全局性工作，需要全体部门协助和配合，但是联络工作一般归属办公室或单独成立联络部门，业务部门检察人员对此并不熟悉，亟需程序性、指引性、可操作性强的联络任务清单，否则容易造成联络职责分工不明确、落实效果不明显等问题。

（三）联络方式单一，内容不丰富

检察机关联络工作高效开展的基础主要是依托各种检察活动，如检察听证、公众开放日、观摩庭审、比赛评审等各种形式的联络活动。但是多数基层检察机关的联络活动较为单一，仅限于完成向人大作工作报告、检察开放日等“规定动作”。长此以往，一方面，会让代表委员对联络工作甚至是检察工作产生倦怠情绪，在被再次邀请时寻找理由推脱，降低活动参与积极性；另一方面，固定单一的联络模式也会降低检察人员联络热情，致使联络效率“大打折扣”，容易导致检察机关的整体联络工作表面化、形式化。

（四）缺少联络品牌打造，影响力延伸不足

文化品牌建设不仅仅局限于显性的外在符号表现，更应是潜在的、内在的体现，最根本还是通过具体的、实实在在的综合履职予以传递，

不断增强品牌的吸引力和感召力。① 联络工作需强化品牌意识与宣传意识，但现阶段多数基层检察机关不善于或不注重提炼联络工作亮点，个别检察人员觉得联络工作并非硬性考核指标，无须耗时耗力去专门打造品牌并开展宣传工作。致使多数检察机关的联络工作缺少品牌牵引而呈现“一盘散沙”状态，长此以往容易导致恶性循环，即联络工作做了一堆而品牌效应无法体现，代表委员们无法形象地感知自己履职过程，使其履职热情进一步消减。

三、新时代基层检察机关加强联络工作对策建议

立足检察工作实际，通过建立工作机制、梳理全局理念、拓宽联络渠道、打造工作品牌等，变被动联络为主动服务，做到思想上尊重代表委员、感情上贴近代表委员、行动上方便代表委员，确保联络工作实质化，不断探索挖潜联络工作深度。

（一）转变理念思路，提升联络工作主动性

要加强组织领导，牢固树立检察工作“一盘棋”思想，实现“由点及面”开展全局联络，凝聚联络工作合力。首先，引导全体人员形成“一事一记录，要事及时报”的联络理念，即各个部门根据联络工作台账及时记录整理参加活动的代表委员身份信息、活动名称、组织部门等；如相关部门收到建议提案或者群众关心、舆论关注的涉检案件后，需及时通过联络部门向领导汇报，并根据所涉案件性质特点同相关部门开展及时办复。其次，树立“从思想上重视、在实践中落实、于汇报中提升”的联络工作理念。各个部门依据工作台账，每季度通过线上方式向联络部门通知，联络部门及时开展查缺补漏；每半年书面总结联络情况并及时提交至联络部门，确保联络工作“有迹可循”；在年末形成年度工作报告，并在全院会议上向院党组汇报。

① 参见温建军、周慧娜：《未成年人检察文化品牌建设初探》，载《中国检察官》2024 年第 5 期。

（二）强化建章立制，提升联络工作规范性

首先，要建章立制夯实联络工作基础。为确保新时期联络工作做深、做细、做实，基层检察机关要结合检察实际与同级人大政协工作实际，制定出台联络制度文件，明确联络工作的指导思想、总体要求、联络内容、联络方式等，为开展联络工作提供有针对性、系统性、规范性的指引。一方面，可设立三至五年规划的联络方案，为开展联络工作提供长效规范指引；另一方面，可在联络方案基础上建立各年度的联络计划，将长效联络方案切割细化为年度联络计划，保障联络工作精准完成。其次，要创新方式建强联络队伍。细化联络工作内部组织架构和流程，联络部门选派专职联络员，其他部门选派检察官及助理担任兼职联络员，形成全院联络“一盘棋”工作格局。将具体联络任务细化分解至领导班子成员、各部门负责人、检察官及助理，建立代表定向联络机制。最后，要统筹谋划压实责任分工，“点对点”邀请代表委员参加检察机关各类活动，并对收集到的意见建议分类登记。专职联络员及时梳理汇总意见建议，联络部门及时通报联络工作开展情况，督促其他部门结合自身职能优化联络举措，并定期向领导班子报告全院联络情况。

（三）注重拓宽渠道，提升联络工作参与度

首先，要不断加强检察机关与同级人大和政协的双向联系。检察机关要认真落实向人大报告工作制度，根据检察履职需要每年确定一项专项工作向人大报告，如按照计划每年度确定认罪认罚适用、公益诉讼检察等相关选题于年初向同级人大法制委员会报备。在年初人大审议工作报告时及时派员列席人大分组讨论，认真听取意见建议，真正做到及时记录、解决、反馈，确保代表委员对检察工作全面了解。对重大工作部署、重大有社会影响案件执法情况及其他重要工作安排及时通过信息、报告等形式和召开汇报会、座谈会等多种渠道及时向人大报告。其次，要不断丰富联络方式，坚持传统渠道与新媒体矩阵并举，在做好每年主动向代表委员赠阅《检察日报》《人民监督》等报纸杂志，每季度围绕检察工作要点、特色亮点工作等主动向代表委员答疑解惑，建立“人大各代表团团长+政协各界别组长”联络库、联络微信群、编发检察手机

报等创新方式，提高联络工作便捷性、互动性，由传统“点对点单项联系”方式向“以点带面、多维发力”的联络格局转变。最后，要主动问需问计，保障代表委员沉浸式感受检察工作，制定法治宣传需求订单、参加活动种类列表等，切实掌握代表委员需求，走进镇街、社区、单位提供定制式普法服务，邀请所在区域内的代表委员参加活动，实现“检察机关与代表委员 + 社区群众与检察官 + 代表委员与社区群众”多方良性互动的效果。从熟悉司法实务、具有丰富专业知识的代表委员中聘任检察专家咨询委员、特约检察员，听取对检察机关发展规划、队伍建设、司法办案等意见建议，搭建专家咨询组平台，多维度听取指导意见，进一步提升办案质效。①

（四）打造联络品牌，提升联络工作影响力

检察机关联络工作的高质量、可持续开展离不开树立品牌和强化宣传。一方面，要打造联络工作品牌，为联络工作提供牵引。联络工作需要打造“两块牌子”。一是业务品牌，基于检察机关通过开展联络工作提炼总结相关工作法或成效。以北京市基层检察机关实践为例，丰台区人民检察院通过擦亮为人民服务“底色”、提升群众满意“成色”、彰显检察工作“亮色”、增添互动联络“暖色”等“四维度”服务代表履职，助推检察工作高质量发展；平谷区人民检察院通过聚焦责任落实、聚焦理念创新、聚焦民生关切等“三聚焦”做好联络工作，推动全过程人民民主融入检察实践，都是在联络工作实践中总结产生的优质工作法。二是党建品牌，通过“党建 + 业务”深度融合传递联络工作新发展理念。如门头沟区人民检察院聚焦品牌引领与主动联络、检察宣传与精准联络、固本强基与实质联络等“三个结合”，持续打造“连心”代表委员党建工作品牌，不断提升联络工作主动性、精准性和实效性。另一方面，要强化品牌打造意识，推广行之有效的工作方法和工作品牌。通过创新宣传方式，围绕工作品牌创建理念、代表委员履职内容、联络成效等形成文字内容，既可以将刊登有相关内容的检察机关报纸杂志寄送给代表委

① 参见刘波：《刍议加强与改进基层院代表委员联络工作》，载《中国检察官》2018 年第 11 期。

员，也可以直接在“三微一端”上通过图文详解、视频播报等方式推送给代表委员，确保全方位宣传联络品牌和代表委员履职情况。要畅通宣传对外渠道，通过联合同级人大或者政协向其他机关宣传介绍检察机关开展联络工作情况，为其他机关主动接受人大监督和政协民主监督提供“检察联络样本”。

新时代基层检察人才培养路径研究

陈思宇*

摘　要　人才是第一资源。深入贯彻习近平总书记关于人才工作的重要指示精神，探索建立新时代基层检察人才培养路径，以更大力度、更实举措、更优机制，抓好检察人才工作，是新征程检察事业创新发展的重要前提。当前，大多基层检察机关仍然面临着司法理念、业务素质等不适应、跟不上检察工作高质量发展、高质效办案的问题。在此背景下，必须积极思变、主动作为，找准自身优势，从“爱才、育才、引才、用才、留才”五个方面深入推进基层检察人才培养，为深入推进人才强检建设、助力检察工作现代化提供一定的借鉴和参考。

关键词　基层检察机关　检察人才　队伍建设

“为政之要，惟在得人。”党的二十大报告指出，人才是第一资源。全面贯彻习近平总书记关于人才工作的重要指示精神，深入实施新时代人才强国战略，发挥人才在推动高质量发展中的生力军作用，是做好新时代人才工作的根本遵循。

2023 年 8 月，最高检应勇检察长在与第五批全国检察业务专家座谈时强调，更大力度、更实举措、更优机制，抓好检察人才工作，不断推动党的检察事业创新发展。① 抓实基层基础是抓好检察队伍建设的“最

* 陈思宇，四川省攀枝花市东区人民检察院办公室科员。

① 参见《应勇：大力营造“人人皆可成才、人人尽展其才”的检察人才建设环境》，载微信公众号“最高人民检察院”，2023 年 8 月 25 日。

后一公里”，扎实推进基层检察工作和队伍建设水平整体提升，持续“搭台架梯”助力基层检察人才“壮苗增穗”，是推动实现“检察成就人才，人才成就检察”生动场景、奋力推进检察工作现代化的重要课题。

一、基层检察人才培养的重要性

检察人才在检察工作全局中发挥基础性、战略性作用，深化基层检察队伍建设，不仅关系党和国家法治事业发展，更关系能否以检察工作现代化更好服务中国式现代化。

（一）新时代党和国家法治事业所需

习近平总书记指出：“全面推进依法治国，建设一支德才兼备的高素质法治队伍至关重要。”[①] 检察队伍作为法治队伍的新质生产力，在推进法治中国建设中肩负重大责任。基层检察机关是锤炼干警成长的“练兵场”，推动基层检察队伍建设，一体推进人才培养理念、体制和机制现代化更新，是实现检察工作现代化的基础性因素，也是以检察工作现代化服务中国式现代化的迫切需要。

（二）深化司法体制改革内在要求所需

随着国家监察体制改革、司法体制改革以及检察人员分类管理的叠加推进，检察机关不断在检察职能调整中转型发展。近年来，最高检对内设机构进行系统性、重塑性改革，一体推进检察队伍革命化、正规化、专业化、职业化发展。而在检察组织体系中，区县检察院3180个，占检察体系的88%；基层检察人员16.2万人，占检察队伍总量的74.5%，每年办案量占检察机关办案总数的90%以上。[②] 对检察机关而言，基层检察院是整个检察机关的基础，持续优化基层检察队伍结构，推动人才培养体系的转型发展，是时代所需更是改革需要。

---

① 习近平：《加快建设社会主义法治国家》，载《求是》2015年第1期。

② 参见陈飞、周珊：《智慧检务在刑事检察中的建设及运用》，载《中国检察官》2020年第23期。

（三）满足人民群众对公平正义的更高需求

“努力让人民群众在每一个司法案件中感受到公平正义”是新时代司法机关办案的根本遵循。“高质效办好每一个案件”的前提是拥有一支高素质高水平专业化检察队伍，基层检察人员处于办案第一线，与群众直接打交道，只有夯实好基层底板，着力提升基层检察人员综合履职能力，让“最初一公里”的要求有效落实到“最后一公里”，才能不断满足人民群众日益增长的多样化的司法需求，以法治之力切实保障发展为了人民、发展依靠人民、发展成果由人民共享，促进现代化建设成果更多更公平惠及全体人民。

二、基层检察人才培养的多维实践——以攀枝花市D区人民检察院为例

（一）基本情况分析

截至2024年6月，攀枝花市D区人民检察院（以下简称“D区院”）有三个业务部门及办公室、政治部，核定政法编制数47人，实有检察人员43人，另有区人才中心派遣事业人员1人，聘用人员19人（聘用制书记员17名，区聘人员2名），全院共63人。领导班子6人，检察长1人，副检察长4人，政治部主任1人，另设专职委员1名。

从人员类别来看，员额检察官18人、检察官助理11人、司法警察2人、司法行政人员12人，分别占政法专编的41.9%、25.6%、4.6%、27.9%。

下面分别从学历专业、年龄结构、性别等方面对上述人员作具体分析比较。

从学历专业来看，本院在职检察人员中，本科共39人，研究生4人。其中通过国家统一法律职业资格考试A证的22人，占51%。在职检察人员中10人为非法律专业，其余部分检察人员通过党校、函授等非全日制院校和各类培训学习法律知识。

从年龄结构来看，30周岁及以下检察人员10人，占23%；31—40周岁检察人员19人，占44%；41—50周岁检察人员有5人，占12%；

51周岁及以上检察人员有9人，占21%。从年龄结构可以看出，D区检察院青年检察人员占比高，全院呈年轻化态势。

从性别结构及婚姻状况来看，全院检察人员中，男性27人，女性16人。其中，未婚检察人员10人。

从本土人才吸收来看，籍贯攀枝花6人，攀枝花学院毕业8人，本土吸收培养比例逐渐回升。

（二）基层人才培养成效

基层检察院是检察工作现代化发展的基础，也是检察机关服务大局、检察为民的“最后一公里”。近年来，D区院在习近平新时代中国特色社会主义思想指引下，深入贯彻习近平总书记关于人才工作的重要指示精神，坚持人才兴检强检，健全党管人才工作格局，强化“一把手”抓“第一资源”责任，以鲜明的用人导向，培养出“全省十佳公诉人”、“全省检察机关司法警察工作履职突出个人”、“法治进校园”全国巡讲活动表现突出个人等一批先进典型，荣获“2022年度全国检察宣传先进单位”“全省检察机关基层院建设工作典型”。

1. 强化政治教育凝聚思想。筑牢政治底色。巩固深化党史学习教育、政法队伍教育整顿、习近平新时代中国特色社会主义思想主题教育、党纪学习教育成果，坚持不懈用习近平新时代中国特色社会主义思想凝心铸魂，推动党史、党纪学习教育常态化、长效化。引导检察人员深刻领悟“两个确立”的决定性意义，增强“四个意识”、坚定“四个自信”、做到“两个维护”。铸就检察底色。注重加强队伍专业化职业化建设，坚定理想信念，牢牢把握“政治过硬、业务过硬、责任过硬、纪律过硬、作风过硬”的总要求，坚持从严治检不动摇，积极推进检察改革，把各项改革的每一项政策都宣传解释到位，确保检察人员正确领会含义。彰显三类特色。正确对待三类人员不同职业道路的差异，适应不同职务序列的不同管理办法，充分调动和激发工作热情。

2. 精准多元培养提升素能。“分类施策”管才。立足本院实际，对检察人员数量、结构、分布实行动态掌握，细化人才建设“一张清单”，建立检察人员成长“一盒档案”，打造先锋东检“一个品牌”，精准培养、靶向施策。“靶向发力”育才。一是注重专业化培养。从思维模式、行为方式着眼，全面培养检察人员的专业化职业化素养，提高专业化水平，培养对法律的敬畏感和职业尊荣感。二是分层分类型培养，实行“蓝鹰计划”，制定“分层分段式”青年检察人员培育计划，组建“导师团”“智囊团”，开展“检察官小课堂”“读书分享会”，以老带新助青年检察人员成长成才，提升检察队伍整体素能。“双轮驱动”用才。一方面，开展多种形式的岗位练兵活动，丰富训练内容、方法，适时组织岗位练兵竞赛和业务知识考核，通过“学习—检验—学习”的模式，激发检察人员学习内生动力，选拔优秀人才，培养业务标兵；另一方面，邀请高校教师、业内专家、优秀律师、优秀法官定期开展学习沙龙，到先进地区的先进检察院学习优秀经验，通过“走出去”“请进来”等形式，学先进，找差距，力争补齐短板，发挥人才最大价值。

3. 创新管理机制激发活力。一是创新绩效考核方式。牵头制定《攀枝花市D区人民检察院三类人员绩效考核实施方案》，依据人员类别和岗位分类细化完成全院绩效考核和奖金的二次分配，综合考虑办案质量、办案效果以及工作效率等方面，对宣传调研、评优评先、表彰奖励进行额外加分，突出公平公正、突出实绩、激励先进的原则，达到进一步将绩效考评细则与奖金挂钩，让绩效考核更客观公正透明，强化正向激励，持续激发检察人员工作热情。二是强化三类人员保障。对员额检察官，侧重赏罚分明的激励性，通过奖金分配、等级晋升、考核等次评定等激发工作热情，细化员额退出标准，倒逼工作落实。对检察辅助人员，侧重依能力兑现激励，为其搭好“英雄台”，激发工作干劲，按梯队培养后备检察官。对司法行政人员，侧重体现组织关怀的激励性，如给予适当经济鼓励、行政职务职级优先晋升等激励政策，进一步畅通人员晋升途径，拓宽司法行政人员与基层党委、政府部门之间的沟通、交流途径，促进干部队伍“内”“外”良性互动。

4. 加强党建工作增强合力。坚持将抓党建工作，作为促业务、带队伍的重要途径，采取传统手段与现代手段相结合、日常教育与道德讲堂、主题党日、精神文明建设相结合的方式，使党的建设成为队伍建设的总抓手、检察业务发展的源动力。认真落实区委和上级院有关党纪和检察纪律，把党风廉政建设抓在手上、落实在经常，牢固树立规范司法、公正司法的自觉性和坚定性。严格落实“两个责任”，加强内部监督，形成用制度管理人、用制度约束人、用制度激励人的良好机制。聚力打造“东检之家”，丰富“秉法、颂直、奋进、阳光”东检文化底蕴，营造干事创业、开拓进取的实干氛围。

三、基层检察人才培养的现状及困惑

四川拥有190个基层院，是全国基层院数量最多的省份，其中有六成基层院不足50人，三成不足30人。[①] 随着国家监察体制改革、司法体制改革以及检察人员分类管理的叠加推进，检察机关不断在检察职能调整中转型发展，检察人才建设也面临着新要求、新挑战。目前，大多基层院仍然面临着司法理念、业务素质等不适应、跟不上检察工作高质量发展、高质效办案的问题。如何通过抓基层强基础，让小院都有大作为，实现基层检察院由多向强转变，夯实检察工作现代化“底板”，是迫切需要面对的现实问题。

（一）司法理念

检察工作是政治性极强的业务工作，也是业务性极强的政治工作。实践中，一些检察人员存在“就案办案”的思想，政治学习与业务学习“两张皮”的现象还存在，没有将政治要求深入贯彻到具体案件办理过程中，司法理念、能力还不能完全适应新时代新征程更高要求。

（二）业务素质

业务人才荒。民事、行政、公益诉讼检察工作在案源、机构优化、人才储备等方面仍显不足，不能完全适应“四大检察”全面协调充分发展的需求，影响了法律监督效能的发挥。尤其在数字检察方面，部分检察官缺乏数字思维、数据理念、数据意识，业务领域拓展不够，运用智能手段推进社会治理的能力有待加强。

管理人才荒。近年来，检察业务经历了重塑性变革，对理论研究、综合管理、技术人才的需求日益迫切，但目前来看，基层检察院招录人

① 参见《夯实检察工作现代化基层“底板”》，载微信公众号“四川检察”，2023年8月19日。

员时，受编制控制，通常优先考虑办案需要，很少会因事招录人员，导致党建、财务、宣传、档案、文秘类型的人才凤毛麟角。①

复合人才荒。伴随着社会经济的高质量发展，各种新领域新类型的疑难复杂案件层出不穷，培养“开口能讲、提笔能写、交案能办、遇事能干、问策能对”的复合型人才必定是大势所趋。当前，基层院受限于人员、分工，其在职能上本就难做到和上级院一一对应，加之基层工作压力大、办案任务重，致使其功能作用与岗位价值未能体现。

（三）人才机制

基层检察人员处于检察体系的“神经末梢”，压力层层传导、任务压紧压实，部分地区由于培养模式单一、晋升渠道狭窄、激励机制和考核机制不够完善等原因，人才流失率高，难招、难留问题依然突出，极大地影响了队伍的稳定性。尤其在青年人才培养方面，“选育用留”机制不完善，政治历练、业务训练不充分，部分基层院队伍年轻化、“老、中、青”相衔接的梯次结构失衡。近年来，本土人才大量外流，后备干部力量不足，基层发展活力欠缺，直接影响实际工作效能和履职水平。

（四）检务保障

人财物统管后，基层检察院被列为省市一级预算单位、一级建设申报单位。但因需要市级检察院协调，基层检察院与统管职能部门沟通难度增加。基层检察院工资划归市管，地方性津补贴和地方考核奖仍由基层保障，地区间“丰俭不均”，收入存在差异，个别基层检察人员的福利待遇没有提高，挫伤其工作积极性。

四、新时代基层检察人才培养路径

基层检察院是整个检察机关的基石，只有基层检察工作实现了现代化，才能更好地实现检察工作现代化。基层院要在上级检察机关的指导下，积极思变、主动作为，找准自身优势，为推进全省检察工作“两个

① 参见余冬阳、张群胜、荆国良：《新时代基层青年检察人才培养的思考》，载《中国检察官》2022 年第 11 期。

跨越”提供更加坚实的组织保证和人才支撑，为四川高质量发展贡献更多检察智慧和检察力量。围绕实施新时代四川检察队伍建设“五大工程”的方案，笔者提出建议如下：

（一）做细“墩苗计划”，做到真心爱才

落实好党的二十大关于人才建设的要求，首要一条是要体现人才自主培养的基础性地位。基层党组要强化党的领导，突出党管人才“向心力”，切实完善人才工作大格局，充分营造信任人才、尊重人才、善待人才、包容人才的良好氛围，最大限度地发挥人才撬动经济社会的重要作用。

爱才是育才、引才、用才的前提和基础。只有真心爱才，发挥“人才是第一资源”的效能作用，才能不断积聚“共生效应”的正能量。基层院在人才培养的实践中，必须有实实在在的举措和行动，要精准定位检察人员发展，建立检察人员成长档案，明确有层次、有目的、有针对性的人才发展规划，将检察人员的多元发展与检察事业的高质量发展紧密结合起来，把“墩苗、育苗、壮苗”行动落细落小落于实际。四川省成都市高新区人民检察院的“惟高惟新”检察人才培养全链条机制为我们提供了思路，该院立足差异化发展思路，选育“培英”“青苗”30 名培养对象，通过跟踪培养、分类施策的“墩苗行动”，进一步推动“队伍支撑好”向“检察业绩优”转化。

（二）做实“青蓝工程”，做到悉心育才

精准滴灌，日有所长。育才就像育苗，必须精准化、科学化培养，坚持融入日常、抓在经常，才能“不见其增，日有所长”。基层院要高度重视优秀年轻干部人才库储备工作，持续通过挖掘培养、精准培训、名师带动、示范实践等方式，分型分类分层培养“骨干型”“成长型”“苗头型”“特专型”四支队伍，建立积分型、竞赛型、跟班式学习形式，让骨干带动更多苗子，让更多苗子成为骨干，不断畅通人才发展通道，打破人才交流壁垒，以系统育才促系统成才。以广州市花都区人民检察院为例，该院依托“花检飞花”人才计划，创立启航、续航、领航三个五年人才梯队培养机制，通过积分制和任务制相结合的方式助推工作任

务驱动进步，实现“人人尽其才，无处不飞花”的生动局面。

导师帮带，传承竞进。以中心组领导、各部门中层领导、资深检察官为主体，以综合部门为基本单位，实行导师帮带制，发挥骨干“传帮带”作用，将老一辈业务骨干与青年检察人才师徒结对，以师带徒、以案促学，在司法实践中学习交流，帮助年轻检察人员夯实在庭审驾驭、适用法律、群众工作等多方面的基本功，让“好苗子”成为“真尖子”。

文化育人，筑牢根基。依托当地红色资源和特色地域文化，加大“一院一品”特色检察文化品牌培育，从上好一次课堂、写好一份文书、理好一份卷宗、办好一次会议、学好一个案例、听好一次庭审、背好一个法条、撰写一篇调研、接待一次群众、展示一次风采开始，夯实基层检察人员思想根基，提高检察人员的业务素能、职业精神和责任意识。

（三）做强“头雁效应”，做到倾心引才

基层院要打造倾力育才品牌，宣传推广优秀榜样，充分发挥示范引领作用，倾心注力引才筑巢、聚才纳智，让头雁领航、强雁带动、群雁齐飞。

筑巢引凤，聚力引智。基层骨干、业务专家要有奋发向上的工作态势，把“专家身份”看成更大责任，以荣誉激发更大动力，坚持在政治建设、推动发展、监督办案、廉洁修身上作表率，充分发挥在业务指导、理论研究、检察管理、攻坚克难等方面的“头雁效应”。

主动拆“围”，降低“门槛”。合理设置招录条件，适当调整对性别、学科的限制条件。对于特殊人才，要适当降低门槛，扩宽领域，畅通渠道、打通赛道，以更加开放、更加有效的政策吸引人才聚集。

借助外力，协作联合。构建宽领域、多渠道、立体化的引才格局，形成“检察 + N”多元协作机制，聘请人大常委会、政法委、纪检委、公安、审计等多部门多领域专业人员，聚焦专项、专案监督带动办案全局，形成专业高效、协同共治的办案合力。强化检校合作，加强外部联动，积极选优开展外派挂职锻炼，持续优化培养体系。在检校合作方面，上海市浦东新区人民检察院通过与高校会签合作协议、共建检察研究基地和检校人员双向交流机制，实现优势互补、资源共享，形成强大的外部“智库”。

（四）做好“比武赛道”，做到精心用才

精心做好“赛前保障”。知人善任，量才使用，做到人岗事适配，避免人才在“等、耗、熬”中被湮没或者浪费。树立鲜明用人导向，着力选拔想干事、能干事、干成事的检察人员，激发检察人员锐意进取、履职担当。加强与财政部门主动沟通联系，提高资金支付率，切实提升检务保障水平；完善绩效分配细则，提高实绩考核权重，鼓励创先争优，绩效分配向担当作为、业绩突出的检察人员倾斜。

精心做好“赛事布局”。以“全员人才观”为指导，畅通检察人员内外双循环，让年轻检察人员在多个岗位实践学习、加压锻炼，提升检察人才的层次水平。办好“检察夜校”“检察官小课堂”“青年干警训练营”，开展模拟法庭辩论，检察业务知识、公文及法律文书制作、民法典学习等竞赛活动，比服务、比履职、比创新、比素质，引导和培养检察人员以赛促学、以赛促练，在竞赛中成长、在竞赛中进步，提升实战能力。如上海市奉贤区人民检察院打造的“三式理论研究贤学社”，以《贤学月刊》为展示载体，通过“定制式学术研讨＋沉浸式实务交流＋标杆式评比展示”，一体打造“贤”品牌，提升全院理论研究能力和水平。

精心做好“赛道扩圈”。丰富主题党日内容，联动公检法司等部门共同开展文化沙龙、读书分享、素质拓展、专题讲座等主题鲜明、形式新颖的活动，邀请学者教授、实务专家等授课交流，打破圈层壁垒、高端引流，实现同堂学、同堂赛，以学正风、以学促干的效果。

（五）做暖“检察之家”，做到拴心留才

强化文化育检，打造检察文化长廊，组织书画、摄影、演讲等多项活动，持续深化检察文化品牌建设，以优秀检察文化引领推动检察业务。定期开展谈话谈心、“温馨家访”，了解检察人员心声，强化“8 小时外”的关怀关爱。更新检察人员体能训练中心、图书阅览室、心理咨询室；积极为青年检察人员申请人才公寓，申请住房贷款优惠；组织联谊活动，帮助解决检察人员日常生活问题。

“加强检察人才建设，不能让一个检察人员掉队！”① 在迈向第二个百年目标的新征程上，基层检察机关要切实扛起检察人才工作责任，求真务实、担当实干，探索实践基层检察人才发展新路径，真正把习近平总书记对人才工作重要指示精神、深入实施新时代人才强国战略落到实处，以高质量检察履职服务保障助推中国式现代化建设。

---

① 《书写人人尽展其才的生动画卷》，载微信公众号“最高人民检察院”，2023 年 9 月 5 日。

基层检察机关服务保障乡村振兴路径探索

王建勇　单　宁*

摘　要　检察机关服务保障乡村振兴国家战略实施，对全面依法治国、实现国家治理体系和社会治理能力现代化及推进高质量发展具有重要意义。宁夏回族自治区基层检察机关通过完善工作机制，服务平安乡村建设，护航产业振兴、生态振兴，在促进社会治理、保障民生等方面取得了积极成效，但同时也面临诸如服务理念滞后、涉农犯罪依然频繁、检察监督有待深化、人居环境和生态环境有待改善，以及检察工作与乡村振兴衔接不紧密等现实困境。基层检察机关应从更新理念、竭力维护平安乡村建设、深化涉农检察监督、推动农业农村高质量发展和提升乡村法治精准供给等方面探索服务保障乡村振兴的实施路径。

关键词　乡村振兴　乡村法治　检察监督　服务保障

民族要复兴，乡村必振兴。检察机关准确把握中国式现代化视野下全面推进乡村振兴的战略部署，全面、依法、准确服务保障乡村振兴实施，并及时梳理服务保障乡村振兴实践困境，是落实为大局服务、为人民司法、为法治担当的生动实践。

---

* 王建勇，宁夏回族自治区银川市金凤区人民检察院检察长，三级高级检察官；单宁，宁夏回族自治区银川市金凤区人民检察院综合业务部副主任，四级检察官助理。

一、基层检察机关服务保障乡村振兴的意义

检察机关作为重要的法治力量，服务监督乡村振兴促进法依法全面实施，保障乡村振兴各项举措落实，是忠实履行法律监督职能、坚持全面依法治国、促进乡村善治和服务高质量发展的必然要求。

（一）法治乡村建设是全面依法治国的必然要求

依法治国是国家长治久安和人民群众幸福安康的必要保障。检察机关作为全面依法治国的重要参与者、推动者，努力为乡村振兴提供更多更优的法治产品、检察产品，推动乡村振兴取得新进展、农业农村现代化迈出新步伐，既是新时代检察机关的历史使命，也是加强宪法法律的实施和监督，完善中国特色社会主义法治体系建设，在法治轨道上全面建设社会主义现代化国家的题中应有之义。依法实施乡村振兴是全面依法治国在农业农村领域的具体实践，检察机关护航乡村振兴的根本任务，就是坚持人民在乡村振兴中的主体地位，保障人民民主政治权利，推动法治国家、法治政府、法治社会一体建设，着力彰显乡村振兴与依法治国在农业农村现代化建设进程中的互相促进作用。

（二）乡村善治是社会治理现代化的必然要求

农业农村现代化是实现民族振兴、国家富强、人民幸福的必经之路。党的二十大报告指出："以中国式现代化全面推进中华民族伟大复兴。"当前和今后一个时期，检察机关的中心任务是以检察工作现代化服务中国式现代化，并围绕这个中心任务作出具体部署。在此背景下，检察机关通过"四大检察"全面协调充分发展，形成护航乡村治理的总体框架，通过未成年人保护、支持起诉和司法救助等民生检察产品，依法保障乡村振兴促进法全面准确实施，满足乡村在经济、政治、文化、社会、环境、安全等方面全面振兴的现代化需要，为实现乡村良法善治提供法治保障，确保能够实现人民安居乐业、社会安定有序、国家长治久安的美好愿望。

（三）乡村振兴是实现高质量发展的必然要求

《中共中央关于加强新时代检察机关法律监督工作的意见》指出，要准确把握新发展阶段，深入贯彻新发展理念，服务构建新发展格局，充分发挥检察职能作用，为经济社会高质量发展提供有力司法保障。依法参与金融风险防范化解工作，服务巩固拓展脱贫攻坚成果和全面推进乡村振兴，加强生态文明司法保护。从高质量发展视野看，新时代检察工作面临更高履职要求，要求检察机关准确、全面贯彻新发展理念，实现检察工作创新、协调、绿色、开放、共享发展，满足服务经济社会高质量发展的内在要求。具体而言，就是推动检察机关服务乡村振兴举措实现更多模式、覆盖更宽领域，做到全面统一高效，形成公众参与、良性互动的多元化监督模式，切实解决乡村振兴面临的各类法律问题，让人民群众以看得见的方式享受乡村振兴带来的红利，感受到公平正义就在身边。

二、基层检察机关服务保障乡村振兴的宁夏实践

宁夏回族自治区检察机关主动将检察履职融入乡村振兴大局，坚持严格依法、实事求是、遵循规律，一体融合履职，以检察之责、检察之智、检察之力服务保障乡村振兴稳步实施。

（一）完善乡村振兴配套机制

宁夏回族自治区根据《乡村振兴促进法》第4、9条关于机制建设的规定，印发了宁夏回族自治区党委、宁夏回族自治区人民政府《关于全面推进乡村振兴加快农业农村现代化的实施意见》，宁夏回族自治区人民检察院随之出台了《关于充分发挥检察职能服务保障乡村振兴的实施意见》，部署开展了“乡村振兴检察行”等一系列专项活动。基层检察机关通过制定乡村振兴检察工作指引、建立乡村振兴案件快速办理机制等，坚持把服务和保障“三农”问题作为检察工作重中之重，综合运用惩治、预防、监督、教育、保护等方式，推动乡村振兴工作规范高效运行，促进农业高质高效、乡村宜居宜业、农民富裕富足。

（二）多措并举服务乡村振兴

1. 服务保障平安乡村建设。宁夏基层检察机关常态化推进乡村黑恶势力惩治，把扫黑除恶与反腐败相结合，依法严惩为“村霸”、家族和非法宗族黑恶势力等充当“保护伞”的职务犯罪，铲除黑恶势力滋生土壤。积极开展教育、医疗、金融放贷、市场流通等重点领域行业整治，加大电信网络犯罪惩治力度，努力遏制各类犯罪向农村地区转移和蔓延，持续保障农村政治安全，维护农村社会稳定，推动形成良好的乡村社会生态。宁夏检察机关 2023 年共起诉涉黑恶犯罪 103 人，配合“断卡”“断流”“拔钉”专项行动起诉 1108 人，起诉非法吸收公众存款、集资诈骗等犯罪 67 人，追赃挽损 1 亿余元。①

2. 服务保障乡村产业振兴。检察机关坚持依法保障企业权益与促进守法经营并重，突出打击侵犯农业技术专利权、植物新品种以及有毒有害农产品等犯罪，加强对农业知识产权领域行政不作为乱作为和涉知识产权纠纷民事行政审判的监督。全方位建立葡萄酒、枸杞、牛奶、滩羊、冷凉蔬菜等特色产业及知名品牌知识产权保护体系，持续激发民营经济活力。其中，宁夏基层检察机关立足贺兰山东麓葡萄酒地理标志保护工作实际，充分发挥检察机关知识产权检察办公室职能，与法院、公安、市场监管等部门建立协同保护机制，构建具有区域特色的地理标志协同保护新模式，促进乡村振兴的产业基础得到夯实。目前宁夏葡萄酒产区品牌上升至中国第一、世界第四，酒庄酒产量居全国首位。②

3. 服务保障美丽乡村建设。建设宜居宜业和美乡村，事关广大农民的根本福祉。宁夏基层检察机关深入推进“河长（湖长、林长）+检察长+警长”工作机制，常态化开展“携手清四乱、保护母亲河”回头看，扎实开展“公益诉讼守护美好生活”专项活动。同时积极配合农村人居环境整治，依法打击非法占用、毁坏耕地林地，非法猎捕、杀害珍

---

① 参见《【地方两会播报】一图读懂宁夏检察工作报告》，载最高人民检察院网站，https：//www. spp. gov. cn/zdgz/202401/t20240125_641408. shtml。

② 参见《宁夏回族自治区人民代表大会常务委员会公报（2023 年第七号）》，载宁夏人大网，http：//www. nxrd. gov. cn//zlzx/material/gongbao/2023_7. pdf。

贵、濒危野生动物，非法采砂采矿等多发性破坏环境资源犯罪，着力打造山清水秀美丽宜居乡村。宁夏回族自治区重点关注贺兰山生态系统保护和修复工程、黄土高原水土流失综合治理等重大生态工程，助力推进科学绿化示范区建设、水土流失综合治理、中部干旱带压砂地有序退出等重点任务落实。如银川市金凤区人民检察院以公益诉讼检察推动湿地保护区域联动治理，更好守护绿水青山。办理的腹川湖湿地保护公益诉讼案入选最高检发布的公益诉讼典型案例，以此为原型拍摄的微电影《花逝花开》获第八届全国检察机关“三微”作品征集展播活动微电影类“优秀作品奖”。

4. 服务保障乡村社会治理。检察机关既是社会治理的主体，又是推进社会治理的重要力量。宁夏基层检察机关积极探索前端治理，强化源头治理，运用多元化检察监督手段，重点监督行政机关在与人民群众利益密切相关的劳动就业、社会保障、教育卫生、文化体育等领域依法行政。充分发挥社会治理检察建议在督促解决农村社会治理突出问题中的积极作用，及时发现农村管理及相关制度机制中存在的突出问题，提出消除隐患、堵塞漏洞、健全制度、强化管理的建议，促进农村治理水平有效提升。2023 年宁夏各级检察机关结合“在群众家门口举行听证”活动，推动涉农案件听证场所下移，方便人民群众表达诉求，共开展检察听证 1990 件次，针对基层社会治理存在的各类问题共制发社会治理类检察建议 715 份，① 以乡村治理现代化助推国家治理能力现代化。

（三）做优做实民生保护

宁夏基层检察机关秉持以人民为中心司法理念，坚持和发展“塞上枫桥”，强化农村弱势群体司法保护，通过集中治理工程建设领域和劳动密集型行业的农民工工资拖欠等问题，结合“司法救助助力巩固拓展脱贫攻坚成果助推乡村振兴”专项活动不断深化服务民生司法成效。自实施“检察为民办实事”29 项重点任务以来，宁夏检察机关对 8685 件群众信访做到“件件有回复”，帮助农民工讨回工资薪金 1087. 3 万元，为

---

① 参见《【地方两会播报】一图读懂宁夏检察工作报告》，载最高人民检察院网站，https：//www. spp. gov. cn/zdgz/202401/t20240125_641408. shtml。

困难群体发放司法救助金849万元,[①] 确保了检察环节“应救尽救”“应救即救”。

三、基层检察机关服务保障乡村振兴的现实困境

乡村振兴战略实施以来，检察机关积极推动乡村治理体系和治理能力建设，在乡村法治建设和乡村善治方面取得了积极成效。但法治乡村建设的复杂性和特殊性致使基层检察机关服务保障乡村振兴也面临诸多困境。

（一）服务理念有待进一步转变

检察机关作为司法主体之一，在公共法律服务、乡村治理网格、村规民约制定等方面具有优势作用。但实践中检察机关主要承担村委会一般性工作任务，用新发展理念推动工作的思路举措不够深入，破解乡村振兴法治难题缺乏手段，对法治乡村建设的参与度与贡献率不高，通过高质效办好每一个案件，实现“办理一案、治理一片”的效果不明显。[②]

（二）涉农领域犯罪依然猖獗

近年来伴随着农村饮水、危房改造、道路升级等惠民政策的实施，招标投标、质量监管、资金管理等方面问题易发多发，非法改变农用地用途和占用耕地、非法开采矿产资源的行为屡禁不止，参与网络赌博、电信诈骗及帮信犯罪在农村明显上升，检察机关依法打击涉农领域违法犯罪任重道远。

（三）检察监督需持续深化

不断扩大的农村市场不可避免地滋生了一系列监管问题，需要检察机关持续强化法律监督推动行政机关依法履职。另外，食药监管还需进

---

① 参见《【地方两会播报】一图读懂宁夏检察工作报告》，载最高人民检察院网站，https：//www. spp. gov. cn/zdgz/202401/t20240125_641408. shtml。

② 参见郭茂生：《新时代中国特色社会主义法治文化建设面临的困境》，载《青春岁月》2019年3月10日。

一步加强。一方面，乡村食品加工坊生产设备简陋，卫生条件较差，乡村小作坊监管缺失，食品质量难以保证。另一方面，医药领域监管不足，食药监管执法力量主要集中在城区、集镇商业区，对农村食药安全的监管主要依靠突击执法检查，难以常态化开展监督，这也为不法商贩提供了机会。

（四）农村人居环境仍需改善

农村生活垃圾分类和资源利用还处于初级阶段，简易填埋和非法焚烧屡禁不止，农药化肥等农业面源污染以及耕地土壤污染问题日益严峻，农村生活污水多分散处理，也加剧了环境污染。另外，农村雨污分流设施不完善，下雨后雨水混杂污染物进入池塘低洼，时间久了沉淀底部，造成水体发黑发臭。

（五）自然资源保护力度不够

一是水资源供需形势严峻。如宁夏属严重缺水地区，75%以上的地下水资源分布在引黄灌区，近十年以来，引扬黄水量减少和高效节水灌溉等因素，导致地下水补给量减少了35.57%。① 二是耕地红线仍需重视。宁夏现有耕地1802.22万亩，虽然未逼近耕地红线，但个别地区补充耕地项目不实，重复立项以及后期管护不到位等问题依然突出。② 如宁夏公开曝光了10起典型耕地问题，其中8起发生在村镇，暴露出乡村耕地问题及保护形势依然严峻。③ 三是水土流失依然严峻。宁夏南部山区总体干旱少雨，水土流失严重，植被质量不高，林草产业传统粗放，生态系统服务功能发挥不够，供给侧结构性改革难度大，存在生态系统结构功能单一，缺乏多种功能耦合，生态产业规模不大、效益不高等问题。

---

① 《宁夏浅层地下水资源整体减少应引起重视》，载新浪网，https://finance.sina.com.cn/jjxw/2023-11-02/doc-imztcyuh5356714.shtml。

② 参见倪金凤：《节约集约用地 严守耕地红线 宁夏启动全国土地日宣传周活动》，载宁夏新闻网，https://www.nxnews.net/yc/jrww/202306/t20230625_8146522.html。

③ 参见《宁夏公开曝光10起补充耕地项目典型问题》，载光明网，https://difang.gmw.cn/nx/2022-09/08/content_36011662.htm。

（六）检察工作与乡村振兴衔接不够紧密

检察服务与村民需求存在一定偏差。一方面，检察机关服务保障乡村振兴不够精准。如乡村振兴矛盾的汇集点多集中于农民权益保障方面，需要检察机关以法治力量去做好服务，实践中检察机关在解决类似问题时没有给予足够的法治引导和政策咨询。另一方面，对乡村振兴发展态势、薄弱环节认识不够清晰，没有基于乡村治理实际提出应对策略。如制发的涉及助力和保障乡村振兴的检察建议较为宏观、笼统，针对性和可操作性不强。另外，驻村工作队作用发挥不充分。实践中驻村工作队在乡村普法工作和化解矛盾纠纷方面还不够积极，在释法说理、定分止争方面作用不明显。

四、基层检察机关服务保障乡村振兴的路径探索

基层检察机关是检力下沉农村的前沿阵地，应深化基层检察工作与乡村振兴工作的密切联系，通过优质检察产品的输出为乡村振兴提供有力的法治保障。

（一）更新服务乡村振兴理念

法治乡村建设是乡村振兴稳步实施的基础，理念是行动的先导，只有转变监督理念，才能自觉融入乡村振兴发展大局。基层检察机关要自觉贯彻新发展理念，主动融入法治乡村建设，实现治罪与治理并重。要树立融合监督理念，紧紧围绕法治乡村现实需求，深化法治扶贫，通过检察产品、法治产品的不断输出，确保乡村振兴促进法依法、全面、准确实施。办案人员要坚持高质效办好每一个案件价值追求，着力打击破坏乡村稳定、政治生态和危害群众人身财产安全的犯罪，顺应村民对公共安全、司法公正、权益保障的新期待。

（二）竭力维护平安乡村建设

严厉打击刑事犯罪是维护平安乡村建设的主要手段之一，要充分发挥刑事检察职能作用，借助“扫黑除恶”专项斗争和“检护民生”等专项活动，为强化平安乡村建设提供强有力的法治保障。要坚持以案说法、

常态普法，通过办案引导群众用法治思维解决问题、寻求保护，提升村民群众的法律意识、法治素养。针对发现的乡村治理问题，及时制发检察建议，特别是针对农村高发的电信诈骗、侵害未成年人犯罪相关问题制发社会治理检察建议，实现“办理一案、治理一片”的良好效果。

（三）深化涉农检察监督

检察机关要重点监督行政机关在与人民群众利益密切相关的生命健康、社会保障、劳动就业、教育卫生、文化体育等领域依法行政。通过监督执法并及时制发检察建议，弥补管理缺失和监管漏洞，督促行政机关依法履职。要发挥好 12309 检察服务中心作用，妥善处置进入检察环节的涉农矛盾纠纷，认真落实群众信访“件件有回复”制度，始终把防纠纷于未发、化纠纷于萌芽、止纠纷于诉前、“治重化积”、反向审视五个效果，作为司法为民源头治理的检察实践抓实抓细抓出成效，切实为农业农村现代化建设保驾护航。

（四）护航农业农村高质量发展

1. 服务保障产业振兴。“产业兴旺”是乡村振兴的重点，检察机关要提升对强揽工程、强买强卖等损害涉农企业利益犯罪的惩治力度，妥善办理涉农企业融资纠纷案件，营造健康的营商环境。要加大对伪劣农资犯罪活动打击力度，将涉及假冒伪劣种子、农药和饲料添加剂等犯罪视为重点领域，依法保护农业生产生活高质量发展。

2. 服务保障生态振兴。生态宜居是生态振兴的关键，也是农村生态环境保护的现实需要，更是人与自然和谐统一的价值追求。检察机关要聚焦农业面源污染防治、水环境治理、土壤及植被保护等领域，依法办理生态环境和资源保护公益诉讼案件，突出公益诉讼检察保护生态的职能优势。要依托“两法衔接”“河湖长 + 检察长”等工作机制，充分治理农村生活垃圾乱堆乱放、农村饮用水水质不达标等问题，形成乡村生态保护合力。

3. 服务保障文化振兴。实现中华民族伟大复兴，应对前进道路上各种风险挑战，文化是重要的精神力量源泉。检察机关要加强对乡村文化遗产、文物、红色文化等领域的公益诉讼检察保护，依法保护民间手工艺品制作等文化企业合法权益，全面加强历史文化名村、非物质文化遗产、农业遗迹保护领域公益诉讼检察工作，促进乡村文化持续健康发展。要充分发挥六盘山红军长征纪念馆、将台堡红军会师纪念园、单家集革命遗址等红色文化基地作用，助力延续黄河历史文脉。

（五）提升乡村法治精准供给

1. 深化农村需求对接。基层检察机关要做好新时代检察“供给”和乡村振兴“需求”的对接，优化完善检察“产品”供给，着力增强对口帮扶与受扶工作需求的适配性。要选派优秀检察人员驻村帮扶，利用“一线”有力条件充分开展调研，掌握乡村法治需求，在提供服务的同时接受反馈评价，及时调整服务策略，确保农村法治需求及时得到回应。

2. 精准实施司法救助。司法救助是检察机关保障基本民生，防止因案返贫，服务乡村全面振兴的主要策略之一。基层检察机关要持续深化“司法救助助力巩固拓展脱贫攻坚成果助推乡村振兴”专项活动。通过不断完善司法救助制度机制，促进司法救助与社会救助的有效衔接，实现司法救助从“被动救助”到“主动救助”的转变，对因案致贫的农村低收入人口开展分类帮扶，坚决防止返贫和新致贫。

3. 强化数字科技赋能。数字化建设是推进国家治理体系和治理能力现代化的重要支撑，数字乡村和数字检察的高效融合，是落实检察机关服务保障乡村振兴的主要手段。检察机关要筑牢大数据意识，深耕智慧检务基础应用，引导办案人员善于从数据中主动挖掘并开展涉农类案监督，促进数字检察和数字乡村有效衔接，以数字科技助推检察工作思维、理念和方式方法的转型升级，提升乡村社会治理效能。

全面建设社会主义现代化国家，最艰巨最繁重的任务仍然在农村。乡村振兴战略的实施，既需要全面、准确实施乡村振兴促进法等法律法规，又需要在涉农各个领域强化检察监督，确保乡村振兴在法治轨道上稳步推进。检察机关需准确把握“产业兴旺、生态宜居、乡风文明、治理有效、生活富裕”总要求，充分协调发挥“四大检察”职能作用，切实履职，为实现中华民族伟大复兴，全面建设社会主义现代化国家提供坚实的法治保障。